财经类课程思政

案例教学设计与运用

韦春北／主编

U1060705

基金项目：

1.广西高等教育本科教学改革工程项目（2019JGZ144）（财经高校“双协同双融合集成式”课程思政育人模式的构建与实践）

2.广西高等教育本科教学改革工程项目（2018JGZ137）（服务中国-东盟区域发展需求的国际化卓越财经人才培养模式研究与实践）

3.教育部人文社会科学规划基金项目（17YJA880080）(“一带一路”背景下中国—东盟高等教育合作运行机制和绩效评价研究)

经济管理出版社
ECONOMY & MANAGEMENT PUBLISHING HOUSE

图书在版编目（CIP）数据

财经类课程思政案例教学设计与运用 / 韦春北主编. —北京：经济管理出版社，2019. 12
ISBN 978-7-5096-6947-1

Ⅰ. ①财…　Ⅱ. ①韦…　Ⅲ. ①宏观经济学—教学研究—高等学校 ②微观经济学—教学研究—高等学校 ③管理学—教学研究—高等学校 ④新闻学—教学研究—高等学校　Ⅳ. ①F015 ②F016 ③C93 ④G210

中国版本图书馆 CIP 数据核字（2019）第 301397 号

组稿编辑：杨　雪
责任编辑：杨　雪　王莉莉　邢丽霞
责任印制：黄章平
责任校对：张晓燕

出版发行：经济管理出版社
（北京市海淀区北蜂窝 8 号中雅大厦 A 座 11 层　100038）
网　　址：www. E-mp. com. cn
电　　话：（010）51915602
印　　刷：三河市延风印装有限公司
经　　销：新华书店
开　　本：787mm×1092mm /16
印　　张：21. 75
字　　数：529 千字
版　　次：2019 年 12 月第 1 版　　2019 年 12 月第 1 次印刷
书　　号：ISBN 978-7-5096-6947-1
定　　价：59. 00 元

·版权所有　翻印必究·
凡购本社图书，如有印装错误，由本社读者服务部负责调换。
联系地址：北京阜外月坛北小街 2 号
电话：（010）68022974　　邮编：100836

编委会

编　委（按姓氏笔画排序）

马　燕　马东跃　王业斌　韦丽华　田　丹　白玉华
冯　霞　冯达成　冯结兰　刘松竹　刘萍萍　江泽丰
许露元　李国祥　李映霞　李银昌　杨　勇　杨爱梅
吴　勇　吴水亭　何　婧　宋晟欣　陆岸萍　陆维研
陈　林　陈　婷　欧阳华　罗永乐　周　涛　周燕琳
庞　娟　赵　锋　赵子健　胡　琦　钟　颖　段艳平
姚　婷　姚伟民　贺勤志　夏国恩　郭　曦　唐红祥
黄　茂　黄家周　黄雪英　银星严　梁方正　梁儒谦
葛　兵　韩国丽　舒银燕　曾晓霞　谢卓华　廖俊玉
潘冬晓

序

习近平总书记指出：“高校思想政治工作关系高校培养什么样的人、如何培养人以及为谁培养人这个根本问题。要坚持把立德树人作为中心环节，把思想政治工作贯穿教育教学全过程，实现全程育人、全方位育人，努力开创我国高等教育事业发展新局面。”

党和国家高度重视思想政治教育工作，多次提出“要用好课堂教学这个主渠道，思想政治理论课要坚持在改进中加强，提升思想政治教育亲和力和针对性，满足学生成长发展需求和期待，其他各门课都要守好一段渠、种好责任田，使各类课程与思想政治理论课同向同行，形成协同效应”“要加强课堂教学的建设管理，充分挖掘和运用各学科蕴含的思想政治教育资源，要坚持全员、全过程、全方位的育人原则，引领思想价值贯穿教育教学的全过程和各环节”。这为高校积极推进“课程思政”工作指明了方向。

立足学校办学定位、基于人才培养特色、针对学生思想特点，有的放矢地设计教学内容、选择教学方法、制定评价标准，这是保证“课程思政”效果的基础。

基于此，广西财经学院深刻把握思想政治工作规律、教书育人规律、学生成长规律，科学地将思想政治教育贯穿于每一堂专业课程，深植于每一位专业教师心中。构建了财经高校“双协同双融合集成式”课程思政育人新模式，让“课程思政”全面领航新一轮教育改革，勾勒出全新的教育样态，寻求价值引领与知识传授的融通之道。目前全员、全过程、全方位育人的大思政格局正在逐步形成。更好地发挥“课程思政”育人功能是大势所趋，势在必行。

本书是对以上内容的回应，也是财经类院校开展“课程思政”建设的一个积极探索。

没有好的课程建设，“课程思政”功能就成为无源之水、无本之木。本书所遴选的“宏观经济学”“微观经济学”“管理学”“新闻学概论”4门课程40个案例，是依托获批国家级一流本科专业建设点的“国际经济与贸易”“工商管理”专业的核心课程。

“课程思政”建设的重点在价值引领。本书由各专业课教师与思政课教师组成编写组，根据专业课和思政课的相关内容和要求，合作精编教学案例，促进思想政治理论学习与专业学习深度融合、专业教育与思想政治教育双向融通。

“思政”元素的梳理，实现春风化雨、润物无声是关键。本书经过横纵对比、认真梳理，从中国共产党的光辉历史，从新中国70周年的辉煌成就中摘选了部分符合课程教学设计的案例：我们党史上浓墨重彩的遵义会议、三湾改编，我们国家转型发展过程中面临的供给侧改革、人工智能的挑战，可口可乐、阿里巴巴、腾讯公司的愿景，广西的区位优势，中国—东盟博览会，横县茉莉花，还有我们身边扎根基层、扎根扶贫攻坚一线的奋斗者……这一个个鲜活的事例，体现了我们所要传递的政治信仰、理想信仰、价值理念、道德情操、精神追求，本书将这些内容融入课程教学的各环节中。

案例教学是“课程思政”改革的亮点。本书每一个案例都详细地介绍了案例的背景材料，重点梳理了案例所包含的思政元素，精心设计了案例的使用说明；解答了如何通过案例讨论实现教学目标，学生事先要掌握哪些背景材料，通过案例分析要解决哪些知识点，学生要识别哪些关键问题、解决问题可供选择方案、具体措施。全书视野开阔，体例新颖，既有较为系统的理论阐释，也有较为实用的教学参考。

我们相信，“课程思政”教育教学改革的生动实践将释放出无穷能量。让我们只争朝夕，不负韶华，共同推动人才培养大踏步走向更加美好的未来。

编者

2019 年 12 月

目　录

第一部分　《宏观经济学》"课程思政"案例

第二部分　《微观经济学》"课程思政"案例

第三部分 《管理学》“课程思政”案例

第四部分 《新闻学概论》“课程思政”案例

财经类课程思政
案例教学设计
与应用

第一部分
《宏观经济学》“课程思政”案例

GDP 是万能的吗

一、案例正文

核算国民经济活动总成果的核心指标是 GDP，它是一国（或地区）境内在一定时期内所生产的全部最终产品和服务的市场价值。从世界范围来看，无论是国际组织还是各个国家，都把 GDP 作为国家（或地区）之间进行横向比较和同一国家（或地区）进行不同时期纵向比较的主要经济指标。正基于此，目前，GDP 是研究一国（或地区）经济现实和历史发展的重要根据，也为制定国家和地区经济发展战略、分析宏观经济运行状况以及政府调控和管理经济提供重要参考。①

但随着现代经济社会发展过程中所呈现出的复杂性和多样性，越来越多的学者对 GDP 在衡量一国（或地区）经济增长中的作用提出了诘难。

斯蒂格利茨曾经指出，如果一对夫妇留在家中打扫卫生和做饭，这将不会被纳入 GDP 的统计之内，假如这对夫妇外出工作，另外雇人做清洁和烹调工作，那么这对夫妇和佣人的经济活动都会被计入 GDP。说得更明白一些，如果一名男士雇用一名保姆，保姆的工资也将计入 GDP。如果这位男士与保姆结婚，不给保姆发工资了，GDP 就会减少。

在德国学者厄恩斯特·魏茨察克和美国学者艾墨里·洛文斯、亨特·洛文斯合著的《四倍跃进》中生动地写道："乡间小路上，两辆汽车静静驶过，一切平安无事，它们对 GDP 的贡献几乎为零。但是，其中一个司机由于疏忽，突然将车开向路的另一侧，连同到达的第三辆汽车，造成了一起恶性交通事故。'好极了'，GDP 说。因为，随之而来的是：救护车、医生、护士、意外事故服务中心、汽车修理或买新车、法律诉讼、亲属探视伤者、损失赔偿、保险代理、新闻报道等，所有这些都被看作是正式的职业行为，都是有偿服务。即使任何参与方都没有因此而提高生活水平，甚至有些还蒙受了巨大损失，但我们的'财富'——所谓的 GDP 依然在增加。"②

在美国，犯罪活动刺激了对防盗锁和其他安全措施的需求，增加了警察支出、财产保险和医疗费用的支出，这使得 GDP 以数十亿美元地增加。一项研究表明：离婚案件的律师费和组建新家庭的支出使美国 GDP 增加了几十亿美元。在美国南佛罗里达，安德鲁飓风实际上是一种灾难，但 GDP 将其记录成创造了 150 多亿美元的经济价值。在中国湖北省，1998 年遭受了严重的洪涝灾害，损毁了大量的房屋和水利基础设施，但灾后的大规模

---

① 《西方经济学》编写组．西方经济学（下册）［M］．北京：高等教育出版社，2012.

② 百度文库网．宏观经济学案例分析［EB/OL］．［2018－02－26］．https：//wenku. baidu. com/view/f74b8920e418964bcf84b9d528 ea81c759f52e46. html.

重建却使湖北省的经济增长速度提高到了13%。[①] 基于以上的分析，三位学者深刻地指出："平心而论，GDP并没有定义成度量财富或人民生活福利的指标，而只是用来衡量那些易于度量的经济活动的营业额。"美国罗伯特·肯尼迪（美国总统肯尼迪之弟）也曾经说过"GDP衡量一切，但并不包括使我们的生活有意义的东西"。[②]

需要进一步指出的是，国内生产总值中所包括的外资企业虽然在我国境内从统计学的意义上给我国创造了GDP，但利润却是汇回他们自己的国家。一句话，他们把GDP以及在生产GDP的过程中产生的大量污染及对生态环境的破坏留给了我们，却把利润转回了自己的国家，这就如同在天津打工的安徽民工把GDP留给了天津，把挣的钱汇回了安徽一样。看来GDP只是一个"营业额"，不能反映环境污染的程度、不能反映资源的损耗和浪费程度，看不出支撑GDP的"物质"内容以及社会为此付出的代价[③]。另外，GDP还会将污染视为双重收益，例如，在生产能带来污染的汽油所需的费用计入GDP的同时，消除由此产生的有毒废弃物污染及石油泄漏所带来污染的费用更是增加了GDP。这种为抵消环境污染的影响而产生的支出（如与污染有关的医疗费用）也被计入GDP，实际上掩盖了污染的成本。这就造成了一种错觉——即污染为经济创造了双倍收益。1992年美国布什政府提交给国会的环境质量报告中也提到："在国民经济核算体系中没有反映用于生产物品和服务的自然资源的消耗或退化。"结果是国家消耗的自然资源越多，其GDP就越高。[④]

改革开放以来，以经济建设为中心，GDP增长受到空前重视，有人把"发展就是硬道理"理解为"GDP增长就是硬道理"。另外，以GDP为主的领导干部政绩考核体系导致数字出官、官出数字，对政绩的追求使政府官员狂热追求GDP，甚至产生了GDP崇拜。在当今中国，各地方政府耗费大量资源的亮点工程、政绩工程、半截子工程都可以计入GDP，都可以增加当地的GDP，但对当地民生的改善和生产力的发展并无多大益处，甚至还引发了诸多社会矛盾，这使我国在取得经济发展巨大成就的同时，社会、自然资源和生态环境也遭受巨大损失，对我国经济社会的可持续发展造成巨大的负面影响。

目前，我国单位GDP的环境成本居于世界前列，据世界银行测算，"高消耗、低效益、高排放"式粗放的经济增长方式造成了我国万元GDP能耗水平是发达国家的3~11倍。20世纪90年代，我国经济增长有2/3是在对生态环境透支的基础上实现的。有限的资源和恶化的生态环境已成为制约我国经济进一步增长的瓶颈，也严重影响到我国的经济安全。

虽然GDP存在着上述诸多问题，但GDP的增长被传统的经济学家认为是有益的。GDP现在还被用来测量总的国民福利，并与人们的福利密切相关，其作用已比最初的本意扩大了许多。虽然几乎没有人会明确宣称GDP可以衡量经济福利，然而人们还继续这样使用该指标。20世纪70年代以来，随着经济增长与人民生活质量之间的差距越来越大，反对将GDP作为经济持续发展的一个衡量标准的呼声越来越高。从50年代的鲍丁开始一

①④ 温宗国，张坤民，杜斌．现行GDP核算体系的缺陷及其修正——方法学与案例研究［J］．中国地质大学学报（社会科学版），2004（6）：43-46.

② 曼昆．经济学原理（下册）［M］．北京：机械工业出版社，2006.

③ 百度文库网．宏观经济学案例分析［EB/OL］．［2018-02-26］．https：//wenku.baidu.com/view/f74b8920e418964bcf84b9d528ea81c759f52e46.html.

直到70年代的达莱，其历史已跟GDP本身一样长。罗马俱乐部的一份报告则使之达到高峰，该报告提出了衡量经济福利和环境质量的新方法，并呼吁重新制定经济发展的方向。尽管统计部门的反应一直很慢，但SNA的修订不断有新进展。联合国也提出了《综合环境与经济核算体系》(System of Integrated Environmental and Economic Accounting, SEEA)。法国和挪威等国建立了国民收入核算的预警体系，包含创造国民财富所需真实的生态与环境成本。显然，把自然资源的消耗纳入国家核算体系是有益的。①

二、案例的思政元素

本案例的思政元素主要是：

(一) 辩证唯物主义认识论原理

认识是主体对客体的能动反映，是以实践为基础对客体能动的、创造性思维的再现。人的认识过程表现为在实践的基础上由感性认识上升到理性认识，由理性认识再到实践的飞跃，是一个从实践到认识，再从认识到实践的循环往复的过程。首先，从实践到认识的过程是整个认识过程的第一个阶段，是认识运动的第一次飞跃，即在实践的基础上由感性认识能动地飞跃到理性认识的过程。从感性认识向理性认识过渡，必须具备两个条件：第一，勇于实践，深入调查，获取十分丰富和合乎实际的感性材料，这是正确认知的基础。第二，经过理性思考的作用，将丰富的感性材料加以去粗取精、去伪存真、由此及彼、由表及里的制作加工，才能获得真正的认识。其次，从认识到实践的过程是整个认识过程的第二个阶段，是认识运动的第二次能动的飞跃。其重要性体现在两个方面：第一，认识世界是为了更好地改造世界，从感性认识上升到理性认识的结果只是观念和理论的存在，在马克思主义看来，理论的终极意义是能动地指导行动，否则再好的理论也是没有意义的。第二，认识的真理性只有在实践中才能得到检验和发展，理论的正确和错误只有在实践中才能被证实和发现，并在指导实践的过程中不断得到完善和发展。②

GDP概念的提出是人们在经济统计实践活动从感性认识上升到理性认识的结果，在“GDP不是万能的”的案例中说明，虽然在经济活动中，常用GDP来衡量一国或一地区的经济发展水平，被认为是衡量国民经济增长状况最重要的一个指标，但人们对GDP不能盲从、不能片面夸大GDP的作用和意义，对于GDP我们要从进一步的经济实践活动中加以全面、客观和深入的理解，既要认识到它的重要作用和意义，更要了解其片面性和局限性。比如GDP不衡量收入分配、不衡量贫富差距，不能反映一个国家收入分配是否公平合理，也不能衡量社会进步和幸福指数，只是一个生产总量的指标，不能全面地反映社会就业状况和生产技术发展水平，GDP反映的是生产活动的最终成果，但是它并不涉及多少人参与了这种生产成果的创造活动，更不涉及还有多少人希望参与到生产活动中去。

所以我们在推进GDP增长的同时，必须坚定不移推进供给侧结构性改革，实现供需

---

① 温宗国，张坤民，杜斌．现行GDP核算体系的缺陷及其修正——方法学与案例研究［J］．中国地质大学学报（社会科学版），2004（6）：43-46.

② 本书编写组．马克思主义基本原理概论［M］．北京：高等教育出版社，2018.

动态平衡，大力推动科技创新和体制创新，努力实现更高质量、更有效率、更加公平、更可持续的国民经济发展。

（二）科学发展观的基本要求

科学发展观是马克思主义关于发展的世界观和方法论的集中体现，是中国特色社会主义理论体系的重要组成部分，是发展中国特色社会主义必须长期坚持的指导思想。全面协调可持续发展是科学发展观的基本要求。全面协调可持续中的“全面”是指发展要有全面性、整体性，不仅经济要发展，而且各个方面都要发展；“协调”是指发展要有协调性、均衡性，各个方面、各个环节的发展要相互适应、相互促进；“可持续”是指发展要有持久性、连续性，不仅当前要发展，而且要保证长远发展。

在建设中国特色社会主义的过程中，一要坚持全面发展，正确认识和把握经济建设、政治建设、文化建设、社会建设、生态文明建设是相互联系、相互促进的有机统一体。二要坚持协调发展，要协调好消费与投资、供给与需求的速度和结构、质量、效益，科技进步与人力资源优势，市场机制与宏观调控等重大问题。三要坚持可持续发展，建设生态文明；要把经济发展、生活水平的提高和实现可持续发展有机统一起来，坚持走生产发展、生活富裕、生态良好的文明发展道路。

科学发展观让人们意识到要从科学的角度去认识 GDP 的增长。GDP 只是一个数字、一种统计方法和核算体系，其本身无所谓对与错。错的是，人们把它当成唯一的东西、至上的东西，当成一切，以为它的增长可以解决一切，以为经济的增长可以自发地解决一切社会问题。有些 GDP 的增量用科学发展观去衡量和评价，不但不是业绩，反而是一种破坏。因此，要在科学发展观的指导下，去正确对待 GDP 发展指标。在促进 GDP 增长的过程中，一要坚持以人为本，以满足人民群众不断增长的物质文化需要作为其根本出发点和落脚点，从最广大人民的根本利益出发谋发展、促发展，实现经济发展和社会全面进步。二要注重统筹城乡发展、区域发展、经济社会发展、人与自然和谐发展来更好地实现 GDP 的增长，实现低投入、高产出，低消耗、少排放，能循环、可持续的又好又快的发展。

（三）建设社会主义生态文明

建设生态文明是中华民族发展的千年大计，关系着人民的福祉和民族的未来，功在当代、利在千秋。生态文明建设是指人类在利用和改造自然的过程中，主动保护自然，积极改善和优化人与自然的关系，建设健康有序的生态运行机制和良好的生态环境。生态文明的核心是坚持人与自然和谐共生。人类必须尊重自然、顺应自然、保护自然。我们要建设的现代化是人与自然和谐共生的现代化，既要创造更多物质财富和精神财富以满足人民日益增长的美好生活需要，也要提供更多优质生态产品以满足人民日益增长的优美生态环境需要。我国在发展经济的过程中，首先，要形成人与自然和谐发展的新局面，必须树立和践行绿水青山就是金山银山的理念，保护环境就是保护生产力，改善环境就是发展生产力，要坚持节约资源和保护环境的基本国策，形成绿色发展方式。其次，要把节约资源放在首位，狠抓节能减排降耗，形成节约资源和保护环境的空间格局、产业结构、生产方式、生活方式，着力推进绿色发展、循环发展、低碳发展。①

上述案例让我们认识到传统的国民收入核算体系不能完全反映经济增长与自然环境之间的平衡，无法衡量环境污染和生态破坏导致的经济损失，相反还助长了一些部门和地区为追求高的 GDP 增长而破坏环境、耗竭式使用自然资源的行为。如果只顾经济总量和速度的增长，经济可能增长，但生态环境有可能会遭到严重的破坏，明天可能要为治理环境污染、恢复自然生态付出比今天增加的 GDP 几倍的代价，而且人们的生活质量和幸福度也会随之下降。所以，我们要在促进经济增长的同时加快生态文明体制改革，着力解决突出的环境问题，加大生态系统保护力度，改革生态环境监管体制，建立健全绿色低碳循环发展的经济体系，大力发展节能环境产业、清洁能源产业，开展创建节约型机关、绿色家庭、绿色学校、绿色社区和绿色出行等行动，坚定地把经济发展和生态环境保护有机统一起来，走一条经济可持续增长、环境优美、生活富裕、生态良好的绿色发展道路，推动形成人与自然和谐发展的现代化建设新格局，建设美丽中国。

三、案例使用说明

（一）教学用途与教学目标

1. 教学用途

本案例为分析型案例，适用于本科生的《宏观经济学》课程中国民收入核算知识点的教学和培训。

2. 教学目标

（1）知识层面。

理解概念：国内生产总值。

掌握理论：核算 GDP 的常用方法及其存在的局限性。

（2）能力层面。

系统思维能力：通过教师对 GDP 的概念、统计方法和存在缺陷及其相关理论的讲解，帮助学生形成科学、系统、全面分析经济理论、经济事物和经济问题的思维能力。

判断实践能力：根据案例材料，在引入辩证唯物主义认识论、科学发展观、社会主义生态文明等思政元素的基础上，结合 GDP 存在的各种缺陷，设置三个由浅入深、由知识到能力的问题，通过对问题的解答，帮助学生搭建一座“知识到实践，实践到知识”的思维桥梁，让学生能够提出初步合理的解决方案。

（3）素质层面。

形成专业意识：认识到辩证唯物主义、科学发展观和建设生态文明在经济理论学习、我国经济建设中的重要指导意义，能自觉地把思政元素与西方经济学相关理论结合起来分析国内外经济发展的趋势和前景，养成关注时事政治、宏观经济形势、热点问题及经济政策的学习习惯。

提高职业素养：培养学生积极投身建设生态文明、和谐社会的社会责任感，让学生在

① 本书编写组．毛泽东思想和中国特色社会主义理论体系概论［M］．北京：高等教育出版社，2018.

日常生活和以后的职业生涯中树立起科学发展观和建设生态文明的理念，形成正确的经济社会发展观。

（二）案例讨论的准备工作

（1）学生需要预习《宏观经济学》课程中的相关理论和知识，同时对GDP的三种核算方法有一个初步认识。

（2）了解国民经济核算体系的相关知识及国民收入账户体系产生和完善的历史过程。

（三）案例分析要点

1. *启发思考题*

（1）结合案例，请运用辩证唯物主义认识论原理剖析GDP这一经济总量指标具有哪些缺陷和局限性？

（2）结合案例，请运用科学发展观理论，分析如何改进和弥补GDP这一经济总量指标的缺陷和不足？

（3）结合案例，请分析在新时期，如何运用习近平新时代中国特色社会主义思想去指导完善国民经济核算体系？

2. *分析思路*

三个思考题，是基于《宏观经济学》课程中掌握和理解国内生产总值的概念及其局限性知识点而提出的。

（1）运用辩证唯物主义认识论原理剖析GDP这一经济总量指标具有哪些缺陷和局限性？

理论知识点：GDP指标的局限性。

引导学生运用辩证唯物主义认识论原理进行分析。参考答案如下：

价值的客观性：价值的客观性是指在一定条件下客体对于主体的意义不依赖于主体的主观意识而存在。价值是一种客观存在，独立于人们对它的认识和评价。认识和评价可以反映价值，但不能创造也不能消灭价值。GDP按其统计原则只衡量合法、公开的市场交易活动，而对人们生活有重大影响的非法、非公开的市场交易活动，以及一些自给性的生产与服务、物物交换等经济活动无法得到反映。GDP没有充分地反映经济社会所有的经济活动和经济成果。

价值的主体性：价值的主体性是指价值直接同主体相联系，始终以主体为中心，价值关系的形成依赖于主体的存在和感受。GDP只表示经济活动中产量水平的高低，但它并不能反映国民（主体）的幸福程度和生活质量水平的高低。

价值的多维性：价值的多维性是指每个主体的价值关系具有多样性，同一客体相对于主体的不同需要会产生不同的价值。GDP只反映经济体所生产的商品和劳务的价值总量的大小，但它无法反映这个经济体所生产的商品和劳务的质量和技术水平的高低，更无法反映这个经济体产业结构的优劣以及生产力发展水平的高低。所以，GDP增加不等同于经济社会的发展。GDP大国不一定是经济强国。

对GDP价值的评价：价值评价是主体对客体的价值以及价值大小所作的评判或判断。价值评价不仅要判断客体对于个人的意义，更要认识对于群体、社会和人类的意义，价值评价的根本标准只有与人民和人类整体的需要和利益，与历史发展的基本要求或趋势相一致时才是正确的。如果在 GDP 增长的过程中，经济个体产生了对生态环境的破坏和对资源掠夺性的消耗，就会出现 GDP 增长但人们的物质和精神财富不增长，甚至生活水平和生存质量下降的现象，导致整个国民经济增长效率低、财富积累慢，社会经济发展停滞。这时 GDP 的增长对于广大人民群众来讲就是毫无意义的。

（2）运用科学发展观理论，分析如何改进和弥补 GDP 这一经济总量指标的缺陷和不足？

理论知识点：GDP 指标的改进和绿色 GDP 的概念。

引导学生运用科学发展观的基本立场、观点和方法去分析。参考答案如下：

坚持加快转变经济发展方式的科学发展观。中国国家统计局在 2013 年宣布包括将研究开发支出计入 GDP，改进城镇居民自有住房服务价值核算方法，将土地承包经营权流转收入计入财产收入、将雇员股票期权计入劳动者报酬等，采用上述新标准的经济核算体系有利于激励重视 GDP 增长的地方政府更加有力地推动企业投资研发和技术创新，有助于产品升级和企业转型，有利于中国经济转变发展方式。

坚持以人为本的科学发展观。2013 年中央组织部下发《关于改进地方党政领导班子和领导干部政绩工作的通知》，规定今后考核干部不能仅把地区生产总值及其增长率作为政绩评价的主要指标，不能够搞生产总值增长率排名，要求各地根据本地情况设置各有侧重、特色的考核指标，把有质量、有效益、可持续的经济发展和民生改善、社会和谐进步，文化建设、生态文明建设、党的建设等作为考核的重要内容，更加重视科技创新、教育文化、劳动就业、居民收入、社会保障、人民健康状况等的考核。

坚持可持续发展的科学发展观。绿色 GDP 是指从 GDP 中扣除自然资源耗减价值与环境污染损失价值后剩余的国内生产总值，称可持续发展国内生产总值。绿色 GDP（可持续收入）的基本思想是由希克斯在其 1946 年的著作中提出的。这个概念的基础是：只有当全部的资本存量随时间保持不变或增长时，这种发展途径才是可持续的。可持续收入数量上等于传统意义的 GNP 减去人造资本、自然资本、人力资本和社会资本等各种资本的折旧。从 20 世纪 70 年代开始，联合国和世界银行等国际组织在绿色 GDP 的研究和推广方面做了大量工作。1993 年联合国经济和社会事务部在修订的《国民经济核算体系》中提出“绿色 GDP”这一概念和统计方法。2004 年以来，我国也在积极开展绿色 GDP 核算的研究。2004 年，国家统计局、国家环保总局正式联合开展了中国环境与经济核算绿色 GDP 研究工作。绿色核算就是把资源环境资本纳入国民经济统计和会计科目中，用以表示社会真实财富的变化和资源环境状况。“可持续发展”是其出发点和落脚点。2015 年上半年，环保部配合推进“探索编制自然资源资产负债表”改革工作。中国科学院可持续发展课题研究组提出的绿色 GDP 为：GDP 扣减自然部分的虚数和人文部分的虚数。

（3）请分析在新时期，如何运用习近平新时代中国特色社会主义思想去指导完善国民经济核算体系？

理论知识点：国民经济核算体系。

引导学生运用习近平新时代中国特色社会主义思想的主要观点去分析。参考答案如下：

国民经济核算体系亦称“宏观经济核算体系”。关于国民经济核算的理论、方法、指标体系是在一定经济理论指导下，通过综合运用统计、会计和数学等方法，从数量上系统地反映国民经济运行状况及社会再生产过程中生产、分配、交换、使用各个环节之间以及国民经济各部门之间的内在联系，为国民经济管理提供依据。它是以整个国民经济为对象的宏观核算，是宏观经济信息系统的核心部分，是进行宏观经济管理、调控和决策的基础。1992 年国家统计局制定了《中国国民经济核算体系（试行方案）》，1999 年对该试行方案进行了修订，2002 年颁布了《中国国民经济核算体系（2002）》的规范性文本。

坚持新发展理念。在完善国民经济核算体系的过程中，必须贯彻执行创新、协调、绿色、开放、共享的发展理念。坚持并完善社会主义基本经济制度和分配制度，巩固和发展公有制经济，鼓励、支持、引导非公有制经济的发展，在更好地发挥政府经济职能的同时，使市场在资源配置中起决定性作用，推动新型工业化、信息化、城镇化、农业现代化同步发展，主动参与和推动经济全球化进程，发展更高层次的开放经济，不断壮大我国的经济实力和综合国力。

坚持在发展中保障和改善民生。在完善国民经济核算体系的过程中，要意识到增进民生福祉是经济发展的根本目的。多谋民生之利、多解民生之忧，在发展中补齐民生短板、促进社会公平正义，必须做到幼有所育、学有所教、劳有所得、病有所医、老有所养、住有所居、弱有所扶，深入开展脱贫攻坚，保证全体国民在共建共享发展中有更多的获得感，实现共同富裕和人的全面发展。

坚持人与自然和谐共生。在完善国民经济核算体系的过程中，必须意识到建设生态文明是中华民族发展的千年大计。必须践行绿水青山就是金山银山的理念，坚持节约资源和保护环境的基本国策，像对待生命一样对待生态环境，统筹山水林田湖草系统治理，实行严格的生态环境保护制度，形成绿色发展方式和生活方式，坚持生产发展、生活富裕、生态良好的文明发展道路，建设水清、地绿、天蓝的美丽中国，为国民创造良好的生产生活环境，为全球生态安全做出贡献。

（四）教学组织方式

建议用本案例完成国民收入核算及其局限性全部知识点的教学，不再安排教师讲授的时间。一般安排 2 个课时（80 分钟）。教学组织安排如表 1-1 所示。

表 1-1　案例的教学组织

学习阶段	学习内容	时间限制	学习目标
课前	要求学生分组，预习课本知识，了解 GDP 的定义、核算方法	提前两天	熟悉与案例的相关理论
课中	由教师展示案例 PPT 和与案例相关的 PPT 系列图片	10 分钟	熟悉案例和了解案例提出的时代背景
	由教师介绍与本案例相关的思政元素	10 分钟	让学生了解与本案例相关的思政理论
	分组讨论，要求学生运用思政元素分析案例，并在课堂上写出案例分析报告	20 分钟	让学生能够用理论分析问题，并把小组案例分析报告作为平时考核成绩

续表

学习阶段	学习内容	时间限制	学习目标
课中	随机抽取三个小组进行发言	每组 5~6 分钟，控制在 20 分钟以内	锻炼学生对所要分析内容的归纳总结能力
	对各组表现和小组发言做一个简单点评，引导全班进一步讨论，并进行归纳总结，注意思政元素与经济学理论的结合	20 分钟	让学生学会运用思政相关理论去剖析经济学的概念和理论，并启发学生如何找出解决现实问题的建议和对策
课后	请学生继续关注经济发展的形势和动态，下次课回顾提问		增进记忆，巩固知识

（五）总结

通过本案例的学习，首先，让学生能够运用辩证唯物主义的立场和方法论去科学认识经济事物和经济现象，正确地揭示 GDP 的概念和与之相关理论的内在本质。其次，让学生深刻理解坚持科学发展观对于推动建设现代化经济体系的重要性和迫切性；让学生初步具备贯彻创新、协调、绿色、开放、共享的新发展理念，认识到我们要加快发展、加速发展，但不能低质量、破坏性、不可持续、不平衡、不和谐地盲目发展。最后，让学生能够树立建设美丽中国、人与自然和谐共生的基本理念，认识到实行最严格的环境保护政策，坚持绿色发展，加快生态文明体制改革对促进中国经济社会发展的重要意义。

参考文献

［1］习近平．决胜全面建成小康社会　夺取新时代中国特色社会主义伟大胜利——在中国共产党第十九次全国代表大会上的报告［M］．北京：人民出版社，2017.

［2］温宗国，张坤民，杜斌．现行 GDP 核算体系的缺陷及其修正——方法学与案例研究［J］．中国地质大学学报（社会科学版），2004（6）：43-46.

［3］曼昆．经济学原理（下册）［M］．北京：机械工业出版社，2006.

［4］《西方经济学》编写组．西方经济学（下册）［M］．北京：高等教育出版社，2012.

［5］高鸿业．西方经济学（宏观部分·第六版）［M］．北京：中国人民大学出版社，2014.

［6］百度文库网．宏观经济学案例分析［EB/OL］．［2018-02-26］．https：//wenku.baidu. com/view/f74b8920e418964bcf84b9d528ea81c759f52e46. html.

［7］本书编写组．马克思主义基本原理概论［M］．北京：高等教育出版社，2018.

［8］本书编写组．毛泽东思想和中国特色社会主义理论体系概论［M］．北京：高等教育出版社，2018.

［9］中共中央文献研究室编．习近平关于社会主义社会建设论述摘编［M］．北京：中央文献出版社，2017.

我国20世纪90年代以来刺激内需的政策及成效

一、案例正文

（一）20世纪90年代末期我国居民消费需求状况

经济学中常用“居民消费率”反映一国居民消费需求状况。自1990年以来，尽管政府实施了一些积极财政政策去刺激消费，我国居民消费率略有上升，但从整体上看，我国居民消费率变动呈现总体下降趋势。特别是1997年，中国经济遭受亚洲金融危机，中国因为坚持人民币不贬值的承诺，出口受到影响。1997年、1998年和1999年我国经济增长率分别下降为8.5%、7.8%和7.7%，低于1996年9.8%的经济增长率①。

（二）刺激内需的政策及实施效果

在出口受到抑制的时候，为了保证每年8%的经济增长率，中央果断决定实施积极的财政政策。具体做法是：“实行积极的财政政策，并配合以稳健的货币政策，大规模发行国债，促进基础设施、基础工业的发展，以带动工业投资，拉动经济增长”等，同时，也采取了“降低利率”“征收利息税”等做法。除拉动投资之外，就是扩大内需。而让政府头疼的是，储蓄不断上涨（1989年人均储蓄率为4.8%，此后，储蓄率逐年上升，1998年为17.7%，1999年为18.3%）②，CPI却一直不见动静。于是，“刺激消费”的政策持续不断地出台，先是连续降低人民币存、贷款利率，刺激老百姓把钱从银行提出来，或投资、或消费；在仍不见效的情况下，又开始征收20%的存款利息税。与普通民众生活休戚相关的教育、医疗和住房三项，也从1998年开始改革。

从实施效果来看，当时“扩大内需”的措施取得了一些成效。利用国债资金进行重点建设，不仅有力地拉动了经济增长、抑制了通货紧缩趋势，而且加快了经济结构调整、增强了经济发展的后劲。积极的财政政策在扩大消费、促进出口和支持改革等方面也发挥了重要作用。在扩大内需的宏观政策作用下，2000年中，中国经济开始出现转机，当年GDP增长率恢复到8%，扭转了经济增长持续下滑的趋势。如图1-1所示。

在经济学中，消费、投资、出口通常被看作是拉动经济增长的“三驾马车”。自1990年以来，出口对我国经济增长的贡献率曾一度高于消费和投资，是拉动我国经济增长的主

---

① 国家统计局．中国统计年鉴（2019）［M］．北京：中国统计出版社，2019.

② 陈志武．财富是怎样产生的？［EB/OL］．http：//www.aisixiang.com/data/3979.html.

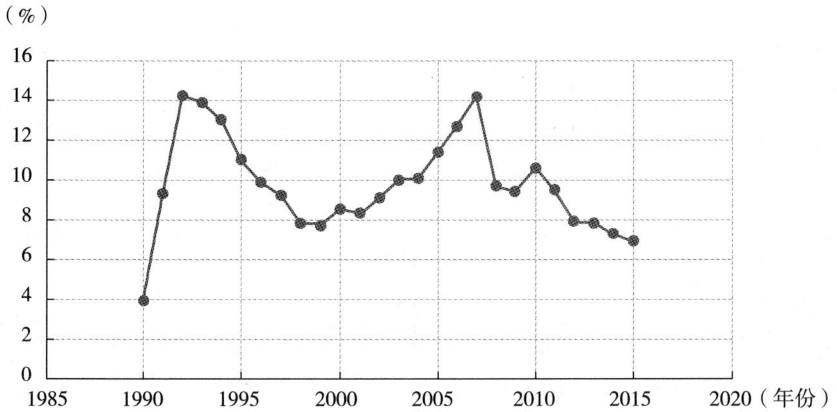

图 1-1 国内生产总值增长率

要力量。但自 2008 年下半年以来，在宏观经济周期性回落和世界金融危机等因素的综合影响下，我国 GDP 增长速度明显回落，2008 年下降到 9.7%，2009 年为 9.4%。在金融危机的背景下，较快增长的出口率已难以为继，扩大国内消费需求已经成为拉动我国经济增长的重要动力。但我国过低的消费率导致内需不足，制约了国民经济的持续高速增长。①

尽管政府采取了积极的财政政策来扩大内需，但消费率走低的情况没有得到遏制。如图 1-2 所示，在 1998 年采取刺激内需的政策之后，1998~2000 年，居民消费率有短暂的提高，但自 2000~2010 年，居民消费率从 46.72%下降至 35.56%。1990 年以来我国居民消费率的变化如表1-2 所示。

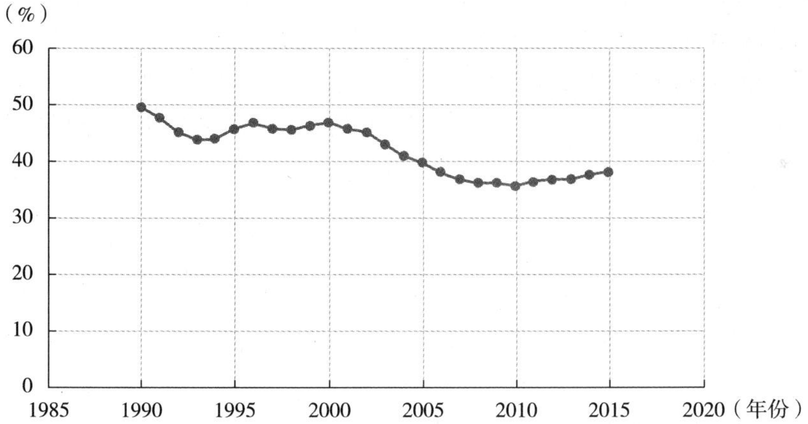

图 1-2 居民消费率的变化

表 1-2 1990 年以来我国居民消费率的变化 单位:%

年份	居民消费率	年份	居民消费率
1990	49.48	2003	42.90
1991	47.66	2004	40.92
1992	45.04	2005	39.77

① 赵兴罗．扩大内需背景下的国民收入分配格局调整［J］．中南财经政法大学学报，2010（2）：21-25+143.

续表

年份	居民消费率	年份	居民消费率
1993	43.72	2006	38.03
1994	43.93	2007	36.73
1995	45.62	2008	36.05
1996	46.68	2009	36.20
1997	45.77	2010	35.56
1998	45.41	2011	36.32
1999	46.15	2012	36.70
2000	46.72	2013	36.81
2001	45.58	2014	37.48
2002	45.04	2015	38.01

资料来源：根据《中国统计年鉴》数据计算得到。

多年来，我国存在居民储蓄与消费结构失衡的问题，储蓄率太高、消费率太低。2008年，我国储蓄率为51.4%，比世界平均储蓄率高27.5个百分点。从1978年到2008年，我国储蓄率提高13.5个百分点。与此同时，消费率大幅度下降。1978年我国消费率为62.1%，2008年我国消费率降为48.6%，下降13.5个百分点。消费率下降主要是由居民消费率下降造成的。[①] 我国内外需失衡，出口依存度过高、内需不足，其实质是居民消费需求严重不足。居民消费不足使我国经济越来越走上为生产而生产的怪圈，带来了一系列的经济社会问题。我国居民消费持续走低，也是当时我国居民应对未来风险不确定性所采取的措施，即在未来收入不确定而未来支出增加的情况下，居民减少当期消费、增加储蓄。在向市场经济体制转型和改革的过程中，20世纪90年代末，我国进行国有企业改革、医疗改革、教育改革和住房改革，并没有形成有效的组织和机构来承接相应的保障职能。居民养老、医疗、教育等需要较大的支出，居民对未来风险和收入预期的不确定使其降低消费偏好，提高预防性储蓄的意愿，这样，新增收入便不能或较少地转化为消费。由于长期存在城乡“二元结构”，再加上20世纪90年代中期以来我国农村居民收入低速增长，农村居民购买力低下，致使1998年开始实施的刺激内需的政策开拓农村市场的效果并不显著。中国（海南）改革发展研究院院长迟福林认为，中国正处于消费释放的历史拐点，消费主体随着城市化的推进持续扩大，城乡居民消费需求不断增长。但是，持续扩大的贫富差距成为影响和制约消费释放的重要因素。

《2009年国务院政府工作报告》提出要“扩大消费尤其是居民消费，继续调整收入分配格局，提高劳动报酬占国民收入的比重，增加政府支出用于改善民生、扩大消费的比重，增加对城镇低收入群众和农民的补贴；培育消费热点，拓展消费空间”。此后，中央政府围绕“调整收入分配”这一问题，采取措施加快提高中低收入者的收入，逐步建立和完善社会保障制度，包括失业、养老、医疗等社会保障体系。

《中共中央关于制定国民经济和社会发展第十二个五年规划的建议》强调把扩大消费

① 张卓元．我们必须容忍经济增速回调至8%［EB/OL］．［2010-11-30］．http：//news.hexun.com/2010-11-30/125902433.html.

需求作为扩大内需的战略重点，促进经济增长向依靠消费、投资、出口协调拉动转变。强调要建立扩大消费需求的长效机制，包括积极稳妥地推进城镇化、完善收入分配制度、发展新型消费业态，促进消费结构升级等。调整优化投资结构，保持投资合理增长，完善投资体制机制；促进投资消费良性互动，把扩大投资和增加就业、改善民生有机结合起来，创造最终需求。

（三）供给侧改革及实施效果

中国供需关系面临着不可忽视的结构性失衡。"供需错位"已成为制约中国经济持续增长的最大障碍。一方面，产能过剩是制约中国经济转型的一大包袱。另一方面，中国的供给体系与需求侧严重不匹配，主要表现为中低端产品过剩、高端产品供给不足。此外，中国的供给侧低效率无法供给出合意的需求。因此，强调供给侧改革，就是要从生产、供给端入手，调整供给结构，为真正启动内需打造经济发展新动力寻求路径。[①] 我国居民的需求结构随着收入水平的不断提高正在发生变化，产品的供给侧调整却明显滞后于消费者对产品质量和服务的需求升级。正是由于国内企业有效供给能力不足造成了一些产品和服务的"需求外溢"，高端消费能力外流现象严重。为解决供给与需求结构不匹配的问题，必须推进供给侧结构性改革。

《2016年国务院政府工作报告》强调推进结构性改革和加快新旧发展动能接续转换，在适度扩大总需求的同时，突出抓好供给侧结构性改革，减少无效和低端供给、扩大有效和中高端供给、增加公共产品和公共服务供给，使供给和需求协同促进经济发展。党的十九大报告提出，完善促进消费的体制机制，增强消费对经济发展的基础性作用。

党的十八大以来，党中央坚持以新发展理念为指导，在深入推进供给侧结构性改革的同时，适度扩大总需求特别是持续促进居民消费需求，提升居民的消费能力，完善消费政策，推动消费升级。在供给侧改革和刺激内需的政策作用下，我国在扩大居民消费规模、提高消费水平、改善消费结构等方面取得了显著成效，消费对经济发展的基础性作用进一步凸显。

《2017年中国居民消费发展报告》指出，近年来，我国消费一直保持平稳较快增长，成为经济稳定运行的"压舱石"。其作用主要体现在以下几方面："一是我国居民消费总体规模不断扩大，2017年社会消费品零售总额达到36.6万亿元，增长10.2%，2013~2017年社会消费品零售总额年均增长11.39%；网上零售额年均增长30%以上；全国居民人均消费支出为18322元，增长7.1%。二是消费对经济发展的基础性作用显著增强，2017年最终消费对经济增长的贡献率为58.8%，高出资本形成总额贡献率26.7个百分点。消费率稳步攀升，2017年最终消费支出占国内生产总值的比重达到53.6%，自2012年以来已连续6年占比超过50%。我国经济增长实现由主要依靠投资、出口拉动转向依靠消费、投资、出口协同拉动。三是消费升级步伐加快，2017年全国居民恩格尔系数为29.39%，进入了联合国划分的20%~30%的富足区间；服务消费占比不断扩大，教育文化娱乐、医疗保健支出占居民消费支出的比重分别为11.4%和7.9%，比上年提高0.2个和0.3个百分点；消费升级类商品的销售增长较快，通信器材、体育娱乐用品和化妆品类商

① 涂龙力．为什么现在要强调供给侧结构性改革［N/OL］．深圳特区报，2015-12-15．http：//finance．sina．com．cn/china/20151215/120024019723．

品分别增长 11.7%、15.6%和 13.5%。四是居民消费能力不断提高，2017 年，全国居民人均可支配收入为 25974 元，实际增长 7.3%，高于经济增长速度，其中城镇、农村居民人均可支配收入分别实际增长 6.5%和 7.3%，农村居民收入增速连续 8 年快于城镇居民。”①

二、案例的思政元素

本案例的思政元素主要是：

（一）一切从实际出发，实事求是

一切从实际出发，就是我们想问题、办事情要把客观存在的实际事物作为根本出发点。它要求我们一定要根据客观存在的事实来决定我们的主观思想和行动。一切从实际出发，实事求是，是辩证唯物主义的基本要求。坚持一切从实际出发，使主观符合客观，是人们正确地认识世界和改造世界的根本立足点。一切从实际出发和实事求是在本质上是一致的。因此，坚持一切从实际出发，从当时中国经济改革与经济发展的具体情况与背景出发，分析影响我国消费需求决策的主要因素。党的十八大以来，党中央不断创新宏观调控政策，完善财政、货币、产业、区域等经济政策协调机制，减缓经济周期波动影响，适度扩大总需求特别是居民消费需求，提升消费能力，完善消费政策，推动消费升级，使我国消费一直保持平稳较快增长，成为经济稳定运行的“压舱石”。这说明党中央对经济工作的领导坚持一切从实际出发，从社会主义初级阶段这个最大的实际出发，实事求是，不断推进我们党的理论创新和实践活动更符合客观实际。

（二）深化供给侧结构性改革

供给侧结构性改革旨在调整经济结构，使市场要素实现最优配置，提升经济增长的质量和数量。当前我国经济大而不强、大而不优的现状必须贯彻新发展理念、建设现代化经济体系，深化以供给侧结构性改革为主线，推动经济发展质量变革、效率变革、动力变革，提高全要素生产率。正如中共中央总书记、中央财经领导小组组长习近平在 2016 年 1 月 26 日主持召开的中央财经领导小组第十二次会议上强调，供给侧结构性改革的根本目的是提高社会生产力水平，落实好以人民为中心的发展思想。要在适度扩大总需求的同时，去产能、去库存、去杠杆、降成本、补短板，从生产领域加强优质供给，减少无效供给，扩大有效供给，提高供给结构适应性和灵活性，提高全要素生产率，使供给体系更好适应需求结构变化。目前“供需错位”已成为制约中国经济持续增长的最大障碍：产能过剩成为制约中国经济转型的一大包袱；我国的供给体系与需求侧严重错位，居民消费需求已经从数量型向质量型转变，对产品和服务的质量要求越来越高，中低端产品供给过剩，高端产品供给不足，服务业发展与需求增长脱节，消费品和服务供给结构升级滞后已经成为阻碍消费市场扩大的重要原因。因此，必须进行供给侧体系改革。正如习近平总书记在中央财经领导小组第十二次会议上所强调的：“供给侧结构性改革的根本目的是提高社会生产力水平，落实好以人民为中心的发展思想。就是要在适度扩大总需求的同时，从生产

---

① 国家发展和改革委员会．2017 年中国居民消费发展报告［M］．北京：人民出版社，2018.

领域加强优质供给，减少无效供给，扩大有效供给，提高供给结构适应性和灵活性，提高全要素生产率，使供给体系更好适应需求结构变化。”

（三）新时代我国社会主要矛盾的变化

习近平总书记在党的十九大报告中指出：“中国特色社会主义进入新时代，我国社会主要矛盾已经转化为人民日益增长的美好生活需要和不平衡不充分的发展之间的矛盾。”深刻认识我国社会主要矛盾变化的现实依据，准确把握我国社会主要矛盾变化的重大意义，是深入理解新时代中国特色社会主义的关键所在，也是决胜全面建成小康社会、全面建设社会主义现代化国家的战略基石。我国社会主要矛盾的历史性变化，集中体现了党和国家事业发展所取得的辉煌成就，也对新时代中国特色社会主义的发展提出了新的要求。为了解决我国现阶段“一部分产品和服务供给的质量和供给结构不能很好地满足人民日益增长的美好生活的需要”这一供需结构失衡问题，党中央抓住供给侧产品、服务的底端供给与我国消费结构升级变化需求侧之间的矛盾，通过供给侧结构性改革推动我国经济转型，同时深化收入分配、经济绿色发展、社会保障等方面的改革，以不断满足人民日益增长的美好生活需要。因此，在学习经济学理论和分析经济问题时，既要有全局观，对各种矛盾做到心中有数，又要优先解决主要矛盾和矛盾的主要方面，以此带动其他矛盾的解决，并善于把抽象的东西还原到我国当前经济发展的具体实践中，分析、解释经济现象并思考适合解决中国经济问题的举措。

三、案例使用说明

（一）教学用途与教学目标

1. 教学用途

本案例可用于《宏观经济学》第十章“短期经济波动模型：产品市场均衡”中凯恩斯消费函数及其他消费理论的教学。

2. 教学目标

（1）知识层面。

理解概念：需求、供给侧改革。

掌握理论：凯恩斯消费理论、绝对收入假说、相对收入假说、生命周期假说、持久收入假说。

（2）能力层面。

系统思维能力：教师通过对理论的讲解，帮助学生系统地了解 20 世纪 90 年代以来影响我国消费需求的因素主要有哪些，形成全面、系统、联系地分析问题和解决问题的思维能力。

判断实践能力：根据案例材料，设置两个由浅入深、由知识到能力的问题，通过解答问题，帮助学生形成“理论到实践、实践到理论”的思维方式，使学生能就消费需求及宏观经济政策等问题搜集信息与资料，善用相关的理论知识，提出合理的解决方案。

（3）素质层面。

形成专业意识：理解消费需求的影响因素，理解“消费需求与收入、社会保障之间的关系”“供给与需求之间的关系”对经济增长的影响；养成关注时事政治、经济环境、宏观经济现象与问题等的学习习惯。

提高职业素养：通过案例，引入党的十九大精神和其他重要思政元素，拓展学生视野，让他们理解国家在不同时期根据经济发展所处的不同阶段及出现的具体问题，采取不同经济政策的必要性，引导学生深入理解并自觉践行党的十九大以来的相关经济政策，引导学生反思西方经济学的相关消费理论在中国的适用性，科学分析西方经济学相关消费理论对解决我国经济问题的指导价值，批判地继承西方经济学的相关理论并结合中国国情发展理论，更好地为建设新时代中国特色社会主义市场经济服务。

（二）案例讨论的准备工作

（1）学生预习与本章消费需求理论相关的知识，对影响消费需求的因素有初步的了解。

（2）布置学生课前查阅我国 1998 年以来消费需求、经济增长的相关数据和我国采取的刺激内需、开展供给侧改革的主要政策，使其对 1998 年以来我国宏观经济问题及相关调控政策有初步的了解。

（三）案例分析要点

1. *启发思考题*

（1）结合本章所学的消费理论、影响居民消费的主要因素等基本知识，分析制约我国扩大内需的主要因素有哪些？

（2）结合本案例的内容，从不同时期刺激消费需求成效的角度，谈谈我国为什么要调节国民收入差距、完善社会保障体系和进行供给侧结构性改革？

2. *分析思路*

（1）分析影响我国消费需求的主要因素。

理论知识点：凯恩斯的绝对收入假说、杜森贝利的相对收入假说、莫迪利安尼的生命周期假说、弗里德曼的持久收入假说。

引导学生从影响中国消费需求的实际因素出发，实事求是地分析问题。参考答案如下：

凯恩斯消费理论对指导分析我国经济内需不足的问题具有一定的参考价值。在凯恩斯的消费函数理论中，家庭当期消费水平取决于该家庭当期的收入水平，这一消费理论又被称为“绝对收入假说”。针对绝对收入假说的局限性，杜森贝利提出了“相对收入假说”、莫迪利安尼提出了“生命周期假说”、弗里德曼提出了“持久收入假说”。根据这些理论可知，消费者的现期收入、对未来收入和支出的预期、社会的收入分配状况、社会保障制度等因素会影响居民的消费需求及决策。

上述理论对指导我们分析“我国经济存在内需不足的问题”具有一定的参考价值，但也有其局限性。比如产品和服务的供给质量、供给结构能否满足消费者对产品功能、质量的要求，供给侧的因素也会影响到消费者的消费需求。

（2）结合本案例的内容，分析我国为什么要调节国民收入差距、完善社会保障体系和进行供给侧结构性改革的必要性。

在前一题的基础上，引导学生了解影响消费需求的因素主要有哪些，分析不同时期采取的政策措施有哪些效果。参考答案如下：

凯恩斯的消费理论是在 1929~1933 年资本主义国家出现经济危机时，凯恩斯受《蜜蜂的寓言》的启发，从生产过剩和有效需求不足出发提出的需求管理论，凯恩斯把有效需求分为“消费需求”和“投资需求”。凯恩斯认为，有效需求不足是造成生产相对过剩危机的原因，因而他主张进行需求管理，采取调控政策刺激总需求。因此，在应用凯恩斯消费理论分析我国的总需求和消费需求等问题时，应注意阐明该理论提出的现实背景和经济、社会环境，阐明该理论在当时解决资本主义国家在 20 世纪 30 年代的经济危机时的积极作用及该理论的局限性。

从刺激内需的成效来看，“我国 1998 年刺激内需的成效和 2010 年之后刺激内需的成效差异”可以看出凯恩斯消费理论和需求管理理论的局限性，运用相关理论和方法分析我国当时面临的经济问题，应该从我国现实的经济背景出发，分析消费需求与收入分配、社会保障等因素之间的关系，分析消费需求与投资以及供给侧改革之间的关系。影响消费需求的因素不仅包括当期收入，还有人们对未来收入支出的预期、收入分配状况与收入差距、社会保障的水平与完善的程度，还应当考虑供给侧因素。因此，刺激内需的政策不仅要增加当期收入，还要通过收入分配改革、完善社会保障体系稳定居民预期，并通过推进供给侧改革来改善产品和服务质量，更好地满足居民消费需求的变化，顺应消费结构的升级。

（四）教学组织方式

建议用本案例完成“消费需求函数”全部知识点的教学，不再安排教师讲授的时间。一般安排 2 个课时（80 分钟）。教学组织安排如表 1-3 所示。

表 1-3 案例的教学组织

学习阶段	学习内容	时间限制	学习目标
课前	要求学生分组，并预习课本知识，查阅 20 世纪 90 年代以来我国经济增长、居民消费状况、扩大内需和供给侧改革的政策等相关资料	提前两天	熟悉案例背景
课中	教师展示有关消费需求、经济增长、政策等相关数据和案例	5 分钟	进一步熟悉案例背景
	分组讨论，并当堂完成案例分析报告	30 分钟	结合理论分析问题，小组案例分析报告作为一次平时成绩
	随机抽取四个小组进行发言	每组 5 分钟，控制在 20 分钟以内	结合理论分析问题，要求概述理论依据，结合具体问题分析
	引导全班进一步讨论，并进行归纳总结，注意思政元素与管理学理论的结合。引导学生学会运用管理学的理论知识解决现实问题	25 分钟	归纳用到的关键理论，并对各组表现做一个简单点评
课后	请学生继续我国消费需求的变化和政策动态，下次课用 5 分钟回顾提问		增进记忆，巩固知识

（五）总结

影响我国消费需求的因素是复杂的，我们分析的只是其中的几个方面。在具体分析影响因素时，在学习和应用相关理论时，要注意运用一切从实际出发的原则理解经济理论和分析经济问题。不仅要根据相关消费理论的分析方法、结论从不同角度进行分析，还要立足于我国经济发展过程中消费和储蓄失衡、供需结构失衡、收入差距扩大等问题，理解抓住我国经济发展中结构失衡的主要矛盾，深化收入分配改革、完善社会保障体系和推进供给侧改革的必要性，深刻理解国家在新时代推行的政策背景和改革的措施。

参考文献

[1] 蒙令华. 1998 年扩大内需：不可忽视的综合症 [EB/OL]. 财经文摘，2006-02-13. http：//finance. sina. com. cn.

[2] 熊建. 不能靠浪费拉动内需 [N/OL]. 人民日报，2013-01-25. http：//opinion. people. com. cn/n/2013/0125/c1003-20321295. html.

[3] 赵兴罗. 扩大内需背景下的国民收入分配格局调整 [J]. 中南财经政法大学报，2010（2）：21-25.

[4] 涂龙力. 为什么现在要强调供给侧结构性改革 [N/OL]. 深圳特区报，2015-12-15. http：//finance. sina. com. cn/china/20151215/120024019723.

[5] 国家发展和改革委员会. 2017 年中国居民消费发展报告 [M]. 北京：人民出版社，2018.

[6] 郑光中. 凯恩斯的有效需求理论及其方法论述评 [J]. 岭南学刊，1997（2）：101-104.

[7] 彭斌. 凯恩斯节约悖论原理及其批判 [J]. 湖南社会科学，2008（5）：125-130.

[8] 吴晨映. “节俭悖论”与建设资源节约型社会 [J]. 中国特色社会主义研究，2011（5）：40-43.

[9] 李通屏. 刺激消费的效果评价及存在问题 [J]. 经济研究参考，2004（92）：27-30.

新时代背景下进行供给侧结构性改革的必要性

一、案例正文

“十二五”以来，经济增速显著下降，表面上的原因是“需求不足”，实际上是供给结构与市场需求脱节造成的“供给失灵”。一方面，以钢铁为代表的部分行业产能严重过剩，资源配置效率低下；另一方面，居民的有效需求受供给侧制约不能得到满足，国内消费和国内生产之间的脱节现象日益明显。①

2015 年 11 月，习近平总书记在主持召开中央财经领导小组第十一次会议上首次提出“供给侧改革”，强调在适度扩大总需求的同时，着力加强供给侧结构性改革，着力提高供给体系质量和效率，增强经济持续增长动力，推动我国社会生产力水平实现整体跃升。

2015 年 11 月 17 日，李克强总理在“十三五”《规划纲要》编制工作会议上强调，在供给侧和需求侧两端发力促进产业迈向中高端。2015 年 11 月 18 日，习近平在 APEC 会议上再提“供给侧改革”，指出要解决世界经济深层次问题，必须下决心在推进经济结构性改革方面做更大努力，使供给体系更适应需求结构的变化。

2016 年 5 月 16 日，习近平总书记主持召开中央财经领导小组第十三次会议强调，推进供给侧结构性改革，是综合研判世界经济形势和我国经济发展新常态作出的重大决策，各地区各部门要把思想和行动统一到党中央决策部署上来，重点推进“三去一降一补”，不能因为包袱重而等待、困难多而不作为、有风险而躲避、有阵痛而不前，要树立必胜信念，坚定不移地把这项工作向前推进。要坚持以人民为中心的发展思想，在全社会大力弘扬勤劳致富、艰苦奋斗的精神，激励人们通过劳动创造美好生活，不断提高生活水平。②

2016 年 12 月 14~16 日在北京召开的中央经济工作会议上，明确“形成以新发展理念为指导、以供给侧结构性改革为主线的政策体系，引导经济朝着更高质量、更有效率、更加公平、更可持续的方向发展，提出引领我国经济持续健康发展的一套政策框架”，会议认为我国经济运行面临的突出矛盾和问题虽然有周期性、总量性因素，但根源是重大结构性失衡导致的经济循环不畅，必须从供给侧、结构性改革上想办法，努力实现供求关系的动态平衡。供给侧结构性改革最终目的是满足需求，主攻方向是提高供给质量，根本途径是深化改革。最终目的是满足需求，就是要深入研究市场变化，理解现实需求和潜在需求，

① 胡鞍钢，周绍杰，任皓．供给侧结构性改革——适应和引领中国经济新常态［J］．清华大学学报（哲学社会科学版），2016，31（2）：17-22+195.

② 习近平．习近平主持召开中央财经领导小组第十三次会议［EB/OL］．［2016－05－16］．http：//cpc. people. com. cn/n1/2016/0516/c64094-28354852. html.

在解放和发展生产力中更高满足人民日益增长的物质文化需要。主攻方向是提高供给质量，就是要减少无效供给、扩大有效供给，着力提升整个供给体系质量，提高供给结构对需求结构的适应性。根本途径是深化改革，就是要完善市场在资源配置中起决定性作用的体制机制，深化行政管理体制改革，打破垄断，健全要素市场，使价格机制真正引导资源配置。①

2017 年 10 月，习近平总书记所作的党的十九大报告指出：我国经济已由高速增长阶段转向高质量发展阶段，正处在转变发展方式、优化经济结构、转换增长动力的攻关期，建设现代化经济体系是跨越关口的迫切要求和我国发展的战略目标。必须坚持质量第一、效益优先，以供给侧结构性改革为主线，推动经济发展质量变革、效率变革、动力变革，提高全要素生产率，着力加快建设实体经济、科技创新、现代金融、人力资源协同发展的产业体系，着力构建市场机制有效、微观主体有活力、宏观调控有度的经济体制，不断增强我国经济创新力和竞争力。②

2017 年 12 月召开的中央经济工作会议认为，中国特色社会主义进入了新时代，我国经济发展也进入了新时代，基本特征就是我国经济已由高速增长阶段转向高质量发展阶段。推动高质量发展，是保持经济持续健康发展的必然要求，是适应我国社会主要矛盾变化和全面建成小康社会、全面建设社会主义现代化国家的必然要求，是遵循经济规律发展的必然要求。会议指出，要围绕推动高质量发展，要做好 8 项重点工作，其中首要的是深化供给侧结构性改革。要推进中国制造向中国创造转变、中国速度向中国质量转变、制造大国向制造强国转变。深化要素市场化配置改革，重点在“破”“立”“降”上下功夫。大力破除无效供给，把处置“僵尸企业”作为重要抓手，推动化解过剩产能；大力培育新动能，强化科技创新，推动传统产业优化升级，培育一批具有创新能力的排头兵企业，积极推进军民融合深度发展；大力降低实体经济成本，降低制度性交易成本，继续清理涉企收费，加大对乱收费的查处和整治力度，深化电力、石油、天然气、铁路等行业改革，降低用能、物流成本。③

2018 年 3 月 5 日李克强总理的《政府工作报告》在对 2018 年政府工作的建议中强调：“深入推进供给侧结构性改革。坚持把发展经济着力点放在实体经济上，继续抓好‘三去一降一补’，大力简政减税减费，不断优化营商环境，进一步激发市场主体活力，提升经济发展质量。”具体来说：一要发展壮大新动能；二要加快制造强国建设；三要继续破除无效供给；四要深化“放管服”改革；五要进一步减轻企业税负；六要大幅降低企业非税负担。④

二、案例的思政元素

（一）生产与消费存在相互作用的辩证关系原理

马克思基于唯物辩证法集中而系统地论述了生产与消费相互作用的辩证关系。生产过

---

① 2016 年中央经济工作会议全文［EB/OL］．［2016-12-16］．http：//finance. ifeng. com/a/20161216/15083537_0. shtml.

② 习近平．中国共产党第十九次全国代表大会报告［M］．北京：人民出版社，2017.

③ 2017 年中央经济工作会议全文［EB/OL］．［2017-12-20］．http：//news. ifeng. com/a/20171220/54356351_0. shtml.

④ 李克强．2018 年政府工作报告全文［EB/OL］．http：//www. gov. cn/zhuanti/2018lh/2018zfgzbg/zfgzbg. htm.

程本身就是一个消费过程，同时消费过程本身也是劳动力自身的再生产过程。生产和消费具有相互作用。一方面，生产创造和决定消费。生产为消费创造材料和对象；生产决定消费方式，生产制造出消费的用具和手段；直接生产过程；生产出来的产品，满足消费者需要；生产领域的扩展和水平的提高（主要是科技的运用）导致生产能力的扩展，带来消费需求的扩展。另一方面，消费对生产有反作用。消费实现了商品的价值，使生产行为得以最终完成。同时，消费还为生产创造出新的需要，创造出生产的“观念上的内在动机”，从而创造出“生产的动力”。生产为消费创造作为物质财富的现实的对象，消费为生产创造作为主观目的的观念的对象。

改革开放40年来，在中国共产党的正确领导下，在全国各族人民的共同努力下，中国发展成为世界第二大经济体，综合国力的提升使人民的消费无论是在数量上还是质量上都在不断升级。2000~2016年，中国最终居民消费额由47万亿元增加到203万亿元，消费品中进口消费品占总消费比重平均为42.47%，并且呈现持续上升的趋势。[①] 这是生产决定消费的表现。虽然我国已经跃居世界第二大经济体，但我国产业结构的问题突出表现为低附加值产业、高消耗、高污染、高排放产业的比重偏高，产出无法满足全部国内居民日益升级的消费需求。因此，需要进行供给侧结构性改革，推进结构调整，减少无效和低端供给、扩大有效和中高端供给，增强供给结构对需求变化的适应性和灵活性，这是消费对生产反作用的表现。

（二）关于社会主要矛盾变化的判断

社会主要矛盾集中反映出社会在一定时期内生产力和生产关系这一基本矛盾的要求。揭示社会主要矛盾，反映基本矛盾运动规律，是正确认识社会性质，把握社会发展趋势和规律，制定社会发展战略目标和确定社会根本任务的重要前提。有什么样的生产力发展水平、处于什么样的发展阶段，就有什么样的社会主要矛盾，社会主要矛盾变化是一个自然历史过程，人们不可能主观选择，对其判断必须及时准确，认识超前或滞后，都会干扰社会的发展，甚至阻碍社会生产力的发展。

对社会主要矛盾的科学判断，是制定党的路线方针政策的基本依据。党对我国社会主义主要矛盾的认识根据社会发展变化而不断调整和深化。1956年党的八大的政治报告根据当时处于完成社会主义改造任务，中国进入全面建设社会主义时期新的历史方位，明确提出：“我们国内的主要矛盾，已经是人民对于建立先进的工业国的要求同落后的农业国的现实之间的矛盾，已经是人民对于经济文化迅速发展的需要同当前经济文化不能满足人民需要的状况之间的矛盾。”1978年党的十一届三中全会实现了历史转折，反映在对社会主要矛盾的认识上，就是重回八大的有关表述。1981年党的十一届六中全会通过的《关于建国以来党的若干历史问题的决议》，对我国社会主要矛盾作了科学概括：“社会主义改造基本完成以后，我国所要解决的主要矛盾是人民日益增长的物质文化需要同落后的社会生产之间的矛盾。”2017年习近平总书记在党的十九大报告中指出：“我国社会主要矛盾已经转化为人民日益增长的美好生活需要和不平衡不充分的发展之间的矛盾。”我国社会主要矛盾的变化是判断中国特色社会主义进入新时代的基本依据，也是新时代的重要

① 孙早，许薛璐. 产业创新与消费升级：基于供给侧结构性改革视角的经验研究［J］. 中国工业经济，2018（7）.

特征。

党的十九大报告对我国社会主要矛盾变化做出的判断，准确反映了我国新时代经济发展的新变化，从“物质文化需要”到“美好生活需要”的转变代表了消费升级的必然趋势，而“不平衡不充分的发展”则是对供给结构方面所存在问题的高度概括。2017 年中央经济工作会议指出：中国特色社会主义进入了新时代，我国经济发展也进入了新时代，基本特征就是我国经济已由高速增长阶段转向高质量发展阶段。推动高质量发展，是保持经济持续健康发展的必然要求，是适应我国社会主要矛盾变化和全面建成小康社会、全面建设社会主义现代化国家的必然要求，是遵循经济规律发展的必然要求。要实现高质量发展，首要任务是深化供给侧结构性改革。深化供给侧结构性改革，要按照创新、协调、绿色、开放、共享五大发展理念的要求，紧紧围绕“三去一降一补”五大重点任务，充分发挥市场在资源配置中的决定性作用，通过完善市场机制，进一步激发市场主体活力。优化投资结构、提高产品质量、加快动能转换。

“人民对美好生活的向往，就是我们的奋斗目标”，这是我们党作出的庄严承诺。面对“两个一百年”奋斗目标的历史交汇期，党的十九大作出了分两个阶段实现第二个百年奋斗目标的战略安排，并把满足人民日益增长的美好生活需要作为重要的奋斗目标，明确第一个阶段要实现“人民生活更加宽裕”“全体人民共同富裕迈出坚实步伐”；第二个阶段“全体人民共同富裕基本实现，我国人民将享有更加幸福安康的生活”。今后，人民的获得感、幸福感、安全感将更加充实、更有保障、更可持续。列宁深刻地指出：使所有劳动者过最美好的、最幸福的生活，“只有社会主义才能实现这一点。而且我们知道，社会主义一定会实现这一点，而马克思主义的全部困难和它的全部力量也就在于了解这个真理”。“发展不平衡”主要指各区域各方面发展不够平衡，制约了全国发展水平提升。“发展不充分”主要指一些地方、一些领域、一些方面还有发展不足的问题，发展的任务仍然很重。现阶段我国发展不平衡不充分表现在很多方面，比如：发展质量和效益还不高，创新能力不够强，实体经济水平有待提高，生态环境保护任重道远；民生领域还有不少短板，脱贫攻坚任务仍很艰巨，城乡区域发展和收入分配差距依然较大，群众在就业、教育、医疗、居住、养老等方面面临不少难题；社会文明水平尚需提高；等等。不平衡与不充分是相互关联的，但现阶段不平衡的问题更加明显，突出表现在区域、城乡、经济和社会、物质文明和精神文明、经济建设和国防建设等关系上。这些不平衡，无疑都对我国现阶段进行供给侧结构性改革提出了迫切的要求。

（三）供给侧结构性改革的核心是进一步解放和发展社会生产力

社会主义的本质是解放生产力、发展生产力，消灭剥削，消除两极分化，最终达到共同富裕。近年来，由于融资、人力资源、环境、土地等生产成本上涨以及国际环境不利等因素影响，产生了经济下行及产能过剩的压力，影响了生产力的发展。供给侧结构性改革的关键在“结构”上，生产者效率是否提高，主要体现在结构变化效应上，即产业组织结构、产业结构、区域结构等的变化。结构变化可以促进效率的提高，进一步解放和发展社会生产力，进而实现我国经济由高速增长阶段转向高质量发展阶段，培育壮大经济发展新动能，为实现中华民族伟大复兴提供重要支撑。

三、案例使用说明

（一）教学用途与教学目标

1. 教学用途

本案例适用于《宏观经济学》中短期经济波动模型：总需求—总供给分析的学习。总需求—总供给模型是宏观经济学中的基本模型，该模型是在微观经济学的基础上建立起来的，强调了总供给和总需求两方面力量对均衡国民收入的决定作用，反映了经济总体供求对整体价格水平的影响。

2. 教学目标

（1）知识层面。

理解概念：总需求曲线、总供给曲线、总需求—总供给模型。

掌握理论：总需求曲线变动的影响因素、总供给曲线变动的影响因素、总需求—总供给模型对外来冲击的反应。

（2）能力层面。

总需求—总供给模型源于微观的供求模型，既考察供给和需求变动对商品交易的均衡价格和均衡产量的影响，又考察市场价格水平及其变动对商品的供给与需求的影响。与微观经济学中的供求模型不同的是，宏观经济中的总需求—总供给除了研究经济总量问题外，还注重经济总量的结构问题。通过运用供给侧结构性改革作为案例，使学生在宏观经济总需求—总供给模型学习中形成对经济结构变动问题更直观、更具体的认识。

（3）素质层面。

通过案例的学习及对中国现阶段总需求与总供给的分析，理解新时代下中国宏观经济运行的特征，使学生在学习宏观经济学理论的同时，也了解我国当前经济发展的方向，养成关注国家宏观经济及其政策的制定背景、政策效果的习惯。

（二）案例讨论的准备工作

总需求—总供给模型是宏观经济学中的基本模型，该模型是在微观的供求模型基础上建立起来的。将总需求与总供给结合在一起放在一个坐标图上，用以解释国民收入和价格水平的决定，考察价格变化的原因以及社会经济如何实现总需求与总供给的均衡。总需求—总供给的均衡不单只是数量的均衡，还包括结构的均衡。

（1）安排学生课前收集我国当前经济运行中需求方面和供给方面的数据资料。对比2015年以前和2015年以后至2018年需求方面、供给方面的数据和相关政策，发现其中的变化。

（2）安排学生在网络上寻找关于供给侧结构性改革的背景、实施的方式、改革的重点、改革难点的视频资料，自行观看。

（3）了解国外政府供给学派的主要政策，研究我国供给侧结构性改革和国外的供给学派的政策有什么不同。

（三）案例分析要点

1. 启发思考

通过案例资料的介绍，了解我国供给侧结构性改革的背景、方式以及其重要意义，思考以下问题：

（1）我国为什么要进行供给侧结构性改革。

（2）从解决我国当前的主要矛盾的角度理解当前我国推进供给侧结构性改革的重要意义。

（3）分析我国供给侧结构性改革和供给学派的政策有什么不同。

2. 分析思路

（1）我国为什么要进行供给侧结构性改革。参考答案如下：

总需求—总供给模型的一般情况表明，无论是供给方面的力量，还是需求方面的力量的变化，都会改变总产量水平和一般价格水平。供给侧结构性改革是政府经济干预的重点从总需求转移到总供给，从总量干预到结构调控，提高供给结构对需求变化的适应性和灵活性，解决经济发展要素配置扭曲，处理好政府与市场在资源配置的关系，从而实现我国经济由高速增长阶段向高质量发展阶段转变。

（2）从解决我国当前的主要矛盾的角度理解当前我国推进供给侧结构性改革的重要意义。参考答案如下：

党的十九大报告对我国社会主要矛盾变化做出的判断，准确反映了我国新时代经济发展的新变化，从“物质文化需要”到“美好生活需要”的转变代表了消费升级的必然趋势。当前我国经济运行中面临需求结构升级而供给结构还未调整，造成“供需错位”问题，即：一方面传统的中低端消费品供给严重过剩，另一方面高品质消费品供给不足。近年来，伴随着中国经济的发展，中等收入群体稳步增长，我国居民基本需求整体上得到了较好的满足，使得基本消费品的需求呈现下降趋势，但与此同时，中高端和高品质的产品和服务需求呈上升趋势，这使得“供需错位”的问题日益突出。供给侧结构性改革，就是从提高供给质量出发，用改革的办法推进结构调整，矫正要素配置扭曲，扩大有效供给，提高供给结构对需求变化的适应性和灵活性，提高全要素生产率，以更好满足广大人民群众的需要，促进经济社会持续健康发展。

（3）分析我国供给侧结构性改革和供给学派的政策有什么不同。参考答案如下：

现代供给学派针对的主要问题是凯恩斯等需求调控理论无法解决的通货膨胀与经济增长停滞同在的问题，即“滞胀”。然而这与我国的供给侧改革所要解决的问题迥然不同。我国提出的供给侧改革从短期看主要针对并要努力解决的是生产质量和效率问题，从长期来看是经济结构转型的问题，实现经济长期、高质量的发展，以满足人民日益增长的美好生活需要。

供给学派政策强调增加供给重点是要减税，减税可以提高人们储蓄、投资的能力和意愿，同时还要削减政府开支和限制货币发行量。供给学派的措施只关注供给而忽视了需求的作用。我国供给侧结构性改革核心是解放和发展社会生产力，通过政府除了减税外的各种配套政策组合，达到减少低端供给、扩大中高端供给，增强供给结构对需求变化的适应性和灵活性的目的。

（四）教学组织方式

计划用2个课时讲授完本节相关知识点后，引入案例讨论，计划安排2个课时（80分钟）。教学组织安排如表1-4所示。

表1-4 案例的教学组织

学习阶段	学习内容	时间限制	学习目标
课前	预习课本知识，查阅相关资料，了解我国当前的消费需求及供给的现状	提前3天	熟悉案例背景
课中	教师或学生展示当前总需求与总供给结构失衡概况PPT	20分钟	进一步熟悉案例背景
	课堂分小组讨论	20分钟	结合理论分析问题，小组案例分析报告作为一次平时成绩
	随机抽取四个小组进行发言	每个小组发言不超过5分钟，控制在20分钟内	观点正确，论证充分，逻辑严谨，理论结合实际
	进行归纳总结，注意思政元素与供给侧结构性改革的结合。引导学生学会运用宏观经济学的理论知识解决现实问题	20分钟	归纳用到的关键理论，并对各组表现做一个简单点评
课后	请学生继续关注我国供给侧结构性改革的具体实施及取得的成绩		增进记忆，巩固知识

（五）总结

在古典情况下，总需求—总供给模型中的总供给曲线是垂直于横轴的，适用于经济达到充分就业的情况，此时供给已无法再增大了，总需求的增加只会使得物价上涨而总产量不变。事实上，总供给不会一直不变的，这些特定的情况有一定的局限性，无论是总需求还是总供给的变动都会对均衡产生影响，通过对供给侧结构性改革实施的背景、方式和目的的学习，使学生理解促进国民经济增长、提高国民收入增加的方式不单只有加强对需求方的管理，供给端的管理也很重要，在学习过程中认识到我国宏观政策的科学性。

参考文献

［1］《西方经济学》编写组．西方经济学（下册）［M］．北京：高等教育出版社，2012.

［2］《马克思主义政治经济学概论》编写组．马克思主义政治经济学概论［M］．北京：高等教育出版社，2017.

［3］习近平．决胜全面建成小康社会 夺取新时代中国特色社会主义伟大胜利：在中国共产党第十九次全国代表大会上的报告［M］．北京：人民出版社，2017.

［4］张占斌．新时代中国社会的主要矛盾与深化供给侧结构性改革［J］．行政管理改

革，2017（11）：31-33.

[5] 郝全洪. 从供需关系看供给侧结构性改革［N/OL］. 人民日报，2018-06-13. http://www. china. com. cn/opinion/theory/2018-06/13/content_52119761. htm.

[6] 刘仁营，朱有志. 重温马克思关于生产与消费辩证关系思想［N］. 光明日报，2016-02-03.

[7] 胡鞍钢，周绍杰，任皓. 供给侧结构性改革——适应和引领中国经济新常态［J］. 清华大学学报（哲学社会科学版），2016，31（2）：17-22+195.

中国改革开放以来四次通货膨胀及其原因

一、案例正文

从 1949 年新中国成立到 1978 年，我国实行了近 30 年的计划经济体制。在新中国成立初期的困难时期实行计划经济有利于集中资源集中力量搞重点建设，并取得了显著的成绩。但随着社会生产力的发展，计划经济体制的弊端逐渐显现并严重束缚了生产力的进一步发展。20 世纪 70 年代末，中国迈开了经济体制改革的步伐。至今，伴随经济体制改革的深入进行，中国经济和社会发展取得了举世瞩目的成绩，综合国力显著增强，成为世界第二大经济体。回首改革开放 40 年来，中国经历了四次较为严重的通货膨胀，分析这几次通货膨胀的成因及其治理，可以帮助我们更好地认识当前和今后经济发展的形势和应采取的对策。

（一）1985~1987 年的通货膨胀

1984 年中国开始城市改革，物价从 1985 年迅速暴涨，1985 年的消费价格指数 CPI 为 9.3%，全社会零售物价指数比 1984 年增长 6%，物价上涨速度快且幅度大。到 1987 年，三年间物价上涨率累计比 1984 年上涨 23.7%。① 此次通货膨胀原因可总结如下：

第一，全社会固定资产投资增长过快，总需求膨胀，经济发展过热，效率却不高。1981 年到 1985 年，全社会固定资产投资额从 961.01 亿元增至 2543.19 亿元，增长了近 3 倍。②投资规模扩张迅速，但效率不高，整个社会有效供给不足，造成“过多的货币追逐过少的商品”的现象。

第二，货币供应量过大，导致货币贬值。1984 年，中国人民银行开始着手金融体制改革，宣布今后贷款以上年为基数。结果，各商业银行上有政策下有对策，为扩大下一年贷款规模，于 1984 年就大量发放贷款，全年货币投放 262 亿元，③受时滞影响，大量投入货币对经济的影响于 1985 年才表现出来。

同时，1983 年中央政府确立了到 20 世纪末国民生产总值“翻两番”的战略目标，1984 年确立了社会主义商品经济的改革目标，这些目标也推动了投资的扩大。

（二）1988~1989 年的通货膨胀

1988 年，中国商品零售价出现了新一轮暴涨，物价上涨幅度继续扩大。以 1985 年的

---

①②③ 杨继绳．中国改革开放二十年纪实：邓小平时代［M］．北京：中央编译出版社，1998.

物价指数为基点，物价指数上涨连年创新高，1986 年为 6.0%、1987 为 13.7%、1988 年为 34.8%。[①] 与此同时，各大中城市出现了挤兑银行存款、疯狂抢购各种物品的现象。而流通领域货币供应量在 1987 年底就达到 1451 亿元。1988 年，零售物价指数 CPI 高达 18.5%，[②] 又创了新高。通货膨胀加剧的原因可归纳为：

第一，全社会固定资产投资增长过快，规模过大，超过了国力能承受的范围。居民消费需求增长过快，整个社会购买力的增长远远超过了商品供应量的增长。

第二，国家财政严重赤字，银行体系信贷规模过大，流通领域货币供应量持续过快增长。从 1986 年开始，政府持续加大财政支出，扩大财政赤字，以满足社会固定资产的投资增长要求和解决企业的资金短缺问题。财政收支差额 1988 年是-133.97 亿元，1989 年为-158.88 亿元。[③]

与此同时，为了解决政府赤字问题，中央银行连年超经济发行货币。到 1988 年底，流通领域里货币流通量为 2134 亿元，比 1987 年同期上涨 46.7%。这引发了物价的猛烈上涨，货币急剧贬值。金融机构在 1988 年、1989 年两年各项贷款达到了 26213.06 亿元，M2 在 1989 年也高达 11949.6 亿元，[④] 这些因素相互结合为高通胀提供了必要条件。

第三，价格改革。1988 年中央政府决定对流通体制进行改革。从 4 月开始，流通领域中政府逐步放开各种商品的价格，价格补贴由过去的暗补改为明补，各种商品的市场价格迅速上涨，这都加剧了居民的不确定性心理预期，引发了 1988 年 8 月中旬的挤兑银行存款和抢购风潮的现象，导致了物价暴涨和银行存款的大幅减少。

（三）1993~1994 年的通货膨胀

经过前期的治理整顿，1992 年春邓小平“南方谈话”后，中国经济进入了一个新的加速发展时期。表现为“四热”（房地产热、开发区热、集资热、股票热）、“四高”（高投资膨胀、高工业增长、高货币放行和信贷投放、高物价上涨）、“四紧”（交通运输紧张、能源紧张、重要原材料紧张、资金紧张）、“一乱”（经济秩序特别是金融秩序混乱）。其原因可归结如下：

第一，宏观调控政策由紧向松，刺激投资增加，经济过热。1989 年底党的十三届五中全会通过了《中共中央关于进一步治理整顿和深化改革的决定》，中国经济进入了“三年紧缩性宏观调控”阶段。但 1992 年春邓小平“南方谈话”之后，紧缩性政策改向松动，政策的松动刺激投资的增加和经济的增长。

第二，1995 年的政府工作报告中，李鹏总理说到 1994 年通货膨胀的原因时，说到“农业投入不足，耕地面积减少，一些地方不同程度地放松了粮食生产和‘菜篮子’工程”，加之“1994 年较为严重的自然灾害，造成农产品过紧的供给”；同时，“城乡人民生活改善和城市流动人口增加，又扩大了对农产品的需求”；加之“农业生产资料价格上涨，农业生产成本提高”，这就导致了农产品价格的大幅度上涨，推动整体物价水平上升。1994 年初外汇体制改革，人民币汇率贬值，出口大幅增加而国内需求得不到满足，进而助推了 1994 年的通货膨胀率攀升。

---

①②③④ 杨继绳．中国改革开放二十年纪实：邓小平时代［M］．北京：中央编译出版社，1998.

（四）2007~2008 年的通货膨胀

2007 年和 2008 年两年，中国又出现了新一轮的通货膨胀现象。2007 年猪肉、粮油等必需品价格上涨幅度大，直接影响 CPI 连续在 5%以上[①]高位运行。其原因可总结为：

第一，2000 年元旦中央政府决定进行西部大开发，从此中国固定资产投资规模一直都很大，2002 年中国的全部投资占 GDP 的 42%，2003 年已经到了 46%左右，2003 年的下半年经济开始出现了过热现象，特别是固定资产投资增长达到 24%，2004 年一季度更是到了 43%，[②] 但投资效率不高。而从 1998 年开始广义货币一直在增长，每年的速度都在两个百分点左右。多年经济发展过热，货币投放量过大，导致流动性过剩，必然使通胀压力逐步体现到商品价格上。2007 年下半年，国家对股市、房地产进行调整，释放了大量流动性资金，对物价形成重大冲击。

第二，国际粮价、原油价格的普遍上涨，带动了国内一系列产品成本上升。国际原油价格的持续上涨带动国内各行业生产成本上升，带动相关产品价格上升；同时也加大寻找替代能源的压力。而替代能源——生物能源的大力开发，一定程度上造成粮价的上升。

第三，2008 年初，南方发生了大面积风雪冰冻灾害，5 月四川汶川大地震，这都加重了经济发展困难度。自然灾害和地震灾难的双重影响，一方面使受灾地区农副产品收成大减，另一方面使得中央政府和各级地方政府面临灾后重建和发展经济的双重任务，这样就严重影响了部分地区发展速度。[③④]

二、案例的思政元素

本案例的思政元素主要是：

（一）改革是社会主义制度的自我完善和自我发展

改革是同一种社会形态发展过程中的量变和部分质变，是推动社会发展的又一重要动力。我国自 20 世纪 70 年代末以来进行的改革，是社会主义制度的自我完善和自我发展。上述案例材料中提到的四次通货膨胀，都是在一定的改革背景下出现的，如 1985 年、1986 年的通货膨胀因国企改革、金融改革使投资规模过大、货币超量投放；20 世纪 80 年代末财政体制改革和流通体制改革造成财政巨额赤字、货币超量投放和价格普遍上涨；1994 年的高通胀与邓小平的“南方谈话”刺激投资增长和外汇体制改革相关，2007 年、2008 年的通胀也与西部大开发政策、国家偏松的宏观财政、货币政策有很大关系。但这不等于说通货膨胀是改革的必然结果，改革是社会主义制度建立后，为适应社会经济发展，不断解放和发展社会生产力的必然举措，在改革过程中出现通货膨胀是伴随经济进一步发展而出现的副产品。对此，我们国家通过不断深化改革，完善和发展中国特色社会主义制度，加强宏观调控，把通货膨胀率控制在老百姓能承受的范围内。近十年来，中国改革全

---

①④ 吴江，韩鑫韬．改革开放以来我国四次通货膨胀的成因［J］．经济问题探索，2012（7）．

② 吴敬琏．经济已经过热不排除调整利率的可能［N］．中国经营报，2004-05-10．

③ 杨继绳著．中国改革开放二十年纪实：邓小平时代［M］．北京：中央编译出版社，1998．

面而深化，经济保持持续中高速增长，但没有再出现严重的通货膨胀现象，就是有力的证明。

（二）深化供给侧结构性改革，是缓解当前经济中通货膨胀压力的良策

党的十八大以来，党和国家事业取得全方位、开创性成就，发生深层次、根本性变革，党和国家事业发生历史性变革的重要体现，就是社会主要矛盾转化为人民日益增长的美好生活需要和不平衡不充分的发展之间的矛盾。我国社会主要矛盾的变化，从根本上决定了必须以供给侧结构性改革为主线建设现代化经济体系。

供给侧结构性改革是2015年11月习近平总书记在中央财经领导小组第十一次会议上第一次提出来的，在2017年党的十九大报告和2018年中央经济工作会议中进一步强调。供给侧结构性改革，是未来中国经济改革的主线。

中国经济自2010年以来波动下行，经济运行呈现出不同以往的态势和特点。其中，供给和需求不平衡、不协调的矛盾和问题日益突出。随着中国经济发展和人民收入水平的提高以及中等收入群体扩大，居民的需求结构、需求水平发生了明显改变，从最初的基本需求到现在的需求多样化、个性化和高端化，对产品的品质、质量和性能要求明显提高，对旅游、休闲、教育和医疗等服务需求快速增长，对各种生产性服务也提出了更高的要求。与此同时，供给侧却明显不适应需求结构的变化。市场供给中，无效和低端供给过多，有效和中高端供给不足，供给侧调整明显滞后于需求结构的升级，国内中高等收入居民对高品质商品和服务的需求难以得到满足，不少居民到境外大量采购日常用品，国内消费需求大量外流。此外，由于传统体制机制改革尚未完全到位，供给侧结构性调整的效率有待提高，以推动生产要素从无效需求领域向有效需求领域、从低端领域向中高端领域配置，释放新产品和新服务的供给潜力。

供给和需求的结构性失衡是这一阶段中国宏观经济面临的突出问题，也使得当前我国经济“双重风险”并存：既有投资和消费需求疲软引起需求不足导致的经济下行风险，又有生产要素价格上升导致的成本推动的潜在通货膨胀压力。

经济下行压力首先来自于需求疲软，但根本在于供给侧的结构性失衡。产业结构升级动力不足和产业劳动生产率结构性失衡是投资需求不足和消费需求增长乏力的深层次原因，而产业结构升级和产业间劳动生产率结构均衡主要是供给方面的问题，扼制下行，从根本上来说需要从供给侧入手。需求疲软条件下潜在通胀风险的根本控制也取决于供给侧的调整。从成本推动方面看，主要是由于经济发展进入新常态以来，生产要素成本，包括劳动力成本、自然资源价格、环境成本、技术进步的成本等全面系统性地提升，以往依靠要素成本低的竞争优势，通过大规模扩大要素投入量的方式拉动经济增长已不可持续。必须根本改变经济增长方式，从主要依靠要素投入量的扩大转变为主要依靠要素效率和全要素效率提高带动经济增长，否则不可能消化日益上升的国民经济生产成本，消化不掉，则变为巨大的成本推动的通货膨胀压力。我国现阶段的通胀压力在相当大的程度上来自成本推动（有测算接近50%），显然，这种要素成本结构的改变要求以创新推动投入产出结构

的改变，进而改变增长方式。这种效率的提升和成本结构矛盾的化解，主要是供给侧的改革。①

（三）贯彻新发展理念，建设现代化经济体系

党的十九大报告明确提出：贯彻新发展理念，建设现代化经济体系。现代化经济体系由创新引领协同发展的现代化产业体系、统一开放竞争有序的市场体系、体现效率促进公平的收入分配体系、彰显优势协调联动的城乡区域发展体系、资源节约环境友好的绿色发展体系、多元平衡安全高效的全面开放体系组成，并建设充分发挥市场作用，更好地发挥政府作用的经济体制。②

建设现代化经济体系的核心是推动高质量发展，其内容主要包括两大方面：一是在质量变革、效率变革、动力变革和提高全要素生产率的基础上，建设实体经济、科技创新、现代金融、人力资源协同发展的产业体系。二是在坚持社会主义市场经济改革方向的基础上，构建市场机制有效、微观主体有活力、宏观调控有度的经济体制。推进这两方面的建设，均需以供给侧结构性改革为主线。

通货膨胀表面上看是一种货币现象，但每一次通货膨胀的发生，都有其深层次的原因。未来中国经济发展中要有效防范和治理通货膨胀，必须坚持全面深化改革，贯彻新发展理念，建设现代化经济体系，提高经济发展的效率和质量。

三、案例使用说明

（一）教学用途与教学目标

1. 教学用途

本案例为描述型案例，适用于本科生《宏观经济学》第十三章“失业、通货膨胀和经济周期”第二节“通货膨胀”部分使用。

2. 教学目标

（1）知识层面。

理解概念：通货膨胀及其分类。

掌握理论：通货膨胀的各种成因及其对经济的影响。

（2）能力层面。

教师通过对理论的讲解，帮助学生系统地掌握通货膨胀的成因及对经济社会的影响，并结合案例，设置两个问题让学生讨论分析，通过讨论和总结，帮助学生学会观察分析经济现象，培养学生解决经济问题的能力。

（3）素质层面。

形成专业意识：理解控制通货膨胀稳定物价是一国宏观调控的重要目标，但这一目标

① 刘伟．通胀与下行压力并存 供给侧该如何改革［N/OL］．搜狐财经，2016-01-13.

② 习近平．决胜全面建成小康社会 夺取新时代中国特色社会主义伟大胜利——在中国共产党第十九次全国代表大会上的报告［M］．北京：人民出版社，2017.

的实现，决不是控制货币供应量就可以解决的。理解新时代下中国宏观经济运行的特征，养成关注国家宏观经济及其政策的制定背景、政策的效果的习惯。

提高职业素养：通过案例的学习及对中国现阶段宏观经济基本面的分析，结合党的十九大精神和其他重要思政元素，拓展学生视野，引导他们关心国家大事和天下大事，增强社会责任感。

（二）案例讨论的准备工作

（1）学生事先预习《宏观经济学》第十三章“失业、通货膨胀和经济周期”有关通货膨胀的相关知识，对通货膨胀的概念、分类、衡量指标，及其对经济的影响有较好的认识。

（2）授课教师可事先对班上同学进行分组，把全班同学分为五组，其中有四组各负责收集和整理一次通货膨胀的表现、成因、对国民经济的影响，当时调控措施和效果的材料；最后一组收集整理现阶段中国通货膨胀压力的成因及解决的办法。各组做成 PPT，备讨论用。

（三）案例分析要点

1. *启发思考题*

（1）分析改革开放以来中国四次较严重的通货膨胀，各自的成因是什么，对经济和社会的影响是什么？

（2）结合案例，讨论当前中国宏观经济通货膨胀压力产生的原因，如何防范和化解？

2. *分析思路*

两个思考题，是基于《宏观经济学》中通货膨胀的知识点提出。

（1）分析改革开放以来中国四次较严重的通货膨胀，各自的成因是什么，对经济和社会的影响是什么？

理论知识点：一是通货膨胀的成因，主要有需求拉上型、成本推动型和结构型通胀。二是通货膨胀对经济社会的影响。参考答案如下：

改革开放以来发生的四次较严重的通货膨胀，以需求拉上型为主，表现为投资需求过大，货币超量发行，这其中也有投资效率低下导致供给能力不足所致。1994 年和 2007 年、2008 年的通货膨胀则表现为比较明显的成本推动型通货膨胀，因农业发展不足导致粮价上涨、国际原油价格上涨导致成本上涨及地震等自然灾害影响到供给下降，导致物价上涨。

通货膨胀对中国经济和老百姓生活的影响主要是：一是由于地区之间、城乡之间经济发展程度、生产商品化程度不同，通货膨胀将使得中国已经不均等的收入分配结构更加不均等。二是通货膨胀带来商品价格普遍持续上涨，会给中国投资和消费带来巨大的不确定性，从而进一步扭曲中国的经济结构，影响供给侧结构性改革的效果。三是在通货膨胀中产品普遍涨价的情形下，直接扩大生产就能“赚钱”，生产者和企业将难以安心地做研发改进技术，这会阻碍劳动生产率的提高从而降低中国的国际竞争能力。

（2）结合案例，讨论当前中国宏观经济通货膨胀压力产生的原因，如何防范和化解？

引导学生结合党的十九大报告进行分析。参考答案如下：

当前中国宏观经济中，供给和需求的结构性失衡是突出问题，这使得当前我国经济

“双重风险”并存：既有投资和消费需求疲软引起需求不足导致的经济下行风险，又有生产要素价格上升导致成本推动的潜在通货膨胀压力。解决宏观经济结构性失衡问题，防范和化解通货膨胀的根本出路，在于国家的供给侧结构性改革。

（四）教学组织方式

计划用2个课时讲授完本节相关知识点后，引入案例讨论，计划安排2个课时（80分钟）。教学组织安排如表1-5所示。

表1-5 案例的教学组织

学习阶段	学习内容	时间限制	学习目标
课前	要求学生分组，并预习课本知识，查阅相关资料，四次通货膨胀产生及党的十九大报告的相关资料	提前一周	熟悉案例背景
课中	各组用PPT演示历次通货膨胀的发生、影响及治理，供给侧结构性改革的内容。每组5分钟	25分钟	进一步熟悉通货膨胀的产生和影响
	分组讨论，并当堂完成案例分析报告	20分钟	结合理论分析问题，小组案例分析报告作为一次平时成绩
	随机抽取两个小组进行发言	每组5分钟，控制在15分钟以内	结合理论分析问题，言之有物，条理清晰
	引导全班进一步讨论，并进行归纳总结，注意思政元素与通货膨胀知识的结合。引导学生学会运用宏观经济学的理论知识解决现实问题	20分钟	归纳用到的关键理论，并对各组表现做一个简单点评
课后	请学生继续关注国家宏观经济发展的动态		增进记忆，巩固知识

（五）总结

在商品货币经济中，通货膨胀是一种常见的经济现象，导致通货膨胀的原因及通货膨胀的程度在不同的国家，或同一国家的不同时期可能会有不同，但通货膨胀对一国经济增长和社会发展的伤害却大体相同。因而，世界各国在努力推动经济增长的同时也在努力防治通货膨胀。对现阶段的中国，防范通货膨胀的根本出路在于经济的结构性调整与改革，这是一个长期而艰巨的任务。希望通过本案例教学，使学生在学习《宏观经济学》通货膨胀相关知识点的同时，学会运用马克思主义的立场观点观察、分析、解决经济发展中的问题，提高分析问题和解决问题的能力。

参考文献

[1] 杨继绳. 中国改革开放二十年纪实：邓小平时代［M］. 北京：中央编译出版社，1998.

[2] 《西方经济学》编写组．西方经济学（上册）[M]．北京：高等教育出版社，2012.

[3] 习近平．习近平谈治国理政 [M]．北京：外文出版社，2014.

[4] 习近平．决胜全面建成小康社会　夺取新时代中国特色社会主义伟大胜利——在中国共产党第十九次全国代表大会上的报告 [M]．北京：人民出版社，2017.

[5] 刘伟．通胀与下行压力并存　供给侧该如何改革 [N]．搜狐财经，2016-01-13.

[6] 刘志彪．新时代我国经济发展的关键问题与战略目标 [EB/OL]．中国社会科学院网站，2018-02-17.

[7] 刘伟．以供给侧结构性改革为主线建设现代化经济体系 [N]．人民日报，2018-01-26.

[8] 骆玉鼎．货币数量调控的作用——1993~1996 年中国经济“软着陆”的经验证据 [J]．财经研究，1999（5）：18-24.

[9] 汪同三．找准创新和完善宏观调控的着力点 [N]．经济日报，2018-03-29.

[10] 吴江，韩鑫韬．改革开放以来我国四次通货膨胀的成因 [J]．经济问题探索，2012（7）：1-5.

人工智能会引发失业潮吗

一、案例正文

2016年3月，世界顶级围棋棋手李世石与谷歌计算机围棋程序“阿尔法围棋”（AIphaGo）之间的围棋人机大战吸引了全世界的目光，使人工智能成为坊间热议的一个话题，并渗透到我们工作生活中的诸多领域。从“无人车”“无人商店”到“机械人客服”和“机械人金融分析师”等，人工智能越来越普及，逐渐取代了人类的工作。毋庸置疑，人工智能因其超强的信息处理能力能够胜任各种复杂的工作环境已成为当前炙手可热的技术和产业，未来新经济领域发展中人工智能的广泛应用能推动多行业的相关创新，与现代农业、高端制造、信息科技、新能源产业、交通产业、生物医药产业、教育医疗产业、社会服务相结合将开辟崭新的经济增长空间，会给人们的生活带来巨大的改变。但是，在引领人工智能前沿的西方发达国家，也有不少人士表达了对人工智能发展的担忧甚至是反对。这其中的顾虑主要来自于机器对人替代的恐慌：人工智能的强势崛起也引起了不少人的惶恐——人工智能发展如此迅猛，我将来会不会被下岗？它会带来大规模失业吗？

宏观经济学根据失业的原因，把失业分为周期性失业、结构性失业及摩擦性失业等。周期性失业是指在一个经济周期内随经济衰退而上升，随经济扩张而下降的波动性失业。凯恩斯认为周期性失业是由于总需求不足导致的失业，在经济波动的经济萧条阶段出现周期性失业，企业开工不足会导致普遍性失业发生，领失业救济金的人数可能会增长。结构性失业是指由于技术或经济结构变化导致工作所需技能或工作地域变化所带来的失业，它意味着有一些失业的人完全无法找到合适的工作。考虑到人工智能技术对劳动力就业造成的影响——代替原有的就业岗位，特定行业或地区就业机会的减少，人工智能带来的失业属于结构性失业。不久的将来随着人工智能技术的广泛使用，将会有数百万的工作岗位受到影响，结构性失业将遍及各行各业，失业的风险将会加剧。许多研究机构和经济学家都在探讨和预测人工智能对人类社会就业的影响。

美国诺特丹大学文化研究中心教授托马斯·威廉姆斯（Thomas D. Wiliams）表示，到2020年人工智能和机器人的发展将使人类减少500万个工作岗位。同时，人工智能会改写岗位模式，较低端岗位和部分大数据可取代的智力工作都可能被人工智能取代①。2016年末，美国前总统奥巴马的科学和经济顾问发布了一份人工智能的报告，主要论述了自动化对美国就业市场的影响。报告警告称，人工智能可能会在20年内让47%的美国人失业。另一份由花旗银行与牛津大学合作的报告也预测，美国47%的就业岗位可能被人工智能代

① 侯丽．全面看待人工智能对就业的影响［N］．中国社会科学报，2017-08-04.

替；在英国，这个比例是35%；在中国，由于人工智能引发的失业比例可能高达77%；经济合作与发展组织（OECD）30多个市场经济国家，估计57%的工作岗位在不久的将来也会实现自动化①。有学者表示，人们当下对人工智能担忧和恐慌的情绪主要源于人工智能会渗透到每个行业、每个工作，其“深度学习”的超强进化能力将对个人、企业和社会带来巨大的变革。随着人工智能深度学习应用的普及，整个经济体系中的就业机会都将可能受到冲击，除了大量简单重复的操作性工作会被人工智能取代外，甚至部分认知工作，创新性、创造性工作也可能被人工智能技术所取代。人工智能对人类文明的影响和冲击比20世纪90年代的互联网技术革命来得更猛烈、影响力更大、持续时间更久。江中集团是我国一家传统中医药企业，拥有全球首条无人操作中药液体生产线，其拥有的智能化车间是一个全封闭、全监控、全自动无人车间，通过107个机械手臂配合完成提取、分离、纯化、配料、洗瓶、灌装、密封、检测、装盒、码垛等一系列生产流程，大大降低了由于人为因素带来的产品质量问题。未来十年，人工智能将会慢慢渗透到不同行业并逐渐取代不同的从业人员。创新工场董事长李开复曾预言：“人工智能将快速爆发，十年后50%的人类工作将被AI取代。”简单的客服、流水线作业员、仓储作业员、保安、股市分析师、银行柜员、货车司机、质检员、家政等工作可能会受到冲击，被机器人所取代。

但人工智能发展的趋势并不全是悲观，因为技术发展也会衍生出之前不曾预见的新工作形态，大量新岗位正应运而生。人工智能也会带来一波新兴产业的热潮，如人工智能的学习、高级机械的制造等。一方面，无人驾驶将使很多职业司机失业，同时金融行业中那些可以流程标准化的岗位受人工智能影响也较大；另一方面，编写、修改完善人工智能程序的工作人员，收集车辆数据、利用远程信息技术的仓储物流运输公司将有巨大的发展前景。银行工作中那些需要温度的工作岗位很难被替代，如市场营销、品牌公关、商务谈判等，人工智能让银行柜员摆脱了技术操作的束缚，更有充分的时间来提高服务意识，对客户进行差异化分类服务，创造更好的效益。世界四大会计事务所之一的德勤会计师事务所（Deloitte Touche）针对人工智能对就业岗位的影响曾发布过一份研究报告：虽然传统制造业、农业、金融保险等行业的工作机会在减少，但科技创新的过程中会创造出更多新的就业岗位，如创意产品设计、高端服务和医疗保健等行业，有大批新岗位正在被创造出来。人工智能的出发点是为了提高人们的工作效率，通过机器模拟人类的思维方式来推动经济社会的发展。例如人工智能在教育领域的运用，可以通过学业数据采集和教学过程的数据分析，深度挖掘数据价值，把精准教学、因材施教真正落到实处，实现教育管理者高效决策、教师减负增效和学生个性化学习的全过程。

新一代人工智能正在全球范围内蓬勃兴起，引发全球生产领域、金融投资和国际贸易格局的深刻变革，并在世界范围内推动生产方式的深刻转型。当前我国正积极应对人工智能带来的各种机遇和挑战。2017年7月，国务院印发《新一代人工智能发展规划》，提出了面向2030年我国新一代人工智能发展的指导思想、战略目标、重点任务和保障措施，把人工智能发展上升为国家发展战略。该规划提出到2020年我国人工智能总体技术和应用与世界先进水平同步；到2030年形成涵盖产品制造、关键核心技术、人工智能应用、

① 黄微. 人工智能来了谁会失业？[J]. 沪港经济，2017（6）：18-22.

支撑服务平台等完备产业链和高端产业集群。中国正致力于实现高质量发展，人工智能发展应用将有力提高经济社会发展智能化水平，有效增强公共服务和城市管理能力①。

二、案例的思政元素

本案例的思政元素主要是：

（一）事物都具有两面性，应该全面地、辩证地看问题

我们应用人工智能技术造就了经济发展，但经济发展和人工智能反过来又给人类带来威胁，造成了我们的恐慌。尽管人工智能技术的发展带来很多理论和实践问题，但不必过于担忧。在马克思“人的技术化”思想指导下，我们从正反两方面正确看待人工智能可能带来的各种问题，在实现人工智能的正效应时，尽量减少其负效应的出现，合理规范人工智能技术的开发和使用，做到避害就利，这样才能加快人工智能成果的普及，使创新技术溢出效应真正惠及广大人民群众。人脑的高级功能及复杂性使人类创造力、思想力具有无穷无尽的可能，并不是集成电路芯片、数以亿计晶体管能取代的。科学技术改善人们的生活方式，让生活更美好，这是社会变革的决定性力量。马克思站在辩证唯物主义与历史唯物主义的角度，客观辩证地看待科学技术作用与发展趋向。马克思在《哲学的贫困》中写到，“手推磨产生的是封建主义社会，蒸汽磨产生的是工业资本家的社会”；在《德意志意识形态》中提到：“没有蒸汽机和珍妮机走锭精纺机就不能消灭奴隶制；没有改良的农业就不能消灭农奴制；当人们还不能使自己的吃喝住穿在质和量方面得到充分保证的时候，人们就根本不能获得解放。”基于马克思的观点，人与技术双向建构的出发点和落脚点始终是人。人作为技术活动主体具有反思性，既有义务也有能力通过自身行动来引导技术朝着健康的方向前进，最终也能规避人工智能可能带来的风险。我们要树立正确的科学观、合理的需求观，构建人与人共享科技成果的和谐社会②。人工智能的工具角色表明，一方面可以大大延伸人的能力，解放人的体力和一部分简单的脑力，成为人类很好的“帮手”，然而另一方面人工智能技术可能造成的失业人数增加、技术依赖严重、法律伦理困境、隐私安全堪忧现象也将摆在我们面前。尽管这样，我们也不能为维护隐私安全、保障就业而拒绝人工智能技术的研发，让人工智能停滞不前。从发展的角度来看，技术进步并不能解决各种社会问题，正如防盗报警技术可以限制犯罪，但不能避免犯罪。因此，技术只是生产工具，对待人工智能要有正确的认识和态度。规避人工智能风险的最终目的是要解决如何科学合理地开发和使用人工智能，使其更好地为人类社会服务，而不是回避、放弃人工智能技术。

（二）人工智能助力我国的实体经济发展和供给侧改革

习近平总书记在党的十九大报告中指出，要“推动互联网、大数据、人工智能和实体

---

① 习近平．习近平致信祝贺 2018 世界人工智能大会开幕[EB/OL].[2017-09-17].http://www.xinhuanet.com/politics/2018-09/17/c_1123441800.html.

② 于丽颖．马克思“人的技术化”思想视域下的人工智能风险［D］．西南交通大学硕士学位论文，2017.

经济深度融合”。作为新时代我国科技发展的战略重点，人工智能将助推我国供给侧改革和智慧社会建设，为我国实体经济提供全新的发展方式，真正实现人民群众对美好生活的共同需要。加快人工智能技术与实体经济的深度融合是适应当前国际经济竞争的现实要求，通过全面发展推进智能制造产业，渗透、改造和提升传统产业，创造出新模式、新业态、新产业，才能在未来的国际竞争中抢占制高点。推动人工智能在智慧社区、城市建设、产业发展等方面的应用，提高人工智能相关技术在金融、仓储物流、安防等领域的渗透率，加强人工智能与实体经济和社会民生的结合，包括与社会管理、城市治理的结合，使其成为我国经济社会高质量发展的全新动力。从这些层面来看，人工智能会创造出更多的就业岗位。当代中国人工智能出现引发的就业失业问题，在本质上是劳动力供给侧应如何通过改革使之更加优化的问题。具体来说，主要是解决好在人工智能冲击下形成的结构性失业问题，即在当前人工智能飞速发展的背景下，人工智能普遍使用后促使劳动生产率的提高可能会形成对大量简单劳动的排挤。当前我国经济已进入新常态，在经历了经济高速增长时期之后，存在大量的产能过剩、产品结构与产业结构不合理的现象，因此不能再单纯地依靠传统高投资、粗放型老路子来促经济增长保就业。推进实体经济发展和人工智能的深度融合，通过资源聚合、创新孵化，提高经济发展的质量形成人工智能产业发展的生态环境，这对于我国的供给侧改革与实体经济高质量发展都有积极的意义。因此，解决当前中国劳动力供给侧改革的问题，既要坚持马克思主义的就业失业理论，又要借鉴西方国家发展过往经验，更要立足于当代中国社会发展的现实与变革①。

（三）积极地、安全地应用人工智能开创美好未来

我们用人工智能技术造就了经济发展，人工智能将人类社会带入了一个全新的发展时代，但人工智能和经济发展反过来可能又造成了我们的恐慌，给人类带来威胁。尽管这样，我们也不能为保障就业、害怕人工智能技术被恶意利用、维护隐私安全而放弃使用人工智能。规避人工智能风险的方式不是要放弃人工智能，而是要控制好人工智能的风险，包括伦理的、法规的，不能盲目发展人工智能。世界各国的社会发展实践已经证明，技术的更新换代在引起一定数量的结构性失业的同时，会扩大产品的市场需求，开辟新的市场并创造新的岗位和职业，最终结果都是刺激社会劳动岗位的总量增加，降低了社会失业风险。日本的机器人数量世界第一，但其失业率在西方世界却是倒数第一。人工智能是信息技术发展的一个高级阶段，因此有理由相信人工智能技术最终创造的岗位比破坏的要多得多。例如，今天云计算、大数据、IT 界的编程人员、智能手机电脑的售后维护人员等在以往从业人员的数量较少，而未来随着高精尖技术的普及、边缘计算等新技术融合发展，又会催生出更多高科技含量的工作岗位。人工智能技术为我们带来海量的数据，并提炼出这些数据背后隐含的丰富知识，这些智能策略赋能企业、产业的长足发展都将为我国经济高质量发展注入强大内生动力，开创更美好的未来。

① 蒋南平，邹宇．人工智能与中国劳动力供给侧结构性改革［J］．四川大学学报（哲学社会科学版），2018（1）：130-138.

三、案例使用说明

（一）教学用途与教学目标

1. 教学用途

本案例为描述型案例，适用于本科生《宏观经济学》中失业知识点的教学和培训。

2. 教学目标

（1）知识层面。

理解概念：失业的含义及种类。

掌握理论：失业的经济学解释。

（2）能力层面。

系统思维能力：教师通过对失业理论的讲解，帮助学生系统地了解失业的含义、分类及形成原因，形成全面、系统、联系地分析问题、解决问题的思维能力。

判断实践能力：根据案例材料，使学生能就中国宏观经济问题中的失业与就业搜集信息与资料，针对当前中国就业出现的各种问题，善用适当的理论知识，提出合理解决方案。

（3）素质层面。

形成专业意识：理解宏观经济学相关理论在我国经济发展中的重要意义，理解当前宏观经济发展的趋势；养成关注时事政治、宏观经济形势、热点问题及政策的学习习惯。

提高职业素养：通过案例，引入供给侧改革和实体经济发展，以及人工智能安全应用开创美好未来等思政元素，拓展学生视野，让他们理解要解决中国当前的就业、失业问题并完成中国劳动力供给侧改革的任务，必须深入地了解人工智能发展状况，特别是要关注技术冲击对宏观经济发展的影响，增强危机意识，形成正确的就业观念。

（二）案例讨论的准备工作

（1）学生需要预习《宏观经济学》课程中失业的相关知识，对失业的种类及原因、影响有一个粗浅的认识。

（2）授课教师可事先对该案例材料进行简单说明，同时，设计互动环节、创设情景、引入如下探究问题：人工智能这些年的快速发展，在某些领域已经开始渐渐取代了人类的工作岗位，未来这种情况是否会越来越严重？以后的人类会进入空虚的享乐时代吗？未来三十年内，哪些行业的工作人员可能会被人工智能取代？失业的人类何去何从？让学生课前思考人工智能对就业会带来哪些影响。

（三）案例分析要点

1. 启发思考题

（1）结合案例，分析说明随着人工智能的发展，可能带来的失业属于哪种类型的失业。

（2）结合案例，分析人工智能技术的广泛应用可能对经济社会发展带来哪些影响，并进一步分析就业者应如何应对这一新技术革命的挑战。

（3）结合案例，从贯彻新发展理念的角度，谈谈人工智能背景下我国如何提高劳动者素质，推进供给侧改革和数字中国建设，助力中国经济高质量发展。

2. 分析思路

三个思考题是基于宏观经济学就业与失业知识点而提出的。经济生活中，失业直接而又严重地影响人们的宏观经济问题，也是经济学家所要处理的宏观经济问题中的“头号敌人”。经济学家研究失业的目的是为了确定其原因，找出解决问题的办法。对人工智能出现是否引发失业潮的案例进行经济学意义上的分析，可以融入相关的思政元素。一是运用马克思主义基本原理对该材料进行理论分析，二是从贯彻落实习近平新时代中国特色社会主义思想，特别是从人工智能如何赋能新时代的角度对该材料进行分析。

（1）结合案例，分析说明随着人工智能的发展，可能带来的失业属于哪种类型的失业。

理论知识点：失业的分类及形成原因。

参考答案如下：

失业的类型主要分为结构性失业、摩擦性失业、周期性失业三种。结构性失业是由于经济结构的变化、产业兴衰转移造成的失业，主要源于劳动力的供给与需求不匹配，失业者缺乏就业技能无法填补现有的职业空缺而造成的失业。摩擦性失业是由于劳动人员的暂时流动而造成的失业，在生产过程中由于难以避免的摩擦造成的短期、局部性失业，主要是由于信息不对称，劳动者转换工作寻找发挥自己特长和偏好的工作需要时间。周期性失业一般出现在经济周期的萧条阶段，又称需求不足的失业、非自愿失业，是由于总需求不足而引起的短期失业。由此可以看出，人工智能可能带来的失业属于结构性失业。

（2）结合案例，分析人工智能技术的广泛应用可能对经济社会发展带来哪些影响，并进一步分析就业者应如何应对这一新技术革命的挑战。参考答案如下：

从短期看，人工智能势必会对那些单一、繁重的劳动工作岗位产生不利影响，造成结构性失业；但从长远看，人工智能将改变人们的生活方式，提升工作效率，带来的正面效用很大。人工智能有利于把劳动者从简单机械重复的劳动中解放出来；同时，也给部分劳动者带来挑战，导致失业和收入水平的变化，影响个人生活水平，需要劳动者提高个人素质，适应人工智能带来的变化。

（3）结合案例，从贯彻新发展理念的角度，谈谈人工智能背景下我国如何提高劳动者素质，推进供给侧改革和数字中国建设，助力中国经济高质量发展。参考答案如下：

把人工智能发展放在国家战略层面系统、科学布局，重塑产业形态，发展就业新形态，打造竞争新优势。加快发展数字技术和信息网络基础设施建设，支持传统产业转型升级和新产品、新业态的发展，推动建设适应数字经济发展的现代化经济体系。坚持协调发展，形成经济发展和扩大就业的联动效应，着眼于保障中国经济高质量发展的全局，提升信息产业和我国经济的竞争力。坚持创新发展，着力构建支撑我国数字经济发挥的创新技术体系和人才培育体系，增强维护信息安全与经济安全的能力。

（四）教学组织方式

建议用本案例完成“失业”中结构性失业内容的教学。一般安排 0.5 个课时（20 分钟)。教学组织安排如表 1-6 所示。

表 1-6 案例的教学组织

学习阶段	学习内容	时间限制	学习目标
课前	预习课本知识，查阅相关资料，了解失业的含义、人工智能的发展概况	提前一周	熟悉案例背景
课中	教师或学生展示人工智能发展概况 PPT	5 分钟	进一步熟悉案例背景
	课堂讨论，围绕人工智能对于就业和失业影响进行。注意思政元素与宏观经济学理论的结合。引导学生学会运用经济学的理论知识解决现实问题	15 分钟	结合理论分析问题，加深理论知识理解
课后	请学生密切关注人工智能发展的趋势与变化，思考自己的职业发展规划		增进记忆，巩固知识

（五）总结

通过本案例教学，学生在学习《宏观经济学》失业相关知识点的同时，学会运用马克思主义的立场观点分析解决经济发展中的问题，既要看到人工智能发展的趋势和前景，也不必对部分就业岗位的消失过于担忧，应辩证地看待人工智能的发展。将马克思主义基本原理、失业理论贯穿于课堂讲解中，让学生树立正确的就业观念，积极调整自身的职业发展规划。

参考文献

[1] 习近平. 习近平致信祝贺 2018 世界人工智能大会开幕［EB/OL］.［2018-09-17］. http://www.xinhuanet.com/politics/2018-09/17/c_1123441800.html.

[2]《西方经济学》编写组. 西方经济学（下册）［M］. 北京：高等教育出版社，2012.

[3] 蒋南平，邹宇. 人工智能与中国劳动力供给侧结构性改革［J］. 四川大学学报（哲学社会科学版），2018（1）：130-138.

[4] 于丽颖. 马克思“人的技术化”思想视域下的人工智能风险［D］. 西南交通大学硕士学位论文，2017.

[5] 侯丽. 全面看待人工智能对就业的影响［N］. 中国社会科学报，2017-08-04.

中国经济增长速度放缓及其原因[①]

一、案例正文

经济增长减速已经成为全球现象，因而也成为财经舆论界的一个热门话题以及经济学界一个引人入胜的研究课题。虽然减速是普遍现象，各国却有不同的产生原因，形成诸多相异的表现形态，因而需要从不尽相同乃至截然不同的分析视角出发，应用对应的分析框架，才能认识到每一具体减速情形的本质，提出正确、有效的政策建议。

对于中国而言，自 20 世纪 70 年代末实施改革开放政策以来，中国经济实现了长达 30 余年的高速增长，1978~2011 年年平均增长率为 9.9%[②]。虽然其间有过多次经济波动，增长速度降到较低水平的情况也出现过数次（如在 1982 年经济增长速度超过 9%以后，分别有 1989 年和 1990 年低于 8%），但从绝大多数年份以及总体来看，这时期的高速经济增长是史无前例的。鉴于中国政府过去始终把“保八”（保证经济增长速度不低于 8%）作为实际经济增长的目标底线，因此，可以把持续低于 8%的起始年份作为经济显著减速的转折点。在 2012 年和 2013 年增长率降到 7.7%以后，2014 年和 2015 年分别进一步降到 7.3%和 6.9%，此后，2016 年、2017 年经济增长率分别为 6.7%、6.9%[③]。近年来，中国经济由高速增长转变为中高速增长，这正是习近平总书记所说的经济发展“新常态”的重要表现。

在总体减速的同时，中国经济增长构成发生了一定的积极变化。首先，三次产业之间，特别是第二产业和第三产业的增长关系更加符合发展规律。总体而言，改革开放以来，第二产业增长快于第三产业，但在经济增长减速的情况下，第二产业减速幅度大于第三产业，从而到 2014 年第三产业增长对 GDP 贡献率首次超过 50%，成为经济增长的主要引擎。其次，地区之间特别是东中西三类地区之间的增长趋于更加平衡。在按地区分解 GDP 增长率贡献率的情况下，从图 1-3 中可以看到，东部地区减速发生得较早，并且减速的趋势是一直持续的，与此同时，得益于国家实施一系列区域发展战略，中西部地区经济增长速度及其贡献率自 2000 年以来持续提升，地区差距趋于缩小。然而，正是随着中西部地区从 2012 年开始减速，才使得整体经济增长率降到 8%以下。

值得指出的是，中国经济减速恰好契合了世界金融危机爆发后经济整体下行这一大背景。根据世界银行数据库，基于 2005 年美元价格，全球 GDP 增长率在 2008 年和 2009 年大幅跌落，分别下降到 1.5%和-2.1%，之后虽然在 2010 年短暂恢复至 4.1%，随后再次

---

① 蔡昉．认识中国经济减速的供给侧视角［J］．经济学动态，2016（4）：14-22.

②③ 数据来源：根据《中国统计年鉴》数据整理。

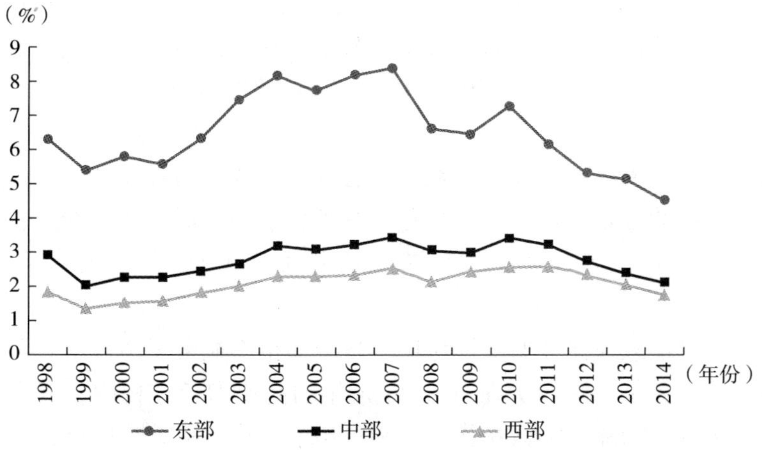

图 1-3 东、中、西部地区对 GDP 增长率的贡献

资料来源：国家统计局。

深度下滑，2011~2015 年，世界经济增长率分别为 2.8%、2.3%、2.4%、2.5%和 2.4%，未恢复到金融危机前的水平。

2014 年世界银行所界定的低收入国家（人均总收入或 GNI 低于 1035 美元）GDP 平均增长率达到 6.3%，中等偏下收入国家（人均 GNI 在 1035~4086 美元之间）为 5.7%，中等偏上收入国家（人均 GNI 在 4086~12616 美元之间）为 4.6%，而高收入国家（人均 GNI 高于 12000 美元）仅为 1.7%。这组数字至少说明：其一，处在不同发展阶段的国家，具有不尽相同的增长源泉和潜力，因而增长速度表现出巨大的差异。其二，2014 年中国经济增长率为 7.3%，明显高出相同发展阶段国家 4.6%的平均增速，即使与低收入国家平均 6.3%的增速相比依然高出很多。其三，中国经济增速出现变化，是中国已进入从中等偏上收入国家向高收入国家过渡通道的标志。

从长期看，一个经济体的增长速度呈现出一定的规律性，即随着人均收入水平的提高，助推经济较快增长的“低垂的果子”会逐渐减少，经济发展在更高阶段上只能取得相对较低的增长速度。因此，经济发展新常态是中国经济向更高发展水平跃升的必经阶段。

毋庸讳言，中国经济减速是世界经济减速的一部分。但是，中国经济发展的新常态与世界经济增长的新平庸，问题的表现、产生的原因和解决的办法都是截然不同的。

关于中国经济减速的最常见解释是“需求不足说”，如金融危机后中国出口的显著下降（Lin，2011）。但是，这种解释却忽视了人口结构转变引起的经济发展阶段的变化。虽然在任何发展阶段和任何时期，对宏观经济的需求侧扰动难免发生，但把经济发展新常态与短期冲击因素区别开，主要从供给侧而不是需求侧认识中国经济减速，是一个在方法论层面需要牢牢把握的关键。具体而言，在思考中国经济长期可持续增长问题时，应该暂且放弃使用国民经济恒等式（Y=C+I+G+(E-M)，俗称“三驾马车”）的分析方法，而更为倚重于生产函数分析方法。从后一视角出发，导致中国经济减速的长期供给侧因素（同时也是抑制或延缓减速的着力点所在）表现在以下几个方面：

首先，劳动力持续严重短缺导致工资增长超过劳动生产率，使单位劳动成本迅速显著上升。在 2004~2015 年间，作为普通劳动者代表性群体的农民工实际工资的年平均增长率为10.7%。[①] 与此同时，面对劳动力短缺现象，资本替代劳动或机器（人）替代工人的进程加快，导致资本劳动比的迅速提高，资本报酬率下降，劳动生产率并没有同步提高。这导致中国单位劳动成本（工资与劳动生产率的比率）的提高速度明显快于世界主要制造业大国。

其次，新成长劳动力逐年减少，导致劳动者的人力资本改善速度下降。由于中国劳动年龄人口受教育年限的分布特点是，年龄越大受教育水平越低，从而新成长劳动力是劳动者总体人力资本改善的主要因素。一旦新成长劳动力减少，则会导致人力资本新增量减少。

再次，资本报酬递减规律开始发挥作用，投资回报率显著下降。二元经济发展条件下的劳动力无限供给特征是中国经济在过去30余年的高速增长过程中，资本回报率得以保持在较高水平的机制性保障。随着中国于2004年跨越了刘易斯转折点，这个特征消失并导致资本劳动比的迅速提高，资本报酬递减现象必然发生，资本回报率相应下降。

最后，随着资源重新配置空间缩小，全要素生产率提高的速度也相应减慢。研究者发现，亚洲经济体产业结构变化的典型特征是劳动力从低生产率部门向高生产率部门转移，资源重新配置效率成为全要素生产率提高的主要组成部分（McMillan & Rodrik，2011）。然而，近年来中国人口结构的变化却正在耗竭资源重新配置潜力，导致全要素生产率减速。

因此，自2012年的中国增长减速是与人口转变阶段从而经济发展阶段的变化相伴形成的新常态，无论其主要成因还是表现形式，与以往主要由需求侧冲击造成的周期现象都是截然相异的。从需求侧认识中国经济减速，政策结论则是着眼于实施刺激性的宏观经济政策和产业政策。而一旦认识到中国经济减速的主因在于供给侧，政策努力则是要着眼于提高潜在增长率。提高中国经济潜在增长率有两个源泉：第一是保持传统增长动力。这不意味着维持传统的要素投入驱动型的经济发展方式，而是着眼于挖掘生产要素特别是劳动力供给潜力，延长人口红利。第二是启动新的增长动力。这主要通过加大人力资本积累的力度，以及充分发挥全要素生产率在经济增长中的重要作用。

二、案例的思政元素

本案例的思政元素主要是：

（一）事物的普遍联系观

马克思主义关于事物普遍联系的观点认为“联系是指事物内部各要素之间和事物之间相互影响、相互制约、相互作用的关系。事物的联系具有普遍性、客观性、多样性、条件性”。任何事物都不能够孤立地存在，联系不以人的意志为转移，而是事物本身所固有的。事物间的联系有赖于一定的条件，事物内部各因素之间和事物间联系的性质、方式会随着条件的改变而发生变化。世界上的事物千差万别，其联系也是多种多样的。

---

① 农民工监测调查报告发布：去年农民工总量2.8亿　对所在城市的归属感提高［EB/OL］．中国经济网，［2018-04-27］．http：//news. sina. com. cn/c/2018-04-27/doc-ifztkpip0837201. shtml.

从中国经济增速放缓的表现和原因来看，中国经济增速放缓既受到国际经济恢复缓慢的影响，也有世界经济周期性调整的因素发生作用，同时还体现了中国经济发展出现的阶段性特征。这很好地说明了事物是普遍联系的唯物辩证法观点。在此环境下中国经济发展受到整个世界经济大环境的影响，同时也将会对全球经济格局的变化产生深远的影响。中国经济新常态要发挥对世界经济的正面效应，需要用新发展理念引领中国经济发展，深化供给侧结构性改革，按照建设现代化经济体系的目标、任务不断推动中国经济实现高质量发展。正如习近平总书记所说的“中国将集中精力做好自己的事情，也要努力使自身发展更好惠及亚太和世界”。只有顺应经济全球化大势，抓住机遇，深化改革开放，中国经济才会向更好更优的方向发展，才能真正做到“惠及亚太及世界”。

马克思主义关于事物普遍联系的原理，要求人们善于分析事物的具体联系，确立整体性、开放性观念，从动态中考察事物的普遍联系，以此显示唯物辩证法的强大威力。

（二）用矛盾的观点来解释中国经济增速放缓

马克思主义关于矛盾的观点认为：“矛盾具有普遍性、具体性；主要矛盾和次要矛盾相互依赖、相互影响，同时在一定条件下可以相互转化”，任何事物都包含着既对立又统一的方面；同一事物的矛盾在不同的阶段具有不同的特点，不同事物的矛盾具有不同的特点。矛盾的主要方面和次要方面相互依赖、相互排斥，在一定条件下又可以互相转化。中国经济增速放缓可能会产生新风险与新矛盾，新风险和新矛盾是对过去经济发展矛盾与失衡消解的一种调整。正如习近平总书记在阐述经济新常态时谈到，“新常态也伴随着新矛盾新问题，一些潜在风险渐渐浮出水面”。

中国经济增速有所放缓，经济结构优化升级也是风险释放的过程。经济结构优化升级面临的新挑战是改革阵痛，在改革的过程中，往往伴随着利益的再次分配和经济结构的调整，这必然触及既得利益者的利益，但从整体上看绝大多数人会因改革而受益。在经济结构调整过程中，部分传统的企业被淘汰，一些员工也会因此而失业，但是经济结构的优化调整带来资产构成质量提升，优化产业结构，并创造出新的工作岗位和更大的价值；新兴技术、新业态和新需求会不断涌现出来，中国将会迎来向产业链中高端迈进的历史机遇。我们必须看到，中国经济从高速增长转变为中高速增长是经济新常态的基本特征，是我国经济迈向结构更合理、分工更复杂、形态更高级的阶段演化的必经阶段，这是矛盾的主要方面。在经济新常态下新旧力量将长期共存，原先的对经济发展产生影响的因素仍会继续发挥其效应，而经济发展的新特征和趋势也在逐步形成，这种发展态势决定了新常态不是一夜之间与以往有很大不同，新常态确实需要发展的新思路和新模式。

在新常态下，中国经济结构调整的本质是生产要素的再次组合利用，是新平衡重建、旧平衡逐渐被打破的过程。这正是矛盾的斗争性在事物发展中的具体表现，通过矛盾的斗争促进矛盾双方力量的变化，此消彼长，造成双方力量发展的不平衡，为对立面的转化，事物的质变创造条件。

（三）中国经济发展进入新常态

党的十八大以来，习近平总书记站在党和国家发展全局的高度，围绕全面建成小康社会提出了一系列新理念新思想新战略。对于经济新常态，习近平总书记指出：当前，我国经济发展呈现速度变化、结构优化、动力转换三大特点。适应新常态、把握新常态、引领新常态，是当前和今后一个时期我国经济发展的大逻辑。中国经济呈现出新常态。主要有以下特点：第一，经济增长速度由高速增长转为中高速增长。第二，经济结构持续优化升级，第三产业比重上升、消费需求逐步成为主体，居民收入占比上升，城乡区域差距逐步缩小，发展成果惠及更广大民众。第三，经济从要素驱动、投资驱动转向创新驱动。新常态将给中国带来新的发展机遇：首先，新常态下，中国经济实际增量依然可观，虽然其增速放缓。其次，新常态下，中国经济增长动力更为多元，增长速度更趋平稳；此外，新常态下，中国经济结构优化升级，具有更加稳定的发展前景。最后，新常态下，中国政府将持续加大简政放权力度，市场活力进一步释放。从我国经济发展历程来看，新阶段、新格局、新状态总是在不断出现和形成，经济发展新常态是这个长过程的一个阶段，这完全符合事物发展螺旋式上升的运动规律。新常态是今天这个阶段下我国经济发展必然会出现的一种状态，是一个客观状态，是一种内在必然性，我们要因势而进、因势而动、因势而谋。

（四）一切从实际出发，实事求是

一切从实际出发，就是我们想问题、办事情要把客观存在的实际事物作为根本出发点。它要求我们一定要根据客观存在的事实，来决定我们的主观思想和行动。一切从实际出发，实事求是，是辩证唯物主义的基本要求。坚持一切从实际出发，使主观符合客观，是人们正确地认识世界和改造世界的根本立足点。一切从实际出发和实事求是在本质上是一致的。实事求是的出发点就是“实事”即客观实际，也就是要坚持从实际出发去探索客观事物的规律性；“实际”是客观存在的一切事物，是客观的，规律是客观事物本身所固有的，在我们的意识之外独立存在。也是客观的，二者都强调了主观必须符合客观。因此，坚持一切从实际出发，也就必须按规律办事，也就是坚持了一切从实际出发的根本原则。

近年来中国经济增长速度放缓，一个重要原因就是存在供给侧结构性方面的问题。中国特色社会主义进入了新时代，基本特征就是我国经济已由高速增长阶段转向高质量发展阶段，当前中国经济“大而不强，大而不优”是实际现状。习近平总书记强调，从生产端入手，推进供给侧结构性改革，重点是促进产业优化重组，促进产能过剩有效化解，发展战略性新兴产业和现代服务业，降低企业成本，增加公共产品和服务供给，提高供给结构对需求变化的灵活性、适应性。以供给侧结构性改革引领中国经济高质量发展，既是抓好当前和未来一个时期我国经济工作、建设现代化经济体系的基本策略，也是贯彻习近平新时代中国特色社会主义经济思想的必然选择。

在当代中国，一切从实际出发，就是一切要从我国处于并将长期处于社会主义初级阶段这个最大的实际出发。我们党的全部理论和实践活动只有符合这个实际，才能不断地把改革开放和社会主义现代化事业推向前进。

三、案例使用说明

（一）教学用途与教学目标

1. 教学用途

经济增长问题是宏观经济学中极为重要的理论问题，同时也是现实经济中极为重要的话题。由于中国 GDP 自 2010 年后成为全球第二，中国经济在全球经济中占据十分重要的地位，解释中国经济问题，推动中国经济增长，不仅对于中国十分重要，对于全球也十分重要。从中国实际情况出发，探索中国经济自 2012 年以来的经济增长速度放缓现象，具有重要的理论意义和实践价值。

在对本案例进行经济学意义上分析的同时，可以融入相关的思政元素。一是运用马克思主义唯物辩证观，对该案例材料进行理论分析，探讨自 2012 年以来中国经济减速的原因主要是供给侧还是需求侧？二是从贯彻落实习近平新时代中国特色社会主义思想的角度对该材料进行分析，适应新常态、把握新常态、引领新常态，探讨经济新常态的具体特征、面临机遇与相应对策。三是从贯彻落实习近平新时代中国特色社会主义思想的角度对该材料进行分析，理解习近平总书记提出“以供给侧结构性改革为主线，推动经济发展质量变革、效率变革、动力变革”的重要意义和理论渊源，理解抓好当前和未来一个时期我国经济工作、建设现代化经济体系的基本策略。

本案例可用于《宏观经济学》第十四章“经济增长和经济发展”的课程教学。

2. 教学目标

（1）知识层面。

理解概念：经济增长和经济发展内涵。

掌握理论：经济增长理论。

（2）能力层面。

系统思维能力：教师通过对理论的讲解，帮助学生系统地了解中国经济增速放缓的原因，形成全面、系统、联系地分析问题、解决问题的思维能力。

判断实践能力：根据案例材料，设置四个由浅入深、由知识到能力的问题，通过解答问题帮助学生搭建一座“理论到实践、实践到理论”的思维桥梁，使学生能就经济增长和经济发展问题搜集信息与资料，善用适当的理论知识，提出合理解决方案。

（3）素质层面。

形成专业意识：理解经济发展的一般规律，用事物的普遍联系观理解中国经济增速放缓、用矛盾的观点来分析中国经济增速放缓的原因；养成关注时事政治、经济环境、企业案例的学习习惯。

提高职业素养：通过案例，引入党的十九大精神和其他重要思政元素，拓展学生视野，让他们理解经济增长与经济发展对我国的重要意义，增强社会责任感，形成正确的价值观。

（二）案例讨论的准备工作

（1）学生需要预习《宏观经济学》课程中涉及的经济增长和经济发展的相关知识，

对经济增长、经济发展的类型和分析方法有一个粗浅的认识。

（2）授课教师可事先了解班级是否有了解我国近年来经济发展状况的同学，如有，可以请他（她）事先做个简单的PPT，案例分析前用5分钟时间给全班同学介绍下我国经济发展的情况。如果了解的学生较少，授课教师自己准备近年来我国经济发展的现状PPT。

（三）案例分析要点

1. 启发思考题

（1）经济增长的决定因素有哪些？

（2）请结合材料说明，中国经济增长速度放缓的原因是什么？

（3）如何理解和认识经济新常态？

（4）从上述案例中如何理解习近平总书记提出的“供给侧结构性改革”？

2. 分析思路

四个思考题是基于宏观经济学“经济增长和经济发展”知识点而提出的，具体分析思路如下。

（1）经济增长的决定因素有哪些？

理论知识点：经济增长的因素。

参考答案如下：

影响社会主义经济增长的因素很多。就其内部因素而言，主要包括：生产要素的合理配置和有效使用；科学技术进步；劳动力数量的增长和素质的提高。

影响经济增长的外部因素主要包括：相对稳定的国内环境和国际环境；符合经济发展要求的经济体制和政治体制；有利于经济增长的宏观经济政策，包括产业政策、金融政策、财政政策、人口政策等。

（2）请结合材料说明，中国经济增长速度放缓的原因是什么？

理论知识点：经济增长速度放缓的原因。

参考答案如下：

改革开放以来，我国经济快速发展，但金融危机之后，中国宏观经济运行特征发生了非常大的变化，宏观经济很多指标都是趋势性的转折。GDP的增速，危机之前是一路上去，2007年、2008年之后，增长率持续下降。2001年到2007年之间平均增速是10.8%，2008年到2012年是9.0%，GDP平均增速下降1.81%。2014年经济增速进一步放缓，GDP增速为7.5%左右①，有关数据表明，主要原因是投资下滑和出口增速下降所致，消费、投资和净出口是GDP的构成部分，其变动情况也构成了GDP变动的直接原因——2014年，在国家经济“软着陆”的政策导向下，我国不再进行大规模的刺激，国有投资和私人投资都明显放缓；由于劳动力优势和WTO优势的下降，我国的市场份额下降，加之，国外的需求有所下滑，进出口下滑，这种情况下，我国2014年的经济增速下滑。

（3）如何理解和认识经济新常态？

理论知识点：经济新常态。

① 数据来源：根据《中国统计年鉴》数据整理。

参考答案如下：

经济新常态就是在经济结构对称态基础上的经济可持续发展，强调的不是总量经济，而是“调结构稳增长”的经济；着眼于经济结构的对称态及在对称态基础上的可持续发展，而不仅仅是经济规模最大化。经济新常态就是用发展促增长，用增长促发展。

经济新常态主要特点：①速度——从高速增长转为中高速增长。年均经济增长速度放缓，但仍将保持在7%~8%的中高速。与中国改革开放前32年年均增长9.9%的高速增长阶段相比较，年均增长速度大概回落2~3个百分点。②结构——经济结构不断优化升级。在中国经济新常态下，经济发展方式的转变已经被迫展开，告别不顾资源短缺、竭泽而渔、破坏性开采的粗放型发展，忽视环境保护的污染性发展，透支人口红利、社会保障体系建设滞后的透支性发展，正在逐步转入遵循经济规律的科学发展，遵循自然规律的可持续发展，遵循社会规律的包容性发展。③动力——从投资驱动、要素驱动转向服务业发展及创新驱动。生产结构中的农业和制造业比重明显下降，服务业比重明显上升，服务业取代工业成为经济增长的主要动力。

（4）从上述案例中如何理解习近平总书记提出的“供给侧结构性改革”？参考答案如下：

供给侧结构性改革旨在调整经济结构，提升经济增长的质量和数量，使要素实现最优配置。需求侧改革主要有投资、消费、出口“三驾马车”，供给侧则有劳动力、土地、资本、制度创造、创新等要素。供给侧结构性改革，就是从提高供给质量出发，矫正要素配置扭曲，扩大有效供给，用改革的办法推进结构调整，提高供给结构对需求变化的灵活性、适应性，提高全要素生产率，促进经济社会持续健康发展，更好地满足广大人民群众的需要。

从上述案例分析可以得知：供给侧结构性改革是我国经济由高速增长阶段转向高质量发展阶段的必然选择。党的十九大报告提出，以供给侧结构性改革为主线，推动经济发展动力变革、质量变革和效率变革。供给侧结构性改革这一主线依旧未变，将继续为中国经济在转型阶段持续健康发展指明正确路径。处理好对内开放与对外开放的关系，着力拓展经济增长的外部空间。当前，世界经济仍处于深度调整之中，外部需求持续疲软。有鉴于此，需要实行更加积极主动的开放战略，创造全面、深入、多元的对外开放格局。要继续放宽外商投资准入门槛，推进国内高水平、高标准的自贸区建设，完善法治化、便利化、国际化的营商环境，最大限度地释放制度红利。同时，加强国际经济协调合作，增进与周边国家的合作，推动全球经济进一步开放、交流、融合。

（四）教学组织方式

在讲授完本节相关知识点后，紧接着可以将思政元素融入《宏观经济学》课程的课堂教学中，具体教学环节设计如下：

第一步，请学生们观看并且仔细阅读PPT上的案例材料，同时，教师对该案例材料进行简单说明。

第二步，将学生们进行分组，大概5人左右一组，要求学生们结合案例材料围绕以下思考题进行小组讨论：一是请结合案例材料说明自2012年以来的中国经济增速放缓的原因；二是请运用习近平新时代中国特色社会主义思想理解并解释经济新常态；三是请分析中国推进供给侧结构改革、促进经济高质量发展的必要性。

第三步，学生们讨论结束后，请每组学生派一位代表将本组讨论结果与大家进行分享，要求学生提出的观点与案例材料要紧密结合。

第四步，教师对学生们的发言进行总结，简要概述经济增长的决定因素，结合案例材料阐述相关内容，并将马克思主义哲学、经济新常态、供给侧结构性改革的相关理论贯穿于讲解中，加强学生解释当代中国经济增长、推进新时代中国特色社会主义建设的科学认识。具体教学组织安排如表 1-7 所示。

表 1-7　案例的教学组织

学习阶段	学习内容	时间限制	学习目标
课前	预习课本知识，查阅相关资料，了解经济增长的含义，我国经济的发展概况	提前一周	熟悉案例背景
课中	教师或学生展示我国经济发展概况 PPT	5 分钟	进一步熟悉案例背景
	课堂讨论，围绕经济增长与经济发展进行。注意思政元素与宏观经济学理论的结合。引导学生学会运用经济学的理论知识解决现实问题	15 分钟	结合理论分析问题，加深理论知识理解
课后	请学生密切关注供给侧改革背景下经济增长与经济发展的推动作用		增进记忆，巩固知识

（五）总结

我国经济发展进入了新时代，面临新问题和新矛盾。要实现新时代的新目标，不能继续简单地追求经济增速，而要更多地注重经济质量的提升和经济效益的增长，推进经济结构转型和增长动能转换。通过本案例的学习，要了解我国经济增长方式转变的基本含义和类型，制度在经济增长中的重要作用；掌握为什么我国要提出经济发展方式转变，它与经济增长方式转变的联系和区别，以及经济发展方式转变的内涵和实现途径；同时，还应了解习近平总书记提出的“供给侧结构性改革”与我国经济增长的关系。

参考文献

[1] 习近平. 习近平谈治国理政 [M]. 北京：外文出版社，2014.
[2] 蔡昉. 认识经济减速的供给侧视角 [J]. 经济学动态，2016 (4)：14-22.
[3]《西方经济学》编写组. 西方经济学（下册）[M]. 北京：高等教育出版社，2011.
[4] 本书编写组. 马克思主义基本原理概论 [M]. 北京：高等教育出版社，2018.

科技破冰　绿色音量[①]

——广西贯彻落实新发展理念，切实奏响新时代强音

一、案例正文

经济后发，如何追赶？科技是第一生产力，创新是引领发展的第一动力。在经济爬坡过坎的过程中，广西认准一点发力：借力创新，加速抢跑，弯道超车。为了解好创新驱动发展这道“时代考题”，广西奏响了创新最强音——立柱架梁，顶层设计与政策体系不断完善。全区明确了创新驱动发展的时间表、路线图和任务书，出台落实创新大会配套政策体系。

《广西科技重大专项管理办法》《广西重大科技创新基地建设管理办法》《广西重点研发计划管理办法》等相关配套文件出炉，自治区层面初步确立了相互匹配、相互支撑、各有侧重的政策体系。剑指难点痛点，破除体制机制藩篱，激发创新活力。广西科技体制改革向纵深破冰：建立统一的科技管理平台，把分散在 10 多个部门的 130 多个科技专项进行优化整合，形成新五类计划体系，科技资源长期存在的分散、封闭、重复、低效等现象得到明显改善；在全国首创并启动科技计划项目申报常态制，取消申报负责人年龄和职称限制，降低申报门槛，这一科研“放管服”模式迎来科研人员投身科研活动的新热潮。推进科研院所改革，把闲置的科技成果用起来。实施中央驻桂院所重大科技成果落桂工程，全区科技成果转化大行动风生水起，制定了科技成果转化认定标准，加强科技成果的产出和管理。厚植创新土壤，施予阳光雨露。围绕打造广西创新驱动发展“九张名片”亟须突破的“技术攻关清单”，通过新设 50 亿元创新驱动专项发展资金、组织实施 102 个科技重大项目、将自然科学基金从原来的每年 6500 万元增加到 2.5 亿元等重大举措，全面发力、多点突破、协同攻关，产业支撑能力显著增强。目前自治区重点实验室达 94 家，自治区工程技术研究中心达 236 家，为企业唱好创新大戏保驾护航。

加满油、拉满弓、鼓足劲，广西全区扑下身子抓落实换来了一张亮眼的成绩单：广西 2017 年科技进步贡献率（科技创新对经济增长贡献率）达 50.5%，[②] 提高 8.1 个百分点；高新技术企业数增加 2.8 倍，高技术产业增加值年均增长 15%，高于规模以上工业 5.8 个百分点[③]；发明专利申请量、授权量和拥有量增长率连续 4 年位居全国前列，成为全国首批 3 个特色型知识产权强省建设试点之一；在柴油发动机、铝合金、三维石墨烯制备、工

---

① 李新雄. 广西科技创新对经济增长贡献率达 50.5%［EB/OL］. 广西人民政府网，［2018-05-10］. http：//www.gxzf. gov. cn/gxyw/20180510-693860. shtml.

陆权香. 将绿色发展走到底［EB/OL］. 广西新闻网［2017-08-04］. http：//www. gxcounty. com/news/fzlt/20170804/136924. html.

②③ 数据来源：根据历年《广西统计年鉴》整理计算所得。

业废水处理等领域取得一批国际先进水平的创新成果，广西主持或参与的15个项目获国家科学技术奖，实现历史性突破。值得一提的是，荣获2017年度广西科技进步奖的148项科技成果“含金量”提升，技术成果得到广泛的推广应用，经济效益明显。据统计，获奖项目2013~2015年完成单位实现新增销售收入321亿元，新增利润29亿元，新增税收16亿元。2013~2015年，技术推广应用单位实现新增销售收入281亿元，新增利润120亿元。① 广西壮族自治区科技厅厅长曹坤华表示，在这个追逐创新的时代，广西科技不断激发创新潜能，正从“追赶者”阔步奔向“并行者”乃至“领跑者”。

五年来，广西壮族自治区党委、政府坚决贯彻落实习近平新时代中国特色社会主义思想，团结带领全区各族人民牢固树立绿色发展理念，扎实推进生态文明建设，直面挑战、奋勇开拓、善作善成，从理念升华到制度建设再到实践检验，奋力走出一条具有广西特色的生态美、产业强、百姓富的绿色转型绿色崛起之路。牢固树立“绿水青山就是金山银山”理念，坚决摒弃损害和破坏生态环境的经济发展模式，大力发展生态经济；牢固树立“生态优势金不换”理念，坚决防止因小失大、顾此失彼、寅吃卯粮、急功近利的做法，扎实推进生态环境保护建设；牢固树立“生态立区、生态惠民”理念，坚决将民生福祉、人民幸福放在首位，开展“美丽广西”乡村建设和“宜居城市”建设。这五年，广西通过集中和持续开展“美丽广西”乡村建设阶段性活动，推动全区农业生产快速发展、农村环境显著改善和乡风文明大幅提升，为广西广大农村与全国同步全面建成小康社会奠定了坚实基础；通过大力发展绿色交通、绿色建筑，实现绿色产业与生活融合，完善城市地下基础设施，保护历史文化街区，建成了一个个生态环境优良、人文与自然和谐共生的现代宜居城市，搭建起共建城乡美丽宜居绿色家园的道路。

谋长远之策，行固本之举。习近平总书记视察广西时，就“扎实推进生态环境保护建设”作出重要指示，明确广西新形势下加强生态环境保护的总体思路和战略举措。既立足当下，又着眼长远；既是思想论，又是方法论。必须深刻领会其精神实质，自觉把思想和行动统一到习总书记重要指示精神上来，牢固树立生命共同体意识，将绿色发展之路走到底。要坚定生态优先绿色发展理念，厚植绿色发展优势；大力发展生态经济，推动绿色低碳循环发展；加强生态环境保护，构建生态安全屏障；统筹推进城乡环境治理，建设生态宜居美丽广西。生态环境关乎你我、福泽万家。必须最大限度地汇集合力、凝聚共识，健全生态环境保护工作大格局，完善“绿色GDP”综合考评体系，不断推动生态文明建设良好社会风尚形成；要加快生态经济发展强区建设，切实把绿色广西的金字招牌打造为“经济金牌”，让八桂大地天更蓝、山更绿、水更清、环境更优美，为营造“三大生态”、实现“两个建成”增光添彩。

二、案例的思政元素

本案例的思政元素主要是：

（一）认识运动的基本规律

辩证唯物主义认识论认为，认识运动是一个辩证发展过程：从实践到认识；从认识到

① 数据来源：根据历年《广西统计年鉴》整理计算所得。

实践；实践、认识、再实践、再认识；认识运动不断反复和无限发展。马克思和恩格斯指出“思想、观念、意识的生产最初是直接与人们的物质活动，与人们的物质交往，与现实生活的语言交织在一起的”。列宁曾指出：“从生动的直观到抽象的思维，并从抽象的思维到实践，这就是认识真理、认识客观实在的辩证途径。”创新、协调、绿色、开放、共享五大发展理念不仅实现了我们党对发展规律认识的深化和升华，实现了我们党治国理政思想理论的新飞跃，而且成为今日中国化马克思主义认识论的集中体现。创新绿色发展理念的提出，正是基于创新发展针对全球科技竞争、经济竞争激烈与我国科技创新能力不强的突出矛盾，注重解决发展动力问题的规律把握；绿色发展针对粗放型经济发展方式与资源、环境瓶颈制约之间的突出矛盾，注重实现经济发展与生态安全双赢的规律认识；“工欲善其事，必先利其器”。认识把握五大发展理念对于维护和用好我国发展重要战略机遇期意义重大，是顺应时代潮流、把握发展机遇、厚植发展优势的战略抉择。当今世界，和平与发展的时代主题没有变，世界多极化、经济全球化、文化多样化、社会信息化深入发展。尽管各种不稳定、不确定因素增多，但加快自身发展、提高综合实力依然是世界各国的共同追求。发展理念管全局、管根本、管方向、管长远，是战略性、纲领性、引领性的东西，直接关乎发展成效乃至成败。明者因时而变，智者随事而治。五大发展理念体现了马克思主义的鲜明理论品格，成为坚持党的思想路线的时代典范。

（二）生产力和生产关系的辩证关系

马克思主义认为，生产力指具有一定生产经验和劳动技能的劳动者和他们所使用的生产资料结合起来，从而在物质资料生产过程中所发生的力量，也就是人类在生产过程中改造和影响自然界，并获得适合自己需要的物质资料的能力，它反映的是生产过程中人与自然的关系。生产关系指人们在物质资料生产过程中结成的相互关系，它的具体内容包括人们在物质资料的生产、交换、分配、消费等方面的关系。生产力状况决定生产关系的性质，历史上的各种生产关系都是适应一定的生产力发展需要而产生的。有什么样的生产力，就会产生什么样的生产关系，生产力状况是生产关系形成的客观前提和物质基础。同时，生产力的发展决定生产关系的变革。生产关系是生产力发展需要的产物，只有当它为生产力提供足够的发展空间时才能够存在。随着生产力的发展，原本适合生产力状况的生产关系便由新变旧，走向自己的反面。当生产关系适合生产力发展的客观要求时，它对生产力的发展起推动作用；当生产关系不适合生产力发展的客观要求时，它就会阻碍生产力的发展。生产关系对生产力反作用的实际过程和情形是十分复杂的。案例表明，创新是引领发展的第一动力，绿色是永续发展的必要条件。创新能推动社会生产力的发展，推动生产关系与社会制度的变革，推动人类思维和文化的发展。绿色发展是走生产发展、生活富裕、生态良好的文明发展道路，是促进生产力和生产关系二者更好适应的发展理念。

（三）贯彻新发展理念，推动高质量发展

发展理念是发展行动的先导。党的十八届五中全会鲜明地提出了创新、协调、绿色、开放、共享的发展理念，符合我国国情，顺应时代要求，对破解发展难题、增强发展动力、厚植发展优势具有重大指导意义。当前我国创新能力不强，科技发展水平总体不高，科技对经济社会发展的支撑能力不足，科技对经济增长的贡献率远低于发达国家水平。绿

色发展注重的是解决人与自然和谐问题。我国资源约束趋紧、环境污染严重、生态系统退化的问题十分严峻，人民群众对清新空气、干净饮水、安全食品、优美环境的要求越来越强烈。目前，我国经济下行压力不断增大，迫切需要推动我国经济从速度型发展向质量型发展升级，经济发展方式从规模速度型粗放增长转向质量效率型集约增长，经济结构从增量扩能为主转向调整存量、做优增量并存的深度调整，而经济发展动力，则应从传统增长点转向新的增长点。本案例充分体现了习近平总书记创新和绿色的科学发展理念，是我国当前经济提质增效、发展方式转型的积极体现。创新是引领发展的第一动力，是化解过剩产能，创造新的经济增长点，提高社会生产力和国家竞争力的重大举措。广西科技创新对经济增长贡献率达 50.5%，充分体现了习近平总书记提出五大发展理念的重要意义。

（四）建设现代化经济体系

建设现代化经济体系是党中央从党和国家事业全局出发，着眼于实现“两个一百年”奋斗目标、顺应中国特色社会主义进入新时代的新要求作出的重大决策部署。发展是一个不断变化的过程，发展环境、发展条件不会一成不变，发展理念也不会一成不变。面对新的发展实践，有些东西过去有效，现在未必有效；有些过去不合时宜，现在却势在必行；有些过去不可逾越，现在则需要突破。新形势下，我国发展的国际国内环境都在发生深刻变化，迫切要求我们解放思想、实事求是、与时俱进、求真务实地分析主要矛盾，认识发展规律，解决突出问题，刷新发展理念，实现对传统发展思路和发展方式的根本转变，实现发展全局的深刻变革。建设现代化经济体系就是要建设创新引领、协同发展的产业体系，就是要建设资源节约、环境友好的绿色发展体系等七大体系。本案例体现出广西在处理经济发展与创新引领、环境保护之间的积极正确做法，不仅实现了创新引领发展，“绿水青山就是金山银山”，而且通过转变经济发展方式也促进了经济有效增长，实现了广西民族地区的和谐统一。

三、案例使用说明

（一）教学用途与教学目标

1. 教学用途

本案例为描述型案例，适用于本科生《宏观经济学》中“经济增长和经济发展”知识点的教学和培训。

2. 教学目标

（1）知识层面。

理解概念：经济增长、经济发展。

掌握理论：经济增长的源泉、经济发展的衡量标准、新古典经济增长和内生增长理论、新发展理念。

（2）能力层面。

系统思维能力：教师通过对理论的讲解，帮助学生系统地了解经济增长和经济发展的内涵差异，形成全面、系统、联系地分析问题、解决问题的思维能力。

判断实践能力：根据案例材料，设置三个由浅入深、由知识到能力的问题，通过解答问题帮助学生搭建一座“理论到实践、实践到理论”的思维桥梁，使学生能就经济增长和经济发展问题搜集信息与资料，善用适当的理论知识，提出合理解决方案。

（3）素质层面。

形成专业意识：理解经济增长和经济发展的关系，理解经济增长的源泉，理解新古典增长理论和内生增长理论的区别，理解新时代对新发展理念的需求，理解经济发展战略；养成关注经济热点、经济增长和经济发展的学习习惯。

提高职业素养：通过案例，引入新时代新发展理念和其他重要思政元素，拓展学生视野，让学生理解国家、区域经济科学发展的重要性，增强学生社会责任感，形成正确的经济发展理念。

（二）案例讨论的准备工作

（1）学生需要预习《宏观经济学》课程中经济增长和经济发展的相关知识，对经济增长和经济发展的内涵区别以及影响因素等有一个粗浅的认识。

（2）授课教师可事先了解班级学生对我国及广西经济增长或发展状况的认识，分小组、分小专题针对我国及广西经济发展的问题进行总结汇报，使全班同学对我国及广西经济发展的不同问题有较系统、全面的认识，激发学生对经济增长和经济发展相关问题的关注热情和学习兴趣。

（三）案例分析要点

1. 启发思考题

（1）结合案例，分析新时代下中国经济发展所面临的宏观环境（国际市场环境、国内市场环境）。

（2）结合案例，分析经济增长和经济发展的内涵差异，剖析影响区域经济实现绿色发展的主要影响因素。

（3）结合案例，分析促进广西经济实现快速健康发展的措施。

2. 分析思路

三个思考题，是基于宏观经济学经济增长和经济发展知识点而提出的。

（1）分析新时代下中国经济发展所面临的宏观环境。

理论知识点：经济增长的影响因素及分析。

参考答案如下：

国际市场环境：新时代下，国际市场环境正发生显著变化，国际贸易持续蓬勃发展，国际市场分工不断加强，国际金融经济也在持续深化发展。中国经济在国际市场中扮演着越来越重要的角色，中国的市场经济改革以及对外开放都为全球经济发展产生深远和积极影响。

国内市场环境：新时代下，国内市场环境面临诸多挑战，金融市场的发展压力、人口老龄化带来的就业问题，淘汰落后产能调整产业结构的进程等。面对这些挑战也为国内经济带来诸多机遇，新发展理念下新兴产业的发展情景，产业结构调整进程中的发展活力等。

（2）分析经济增长和经济发展的内涵差异，剖析影响区域经济实现绿色发展的主要影响因素。

理论知识点：经济增长和经济发展的定义。

引导学生从数量和质量两方面分析经济增长和经济发展之间的差异。参考答案如下：

经济增长：在宏观经济学中，经济增长被视为“产量”的增加或增长，这里的产量可以是 GDP 总量，也可以是人均 GDP。因此，经济增长即为一定时间内，一个国家或区域经济总产量的增加。

经济发展：经济发展不仅包括经济增长的“量”，还包括经济增长“质”的要求。这里的“质”即为国民的生活质量以及整个社会的各方面取得的进步。

绿色发展的影响因素：绿色发展要求在经济增长中注重发展质量，即主要生态环保，注重经济的可持续性，注重经济发展中科技的先进性等。因此，作为新发展理念核心内容的绿色发展，其影响因素包括消费需求、产业结构、科技水平、社会经济水平等。

（3）分析促进广西经济实现快速健康发展的措施。

在前两题分析的基础上，引导学生了解广西经济发展中存在的问题、挑战和机遇，激励学生思考推进广西经济实现绿色健康发展、提高发展质量的对策和建议。参考答案如下：

积极调整产业结构，加大力度淘汰落后产能，引入和发展新兴产业；扩大人才引进，激励科技创新；推广绿色发展理念，引导企业推进绿色生产流程；加强监督管理，建立完善的市场管理体系；等等。

（四）教学组织方式

建议用本案例完成经济增长和经济发展全部知识点的教学，不再安排教师讲授的时间。一般安排 3 个课时（120 分钟）。教学组织安排如表 1-8 所示。

表 1-8　案例的教学组织

学习阶段	学习内容	时间限制	学习目标
课前	要求学生分组，并预习课本知识，查阅相关资料，了解广西经济发展状况	提前两天	熟悉案例背景
课中	教师或学生展示中国及广西经济发展现状的 PPT	15 分钟	进一步熟悉案例背景
	分组讨论，并当堂完成案例分析报告	30 分钟	结合理论分析问题，小组案例分析报告作为一次平时成绩
	随机抽取三个小组进行发言	每组 10 分钟，控制在 40 分钟以内	结合理论分析问题，言之有物，条理清晰
	引导全班进一步讨论，并进行归纳总结，注意思政元素与宏观经济学理论的结合。引导学生学会运用宏观经济学的理论知识解决现实问题	35 分钟	归纳用到的关键理论，并对各组表现做一个简单点评
课后	请学生继续关注某一省区经济发展的状况，下次课回顾提问		增进记忆，巩固知识

（五）总结

新时代，新的经济环境，新的发展要求。作为面向东盟门户“一带一路”的桥梁，广西应顺应新时代的发展要求，积极实践新发展理念，推进新兴产业发展，努力调整和优化产业结构，促进区域经济快速、健康发展，实现经济发展的“质”“量”融合。

参考文献

[1] 李新雄. 广西科技创新对经济增长贡献率达 50.5% [EB/OL]. 广西人民政府网 [2018-05-10]. http://www.gxzf.gov.cn/gxyw/20180510-693860.shtml.

[2] 陆权香. 将绿色发展之路走到底 [EB/OL]. 广西新闻网 [2017-08-04]. http://www.gxcounty.com/news/fzlt/20170804/136924.html.

[3] 《西方经济学》编写组. 西方经济学（下册） [M]. 北京：高等教育出版社，2011.

[4] 习近平. 决胜全面建成小康社会 夺取新时代中国特色社会主义伟大胜利——在中国共产党第十九次全国代表大会上的报告 [M]. 北京：人民出版社，2017.

[5]《马克思主义基本原理概论》编写组. 马克思主义基本原理概论 [M]. 北京：高等教育出版社，2018.

开放经济的宏观经济学

一、案例正文

（一）“一带一路”倡议让中国机遇成为世界机遇①

2018年5月14~15日在北京举行的“一带一路”国际合作高峰论坛吸引了全球的目光，受到外国媒体的热切期待。各国媒体普遍认为，“一带一路”倡议已经成为推动全球经济增长的重大举措，此次高峰论坛必将为各国共商、共建、共享“一带一路”凝聚新的共识、开启新的篇章。“一带一路”建设把中国的发展与各国的发展紧密相连，本质上是通过提高有效供给催生新需求，推动世界经济再平衡。俄罗斯《专家》周刊网站刊文称，“一带一路”作为大型项目，连接了亚洲、非洲和欧洲，包括道路交通等大量基础设施项目，不仅可以推动世界贸易，也将提升中国的全球影响力。一位来自亚洲国家的外交官如此总结当前的趋势：“所有人都想成为中国的朋友。”德国《法兰克福汇报》刊文说，作为欧洲最大的内陆港口，德国杜伊斯堡港2016年以2.30亿欧元的营业额创下新纪录，这与中国的“一带一路”倡议关系密切。在世界经济和欧洲物流业萧条、集装箱业务饱和的情况下，能取得这样的成绩非常难得。彭博社的文章指出，从孟加拉国到白俄罗斯，铁路、炼油厂、桥梁、工业园区等都在建设中。连接中国东海岸和伦敦的货运已开始运作，铁路延伸超过1.2万公里，经过9个国家，铁路让货物在18天内穿越欧亚大陆。

“一带一路”倡议的吸引力，在于找到了合作的“最大公约数”，把世界的机遇变为中国的机遇，也让中国的机遇成为世界的机遇。英国伦敦政治经济学院网站刊登文章，称“一带一路”倡议将对中国和全球经济特别是沿线国家的基础设施建设和经济发展带来巨大且积极的影响。欧盟应该将“一带一路”倡议视为双重机会，欧盟的机构和成员国政府应该比现在更加重视这项倡议。西班牙埃菲社援引西班牙外交事务国务秘书的话说：“中国对于今天以及未来的世界都是一股不可或缺的力量，亚投行和‘一带一路’倡议进一步提升了中国的国际地位，西班牙应积极参与这一进程。”

（二）稳健中性货币政策没有改变②

2019年政府工作报告中关于货币政策的描述已经没有了“中性”二字，这引发了市场的关注。因此，不少人认为中国人民银行政策开始转向，关于“大水漫灌”、量化宽松

---

① 摘自新华网：http：//www.xinhuanet.com/world/2017-05/13/c_129603872.htm，2017年5月13日，作者：赵冰。

② 摘自今日中国：https：//www.sohu.com/a/306759287_100122958，2019年4月9日，作者：卞永祖。

的说法也开始不断出现。

其实，如果仔细分析相关数据，这种说法是站不住脚的。首先，社会融资数据始终处在合理范围内。从历史来看，每年1月社会融资激增是正常现象。其次，市场预期2019年利率存在下行压力，这也刺激了银行尽早投放资金以获取更高的收益。2月社会融资规模增量仅为7030亿元人民币，比上年同期减少4847亿元，除了季节性因素，也从侧面反映了金融供给仍然是谨慎的，这一数据变化也与“大水漫灌”下社会融资增长率幅度提升的情况不符。

贷款增速也相对平稳，1月人民币贷款同比增长13.4%，增速比上月末低0.1个百分点，比上年同期高0.2个百分点。同时，1月末M2同比增长8.4%，增速比上月末高0.3个百分点。到了2月末，M2余额186.74万亿元，同比增长8%，增速分别比上月末和上年同期低0.4个和0.8个百分点。从数据对比可以看出，中国人民银行进行流动性补充并不多，M2的增速和社会融资的增速，大致与潜在产出的增加水平保持一致。

从银行间拆借利率来看，当前Shibor指数相较于2018年和2017年处于较低水平，但与2016年水平相当，依旧在正常范围之内，并没有出现大幅度下降的情况。

另外，央行进行流动性的投放，其主要目的是想要解决资金流动补偿的结构、机制问题，还不是“大水漫灌”。央行依靠定向的降息和贷款投放来弥补传导机制的缺陷，也是必然之举。TMLF的推出就是针对性地优化小微和民营企业的贷款流程，解决他们所面临的融资贵、融资难的问题，这其实是一种定向的、有目的性的投放贷款，并不是所有企业都具有这种资格。

因此，中国人民银行行长易纲在全国两会记者会上特意强调，货币政策之所以没有提“中性”，是因为这样表述更简洁，实际上稳健货币政策的内涵没有变。

当前，让金融更好地服务实体经济，更重要的是要解决中国金融领域中存在已久的货币传导机制不畅的问题。

首先，要加快经济转型和深化供给侧改革。中国经济正迎来新的机遇期，已由高速增长阶段转向高质量发展阶段，处在转变发展方式、优化经济结构、转换增长动力的攻关期。资本具有逐利性，发展潜力大、竞争力强的领域必然更能得到资金的青睐。因此，中国必须坚持质量第一、效益优先，以供给侧结构性改革为主线，推动经济发展质量变革、效率变革、动力变革，提高全要素生产率，把提高供给体系质量作为主攻方向，显著增强中国经济质量优势。

其次，要始终坚持金融服务实体，改善传导机制。2019年中国将会面临更加复杂的经济发展环境，一方面国内经济面临较大的下行压力，另一方面中美贸易摩擦、美国货币政策以及英国脱欧等外部事件存在很大的不确定性。因此，促进中国经济平稳增长是货币政策的重要目标。而美国加息预期下降，人民币贬值的压力减轻，外部环境对中国货币政策的约束下降，为中国货币政策提供了更大的操作空间，今后更多的宽松信用政策还会在路上。

另外，要疏通货币政策传导机制，就应该重新建立起金融机构对融资主体的信任度，那么客观上需要融资主体加强自我约束。例如，融资主体要更客观地反映财务数据，反映真实的经营情况，明确经营的主线等。今年债券市场就出现多起民营企业恶意“逃废债”的事件，前期也出现个别公司获得贷款之后，股东顺势减持的事情，都会打击金融机构对融资主体的信任。

此外，疏通货币政策传导机制，目标并不是要给所有的企业融资。目前中国企业整体杠杆还处于高位，去杠杆仍是宏观的大方向。疏通货币传导机制就是让资金更多地进入那些有市场、有前景、有技术、有竞争力的企业，而不是那些落后产能以及国家限制的行业。2019 年经济环境复杂多变，部分企业难免会出现经营困难，而金融机构也将面临新的挑战。

二、案例的思政元素

本案例的思政元素主要是：

（一）改革开放是我国的强国之路

改革开放是当代中国最鲜明的特色，是发展中国、发展社会主义、发展马克思主义的强大动力。我国过去 40 年持续发展靠的是改革开放，我国未来的发展也必须坚定不移地依靠改革开放。近年来，中国在世界经济和全球治理中的分量和作用迅速提升，中国对外开放进入“引进来”和“走出去”更加均衡的发展阶段。中国开放发展的大环境，总体上比以往任何时候都更为有利，但面临的矛盾、风险和挑战也前所未有。中国的改革开放顺应了中国要创新、要发展的历史要求和人民对美好生活的需要，契合了世界各国人民要发展、要合作、要和平生活的时代潮流；我们要坚定不移地推进改革开放，不断在制度建设和创新方面迈出新步伐，不断促进生产关系和生产力、上层建筑和经济基础相适应，促进经济社会各个领域、各个方面、各个环节相协调。案例中，习近平总书记提出的“一带一路”倡议是我国积极推进改革开放策略的充分体现。

（二）推动构建人类命运共同体

党的十八大以来，习近平总书记以卓越的政治家和战略家的宏大视野和战略思维，高瞻远瞩地提出构建人类命运共同体的重要思想。构建人类命运共同体的核心思想是“建设持久和平、普遍安全、共同繁荣、开放包容、清洁美丽的世界”。一要坚持对话协商，建设一个持久和平的世界。国家之间要构建对话不对抗、结伴不结盟的伙伴关系。大国要尊重彼此核心利益和重大关切，管控矛盾分歧，努力构建不冲突不对抗、相互尊重、合作共赢的新型关系。大国对小国要平等相待，不搞唯我独尊、强买强卖的霸道。应该全面禁止并最终彻底销毁核武器，实现无核世界。要秉持和平、主权、普惠、共治原则，把深海、极地、外空、互联网等领域打造成各方合作的新疆域，而不是相互博弈的竞技场。二要坚持共建共享，建设一个普遍安全的世界。各方应该树立共同、综合、合作、可持续的安全观。反恐既要治标，更要治本。各国要加强协调、动员全球力量有效应对难民危机。恐怖主义、难民危机等问题都同地缘冲突密切相关，化解冲突是根本之策。当事各方要通过协商谈判化解冲突，其他各方应该积极劝和促谈，尊重联合国发挥斡旋主渠道作用。国际社会应该加大对非洲等发展中国家卫生事业的支持和援助。三要坚持合作共赢，建设一个共同繁荣的世界。各国特别是主要经济体要加强宏观政策协调，维护世界贸易组织规则，支持开放、透明、包容、非歧视性的多边贸易体制，构建开放型世界经济。搞贸易保护主义、画地为牢，损人不利己。经济全球化的大方向是正确的。我们要引导经济全球化健康发展，加强协调、完善治理，推动建设一个开放、包容、普惠、平衡、共赢的经济全球化，着力解决公平公正问题。四要坚持交流互鉴，建设一个开放包容的世界。人类文明多样性是世界的基本特征，也是人类进步的源泉。文明差异不应该成为世界冲突的根源。不同文明要取长补短、共同进步，让文明互鉴成为推动人类社会进步的动力、维护世界和平的纽带。五要坚持绿色低碳，建设一个清洁美丽的世界。我们应该遵循天人合一、道法自然的理念，寻求永续发展之路。要倡导绿色、低碳、循环、可持续的生产生活方式，平衡推进 2030 年可持续发展议程，不断开拓生产发展、生活富裕、生态良好的文明发展道路。各方要共同推动《巴黎协定》的实施，不能让这一成果付诸东流。中国将继续采取行动应对气候变化，百分之百承担自己的义务。在国际合作与交流中，中国一贯坚持和平共处的五项基本原则。上述案例中，不论是“一带一路”倡议，还是降低关税的做法都体现了中国和平发展、和平合作的国际经济理念，也充分体现了中国负责任大国的形象。

（三）推动建立新型国际关系

当今世界，国与国之间的联系日益紧密，相互依存、合作共赢成为应对日益突出的全球性挑战，实现和平与发展的时代诉求。党的十九大报告指出，中国将继续高举和平、发展、合作、共赢的旗帜，恪守维护世界和平、促进共同发展的外交政策宗旨，坚定不移地在和平共处五项原则基础上发展同各国友好合作，推动建设相互尊重、公平正义、合作共赢的新型国际关系。相互尊重、公平正义、合作共赢三者有机结合、层层递进，是习近平总书记对新型国际关系作出的最新诠释，为各国在新时代背景下正确处理国家间关系指明了方向。首先，相互尊重是建设新型国际关系的基础。世界各国一律平等，坚决反对以大欺小、以强凌弱、以富欺贫。主权原则不仅体现在各国主权和领土完整不容侵犯、内政不容干涉，还应该体现在各国自主选择社会制度和发展道路的权利应当得到维护，体现在各国推动经济社会发展、改善人民生活的实践应当受到尊重。其次，公平正义是建设新型国际关系的保障。中国秉持共商、共建、共享的全球治理观，倡导国际关系民主化，支持扩大发展中国家在国际事务中的代表性和发言权。在“一带一路”国际合作框架下，中国努力实现与沿线国家的政策沟通、设施联通、贸易畅通、资金融通、民心相通，打造国际合作新平台，增添共同发展新动力。此外，中国一直致力于加大对发展中国家特别是最不发达国家的援助力度，促进缩小南北发展差距，推动建设开放型世界经济。中国正在用实实在在的努力，积极维护世界公平与正义，推动新型国际关系落到实处。最后，合作共赢是建设新型国际关系的目标。在全球化大背景下，世界各国利益日益融合，国家之间也许政治制度不同、经济发展水平不同、文化信仰不同，但合作共赢却是“最大公约数”，以对立、施压和对抗解决全球性挑战没有出路。构建以合作共赢为核心的新型国际关系，就是要以人类命运共同体理念为指导，把合作共赢理念体现到政治、经济、安全、文化、生态等对外合作的方方面面。

三、案例使用说明

（一）教学用途与教学目标

1. 教学用途

本案例为描述型案例，适用于本科生《宏观经济学》中开放经济的宏观经济学知识点的教学和培训。

2. 教学目标

（1）知识层面。

理解概念：国际收支、汇率、货币政策、财政政策。

掌握理论：汇率制度、蒙代尔—弗莱明模型、财政政策和货币政策的影响。

（2）能力层面。

系统思维能力：教师通过对理论的讲解，帮助学生系统地了解汇率和国际收支等方面的知识，形成全面、系统、联系地分析问题、解决问题的思维能力。

判断实践能力：根据案例材料，设置三个由浅入深、由知识到能力的问题，通过解答问题帮助学生搭建一座“理论到实践、实践到理论”的思维桥梁，使学生能就汇率和国际收支等方面的问题搜集信息与资料，善用适当的理论知识，提出合理的解决方案。

（3）素质层面。

形成专业意识：理解汇率和国际收支等方面的知识，理解财政政策和货币政策的区别，理解紧缩的财政政策和货币政策对国民经济的影响，理解宽松的财政政策和货币政策对国民经济的影响；养成关注经济热点、财政政策和货币政策的学习习惯。

提高职业素养：通过案例，引入开放经济、人类命运共同体和其他重要思政元素，拓展学生视野，让学生理解国家、区域经济和社会合作的重要性，增强学生社会责任感，形成正确的全球发展理念。

（二）案例讨论的准备工作

（1）学生需要预习《宏观经济学》中开放经济的相关知识，对国际贸易、汇率、货币政策和财政政策等有一个粗浅的认识。

（2）授课教师可事先了解班级学生对国际贸易、汇率、货币政策和财政政策的认识，分小组、分小专题针对我国国际贸易政策、国际关系、汇率等内容进行总结汇报，使全班同学对我国的对外经济问题有较系统、全面的认识，激发学生对国际贸易、汇率、货币和财政政策等相关问题的关注热情和学习兴趣。

（三）案例分析要点

1. 启发思考题

（1）结合案例，分析“一带一路”倡议对中国及沿线国家经济社会发展的积极影响。

（2）结合案例，分析汇率对进出口贸易的影响。

（3）结合案例，分析财政政策和货币政策对国民收入的影响。

2. 分析思路

三个思考题，都是基于宏观经济学开放经济的宏观经济学知识点而提出的。

（1）分析“一带一路”倡议对中国及沿线国家经济社会发展的积极影响。

理论知识点：开放经济的特征。

引导学生结合中国“一带一路”倡议的举措，从经济、政治、文化等方面展开分析。参考答案如下：

对中国的影响：有效解决我国产能过剩及产业结构调整问题；提高我国的国际影响力和国际声誉，促进中国的国际合作深度和广度；有利于改善中国与周边国家的边境安全问题，共同维护边境和平稳定；有利于提高中国的国际话语权，提高国际竞争力。

对沿线国家的影响：有利于沿线国家融入中国市场，提高沿线国家优势产业发展；有利于促进沿线国家的社会文化交流与合作，扩大国际合作范围；有利于提高沿线国家的科技合作与创新，提高产品的市场竞争力。

（2）分析汇率对进出口贸易的影响。

理论知识点：汇率与国际收支。

引导学生通过分析和比较汇率的波动分析一国的国际收支变动。参考答案如下：

汇率的波动会引起收入水平的变化，从而影响进出口贸易。当汇率变动引起本国货币升值时，进口商品的价格则下降，促进进口而抑制出口；当汇率变动引起本国货币贬值时，进口商品的价格则上升，相应本国商品价格则下降，从而促进了出口而抑制了进口。

（3）分析财政政策和货币政策对国民收入的影响。

理论知识点：利用蒙代尔—弗莱明模型分析紧缩和扩张的货币政策和财政政策对国民收入的影响。参考答案如下：

国际收支，指的是一国居民与世界其他国家居民之间因各种经济往来而发生的收入与支付的对比关系。

财政政策与货币政策对国民收入的影响分析：财政政策和货币政策同属政府干预宏观经济最重要、使用最频繁的两大工具。在固定汇率制度和完全资本流动的假设下，如果在实施扩张性财政政策的同时增加货币供给，那么就会增强扩张性财政政策的效果，财政政策作用产生的增量等同于经济增量。

不能完全依靠财政政策或者货币政策来解决国际收支的失衡问题。

（四）教学组织方式

建议用本案例完成开放经济的宏观经济学全部知识点的教学，不再安排教师讲授的时间。一般安排 3 个课时（120 分钟）。教学组织安排如表 1-9 所示。

表 1-9　案例的教学组织

学习阶段	学习内容	时间限制	学习目标
课前	要求学生分组，并预习课本知识，查阅相关资料，了解中国对外经济发展状况	提前两天	熟悉案例背景
课中	教师或学生展示“一带一路”倡议发展现状的 PPT	15 分钟	进一步熟悉案例背景
	分组讨论，并当堂完成案例分析报告	30 分钟	结合理论分析问题，小组案例分析报告作为一次平时成绩
	随机抽取三个小组进行发言	每组 10 分钟，控制在 40 分钟以内	结合理论分析问题，言之有物，条理清晰
	引导全班进一步讨论，并进行归纳总结，注意思政元素与宏观经济学理论的结合。引导学生学会运用宏观经济学的理论知识解决现实问题	35 分钟	归纳用到的关键理论，并对各组表现做一个简单点评
课后	请学生继续关注中国对外经济的状况，下次课回顾提问		增进记忆，巩固知识

（五）总结

经过 40 年的改革开放，我国经济总量大幅度跃升，综合国力明显提升，人民生活显著改善，成功实现了从封闭、半封闭到基本全方位开放的伟大历史转折，中国对世界经济的影响力大大加强，中国在世界经济中的地位发生了历史性变化。我国实行的是以市场供给为基础、有管理的浮动汇率制度，汇率变化相对缓慢。完全运用货币政策不能真正解决国际收支问题。

参考文献

[1] 赵冰．“一带一路”倡议让中国机遇成为世界机遇［EB/OL］. 新华网，［2017-05-13］. http：//www. xinhuanet. com/world/2017-05/13/c_129603872. htm.

[2] 卞永祖．稳健中性货币政策没有改变［EB/OL］. 今日中国，［2019-04-09］. https：//www. sohu. com/a/306759287_100122958.

[3]《西方经济学》编写组．西方经济学（下册）［M］. 北京：高等教育出版社，2011.

[4] 习近平．决胜全面建成小康社会　夺取新时代中国特色社会主义伟大胜利——在中国共产党第十九次全国代表大会上的报告［M］. 北京：人民出版社，2017.

[5]《马克思主义基本原理概论》编写组．马克思主义基本原理概论［M］. 北京：高等教育出版社，2018.

财政政策更加积极　应对经济形势“稳中有变”[①]

一、案例正文

2018年7月31日召开的中央政治局会议在对当前经济形势分析和下半年经济工作部署中出现了诸多新提法。例如，首次提出“稳中有变”；对于外部环境判断也由4月会议时的“世界经济政治形势更加错综复杂”变为“外部环境发生明显变化”。通过本次中央政治局会议可以看出，中央对当时形势做出了清醒的分析判断，给出了清晰的应对策略：经济政策大方向保持稳定，但会通过积极应对的综合政策来实现经济稳中有进。具体到财政政策而言，要更有效地服务实体经济、更有力地服务宏观大局，财政政策要更加积极。但财政部也明确表示，坚持不搞“大水漫灌”式强刺激。

(一) 宏观经济形势“稳中有变”

1. 平稳运行底色不变

从“稳中向好”到“稳中有变”，“稳”的基调是一贯的，这说明中央对中国经济运行平稳这一判断并未发生改变。从2018年上半年经济实际运行数据来看，也确实符合这一判断。比如，从经济增速来看，2018年第一、第二季度均为6.5%以上；从居民收入来看，2018上半年，全国居民人均可支配收入增长6.6%（扣除价格因素），达到14063元；从就业情况来看，全国城镇调查失业率6月为4.8%，环比上月持平，同比上年也仅微降0.1%[②]。

有学者表示，中国近14亿人口的大市场、世界最大规模的中等收入群体都决定着中国经济依然还有巨大的成长空间，而且改革红利还在不断释放，新动能还在不断成长。可以说，发展韧性强、潜力大、后劲足，为中国经济继续保持平稳运行提供了坚实支撑。

2. 把握“变”的内涵

“当前经济运行稳中有变，面临一些新问题新挑战，外部环境发生明显变化。”中央政治局对当前经济运行的这一判断引起了社会各界的高度关注。

从外部环境来看，最大、最重要的变数就是中美两大经济体之间的经贸摩擦问题。经

---

① 宫超. 宏观政策稳中有调应对稳中有变［J］. 瞭望，2018（33）：36-37；谢艺观. 中央地方发力稳投资. 多地出台补短板投资计划［EB/OL］.［2018-09-29］. http：//www. chinanews. com/cj/2018/09-29/8639168. shtml；陈益刊. 总理定调下一步减税降费：降增值税税率、社保费率［EB/OL］.［2018-09-31］. https：//www. yicai. com/news/100030390. html.

② 数据来源：国家统计局公开信息。

过此前几番博弈，美方不断扩大对中国输美商品提高关税范围，中国也不得不做出反应，下一步双边经贸关系何去何从也将面临持续考验。

从国内来看，中国经济由高速增长阶段转向高质量发展阶段，当前正处于攻关阶段，新旧动能转换尚未完成；2018 年上半年少数经济指标增速有所放缓，经济下行压力有所加大。例如，社会消费品零售总额增速在 5 月、6 月均处于历史低位；全国固定资产投资同比增速仅为 6%，下降较为明显，尤其是基础设施投资同比增速相较于上年同期回落近 14%，仅为 7.3%①。此外，在内外部变化叠加之下，中国的股票市场出现波动，贸易顺差也面临持续收窄的压力。

“变”的内容体现为上述的新问题和新挑战，但这种“变”不能简单地解读成“变坏”。我国“向好”的经济基本面并没有改变，虽面临着新问题和新挑战，但如果行动及时、应对得当，完全可以转危为机。

（二）财政政策更加积极，保障经济“稳中有进”

“经济政策从来不是僵化和一成不变的，而是需要根据经济形势的变化进行相机抉择和逆周期调节。”中原银行首席经济学家王军表示，在“稳中有变”的环境和条件下，确保经济面临的“变”不走向负面，就要积极应对，适时做出政策预调微调，提高政策的前瞻性、灵活性、有效性。

1. 减税降费：加力度、提进度

2018 年 9 月 20 日，国务院总理李克强表示，中国下一步将实施更大规模的减税和更为明显的降费。这不仅包括增值税税率要继续下降，还包括个税（个人所得税）专项附加扣除。

中国大规模减税降费方向基本得以确认，即减税方面主要是第一大税种增值税税率下降，和包括专项附加扣除在内的个人所得税减税政策实施。而在降费方面主要是明显降低社会保险费率。

个人所得税减税政策已经明确。全国人民代表大会常委会近期已经通过了新的个人所得税法，其中涉及减税主要集中在三点，即综合所得的起征点提至 5000 元/月（6 万元/年），七档超额累进税率的前三档低税率范围扩大，新增了子女教育、继续教育、大病医疗、住房贷款利息、住房租金、赡养老人支出 6 项专项附加扣除。

其中 10 月 1 日起，个人工资薪金收入起征点提高和税率优化率先实施，让工薪族率先享受到减税红包。而 6 项专项附加扣除，2019 年起实施。

2018 年 9 月 26 日，国务院发布《关于推动创新创业高质量发展打造“双创”升级版的意见》指出，要加快推动创新创业发展动力升级，加大财税政策支持力度。将企业研发费用加计扣除比例提高到 75%的政策由科技型中小企业扩大至所有企业。

2. 政府支出：补短板、稳投资

稳投资是 2018 年下半年中国经济的任务之一。基础设施建设投资对于稳增长作用重大，尤其是在薄弱领域加大投资，不仅将有力促进经济稳定增长，而且也将助力补短板、惠民生。

---

① 宫超. 宏观政策稳中有调应对稳中有变［J］. 瞭望，2018（33）.

近期，多部委纷纷出台相关政策，支持补短板、稳投资。广东、青海、江苏等十余个省市已陆续出台补短板计划，从各地发布的政策来看，补短板计划多集中在基础设施领域。

8 月 14 日，财政部发布《关于做好地方政府专项债券发行工作的意见》要求加快专项债券发行进度，以更好地发挥专项债券对稳投资、扩内需、补短板的作用。

国家发展和改革委员会新闻发言人孟玮 9 月 18 日表示，下一步将在有效防范地方政府债务风险的前提下，加大基础设施等领域补短板力度，稳定有效投资，不断提高投资效益，确保把有限的资金投向那些能够增加有效供给、补齐发展短板的领域。

二、案例的思政元素

（一）否定之否定规律的方法论意义

要坚信前途是光明的，对我国社会主义现代化建设要充满必胜的信心。中国这么大经济体持续 40 年的高速增长，从一个贫穷落后的国家发展成世界第二大经济体，堪称世界经济发展史的奇迹。即使近年来在复杂多变的内外部因素影响下，仍能保持 6.5%以上的中高速增长，且这一趋势仍将延续。当前的短期困难和波动不会改变中国经济稳定向好的基本面，社会主义现代化的宏伟目标一定能够实现。我们对此要有充足的底气和充分的自信。

要准备走曲折的路，有克服各种困难的精神准备。进入 2018 年，中美贸易摩擦加剧，美国对中国商品的关税加征持续升级，外部不确定性加大，而且短期没有结束的迹象，这无疑给中国经济带来了挑战和风险。中华民族的伟大复兴之路绝不会是一帆风顺的，未来还会不断出现新的各种困难和问题，需要我们努力去克服和化解，对此我们要有充分的心理准备和敢于迎难而上的积极心态。

坚持否定之否定规律所揭示的前进性与曲折性相统一的原理，要反对循环论和直线论两种错误观点。中国社会主义现代化强国目标的实现是一个螺旋式上升的过程，不是笔直前行的，途中难免会有曲折迂回；也绝不是只有量变没有质变、周而复始的简单循环。虽然当前中国经济遭遇到短期困难和波动，但正如本案例所言，世界最大的国内市场和最大规模的中等收入阶层构成支撑中国经济平稳运行的基础和长期利好，中国经济发展韧性强、潜力大、后劲足，成长空间依然巨大，改革红利的不断释放和新动能的不断成长也为中国经济继续保持平稳运行提供了坚实支撑。因此，理性的态度是既要看到中国经济发展当前面临的挑战和风险，也要看到中国经济前景依然光明，应保持充分的信心，不宜盲目悲观。

（二）一切从实际出发，实事求是

一切从实际出发是马克思主义认识论的根本要求。从实际出发，就是从变化发展着的客观实际出发，从特定的社会历史条件出发，注重事实，从事实出发。财政政策的实施也应当“从实际出发”，不应僵化和一成不变，需要根据经济形势的变化进行相机抉择和逆周期调节。案例显示，在当前经济形势“稳中有变”的背景下，中国政府在保持宏观政策稳定性的基础上，及时对财政政策进行预调微调，实施更加积极的财政政策。在政府收入方面，减税降费的力度加大、进度加快。一是通过降低增值税和降费“放水养鱼”，切实降低企业负担、激发市场活力。二是通过降低和优化个人增值税征收，增加中低收入人群的实际可支配收入，助力国民消费潜力的释放。在政府支出方面，主要是加快债券发行，通过基础设施建设补短板来稳投资稳增长。这些政策的实施可在较大程度上抵消外部冲击带来的压力，为经济平稳运行保驾护航。

实事求是是中国共产党思想路线的核心。我们党的思想路线是一切从实际出发，理论联系实际，实事求是，在实践中检验和发展真理。在当代中国一切从实际出发，就是一切从中国特色社会主义进入了新时代这个我国发展新的历史方位出发。“进入新时代”于经济建设而言，需要“贯彻新发展理念、建设现代化经济体系”“坚持质量第一、效益优先，以供给侧结构性改革为主线，推动经济发展质量变革、效率变革、动力变革，提高全要素生产率”①。此次财政政策的预调微调便体现了这一思路，政策着力点主要是结构性调整，侧重于对供给侧加强激励，坚持不搞“大水漫灌”式强刺激。积极的财政政策更多的是通过聚焦减税降费、基础设施建设补短板惠民生以及在执行层面加快节奏来实现，以支持中小企业发展、促进创业创新、稳定就业为重点，精准施策，提升效能，更好地支持实体经济发展。其中，将企业研发费用加计扣除比例提高到75%的政策由科技型中小企业扩大至所有企业，便是引导企业重视研发、加快建设创新型国家的一项举措。

三、案例使用说明

（一）教学用途与教学目标

1. 教学用途

本案例为描述型案例，结合《宏观经济学》中财政政策知识点的教学和培训，达成如下思政教育意义：①从否定之否定的方法论意义出发，增强学生对中国社会主义现代化建设必胜的信心。②结合案例中“稳中有变”经济形势下我国财政政策的预调微调，加深学生对马克思主义认识论的理解。③让学生认识到中国特色社会主义制度在发挥财政政策效果上具有的独特优势。

2. 教学目标

（1）知识层面。

理解概念：财政政策。

掌握理论：财政政策的工具、运用及其效应。

（2）能力层面。

理论联系实际的能力：作为宏观经济政策，学生难以在其实际生活中直接“触摸”到财政政策的实施和效果，通过本案例的示范和具体分析，让学生更好地理解财政政策工具的含义以及如何具体运用，提升学生将宏观经济理论与实际经济运行相联系的能力。

动态看待问题的视角：本案例的主题是“以财政政策之变因应经济形势之变”，动态

① 本书编写组．毛泽东思想和中国特色社会主义理论体系概论［M］．北京：高等教育出版社，2018.

变化是贯穿于本案例的主基调，通过案例的分析讲解培养学生以动态的视角去看待和分析问题的习惯以及因应变化调整思维的能力。

（3）素质层面。

主要是提升学生的思想政治素养。在掌握财政政策理论知识的基础上，结合马克思主义原理和习近平新时代中国特色社会主义思想，理论联系实际，通过纵向和横向比较，增强学生对中国特色社会主义制度在财政政策领域优越性的认知，提升民族自豪感、认同感和自信心。具体而言，一是强化学生对中国经济发展成就的自豪感和未来经济前景的自信心；二是认识中国特色社会主义制度在实施财政政策、稳定经济运行方面的优越性，增强学生对“四个自信”在经济领域的具体认知。

（二）案例讨论的准备工作

（1）学生需要预习《宏观经济学》中财政政策的相关知识，初步了解财政政策的几大工具以及如何运用、财政政策的效应。

（2）交代学生提前了解 2018 年以来的经济环境及其变化，包括中国经济态势、主要经济指标的走势以及中美贸易摩擦的事态演变等。

（三）案例分析要点

1. *启发思考题*

（1）结合案例，谈谈财政政策工具如何运用以及我国特色社会主义制度在实施财政政策保障经济稳定运行上具有哪些优势？

（2）结合案例，谈谈在当前变化的环境下，你对中国经济发展前景的看法。

2. *分析思路*

以上思考题涉及的知识点主要是宏观经济学中的财政政策。

财政政策是指为了平抑经济波动，实现经济稳定增长，而适时调整政府支出和收入水平的宏观经济政策。财政政策工具是政府为了实现既定的政策目标所选择的操作手段。主要工具如图 1-4 所示：

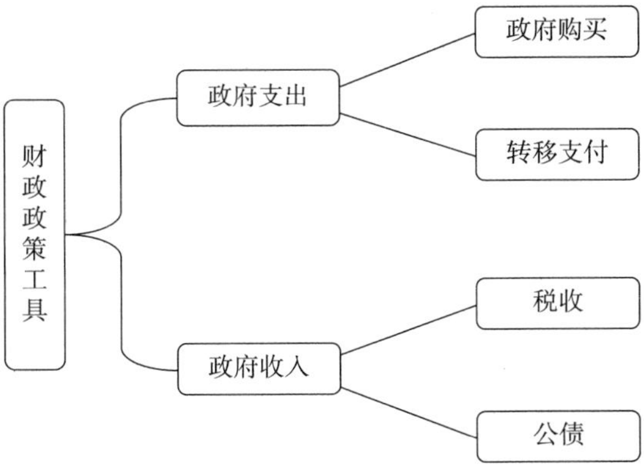

图 1-4 财政政策主要工具

（1）结合案例，谈谈财政政策工具如何运用以及我国特色社会主义制度在实施财政政策保障经济稳定运行上具有哪些优势?

理论知识点：财政政策工具、相机抉择的财政政策。

提示学生结合案例中的信息来具体分析。参考答案如下：

财政政策工具及其运用：案例中涉及的财政政策工具主要有政府购买、税收、公债等。其中，政府购买属于政府支出政策，税收和公债则属于政府收入政策。财政政策工具的具体运用根据经济形势的不同而不同——“逆经济风向行事”。当经济过热，存在通货膨胀时，采取紧缩的财政政策；当经济不景气和萧条时，则采取扩张的财政政策。案例中，我国经济形势“稳中有变”，经济增长速度有所放缓，在这种情况下，政策进行预调微调，采取更加积极的财政政策（即扩张的财政政策）来应对经济形势的变化，体现了“一切从实际出发，实事求是”的思想精神。政府支出方面，通过扩大基础设施投资补短板的举措来增加政府购买，直接增加社会总需求。政府收入端，一方面通过减税的方式让利于民（企），增加个人可支配收入和企业的留存利润，从而促进民间的消费和投资；另一方面通过发行公债筹措政府资金以用于增加政府支出。可以预见，上述财政政策工具的组合运用，可在一定程度上对冲内外部环境中的不利因素，为中国经济的稳定发展保驾护航。

中国特色社会主义制度在实施财政政策调控经济上具有独特的优势：首先，可以充分发挥中国特色社会主义政治制度的优势。中国共产党的高度组织性是代表整体利益的力量，能保证全国的集中统一领导，能集中力量办大事，执行力强、行政效率高，对危机处理敏锐快捷。这正是社会主义制度优越性的集中体现。其次，可以充分发挥中国特色社会主义经济制度的优势。我国建立了市场调节与政府作用相结合的社会主义市场经济，实行稳固又灵活的管理体制，能有效地抵御和应对危机。与西方模式相比，我国的社会主义市场经济体制更有效地促进了经济发展，使我们在短时间内就迈过了西方上百年痛苦而漫长的工业化和现代化历程。在当前经济环境稳中有变的情况下，一系列及时有效财政政策的推出就充分体现了“集中力量办大事”、经济政策的灵活性、有效性和前瞻性等诸多特点和优势。中国现行制度可以集聚全国力量上下齐心应对主要矛盾，加快经济走出波动的步伐，缓解外部环境不确定性带来的风险；当经济形势发生变化时，中国现行制度也可以保证及时地对宏观经济政策进行纠偏和调整，更好地发挥财政政策“逆经济风向”调节短期经济波动、稳定经济运行的功能。

（2）结合案例，谈谈在当前变化的环境下，你对中国经济发展前景的看法。

在上一题的基础上，引导学生结合内外部环境的变化和否定之否定规律来进行分析。参考答案如下：

从内部环境来看：随着我国经济发展进入新时代，中国经济迈入了高质量发展阶段，经济增长由高速增长转向中高速增长，这种经济增速的放缓是经济发展规律的体现和经济发展阶段演进的必然结果，我们要坦然面对。同时我们还要看到积极的一面，即当前阶段，我国经济增速虽有所下降，但经济发展质量在提升、经济结构在优化、创新能力日益增强，人民群众参与分享经济发展成果的程度在提高、中等收入群体队伍在稳步扩大，14亿人口的市场潜力正逐步释放，这将持续为未来中国经济的发展提供坚实的基础和强大的动力，能够保障中国经济实现在较长时期内的中高速增长。

从外部环境来看：当前最大的变数在于中美之间的经贸摩擦。不可否认，贸易战会对我国经济及一些行业带来不利影响，但有学者的定量测算结果表明，贸易战对我国 GDP 增长的影响在 1%以内①。可见，贸易战对中国经济的影响是有限的，中国的供应链优势和市场优势不会因贸易战而削弱。同时，我们要坚信，经济全球化大势是不可逆转的，合作与共赢、融合与共进是世界各国对外经贸政策的主旋律，尽管不能否认会有波折甚至短暂的倒退。须知，作为全球最大的两个经济体，经济早已相互交融，“战”则俱伤、“和”则两利，中美之间的共同利益最终一定会促使贸易战趋于缓和、达成谅解。

综上所述，虽然中国经济暂时遭遇到外部环境的负面影响，但这种影响是可控的、是“前进”大方向中的波折；同时，中国经济自身的韧性和持续增强的内生动力足以支撑未来经济的继续向好。

(四) 教学组织方式

本案例对应于《西方经济学》（下册）第十六章“宏观经济政策”第二节“财政政策”的理论知识点，适于在讲授完该节理论知识后开展课堂案例教学。一般安排 1 个课时（40 分钟）即可。具体教学组织和程序参考如下：

（1）整理案例资料，提前布置问题。在正式的案例课堂教学之前，教师提前几天将案例资料整理好，形成电子文本，发至学生班群，要求每一位学生都要在课后仔细阅读，布置下述两个问题让学生思考，并形成纸质文字表达。问题依次如下：①结合案例，谈谈财政政策工具如何运用以及我国特色社会主义制度在实施财政政策保障经济稳定运行上具有哪些优势？②结合案例，谈谈在当前变化的环境下，你对中国经济发展前景的看法。为督促学生重视，可将其作为本门课程的一次作业，需上交教师评阅并记入平时成绩。

（2）实施课堂案例教学。教师在课堂上再次对案例资料用多媒体进行演示，辅以简单说明。随后，请部分学生根据之前的思考，自主发言分享自己对上述两个问题的看法。期间注意引导同学间的充分交流和不同意见之间的碰撞。为了鼓励同学发言，对发言学生可给予课堂表现加分奖励，记入平时成绩。

（3）教师归纳总结。在学生们的充分发言之后，教师对学生们的发言进行总结，并结合案例资料简要概述财政政策相关知识点回答相关问题，应注重引出和强调本案例的思政元素，以达成提升学生思想政治素养的目标。期间，可主要通过图表形式用 PPT 展示改革开放以来中国经济发展成就和横向比较，以增强学生对我国社会主义现代化建设的自豪感和自信心。

(五) 总结

面对经济内外部环境发生变化、经济增速有所放缓的新形势，“相机抉择”地以财政政策之变应对经济环境之变，及时进行政策预调微调，实施有针对性的、更加积极的财政政策，增加政府支出和民间支出来扩大社会总需求，有效对冲经济环境变化带来的负面影响。这充分体现了我国社会主义制度在实施宏观经济政策上具有的独特优势。同时，基于良好的经济基本面和外部不利影响可控的判断，我们应抱有充分的信心，中国经济发展前

---

① 张伟．中美贸易战的演变历程、经济影响及政策博弈［J］．深圳大学学报（人文社会科学版），2018，35（5）：73-82.

景仍将持续向好。

参考文献

［1］汪同三. 在新常态下处理好政府和市场关系［N］. 人民日报，2016-08-24.

［2］中国政府网编辑. 2018 年继续实施积极财政政策是宏观政策取向［EB/OL］.［2018-07-26］. http：//www. gov. cn/xinwen/2018-07/26/content_5309516. htm.

［3］沈耕. 充分发挥中国特色社会主义制度的优势［EB/OL］.［2018-03-13］. http：//www. css. cn/index/index_focus/201803/t20180313_3875078. shtml.

［4］《西方经济学》编写组. 西方经济学（下册）［M］. 北京：高等教育出版社，2012.

稳健中性的货币政策

一、案例正文

（一）新闻链接一：《中国央行：2018年保持货币政策稳健中性》[①]

据中国人民银行官网信息，2018年中国人民银行工作会议2月5~6日上午在北京召开。会议要求，2018年人民银行系统要健全货币政策和宏观审慎政策双支柱调控框架，保持货币政策稳健中性，打好防范化解重大金融风险攻坚战。会议提出了2018年工作的主要任务：一是保持货币政策稳健中性。综合运用多种货币政策工具，保持银行体系流动性合理稳定，促进货币信贷和社会融资规模合理增长。进一步支持供给侧结构性改革，引导金融机构加大对国民经济重点领域和薄弱环节的支持力度，做好军民融合发展、乡村振兴等国家战略的金融服务，大力推进深度贫困地区金融精准扶贫工作。二是切实防范化解金融风险。加强金融风险研判及重点领域风险防控，完善金融风险监测、评估、预警和处置体系。进一步完善宏观审慎政策框架，加强影子银行、房地产金融等的宏观审慎管理。三是稳妥推进重要领域和关键环节金融改革。深化利率市场化改革，继续探索利率走廊机制，增强利率调控能力。加大市场决定汇率的力度，保持人民币汇率在合理均衡水平上的基本稳定。加强金融基础设施统筹监管和互联互通。四是持续推动金融市场平稳健康发展。推动公司信用类债券发行准入和信息披露的分类统一，完善债券违约处置机制。扩大债券市场双向开放。完善住房金融体系，建立健全住房租赁金融支持体系。建立完善互联网金融监管和风险防范长效机制。五是稳步推进人民币国际化。六是深度参与国际金融合作和全球经济金融治理。七是进一步推动外汇管理体制改革。八是全面提高金融服务与管理水平。九是持续加强内部管理。

（二）新闻链接二：央行发布2018年第二季度《中国货币政策执行报告》[②]

2018年8月10日，中国人民银行发布第二季度《中国货币政策执行报告》（以下简称《报告》）。《报告》表示，下一阶段，紧紧围绕服务实体经济、防控金融风险、深化金融改革三项任务，创新和完善金融宏观调控，保持政策的连续性和稳定性，提高政策的

---

① 中国新闻网. 中国央行：2018年保持货币政策稳健中性［EB/OL］.［2018-02-06］. https://finance.ifeng.com/a/20180206/15972770_0.shtml.

② 资料来源：中国人民银行官网，http://www.pbc.gov.cn/rmyh/105145/index.html。

前瞻性、灵活性、有效性。稳健的货币政策要保持中性、松紧适度，把好货币供给总闸门、保持流动性合理充裕，根据形势变化预调微调，注重稳定和引导预期，优化融资结构和信贷结构，疏通货币信贷政策传导机制。《报告》摘要如下：

2018年上半年，中国经济保持平稳增长，结构调整深入推进，新旧动能接续转换，新兴产业蓬勃发展，质量效益保持在较好水平。消费对经济增长的贡献率上升，就业形势向好，物价基本稳定。上半年，国内生产总值（GDP）同比增长6.8%，居民消费价格（CPI）同比上涨2.0%。

2018年以来，按照党中央、国务院部署，中国人民银行继续实施稳健中性的货币政策，根据经济金融形势变化，加强前瞻性预调微调，适度对冲部分领域出现的信用资源配置不足，引导和稳定市场预期，加大金融对实体经济尤其是小微企业的支持力度，为供给侧结构性改革和高质量发展营造适宜的货币金融环境。一是适度增加中长期流动性供应，保持流动性合理充裕。1月、4月、7月三次定向降准，并搭配中期借贷便利、抵押补充贷款等工具投放中长期流动性。二是积极推进市场化法治化债转股工作。通过定向降准，鼓励金融机构按市场化原则实施债转股。三是加大对小微企业等金融支持。会同相关部委出台《关于进一步深化小微企业金融服务的意见》，增加支小支农再贷款和再贴现额度，下调支小再贷款利率0.5个百分点。四是扩大中期借贷便利和再贷款担保品范围，将AA+、AA级公司信用类债券、优质的小微企业贷款和绿色贷款等纳入担保品，引导金融机构加大对小微企业、绿色经济等领域的支持力度。五是适时调整和完善宏观审慎政策。启动金融机构评级工作，加强对金融机构经营情况和风险状态的监测。进一步完善宏观审慎评估（MPA），将同业存单纳入MPA同业负债占比指标，适当调整MPA参数设置，引导金融机构支持小微企业融资和符合条件的表外资产回表。六是增强人民币汇率弹性，发挥好宏观审慎政策的逆周期调节作用，人民币汇率在市场力量推动下有升有贬，市场预期总体稳定。七是及时主动发声，引导市场预期。通过多种方式加强与市场沟通，6月19日和7月3日在股市、汇市出现较大波动时，主动发声稳定市场预期。

总体来看，稳健中性的货币政策取得了较好成效，银行体系流动性合理充裕，市场利率中枢有所下行，货币信贷和社会融资规模适度增长，宏观杠杆率保持稳定。2018年以来，广义货币供应量M2增速保持在8%以上，6月末M2余额同比增长8.0%；人民币贷款余额同比增长12.7%，比年初增加9.0万亿元，同比多增1.1万亿元；社会融资规模存量同比增长9.8%。6月非金融企业及其他部门贷款加权平均利率为5.97%。6月末，CFETS人民币汇率指数为95.66，人民币对美元汇率中间价为6.6166元，上半年人民币对美元汇率中间价年化波动率为4.0%。

当前全球经济总体延续复苏态势，但贸易摩擦、地缘政治、主要经济体货币政策正常化等加大了全球经济和金融市场的不确定性，外部环境发生明显变化。中国经济结构调整持续深化，经济增长动力加快转换，经济韧性进一步增强，防范化解金融风险取得初步成效，同时也存在一些深层次结构性问题，面临一些新问题、新挑战。在流动性总量合理充裕的条件下，要强化政策统筹协调，进一步疏通货币信贷传导机制。要继续深化供给侧结构性改革，强化产权保护，健全正向激励机制，加快建设现代化经济体系，推动高质量发展。

下一阶段，中国人民银行将按照党中央、国务院的决策部署，以习近平新时代中国特色社会主义思想为指导，坚持稳中求进工作总基调，贯彻新发展理念，落实高质量发展要求，紧紧围绕服务实体经济、防控金融风险、深化金融改革三项任务，创新和完善金融宏观调控，保持政策的连续性和稳定性，提高政策的前瞻性、灵活性、有效性。稳健的货币政策要保持中性、松紧适度，把好货币供给总闸门、保持流动性合理充裕，根据形势变化预调微调，注重稳定和引导预期，优化融资结构和信贷结构，疏通货币信贷政策传导机制，通过机制创新提高金融服务实体经济的能力和意愿，为供给侧结构性改革和高质量发展营造适宜的货币金融环境。健全货币政策和宏观审慎政策双支柱调控框架，深化利率和汇率市场化改革，主动有序扩大金融对外开放，增强金融业发展活力和韧性。坚定做好结构性去杠杆工作，把握好力度和节奏，打好防范化解金融风险攻坚战，守住不发生系统性金融风险底线。

二、案例的思政元素

（一）要树立正确的货币观，反对拜金主义

市场经济国家，货币对经济运行具有极其重要的作用。从人们日常的生产生活到国家之间的经济往来，都离不开货币（钱），钱对人们的影响越来越大。俗话说，钱不是万能的，但没有钱是万万不能的。钱是物质财富的代表，人类生存离不开物质资料，也自然需要钱。拥有的钱越多，意味着能换取的物质资料越多。有些人相信，有钱能使鬼推磨，钱拥有巨大的力量。这些人把获取金钱作为人生的目的和生活的全部意义，拥有多少金钱成为衡量人生成败的标准。逐渐地，钱成为一些人的追逐目标，甚至有人视金钱为行动指南，为了获取钱财罔顾良知和伦理道德，成为金钱的奴隶。在“神圣”的金钱指挥棒下，人与人之间除了赤裸裸、冷冰冰的利益关系，再无温情可言，尊严、关爱、道德都被淹没在铜臭中。这种拜金主义人生观作为一种社会思潮是伴随着资本主义的发展而形成的，已经和正在影响很多人。

我们要清醒地认识货币的本质，它只是物质财富的代表，为人所创造并服务于人类文明。钱，不是万能的。金钱买不到健康、爱情和友谊，买不到幸福、平安和快乐。钱，只是人们经济生活中的一个工具，人是金钱的主人。货币的本质提醒我们青年学生在选择职业或确定人生奋斗目标时不能仅仅以收入多寡为选择标准。以卡尔·马克思为例，1834年，16岁的青年马克思在其毕业论文《青年在选择职业时的考虑》中写道：“在选择职业时，我们应该遵循的主要指针是人类的幸福和我们自身的完美……如果我们选择了最能为人类幸福而劳动的职业，那么重担就不能把我们压倒……那时我们所感到的就不是可怜的、有限的、自私的乐趣，我们的幸福将属于千百万人，我们的事业将默默地但是永恒地存在下去，而面对我们的骨灰，高尚的人们将洒下热泪。”可以看出，马克思在青年时期便已经有了为人类自我牺牲和奉献的愿望。他同情广大无产阶级，痛恨资产阶级虚伪与自私，投身无产阶级革命事业，花费40余年研究和写作了《资本论》，并最终创立了无产阶级政治经济学。马克思崇高的价值观促使他选择了一条为他人幸福而甘愿自我牺牲的道路，是当之无愧的伟人，受到世人的敬仰。新中国成立前后，我国社会各界也涌现出了许

多不计个人得失，为共和国建设做出重大贡献的英雄，他们的功绩彪炳史册，他们的奉献精神永垂不朽。

青年强则国强，青年人高尚进取则国富民强。摈弃拜金主义，树立正确的幸福观、得失观、苦乐观、顺逆观、生死观、荣辱观，是中华民族实现伟大复兴中国梦的时代召唤和要求。

（二）认识规律、尊重规律

人类社会发展总是受规律支配，如生产力与生产关系、经济基础与上层建筑这两对矛盾运动规律共同推动着人类社会形态的发展，从低级到高级依次更替。规律的存在和作用具有其客观必然性，人们无法改变，只能认识规律、尊重规律。货币流通规律也是如此，在以货币为交易媒介的商品经济社会，需要投放多少货币也必须以货币流通规律为依据，政府必须对货币政策进行适时调整。《资本论》第一篇第三章论述了现代货币具有五大职能，分别是：价值尺度、流通手段、贮藏手段、支付手段和世界货币。货币在执行流通手段职能时，流通中的货币需要量不是任意规定的，而是有规律性的。货币作为流通手段，其数量是由全部商品价格总额和货币流通速度两个因素决定的。市场上流通的商品数量越多，商品价格总额就越大；流通中需要的货币量就越多，反之则越少。货币流通速度越快，同量商品所需要的货币量就越少，反之则越多。纸币和信用货币代替金属货币时，以上规律仍然存在并发挥作用，但其实现形式有了变化。纸币只是价值符号，代表金属货币执行流通手段职能，纸币所代表的价值同它的发行数量成反比。纸币的发行数量如果超过货币需求量，纸币就会贬值，物价就会上涨，从而导致通货膨胀，反之则会出现通货紧缩。严重的通货膨胀和通货紧缩对经济运行的危害很大，可能会引起经济和社会动荡。因此，在纸币流通或信用货币流通的条件下，必须以货币流通规律为基础，根据流通中商品数量、商品价格水平、货币流通速度所决定的货币需要量进行投放，防止通货膨胀和通货紧缩，以保障经济的顺利运行。人类历史上许多国家，如德国、委内瑞拉、津巴布韦等都曾出现过因政府无视货币流通规律滥发纸币从而造成国内经济社会严重动荡的事件，惨痛的教训警示人类，必须学会认识规律、尊重规律。

在尊重规律的客观性基础上，还可以发挥人的主观能动性。承认规律的客观性，并不意味着人在规律面前无能为力、无所作为。在尊重货币流通规律的基础上，适时实施积极或稳健的货币政策，可以更好地打通经济体的“任督二脉”，助力企业经营，创造良好的经济运行环境。

（三）对立统一规律是事物发展的根本规律

马克思认为，事物内部存在对立统一的关系，这是事物发展变化的内在动力。

货币的五大职能都是在人类经济活动中逐渐衍生的，都是基于交易的需要，并大大促进了商品经济的发展。但是，货币所衍生出的一些职能也加深了商品经济的矛盾，给商品经济的发展带来了危机。货币作为流通手段，改变了商品交换的形式。在货币出现之前，商品交换是直接的物物交换，买与卖在空间上和时间上是同一的。货币出现以后，买与卖在时间和空间上分离为两个不同的阶段或环节。对于所有的商品生产者来说，商品的出卖具有决定性的意义，马克思称之为“惊险的跳跃”，并且说：“这个跳跃如果不成功，摔坏的不是商品，但一定是商品所有者。”①

现实中，有许多商人正是因为商品卖不出去而出现亏损甚至破产的现象。货币在衍生出支付手段职能后，一方面促进了商品经济的发展，另一方面也扩大了商品经济的内在矛盾。货币的支付职能使商品的实际交易在一定时期内突破了货币数量的局限性，可是，赊销方式又可能造成商品生产者之间一长串的债权债务链条。如果其中有一方无法到期支付，支付链条就有可能中断，也就是资金链断裂，整个债权债务关系陷入混乱，出现支付危机，导致商品生产与经营无法顺利进行。“这种矛盾在生产危机和商业危机中称为货币危机的那一时刻暴露得特别明显”。② 因此，我们要运用货币职能的统一性和斗争性原理指导经济实践，通过实施科学的货币政策，充分发挥货币的五大职能对社会主义市场经济建设的金融血液作用。

（四）运动是物质的根本属性

恩格斯认为，物质世界的运动是绝对的，物质和运动是不可分割的。资本只有在不断地运动中才能增值，才能称之为资本，这是由资本的本性决定的。马克思主义认为，产业资本在其循环过程中，依次经过购买、生产、销售三个阶段，分别采取货币资本、生产资本、商品资本三种形态，并在周而复始、连续不断的循环运动即资本周转中不断地实现价值增值。资本在运动中会遇到障碍，如货币的流通手段和支付手段职能可能导致商品资本无法顺利、及时转化为货币资本，从而阻碍了产业资本的循环周转进程。表现为企业货币资本短缺，即流动性缺乏，生产链条中断。使用审慎的货币政策，通过三大货币政策工具（公开市场业务、再贴现率、法定准备金率）以及其他配套工具（如信贷控制、道义劝告、窗口指导）的使用向企业注入一定的流动资金，可以解决企业生产的周转问题，使资本的运动性得以保持。资本运动性的保持，不仅可以保证生产的连续性，而且有助于企业生产规模的扩张，进而推动整个社会经济发展。

（五）大力发展实体经济是我国建设现代化经济体系的重要任务

实体经济是一国经济的立身之本，是财富创造的根本源泉，是国家强盛的重要支柱，是现代化经济体系的坚实基础。金融是实体经济的血液，金融机构要大力支持实体经济发展。金融机构是向实体经济提供资金支持的重要机构。金融是实体经济的血脉，融资难、融资贵是实体经济面临的现实难题。一方面，由于我国金融体系自身的制度设计缺乏为实体经济尤其是中小实体企业的金融支持，另一方面，受国际竞争环境加剧等因素影响，实体经济的边际利润率和平均利润率在下滑，实体企业缺乏流动性又进一步削弱了金融机构对服务实体经济的意愿。但是，服务实体经济不仅是金融部门的职责所在，也是防范金融风险的重要举措。日本等多国的历史实践证明，实体经济的投融资渠道如果不顺畅，资本会流向能够带来更大收益的资本市场，如股票市场、房地产市场，资产价格将被一步步推高，从而引发经济泡沫，造成严重的金融风险。经济泡沫将加速产业空心化，并削弱一国的实体产业优势。为避免重蹈日本“失去的二十年”，金融机构对实体经济的支持必须

① 马克思. 资本论（第一卷）[M]. 北京：人民出版社，2009.
② 马克思，恩格斯. 马克思恩格斯文集（第五卷）[M]. 北京：人民出版社，2009.

"脱虚向实"，加速金融活水流向实体经济。

三、案例使用说明

（一）教学用途与教学目标

1. 教学用途

帮助学生树立正确的价值观，帮助他们理解国家现行的货币政策所实施的背景、原因以及政策目标。

市场经济国家的宏观经济总会出现周期性波动，这种波动会带来程度不同的失业、通货膨胀或者通货紧缩问题，并进而影响到社会稳定。采取适时的宏观经济政策对熨平经济波动具有十分重要的意义，而货币政策则是重要的内容之一，并在市场经济国家广泛使用。许多国家积累了非常成功的政策经验，但也不乏失败案例。德国的纸马克、阿根廷的比索、津巴布韦元、秘鲁的索尔、智利的埃斯库多都是在失败的货币政策干预下导致崩溃的。马克思的货币理论告诉我们，在货币价值和稳定方面，并没有任何的捷径可走。一个国家的货币并不能游离在货币流通法则之外。当纸币印刷得越多，它代表的价值就越少。紧急时期可能需要扩大货币供应，但是一旦危机解除，要想扭转货币政策就非常难了。就像历史证明的那样，在国家采取艰难政策稳定货币，并试图恢复经济之前，一场无法估量的危机和失去控制的通货膨胀总是难以避免。

马克思主义的资本循环与周转理论告诉我们，企业正常经营运转是货币资本循环、生产资本循环和商品资本循环的统一，三者在时间上继起，在空间上并存。从商品资本向货币资本转化是一个"惊险的跳跃"，换言之，资金链是企业经营的血液。案例说明，资金对企业的经营非常关键，应该健全资本市场，帮助企业解决流动性困难问题。

本案例可于《宏观经济学》第十六章"宏观经济政策"第三节使用。

2. 教学目标

知识层面：理解货币政策的含义；熟悉货币政策目标的发展过程；掌握货币政策诸目标的统一与冲突；掌握我国的货币政策目标；重点掌握一般性政策工具；学会分析目前中国人民银行主要运用的货币政策工具；了解货币政策传导机制；了解货币政策效应的影响因素及时滞效应。

能力层面：帮助学生构筑货币政策分析能力，让学生学会从重要的经济指标判断宏观经济形势，并能理解国家货币政策的实施背景、实施重点及政策目标。

素质层面：主要是提升学生的思想道德素养。在掌握西方货币政策知识和马克思货币理论的基础上，帮助学生树立正确的货币观和价值观。

（二）案例讨论的准备工作

（1）学生需要先复习宏观经济政策目标、宏观经济核算指标、宏观经济波动等知识。

（2）教师需要准备近期经济新闻视频，着重反映居民消费、就业、企业投融资情况，帮助学生窥斑见豹，了解国家经济总体的运行情况。

（三）案例分析要点

1. *启发思考题*

（1）货币对商品经济发展有何意义？

（2）货币的五大职能可能给商品经济带来哪些危机？

（3）货币政策工具有哪些？短期内，货币政策能实现哪些目标？货币政策有何弊端？

2. *分析思路*

这三个问题的解决归根结底是要理解货币的本质与职能。

（1）货币对商品经济发展有何意义？参考答案如下：

货币反映商品生产者之间的生产关系。共有五种职能：价值尺度、流通手段、贮藏手段、支付手段、世界货币。前两种为基本职能。

货币与人类社会以及经济发展是息息相关的，在各个方面都发挥了重要作用。首先，从货币的功能来看，作为交换媒介，货币降低了产品交换成本，提高了交换效率；降低了价值衡量和比较的成本，为实现产品交换提供了便利；作为价值贮藏形式，货币提供了最具流动性的价值贮藏形式，丰富了贮藏手段。其次，货币成为推动经济发展和社会进步的特殊力量，它使人们的生产活动和生活突破了狭小的天地。最后，货币在整体经济社会运行中发挥着重要作用。在商品生产和交换占主导地位的现代社会中，货币的作用已经渗透到社会经济的各个角落。在生活中人们所需要的各种商品，都需要用货币去购买；人们所需要的各种服务也需要支付货币来获得。

（2）货币的五大职能可能给商品经济带来哪些危机？参考答案如下：

不仅国内的各种经济活动离不开货币，国际经济贸易和各种交往活动中也需要货币。因此，货币对经济发展、充分就业、物价稳定和国际收支都具有重要的作用。整个经济运行状况都与货币相关，如果货币供求失衡发生通货膨胀或通货紧缩，就会制约经济运行和发展。货币危机无论对危机发生国还是对整个世界经济都会有重大的影响和严重的危害。货币危机的不利影响体现在以下几个方面：

一是物价波动，引发收入再分配效应；

二是影响生产经营活动，引发宏观经济收缩或扩张；

三是影响金融市场，容易诱发金融危机、经济危机乃至政治危机、社会危机。

（3）货币政策工具有哪些？短期内，货币政策能实现哪些目标？货币政策有何弊端？参考答案如下：

工具：法定准备金率、再贴现率、公开市场业务、信用控制等。

目标：货币政策目标是一国中央银行或货币当局采取的货币政策希望达到的最终目的。包括：经济增长、价格水平稳定、充分就业、利率稳定、汇率稳定、国际收支平衡。尽管央行不能直接带来这些状况，却能针对它可以影响的变量制定不同的政策。货币政策的诸多目标之间常常有冲突，政策可以达到一个目标，但却也使另一个目标变得更加难以实现。

弊端：第一，在通货膨胀时期实行紧缩的货币政策可能效果比较显著，但在经济衰退时期，实行扩张的货币政策效果就不明显；第二，从货币市场的均衡情况来看，增加或减少货币供给要影响利率的话，必须以货币流通速度不变为前提；第三，货币政策的外部时滞也会影响政策效果；第四，在开放经济中，货币政策的效果还要因为资金在国际上流动而受到影响，例如，一国实行紧的货币政策时，利率上升，国外资金会流入，若利率浮动，本币会升值，出口会受到抑制，进口会受刺激，从而使本国总需求比在封闭经济情况下有更大的下降。① 实践中，货币政策实施还面临很多其他困难，作用也是有限的。

（四）教学组织方式

在讲授完本节相关知识点后，紧接着可以将思政元素融入《宏观经济学》课程的课堂教学中，具体教学环节设计如下：

第一步：要求学生认真阅读案例材料，并做相应笔记，记录下货币政策的实施内容。

第二步：提出问题，案例材料所涉及的货币政策主要旨在解决什么问题？为什么会出现这些问题？制度环境和国际环境对出台这些货币政策到底有什么影响？中小微企业融资为何如此困难？该怎么解决？货币政策一定有效果吗？货币政策会不会失效？历史上有没有失败的案例？为什么？马克思的货币理论对我们今天运用货币政策有何启发？货币的本质是什么？什么是成功？

第三步：小组讨论。8 人一组，五组竞答。教师点评，答案最科学者，小组成员加分。

第四步：每组选派代表整理讨论结果，形成各小组书面材料，视为平时作业。具体教学组织安排如表 1-10 所示。

表 1-10　案例的教学组织

学习阶段	学习内容	时间限制	学习目标
课前	预习课本知识，查阅相关资料，了解我国宏观经济形势	提前一周	熟悉案例背景
课中	播放经济新闻视频，教师讲解目前我国经济形势	5 分钟	进一步熟悉案例背景
	课堂讨论，教师引导，围绕货币政策出台的背景与目标进行。引导学生学会运用马克思和西方货币理论分析现实问题	30 分钟	结合理论分析问题，加深理论知识理解
	分组讨论	每组 10 分钟	认识货币政策的局限性
课后	请学生密切关注我国央行的货币政策及相关报告		巩固知识

（五）总结

货币是财富的代表，人不应该成为金钱的奴隶。市场经济社会，货币的工具性特点更加鲜明，在尊重货币流通规律的基础上，能动地实施适时的货币政策有助于熨平短期经济波动。货币政策短期内对经济有较强的干预作用，对投资、金融市场的影响较大。2018 年，中国实施了 4 次降准，加大对小微企业的再贷款、再贴现力度，创设民营企业债券融

① 高鸿业．西方经济学（宏观部分）（第五版）［M］．北京：中国人民大学出版社，2010.

资支持工具，重启外汇风险准备金和人民币兑美元中间价报价逆周期因子，这些举措对继续保持我国经济中高速发展发挥了积极作用。2019 年以来，货币市场利率明显下行，流动性期限结构有所改善，这说明货币政策已经实现了部分预期目标，但货币政策传导机制仍有待进一步疏通，货币政策传导机制掣肘较多。央行在发布的《2019 年一季度货币政策执行报告》中表示，将继续实施稳健的货币政策，适时适度逆周期调节，疏通货币政策传导，着力解决融资难、融资贵问题。事物的运动性是其根本属性，经济运行存在高低快慢，能动地发挥货币政策的工具作用注定是常态。

我们仍然要辩证地认识货币政策效果。货币政策目标间的冲突性很突出：物价稳定与充分就业之间存在一种此高彼低的交替关系；物价稳定与经济增长也存在矛盾；物价稳定与国际收支平衡存在矛盾；经济增长与国际收支平衡的矛盾。加上货币政策具有很强的时滞效应，因此，政策效果也是有限的。实践中，货币政策必须配合其他经济政策手段才能更好地发挥调节经济的作用。

参考文献

[1]《马克思主义政治经济学概论》编写组. 马克思主义政治经济学概论 [M]. 北京：人民出版社，高等教育出版社，2011.

[2] 马克思. 资本论（第一卷）[M]. 北京：人民出版社，2009.

[3] 马克思，恩格斯. 马克思恩格斯文集（第五卷）[M]. 北京：人民出版社，2009.

第二部分
《微观经济学》“课程思政”案例

最高限价的运用

一、案例正文

(一) 材料1:《限地价+限房价　南宁市土地市场调控力度再升级》①

2017年5月初,南宁市国土部门发布了5块住宅用地的挂牌出让公告,首次在竞价模式中设置“天花板价”。时隔不到一个月,土地市场调控力度再度升级。5月26日,南宁市国土资源出让服务中心再次发布公告,对上述5块住宅用地的竞价模式进行调整,首次引入“限房价”概念。竞得人在购得土地后,建成的住宅项目毛坯销售均价,将不得超过公告中规定的价位。

土地和房屋均设“天花板价”

在5月初的首次出让公告中,第9、第13、第15、第16、第17号地块均首次设置了土地出让的最高限价。在竞价阶段,当亩均单价达到最高限价后,不再允许报出更高的价格,而是转为竞投产权移交住房配建面积,配建面积最大者成为竞得人。产权移交房建成验收后,竞得人必须无偿移交给相关部门统筹安排使用,如用作人才公寓、公租房等。

26日,南宁市国土资源局网站上又发布了上述5块土地的出让调整公告。公告中,土地竞价方式从“限地价,竞产权移交房”变成了“限地价、限房价,竞产权移交房”。也就是说,土地出让阶段不但管地价,连未来土地上建的房子售价也给管上了。

以9号地块为例,土地的“天花板价”是420万元/亩。竞价达到420万元/亩后,不再接受更高报价,竞买人转为竞投产权移交房面积。投报产权移交房面积最大的竞买人胜出,该竞得人今后在9号地块上建设的商品房,毛坯销售均价还不得超过6885元/平方米。

目前周边房价已高于以上限价

《南国早报》记者注意到,按照最新的调整公告,5块地周边现有的项目均价基本都高于公告中的限价。如沙井片区智兴路上的15号、16号地块,限价为6626元/平方米。而附近在售楼盘毛坯房上一期销售均价已接近8000元/平方米,即将开盘的二期项目预计约8500元/平方米。值得一提的是,3月刚刚成交、同在智兴路上的7号地块,成交楼面地价已是5000元/平方米,与限价仅差1626元/平方米。而正常情况下,1626元连一平方米的建安成本都不够。

① 罗旸. 限地价+限房价　南宁市土地市场调控力度再升级[EB/OL].　[2017-05-27]. http://www.gxnews.com.cn/staticpages/20170527/newgx59292320-16227888.shtml.

目前公告出让的地块中，毛坯房限价最高的是长堽路三里附近的 13 号、17 号地块，为 7030 元/平方米。即便如此，也仍旧比附近在售项目的价格低。几百米外在售的两个住宅项目，均价都在 8000 元/平方米左右。

土地供应量进一步加大

除了限地价、限房价，南宁市住房局等多部门 26 日联合印发的《关于进一步加强房地产市场调控促进房地产市场平稳健康发展的通知》（以下简称《通知》）中还提出，要加大住宅用地供应量，加快供地节奏，今年南宁市本级（不含武鸣区）住宅用地供应量不少于 4400 亩。而两个月前公布的今年市本级住宅用地供应计划是 3979. 5 亩，也就是说计划供地量增加了约 10. 6%。

此外，《通知》还明确：除了“限房价、限地价”“限房价、限地价、竞产权移交房”两种竞价模式外，还可采取“限地价、竞房价”模式。目前南宁市公告出让的地块中尚未出现这一模式。记者了解到，区外部分城市已采用过这一模式，一般是在地价达到设置的上限后，由竞买者自行投报项目建成后的房屋销售均价，均价最低者成为竞得人。

业内人士认为，“限地价、限房价”等土地调控政策的出台，进一步压缩了房地产商销售的利润空间。在土地出让阶段，就直接抑制了高地价、高房价的市场预期。让竞买者既不能拍“地王”，也不能炒作高价房。限房价后，开发商拿高价地、建高端盘的目的也将很难实现，这也意味着会有更多价格实在的刚需盘面世。

（二）材料 2：《什么是限价房，2018 年最新限价房出售政策》①

我们知道，房屋的类型有很多种，为了解决居民住房问题，国家出台了限价房政策。那么，什么是限价房，2018 年最新限价房出售政策是怎样的呢？

限价房，又被称为两限商品房，是一种限制价格和限制面积的商品房，也是为了解决我国低收入家庭住房困难的一种临时性政策，和经济适用房存在着本质上的区别。限价房和普通商品房不同的一点是，限价房在土地出让的时候就已经被限定了房屋的价格和销售的对象，主要是针对中低收入家庭进行销售，从源头上对房价进行了调控和限制。

限价房主要是以中低价位、中小型户为特点，采用了限套型、限房价，来对开发建设单位进行招标。其主要针对的人群是拥有一定经济实力并具有房产消费能力的人群和定向购买的拆迁户。所以，限价房又被称为双限房。但是这个概念一直都受到争议，在房价不断高涨的现在，中低收入家庭住房困难的情况下，限价房也被定位成帮助中低收入家庭解决住房困难的房子。

2018 年最新限价房出售政策

根据限价房的政策规定，目前限价房主要针对的是有一定房产消费能力的人群和定向购买的拆迁户，所有的限价房房屋套型面积都在 90 平方米以下。从目前的政策来看，能够买到限价房的家庭需要具备三个条件：

（1）具有本市的常住户口。

---

① 华律网. 什么是限价房，2018 年最新限价房出售政策［EB/OL］.［2017-08-16］. https：//lvshi. sogou. com/article/detail/7P9FWTA3YYVL. html.

（2）中低收入家庭、困难家庭优先。

（3）房屋被政府征地、拆迁的家庭优先。

如果已经申请了经济适用房，并且放弃购买资格，可以申请购买限价房，具体的购买资格由本市的建筑委员会另外确定。而那些不具备本市户口的居民，目前还不能购买限价房。

限价房买卖的两种情况

（1）限价房政策规定在购买限价房五年以内（包括五年）不得出售给他人，如非要出售只能出售给政府。

（2）购买限价房的家庭在取得房屋所有权证和契税完税证明满五年后，可以进行上市交易。但是在上市交易的时候，政府在同等条件下，拥有优先回购权。而限价房在出售的时候应该按照当时地段的普通商品房房价和限价房价格之差的35%上缴土地收益金。

二、案例的思政元素

本案例的思政元素主要是：

（一）深刻认识市场调节机制的局限性

市场是社会资源的主要配置者，市场在其内在机制的作用下，能够自动调节社会经济的运行过程和基本比例关系。但市场自发调节具有一定的盲目性，可能引发经济波动乃至经济危机，也可能产生结果的不公平，这些都是市场自发调节的缺陷。此外，在不同的市场结构下也将会造成不同的结果。在存在垄断、外部性、信息不完全和公共产品的条件下，会出现资源配置低效率的市场失灵状况。所以，我国建立社会主义市场经济不仅要依靠市场调节，还要借助于政府调节等各种方式，减少市场自发调节的负面影响，促进经济资源合理有效的配置。习近平总书记强调“我国实行的是社会主义市场经济体制，我们仍然要坚持发挥我国社会主义制度的优越性、发挥党和政府的积极作用。市场在资源配置中起决定作用，并不起全部作用。发展社会主义市场经济，既要发挥市场作用，也要发挥政府作用，但市场作用和政府作用的职能是不同的”①。习近平总书记关于市场配置与政府调控的重要论述是对马克思主义政治经济学理论的丰富和发展，是马克思主义政治经济学理论中国化的最新成果。

（二）坚持以人民为中心的发展思想

人民性是马克思主义最鲜明的品格。让人民获得解放和幸福是马克思毕生的追求。我们要始终把人民立场作为根本立场，把为人民谋幸福作为根本使命，坚持全心全意为人民服务的根本宗旨。

习近平总书记在党的十九大报告中指出：坚持以人民为中心。人民是历史的创造者，是决定党和国家前途命运的根本力量。必须坚持人民主体地位，坚持立党为公、执政为

① 习近平．习近平谈治国理政［M］．北京：外文出版社，2018.

民，践行全心全意为人民服务的根本宗旨，把党的群众路线贯彻到治国理政全部活动之中，把人民对美好生活的向往作为奋斗目标，依靠人民创造历史伟业。坚持在发展中保障和改善民生，必须多谋民生之利、多解民生之忧，在发展中补齐民生短板，促进社会公平正义。在幼有所育、学有所教、劳有所得、病有所医、老有所养、住有所居、弱有所扶上不断取得新进展。全党必须牢记，为什么人的问题，是检验一个政党、一个政权性质的试金石。带领人民创造美好生活，是我们党始终不渝的奋斗目标。必须始终把人民利益摆在至高无上的地位，让改革发展成果更多更公平惠及全体人民，朝着实现全体人民共同富裕不断迈进。①

坚持房子是用来住的、不是用来炒的定位，加快建立多主体供给、多渠道保障、租购并举的住房制度，让全体人民住有所居。限地价、限房价是我国构建以政府为主提供基本保障、以市场为主满足多层次需求住房供应体系的举措，建设更加公平可持续的社会保障制度。针对“还存在着住房困难家庭的基本需求尚未根本解决、保障性住房总体不足、住房资源配置不合理不平衡等问题”，习近平总书记在中共中央政治局第十次集体学习时指出：“住房问题既是民生问题也是发展问题，关系千家万户切身利益，关系人民安居乐业，关系经济社会发展全局，关系社会和谐稳定”。“解决群众住房问题是一项长期任务”“总的方向是构建以政府为主提供基本保障、以市场为主满足多层次需求的住房供应体系”。习近平总书记关于住房保障中要注重处理好市场与政府的关系、住房保障与福利陷阱的关系的重要论述，为解决住房问题提供了重要指导。②

三、案例使用说明

（一）教学用途与教学目标

1. 教学用途

本案例可用于《微观经济学》第一章“需求、供给和均衡价格”的知识点教学。

2. 教学目标

（1）知识层面。

理解概念：最高限价。

掌握理论：均衡价格的变动。

（2）能力层面。

拓展思考能力：教师通过对最高限价例子的引入，引导学生对均衡价格的形成和变动的认识，更好地理解最高限价的概念，从案例中对最高限价的实践运用拓展学生从理论到实践的思维能力。

判断实践能力：根据案例材料，设置三个由浅入深、由具体到抽象理论的问题解答，并运用均衡价格形成曲线图辅助理解最高限价对均衡价格变动的影响，通过引导式问题的

---

① 习近平：决胜全面建成小康社会 夺取新时代中国特色社会主义伟大胜利——在中国共产党第十九次全国代表大会上的报告［M］. 北京：人民出版社，2017.

② 习近平：加快推进住房保障和供应体系建设 不断实现全体人民住有所居的目标——习近平在中共中央政治局第十次集体学习时讲话［EB/OL］.［2013-10-30］. http：//cpc. people. com. cn/n/2013/1030/c64094-23379624. html.

解答，帮助学生对均衡价格以及最高限价的理解。从南宁市限房价、限地价的案例亦说明了微观经济学中供求均衡理论在资源优化配置方面存在的局限或缺陷，房屋这种商品不能完全由市场来自由调节，进而导出政府制定最高限价的意义。

（3）素质层面。

形成专业意识：通过现实案例的学习、理论框架的构建，引导学生关注与社会现实、党和政府相关的政策，让学生意识到生活处处充满经济学理论，在增强学生兴趣的同时提高专业素质。

提高思想政治素养：通过案例的学习，引发学生对社会主义体制下经济学理论运用的思考，用党的创新理论成果指导专业知识的学习，使学生在专业知识学习过程中提高自身的思想政治素质。

（二）案例讨论的准备工作

（1）学生要提前预习《微观经济学》课程中需求、供给和均衡价格的相关知识，对最高限价的概念、影响、后果和意义有初步的了解。

（2）授课老师可事先将全班随机分为两组，给出“住房最高限价利大于弊，还是弊大于利”的辩题，让学生在课堂辩论前有足够的思考，更好地充分表达自己的论点。

（三）案例分析要点

1. *启发思考题*

（1）运用马克思主义经济学理论认识微观经济学关于市场价格调节机制理论的局限性。

（2）结合材料，运用微观经济学理论分析政府为什么要实行“最高限价”？

（3）学习“以人民为中心”思想和党的十九大报告精神，理解我国现行住房政策的意义。

2. *分析思路*

三个思考题是根据微观经济学需求、供给和均衡价格的知识点而提出的。

最高限价是指政府制定的出售一种物品的法定最高价格。价格控制是政府认为市场结果不公平，期望改善这种市场结果的途径。

（1）运用马克思主义经济学理论认识微观经济学关于市场价格调节机制理论的局限性。

理论知识点：市场价格调节机制。

引导学生结合我国社会主义体制和马克思主义政治经济学进行分析。参考答案如下：

马克思主义政治经济学认为，价格是商品价值的货币体现形式。商品的价格应该围绕商品价值而上下波动。微观经济学中的均衡价格是指使供给与需求平衡时的价格，而这种价格的均衡是自发调节的，自发调节的结果具有不可控性、盲目性的特点。这种盲目性可能会导致经济的波动以及经济危机。并且市场虽然具有流通性，但是在信息不完全下，一定程度上表现了反应的滞后性，不能很好地解决市场所面临的问题。习近平总书记强调“市场在资源配置中起决定作用，并不起全部作用。发展社会主义市场经济，既要发挥市场作用，也要发挥政府作用，但市场作用和政府作用的职能是不同的”。习近平总书记关于市场配置与政府调控的重要论述是对马克思主义政治经济学理论的丰富和发展，是马克思主义政治经济学理论中国化的最新成果。

（2）结合材料，运用微观经济学理论分析政府为什么要实行“最高限价”？

理论知识点：最高限价的概念和意义。

引导学生从实行最高限价的意义入手。参考答案如下：

均衡价格理论告诉我们：由于土地的稀缺性、不可再生性和市场需求的巨大，导致了在土地问题上单一依靠市场调控的失败，导致房地产市场的供需失去平衡，住房市场的特殊性既要求利用市场机制，也要求政府加大调控经济的力度制定“最高限价”。最高限价是政府通过制定物品的法定最高售价来保护消费者利益的一种措施。当前房价上涨过快，相当一部分居民存在住房难的问题，广大消费者存在着对房价过高这种现象的不满。因而政府通过制定限房价、限地价的政策，来达到保护消费者利益、保障居民的基本生活需求的目的。

（3）学习“以人民为中心”思想和党的十九大报告精神，理解我国现行住房政策的意义。参考答案如下：

习近平总书记在党的十九大报告中指出“房子是用来住的、不是用来炒的”“总的方向是构建以政府为主提供基本保障、以市场为主满足多层次需求的住房供应体系”的指导思想。党的十九大报告从全体人民的基本利益入手，强调要加快建立完善有保障的住房制度，让全体人民住有所居。住房问题关涉千千万万家庭的切身利益，是群众生活最基础的问题。习近平总书记的讲话让我们认识到住房问题就是当前最重要的民生问题，解决群众的住房问题，让更多的居民在更高水平上实现住有所居，对于促进社会主义公平正义的实现，让发展成果更多更公平惠及全体人民，实现共同富裕，不断促进人的全面发展具有重要的时代意义。我们要时时刻刻站在人民群众的立场上，以抓铁有痕、踏石留印的实干精神，让房子问题落到实处，遏制房价快速增长的趋势，保障居民的住房权益、满足人民的住房需求。

（四）教学组织形式

在教师讲授完本节相关知识点后，紧接着可以将思政元素融入《微观经济学》课程的课堂教学中，一般安排 2 个课时（80 分钟）。具体教学组织安排如表 2–1 所示。

表 2–1　案例的教学组织

学习阶段	学习内容	时间限制	学习目标
课前	要求学生预习课本知识，查阅相关资料，分组并提供辩题让其思考	提前两天	熟悉案例背景
课中	教师带领学生阅读案例资料并做简单说明	15 分钟	进一步熟悉案例背景
	针对案例，结合经济学理论开展辩论赛，辩题为“住房最高限价利大于弊还是弊大于利”，根据事先分好的小组进行辩论	40 分钟	结合理论进行探讨，学有所思，拓展思路

续表

学习阶段	学习内容	时间限制	学习目标
课中	针对反方同学观点“住房最高限价弊大于利”，请全班同学思考解决的对策建议，政府应该采取哪些配套措施。并随机抽取同学回答问题	10 分钟	结合理论分析问题，更深入地从政府政策来学习经济学理论
	总结学生发言，结合“以人民为中心”思想分析党的十九大报告所提出的住房政策	15 分钟	结合思政元素，加强经济学理论学习和思政教育的有效结合
课后	完成案例报告		增进记忆，巩固知识

（五）总结

作为广西的首府和中国—东盟博览会的永久举办地，南宁的房价关注度高，加之南宁近年房价环比、同比涨幅仍在扩大，政府对房价的最高限价亦具有典型的研究意义。限价房，又称限房价、限地价的“两限”商品房。是一种限价格限面积的商品房，主要解决的是中低收入水平家庭的住房困难问题，是目前限制高房价的一种暂时性举措、是一种限价格限套型（面积）的商品房。通过理论联系实际，从而深刻理解最高限价对“住有所居”的意义、深刻理解党的十九大报告所提出的住房政策的现实意义。

参考文献

[1] 周建元. 对我国房地产实行最高限价理论分析和政策建议 [J]. 中央财经大学学报，2011（10）：54-59.

[2] 姜宏伟. 限价商品住房的存在条件及实施政策研究——以西安市为例 [D]. 西安建筑科技大学硕士学位论文，2010.

[3] 范恩海，郑婷兰. “十二五”限价商品住房建设研究——以山西为例 [J]. 经济问题，2013（2）：100-104.

[4] 范欣. 理性看待限购下的南京抢购潮 [N]. 中国经营报，2017-12-04.

[5] 罗暘. 限地价+限房价　南宁市土地市场调控力度再升级 [EB/OL]. [2017-05-27]. http：//www. gxnews. com. cn/staticpages/20170527/newgx59292320-16227888. shtml.

[6]《西方经济学》编写组. 西方经济学（上册）[M]. 北京：高等教育出版社，2012.

[7] 文建东.《西方经济学》精要与案例解析 [M]. 北京：高等教育出版社，2013.

[8] 习近平. 习近平谈治国理政 [M]. 北京：外文出版社，2018.

[9] 十八大以来重要文献选编（上）[M]. 北京：中央文献出版社，2014.

[10] 中共中央文献研究室. 习近平关于社会主义社会建设论述摘编 [M]. 北京：中央文献出版社，2017.

[11] 本书编写组. 党的十九大报告辅导读本 [M]. 北京：人民出版社，2017.

[12] 本书编写组. 马克思主义基本原理概论 [M]. 北京：高等教育出版社，2018.

[13] 本书编写组. 毛泽东思想和中国特色社会主义理论体系概论 [M]. 北京：高等教育出版社，2018.

公众的“幸福消费”

一、案例正文

（一）材料1：《消费效用最大化，新时代更显“幸福感”》[①]

美国诺贝尔经济学奖得主萨缪尔森提出了著名的幸福公式：幸福=效用/欲望[②]。这个公式和中国的“知足常乐”很相似，但是也有不同。中国的知足常乐是教育人们不要有太大的欲望，单单是从效用的角度来分析的。效用越大，幸福就越大。但也要辩证地看待，如果在极端恶劣的条件下也是自足，不免让人走向消极和被动。

萨缪尔森的幸福公式是提倡追求效用的最大化，然后再强调适当地控制欲望。它不强调一味地节欲，它鼓励人们积极地去创造价值、改善环境、改善生活，积极地创造快乐，提升幸福指数。①幸福和效用成正比，与欲望成反比。②欲望无限大，幸福会趋于零；欲望是零，幸福也是零。幸福只是人的主观感受，是人的一种价值判断，对美好生活的向往。③效用与主观感受有关，所以幸福也和主观感受有关。幸福就是感受，是精神方面对消费物的享受和满足。比如，生活困难的人，每天能吃到肉和蛋，按时领到工资就幸福；腐败的人整天吃山珍海味也不满足。④人们对物的享受和个人的身体条件有关。有好玩的地方你走不动；有好的风景你看不见；有好听的音乐你听不见；有好吃的你没有胃口，吃喝玩乐对你没有效用，何谈幸福？所以，健康最重要，拥有健康的人最幸福。⑤效用和时间正相关，时间越长，效用越大。人的生命越长，享受就越多，所以长寿的人也最幸福。

（二）材料2：《看顾好公众的“幸福消费”》[③]

几年前，央视做过一个有趣的街头调查——随机采访路人，问对方“你幸福吗”。回答丰富多彩、各式各样。面对询问，有人可能还没有考虑幸福的含义，有人对于幸福已经阶段性满足，有人则开始规划更美好的未来。不可否认，虽然个体差异很大，但是这些年的发展，带动了个人境遇的普遍改善，也让更多人开始有了更高的追求。“幸福”成为奔向全面小康社会的中国必须面对的发展课题。

国务院办公厅印发的《关于进一步扩大旅游文化体育健康养老教育培训等领域消费的意见》（以下简称《意见》）就是为我们的幸福进一步打底筑基的举措。无论是文件标题

---

① 经管之家．经济学的幸福公式［EB/OL］.［2015-11-03］. http：//bbs. pinggu. org/thread-3967168-1-1. html.

② 该公式由获得诺贝尔经济学奖的美国经济学家萨缪尔森提出。从效用的角度来看，效用越大，幸福感越高。

③ 人民网．看顾好公众的“幸福消费”［EB/OL］.［2016-11-30］. http：//opinion. people. com. cn/n1/2016/1130/c1003-28911059. html.

中列出的几个方面，还是《意见》中着力突出的“幸福产业”服务消费提质扩容，针对的都是能够直接改善民生的产业领域。从放宽国际邮轮入境旅游团的限制，到推广文化创意产品开发试点；从为体育类社团与机关脱钩设定时间节点，到清理取消申办养老服务机构的不合理前置审批，都是深化幸福产业发展的机制体制改革，不断释放潜在消费需求。

幸福产业之所以重要，是因为随着居民生活水平的提高，这些产业所涉及的服务，以前可能还只是一部分先富起来的人的“特需”，而在全面小康的语境下，已经逐渐成为以大部分中等收入群体领衔的“刚需”，同时也常常成为当今追求幸福的人们最头疼的“必需”。很多家庭都为找一个合适的月嫂、保姆而犯愁，毒杀老人的保姆何天带案，能迅速成为众多家庭的餐桌话题，就是因为击中了社会绷得最紧的弦。身为父母，都知道孩子需要陪伴、需要教育，可是正常的工作时间和下午放学时间，偏偏给学校和家庭的衔接中间留了两个小时，不让上去的教学压力和不肯下来的考试压力，依然给孩子现在和未来的教育制造着巨大的不确定性。虽然大家都对托管班和培训班有意见，但名额不抢还就真没有了，就是因为供给的现状，远远跟不上需求的增长。

与此相关的这部分“幸福消费”，其实是老百姓能掏、想掏、爱掏钱的。2017 年，我国服务业占 GDP 比重已经超过 50%①，仅看 2018 年前三季度的数据，服务业增加值已经比上年同期增长 7.7%，占 GDP 比重为 53.1%，比第二产业高出 12.7 个百分点，领跑经济增长的作用更加明显②。其中的很多增长是追求幸福的人们所贡献的。网友说得好，为了健康教育、为了老人孩子，中国人是最不怕花钱的，但也是最不好花钱的。从这个角度看，雨后春笋般的个性化服务，滴水穿石的共享经济，“野蛮生长”的在线服务，都是因老百姓巨量的需求而来的，这无疑会给具体治理带来新的挑战，但同时也是经济增长和治理转型的机会。中央反复强调、鼓励倡导，相关产业谋篇布局、摩拳擦掌，大家都清楚，解决好人们为幸福好好花钱的问题，不仅关乎我们每个人的未来，也关乎“十三五”目标的实现，更关乎“两个百年目标”的含金量。

党的十八大闭幕后，在新一届中央政治局常委见面会上，习近平总书记讲过这样一段话：我们的人民热爱生活，期盼有更好的教育、更稳定的工作、更满意的收入、更可靠的社会保障、更高水平的医疗卫生服务、更舒适的居住条件、更优美的环境，期盼着孩子们能成长得更好、工作得更好、生活得更好。“人民对美好生活的向往，就是我们的奋斗目标。”作为这一届中央领导集体的政治承诺，这显示的是冲破旧有阻碍的决心，开启的则是中国人从未有过的未来。

二、案例的思政元素

本案例的思政元素主要是：

（一）科学把握物质和意识的辩证关系

马克思主义认为，世界是物质的，物质决定意识，意识对物质具有能动的反作用。

① 数据来源：中国情报网，http：//www.askci.com/news/finance/20180416/102516121557.shtml。

② 2018 年前三季度全国服务业经济运行总体情况［EB/OL］. https：//wenku.baidu.com/view/8e0e64a9905f804d2b160b4e767f5acfa0c7831c.html.

物质生活是幸福生活的基础，而精神生活是幸福的重要内容。最近十年间，中国绿色发展、可持续发展的经济转型升级已经初显成效。随着经济发展水平和居民生活总体水平的提高，居民的消费观念也由原来的以物质追求为主向高质量的精神追求转变。在基本物质生活有所保障的前提下，更向往自由而全面的精神生活。

材料1、材料2中所体现的正是经济发展的带动作用，使得个人境遇有了较大的改善。从经济学角度来看，居民收入增加，预算线外移，消费者选择更为多样化、个性化，因此消费者均衡会在更高的水平达到均衡，消费者效用达到最大并且比经济发展水平低时的效用高。这使得人们开始追求比金钱物质更高层次的精神需求。由单纯、片面地追求物质到需求多样化、追求综合性幸福生活的转变，正是唯物论中物质决定意识的具体体现。

（二）科学理解新时代我国社会主要矛盾的转化

中国特色社会主义进入新时代，我国社会主要矛盾已经转化为人民日益增长的美好生活需要和不平衡不充分的发展之间的矛盾。人们日益增长的美好生活需要有两层含义：第一，人民大众需要的内涵得到扩展。这不仅对物质文化生活提出了更高的要求，并且还从人的全面平衡发展和社会的全面进步的角度提出了更加多的需求。人民的需求，已经从单纯的物质文明为主的领域，逐步拓展到政治文明、精神文明、社会文明以及生态文明等各个领域。第二，人民需要的层次得到很大提升。在告别了贫困的经济时代后，人民追求质量更高的生活，比如更好的教育、更稳定的工作、更满意的收入、更可靠的社会保障、更高水平的医疗卫生服务、更舒适的居住条件、更优美的环境、更充足的精神文化生活。而这些需求是具有多样性、个性化、多变性和多层次的特点。

改革开放以来，我国经济社会的整体发展水平得到显著的提高，各项事业都得到了长足的发展。但经济社会发展中存在的不平衡不充分问题，已经成为制约满足我国人民日益增长的美好生活需要的主要因素。我国在区域发展、城乡发展、不同群体收入、社会和生态文明建设等方面都体现出不平衡性。不充分性表现在创新能力不足，实体经济水平还有待提高，产业层次和公共服务水平也同样需要提升，发展质量和效益还不高，转变发展方式仍处于攻坚阶段，客观上仍存在发展不够稳定和持续性不够的情况。

国务院印发《关于进一步扩大旅游文化体育健康养老教育培训等领域消费的意见》，着力打造“幸福产业”，看顾好消费者的“幸福消费”，就是党和政府积极贯彻落实党的十九大精神，适应新时代，满足和尊重消费者多样化、个性化，提高消费者效用的重要举措。

（三）规范消费行为，树立正确的消费观

随着生活水平的提高，人们消费的目的不再仅仅是满足温饱，而是更注重功能性效用、便利性效用、安全性效用、怡情养性效用等。因此，在一定程度上可以认为人们的消费总效用在进一步扩大。但是，当消费效用达到某一个特定值时，它会呈现递减的趋势，即边际效用递减规律。因此，理应在追求幸福生活、多样化消费的过程中，有效分配自己的资源达到追求效用最大化和满足最大化。并且受边际效用递减规律的影响，若持续进行过度、奢侈消费，效用则无法最大化。

大学生应当坚持适度消费、理性消费，不依赖任何惯性或心理上的因素，不形成攀比消费等盲目行为，不把拥有更多的金钱当成幸福生活的全部，从而形成对金钱、消费、幸

福三者关系正确的认识。这对于国家经济发展、民族文化传承、培养大学生正确的世界观、人生观、价值观和消费观有着重要的现实意义。

三、案例使用说明

（一）教学用途与教学目标

1. 教学用途

本案例可用于《微观经济学》第二章“消费者选择理论”的教学。

2. 教学目标

（1）知识层面。

理解概念：效用、总效用、边际效用。

掌握理论：消费者均衡。

（2）能力层面。

思维实践能力：案例通过研讨、辩论、角色扮演等方式，激发学生表达欲望；通过三个由浅入深的问题，鼓励学生自行组织研讨和小组辩论，调动学生的积极性，使学生的思维能力得到充分训练和发展。

自主学习能力与思考能力：教师通过课前思考任务的布置，学生从自身的生活中发现经济问题。并通过案例的展示和视频的播放引导学生在已有思考的基础下进行深化学习并引入了思政元素。通过故事接龙和提问的方式在叙述中思考、补充自己未思考到的知识缺漏，最后通过教师的总结构建起学生的学习框架，完善知识体系。在课堂教学过程中，以学生的自我观察经济现象、发现经济问题、剖析经济问题的思考为主体，培养学生的自主学习能力，避免了说教式的知识灌输。

（3）素质层面。

提高团队互助意识：通过分组学习任务的布置，进行团队内经济相关主题的讨论，并在课堂上进行故事接龙活动。使他们在团队交流中形成互助精神，在分享与接收中提高自己的专业素养，提高团队互助意识，形成正确的学习习惯和分享意识。

形成正确的价值观念：通过效用概念和消费者均衡理论的学习，理解消费者选择的实际意义，从而规范个人消费行为，树立正确消费观。

（二）案例讨论的准备工作

（1）学生需要预习《微观经济学》课程中消费者选择理论的相关知识，对消费者的效用论有一定的了解。

（2）授课教师事先根据学生家乡所属不同和地域分类划分小组，让每小组选取 5 名同学以“迈进新时代，幸福消费伴我行”为主题进行故事接龙，故事必须体现自己家乡不同的特色，比如经济社会发展如何使得家乡居民消费观念转变，家乡的居民如何获得消费者效用最大化以及如何通过消费提升幸福感等。

（3）提前准备好上课需要播放的“辉煌中国”纪录片第五集《中国人幸福指数排行榜，人人得以共享国家发展的红利》视频。

（三）案例分析要点

1. 启发思考题

（1）请运用马克思主义的基本原理分析“幸福消费”成为拉动我国经济发展新增长点的原因。

（2）结合案例，分析在新时代如何在实现消费者效用最大化的过程中来提升人们的幸福感。

（3）结合案例，请思考正确的消费观对提高大学生幸福感，实现人生价值追求的重要作用。

2. 分析思路

三个思考题是根据微观经济学消费者选择理论知识点提出的。

消费者选择理论主要研究消费者如何实现效用的最大化，即实现消费者均衡。效用是指消费者从消费商品或服务中所感受到的满足。总效用是指消费者在一个特定时间内消费一定数量的商品或服务所获得满足的总和。边际效用递减规律是指在其他条件不变的情况下，一种商品给消费者带来的效用随着对它的消费数量的增加而逐步递减。

（1）请运用马克思主义的基本原理分析“幸福消费”成为拉动我国经济发展新增长点的原因。

理论知识点：收入提高引起预算线变动对消费者均衡的影响。

引导学生结合改革开放以来的经济发展情况和我国社会的主要矛盾进行分析。参考答案如下：

马克思主义认为，世界的本质是物质的。物质决定意识，意识对物质具有能动的反作用。自改革开放以来我国经济总量和居民收入水平不断提升，居民收入水平的上升带动了预算线的外移，在更高的层次上形成消费者均衡，极大地促进了人们消费观念的转变。首先，人们不再满足于在物质需求层面追求自身效用的最大化，而是扩展到高质量的精神需求层面，包括高雅的情操、真诚的友谊、纯洁的爱情、文化知识素养，丰富的文化娱乐和体育等。这些精神需求是对幸福的一种追求，这种以追求幸福为目的的消费，逐渐成为目前居民扩大消费规模的主要动力和组成部分。其次，我国社会主要矛盾是人民日益增长的美好生活需要与不平衡不充分的发展之间的矛盾。人民在满足基本的物质需求的同时，对美好生活的需要即幸福的需求更加迫切，幸福消费也会随之增多。因此“幸福消费”成为拉动我国经济发展的新的增长点。

（2）结合案例，分析在新时代如何在实现消费者效用最大化的过程中来提升人们的幸福感。

理论知识点：消费者均衡。

引导学生结合萨缪尔森的幸福公式和消费品品种多样化有利于提升总效用的知识。参考答案如下：

效用是商品或者服务满足人们某种欲望的能力。总效用是指消费者在一定时期内，从商品或者服务的消费中得到满足的总和。边际效用递减规律告诉我们在收入水平较低，消费品种供给有限的情况下，在消费者实现效用最大化的过程中，消费者总的效用是无法得到有效提高的，这样人们的幸福感也无法得到充分的满足。因此，随着经济社会的发展，我国必须进行供给侧结构性改革，产品必须要创新、产品品种必须多样化。为人们提供丰富的物质和精神产品，提升消费层次，这样才能够在实现消费者效用最大化的同时，有力促进消费者的总效用的提高，提升人们的幸福感。

（3）结合案例，请思考正确的消费观对于提高大学生幸福感，实现人生价值追求的重要作用。

在前一题的基础上，引导学生由消费与幸福关系的探讨上升到消费行为对实现个人人生价值意义的层面进行思考。参考答案如下：

树立正确的消费观能让人们在消费中保持理性，而理性能够让个人消费行为具有合理性、正义性、可持续性，这样就使人们在实现效用最大化和满足最大化的过程中，摆脱低俗的物质和精神欲念，达到更高层次的精神满足，人们的幸福感就更加浓烈、持久。大学生在平时生活中，应该树立正确的消费观念，选择适合自己的方式进行理性消费，而不是为了攀比进行盲目消费、放纵消费和过度消费。不能过度依赖父母的给予来满足自己的欲望，这样欲望会越来越大。根据马歇尔的幸福公式，金钱再多，效用再高也不一定能让自己的幸福感提升，反而导致自己陷入空虚、无聊、浮夸、虚荣的精神幻觉中。当大学生树立正确的消费价值观，实现理性消费，在满足自身效用的同时，会对金钱有更正确的认识，对人生有更积极向上的态度，自身的幸福感也会更加强烈，精神世界更加充实、高尚，更加顺利地成长、成才，实现人生追求和创造人生价值。

（四）教学组织形式

在教师讲授完本节相关知识点后，紧接着可以将思政元素融入《微观经济学》课程的课堂教学中，一般安排 2 个课时（80 分钟），具体教学组织安排如表 2-2 所示。

表 2-2 案例的教学组织

学习阶段	学习内容	时间限制	学习目标
课前	根据地区划分小组，并预习课本知识，查阅相关资料，了解消费选择理论相关知识	提前两天	熟悉案例背景
课中	教师播放《中国人幸福指数排行榜，人人得以共享国家发展的红利》纪录片	5 分钟	进一步熟悉案例背景
	分组讨论，并当堂完成案例分析	30 分钟	结合理论分析问题，注重对概念的理解
	根据分组，随机抽取 1 名学生，共抽取 5 名学生。要求学生根据“迈进新时代，幸福消费伴我行”为主题进行故事接龙	每组 5 分钟，控制在 25 分钟以内	结合理论探讨案例，使学生的思路沿着专业知识拓展
	进一步讨论，分享自己的理解，并进行归纳总结。从我国主要矛盾的变化、树立正确的幸福观、消费观三个角度进行点评	20 分钟	结合理论分析问题，言之有物，条理清晰
课后	布置案例分析报告任务		增进记忆，巩固知识，案例分析报告作为一次平时成绩

（五）总结

我国社会主要矛盾已经从人民日益增长的物质文化需求与落后的社会生产之间的矛盾转化为人民日益增长的美好生活需要和不平衡不充分的发展之间的矛盾。在当今中国，人们已经能满足自身的基本物质需求，但需求的水平和层次随着社会的发展在不断提高，而需求欲望的满足是与效用密切相关的，要在实现消费者效用最大化的同时，最大程度地满足人们在物质和精神上的消费需求，一方面国家要丰富消费品品种、提升消费层次，另一方面消费者自身更要控制好自己的欲望，这样才能更容易达到幸福。本案例以物质决定意识，意识对物质具有能动反作用原理为指导，从树立正确幸福观和消费观的角度，帮助大学生理性消费，在实现消费者效用最大化的过程中，提升自身的幸福感和实现自身的人生价值追求。

参考文献

［1］曹鹏程. 看顾好公众的“幸福消费”［EB/OL］.［2016-11-30］. http：//opinion. people. com. cn/n1/2016/1130/c1003-28911059. html.

［2］经管之家. 经济学的幸福公式［EB/OL］.［2015-11-03］. http：//bbs. pinggu. org/thread-3967168-1-1. html.

［3］韩凤荣，薛薇. 当代大学生的消费和幸福观［J］. 北京青年政治学院学报，2013，22（3）：35-39.

［4］《西方经济学》编写组. 西方经济学（上册）［M］. 北京：高等教育出版社，2012.

［5］习近平. 习近平谈治国理政［M］. 北京：外文出版社，2014.

［6］本书编写组：党的十九大报告辅导读本［M］. 北京：人民出版社，2017.

［7］本书编写组. 马克思主义基本原理概论［M］. 北京：高等教育出版社，2018.

［8］本书编写组. 思想道德修养与法律基础［M］. 北京：高等教育出版社，2018.

［9］本书编写组. 毛泽东思想和中国特色社会主义理论体系概论［M］. 北京：高等教育出版社，2018.

民营经济助推深圳赶超上海

一、案例正文

2018年6月22日，中国社会科学院和《中国经济日报》在北京共同发布《中国城市竞争力报告No.16》。2017年中国城市综合经济竞争力排行榜中，深圳又名列第一。从2013年起，深圳连续五年超过上海，且两者间的指数差距在不断扩大。具体排名如表2-3所示。

表2-3 2017年中国城市综合经济竞争力排名

城市	综合竞争力	
	指数	排名
深圳	1.000	1
香港	0.750	2
上海	0.728	3
台北	0.583	4
广州	0.553	5
北京	0.449	6
天津	0.422	7
苏州	0.386	8
南京	0.334	9
武汉	0.333	10

资料来源：《中国城市竞争力报告No.16：改革开放40年：城市星火已燎原》。

深圳上市公司总市值已赶上和超过上海。根据中国基金报的报道①，2013年底，总部在上海的上市公司总市值为3.34万亿，而总部在深圳的上市公司总市值为3.13万亿，深圳落后上海；2014年底，上海为4.79万亿，深圳为4.76万亿，两者大体相当；2015年底，上海为7.04万亿，深圳为6.75万亿，差距被上海拉开；但2016年底，深圳反超上海，上海为6.66万亿，深圳为6.87万亿；2017年11月底，上海为7.5万亿，深圳为10.04万亿，深圳已经远远领先于上海。如把注册在香港实际总部在深圳、市值2300亿的

① 江右．这就是深圳，上市公司总值12万亿，比上海多5个成都，7个重庆［EB/OL］．证券时报网，［2020-01-05］．https：//www．erhainews．com/n10991299．html．

顺丰控股计算在内，深圳的领先优势更加明显。

深圳大学魏达志教授认为①，深圳企业发展领先上海的内在原因是：深圳企业中民营经济发展优于上海。上海企业的所有制结构为央企：地方国企：外资企业：民营企业的比重为 1：1：1：1；而深圳的企业中，90%为民营或个体企业，央企、地方国企、外企所占的比重很小。上市公司市值中，深圳前 7 名的有 5 家是以民营为主，而上海前 8 名全为国企，如表 2-4 所示。上市公司比重巨大的民企使深圳的营商环境竞争比上海充分，活力和创新性更强。尽管在经济总量上，上海还比深圳大，但两城市的企业品牌上海不如深圳，上海地方品牌少，而深圳却走出了华为、中兴、腾讯、万科、大疆、比亚迪等一批全球知名企业。

表 2-4　2019 年 2 月上海、深圳上市公司市值前十

上海		深圳	
排名	公司名称	排名	公司名称
1	交通银行	1	腾讯控股
2	浦发银行	2	中国平安
3	上汽集团	3	招商银行
4	中国太保	4	万科 A
5	拼多多	5	工业富联
6	宝钢股份	6	中信证券
7	国泰君安	7	平安银行
8	上港集团	8	腾讯音乐
9	上海银行	9	华润置地
10	海通证券	10	招商蛇口

资料来源：中国基金报和数据宝联合统计数据。

魏达志教授还认为，市场对于科技创新企业给了更高的溢价也是深圳总市值超越上海的重要原因。尤其在科技创新领域，民企体现出更大的体制优势。比如，深圳 90%的研发机构集中在民企。2016 年深圳 PCT（专利合作条约）专利申请量为 20457 件，《深圳统计年鉴（2018）》同期全国申请量为 48882 件，申请量占国内申请量的 41.9%，连续 13 年位居全国各大城市的首位，充分反映了深圳企业国际化经营质量以及国际竞争能力的提升。

哈尔滨工业大学（深圳）教授唐杰认为②，市场主导、企业主体、政府保证是深圳的特征，这个特征使得深圳的创新超越上海。深圳是一个从最低端产业出发的城市，1985 年来料加工，1995 年做仿制生产，2000 年开始做大规模制造。在面临产业大规模外迁、金融机构向上海转移的压力下，深圳实行经济衰退时淘汰低端产能、在经济上行时加快发展战略性产业的策略，完成从制造到创造的转变。深圳的创新是非共识创新，由市场推动、企业依靠市场竞争获取资源。深圳拥有 384 家上市公司，就是市场充分竞争和筛选的结

① 魏达志. 上海不如深圳，浦东也干不过前海［R］. 中州天睿·前海轴心豪宅价值高峰论坛，2016.

② 唐杰. 深圳创新增长的案例意义［EB/OL］. 金融界，［2018-07-26］. https://baijiahao.baidu.com/s?id=1607020638112792570&wfr=spider&for=pc.

果。2017年，深圳在PCT专利申请量超过2万件，上海为2100件（上海知识产权局），约为深圳的1/10。深圳单位土地的生产总值是上海的2.5倍（《深圳统计年鉴（2018）》、《上海统计年鉴（2018）》）。

不断改革和创新是深圳能赶超上海的根本原因。《深商精神》一书的作者老亨认为①：深圳有一批“以创意为瑰宝”的人，与上海相比，深商生生不息的生命力在于能容纳新的人、新的想法，能容许新的商业基因不断加入。《南方都市报》认为②，深圳的核心竞争力在于深化体制改革不停步。深圳每一次改革的背后都是对经济的推动，使深圳全年生产总值从1979年的1.96亿增长到2017年的22438.39亿，进入全国大中城市第三（《深圳统计年鉴（2018）》《上海统计年鉴（2018）》）。2018年5月6日，深圳市委改革办公室提出了推进实施各领域改革任务9大类54项。在经济体制改革方面，提出要优化营商环境、深化收入分配体制改革、探索建设自由贸易港、深化国企混合所有制改革等。

二、案例的思政元素

本案例的思政元素主要是：

（一）党关于民营经济的政策

党的十九大报告指出：毫不动摇巩固和发展公有制，毫不动摇鼓励、支持、引导非公有制经济的发展。2018年9月27日，习近平总书记在考察辽宁民营企业时再次强调了这两个“毫不动摇”，并指出：我们要创建民营企业更好的法律环境，进一步优化营商环境。我国宪法规定：国家保护个体经济、私营经济等非公有制经济的合法权利和利益。2018年10月19日，中共中央政治局委员、国务院副总理刘鹤接受《人民日报》、新华社、中央电视台记者的联合采访时说，我们必须坚定不移地执行基本经济制度，坚持两个“毫不动摇”。那些为了“个人安全”不支持民营企业发展的行为，在政治取向上存在很大问题，必须坚决予以纠正。

刘鹤还指出③：民营经济在整个经济体系中具有重要地位，贡献了50%以上的税收，60%以上的GDP，70%以上的技术创新，80%以上的城镇劳动，90%以上的新增就业人数和企业数量。如果没有民营企业的发展，就没有整个经济的稳定发展，如果没有高质量的民营企业体系，就没有现代产业体系。我们必须看到，我国国有企业和民营企业已经形成了完整的产业链。国有企业多处于产业链的上游，在基础产业和重型制造业等领域发挥作用，民营企业越来越多提供制造业产品特别是最终消费品，两者是高度互补、互相合作、相互支持的关系，未来中国经济将沿着这个方向不断提高，走向高质量的发展。必须从传统固化的观念，转向用全新的现代化产业链理念来认识国有和民营经济。

（二）深入了解新时代中国特色社会主义基本方略

坚持全面深化改革。深圳的迅速发展并超越上海，是因为深圳处在我国改革开放的最

① 老亨. 深商精神［M］. 深圳：海天出版社，2007.

② 傅静怡. 走在全国的最前列 深圳的优势在哪里［N］. 南方都市报，2018-08-22.

③ 刘鹤2018年10月19日就金融热点问题接受《人民日报》、新华社、中央电视台联合采访。

前沿，通过不断的改革，打破旧观念，大力发展民营经济，改善营商环境，引入竞争机制，激发市场主体的活力，提高了整个社会的竞争力。深圳众多的上市公司、全国领先的专利申请量都是在市场竞争中产生的。我国改革开放40年最基本的一条经验就是发挥市场的更大作用。市场经济的逐步引入释放了巨大的市场活力，成为我国经济持续发展最关键的内在动力。党的十八届三中全会和党的十九大提出，发挥市场配置资源的决定性作用，同时更好地发挥政府作用，这指明了我国经济改革的发展方向。

坚持新发展理念，加快建设创新型国家。创新是引领发展的第一动力，是建设现代化经济体系的战略支撑。深圳的经济发展靠的是创新驱动，2017年深圳PCT专利的申请量是上海的10倍，且主要是由民营经济开发和申请的。创新使深圳产业不断升级，从"三来一补"到成为全球创客天堂。面对未来，深圳正在制定《关于加强基础科学研究引领创新发展的若干措施》，明确提出要面向世界科技前沿，打造世界级的大科学装置集群，冲击创新的制高点。我国经济正在进行新的转型：推进中国制造向中国创造转变、中国速度向中国质量转变、制造大国向制造强国转变，转型成功与否，关键在于创新。创新是全方位的，包括理论创新、制度创新、科技创新、文化创新等。只有创新才能在复杂多变的国际环境中掌握主动权，拓展中华民族的复兴之路，也只有创新才能为实现民族复兴中国梦提供源源不断的力量与资源。

（三）凝聚中国力量，实现中华民族伟大复兴

深圳由一个小渔村成长为繁华的国际大都市的过程，也是中华民族走上复兴之路的一个缩影。"人间正道是沧桑"。深圳国民生产总值由1979年的1.96亿增长到2017年的22438.39亿，① 实现了上万倍的增长，与此同时，我国也由一个温饱不足的落后农业国，成长为正迈向全面小康的工业大国。曾经的小渔村今天能和在20世纪初就有"东方巴黎"之称的上海竞争而不落后，这本身就是我们值得骄傲的事。深圳的崛起是通过改革开放充分调动包括民营经济在内的各方力量，披荆斩棘，埋头苦干来实现的。同理，中国的崛起是通过凝聚全民族的力量，同心协力，勇往直前，脚踏实地干出来的。在实现中国梦的路上，需要各方在中国共产党的统一领导下，团结一致，在考虑自身特点的基础上，充分发挥自己优势，一步一个脚印，共同迈向中华民族复兴的辉煌。

三、案例使用说明

（一）教学用途与教学目标

1. 教学用途

本案例为描述型案例，适用于本科生的《微观经济学》中完全竞争—竞争的条件知识点的教学和培训。

2. 教学目标

（1）知识层面。

理解完全竞争市场的四大假设；掌握完全竞争市场的效率分析框架。

---

① 王虎善，贾景智主编．深圳统计年鉴2018［M］．中国统计出版社，2018.

（2）能力层面。

思维实践能力：通过此案例的教学让学生对市场竞争理论和我国的市场竞争现实形成以下认识。

认识有效的市场竞争所需的基础条件是各市场主体之间的平等与公平；一个地区的营商环境是否优化在于各市场主体之间能否实现平等竞争；优化营商环境是地方政府发展本地经济的主要手段；党和政府为我国各种所有制主体之间的平等竞争提供了政策支持。

自主学习能力与思考能力：通过本案例可以让学生明白民营经济的发展对促进我国市场经济的竞争力所起到的作用，从而完成对市场竞争的经济学教学。同时能思考三个相互关联的思政问题：一是对国有经济和民营经济作用的评价；二是如何以系统的观点看待我国今天经济成就的成因；三是我国未来改革的路径选择问题。

（3）素质层面。

通过本案例教学，学生能以更理性的态度看待我国改革的成就与问题，以新的高度来理解我国改革开放的方针政策。同时在学习中培养自己正确的心态和对现实的理解能力。

（二）案例讨论的准备工作

1. 知识准备

学生需要掌握《微观经济学》课程中关于市场和市场竞争的相关知识。

2. 资料收集

在讲授本案例前，让学生查阅和收集以下资料：

（1）上海国企过去和现在承担过哪些国家重大项目，援建过的地区和内容，历年上交的税收额，解决的就业人数。目的是为了合理评价上海国企的作用。

（2）罗列深圳经济特区从建立到现在从国内外获得过哪些独特的优势资源，包括政策性资源。目的是为了分析深圳有今天成就的原因。

（3）上海与深圳近五年来产业结构的数据，列出两地的优势产业及其变化数据。

（4）两地近五年来外企、国企、民企的比重的变化、就业人数、专利数量、上交利税等数据。

（三）案例分析要点

1. 启发思考题

（1）假设你是一个面临找工作的大学毕业生，你如何评价上海和深圳的各自优势和劣势？假设你是一个创业者又如何评价？

（2）民营经济影响力的差异对两地经济竞争力有多大影响？

（3）我国对民营经济支持的前后有怎样的市场逻辑？这些政策对我国市场的竞争态势有何影响？

2. 分析思路

（1）上海是我国经济最发达、国际化程度最高的城市，也是外国大公司进入中国的首选城市。近代以来，上海一直作为我国的经济中心，有成熟的职业文化。现有众多的大型外企和国企，可为高端的职业人才提供很好的平台，其金融市场和高端经济根植于日益发达的长三角经济圈，且有广大的内地作为发展纵深。深圳是一座充满活力的新兴城市，创业文化浓厚、竞争和创新意识强烈，各种形式的企业在同一平台上竞争，开放、平等的市场文化吸引大量各地区、各层次的年轻人来此打拼。作为粤港澳大湾区的核心城市，深圳有很大的发展空间。

（2）利用收集的资料、数据来辨析、论证下列观点：①长期作为我国经济最发达的城市，上海必然出现许多大型企业，包括大型国企和外企，这些大企业对民营经济的兴盛和发展起到的是推动作用还是阻碍作用。②上海大型企业（国企和外企）过去和现在都对中国经济的发展发挥了重要作用，深圳特区发展过程中利用了来自国家资源倾斜的优势。③上海和深圳是分别处于两个不同的发展阶段还是属于各具优势的两种不同的发展模式。④民营经济的比重变化对经济增长是否有很大的影响。

（3）发展民营经济有利于形成良好的营商环境。国家支持民营经济的发展，能调动各方主体的力量参与市场竞争，利用民营经济的活力，促进国企、外企良性发展，从而改变市场的生态，提高整个社会资源的使用效率，推动地区经济和全国经济再上一个新台阶。

（四）教学组织方式

1. 问题归类

要求学生依前面所提的问题和自己收集的材料进行思考，然后分别写出自己对上海和深圳经济活力、国企和民企作用的看法。

2. 进行讨论

在讲授本案例时，把学生分成四组（两对正反方），分别就上海和深圳的优劣、国企和民企的作用进行辩论。老师控制辩论时间，事后让四组分别阐述自己的观点，老师进行评价总结。

3. 时间安排

表 2-5　教学时间安排

阶段	内容	时间安排
课前	预习课本知识，查阅相关资料	提前一周
课中	辩论上海和深圳的竞争力	35 分钟
	辩论国企和民企的作用	35 分钟
	老师总结	10 分钟
课后	排作业，写出自己的看法	两天后上交

（五）总结

上海与深圳经济发展竞争之探讨，说明了与时俱进和改革创新是我国经济发展的根本动力。实践已经证明，深圳日新月异发展的根本动力在于改革创新，历史也将证明，深圳未来的前途在于改革创新。改革创新是推动人类社会发展的第一动力，也是我国在复杂多变的环境下赢得未来的必然要求。实施创新驱动战略，通过全面深化改革，破除机制、体制障碍，把创新驱动的新引擎全速发动起来，为我国经济社会发展提供强劲动力。发展民营经济、改善营商环境既是改革创新的体现，也是实现改革创新发展国家和地区经济的必然之路。

与祖国同行，成就出彩人生。40 年的奋斗成就了今天深圳的辉煌，一代代的青年在其中挥洒过汗水、付出了青春，没有他们的付出也就没有今天的深圳。40 年的改革开放奏响了实现中国梦的最绚丽乐章，背后是由无数青年用青春和热血来谱写，在祖国崛起的同时，也成就了他们多彩的人生。深圳在发展，祖国在前进，在开启全面建设社会主义现代化强国的新征程中，作为新一代的青年，应当认清自身的成长道路，肩负起历史的重任，砥砺前行，在国家走向进一步辉煌进程中，成就自己的出彩人生。

参考文献

[1]《西方经济学》编写组. 西方经济学（上册）[M]. 北京：高等教育出版社，2012.

[2] 刘炜. 保障不同所有制经济的公平竞争 [J]. 中共山西省委党校学报，2015，38（1）：44-47.

[3] 杨再平. 正本清源廓清迷雾，理直气壮发展民营经济 [N]. 证券时报，2018-09-18.

[4] 刘坤.“国民共进”焕发新活力[EB/OL].[2018-08-12].http://news.gmw.cn/2018-02/13/content‖_27685268.htm.

[5] 陈一新. 新民营经济是发展新经济的主导力量 [J]. 政策，2017（8）：4-9.

[6] 石明明，张小军，阙光辉. 多种所有制经济竞争、策略外部性与政府规制机制 [J]. 经济研究，2015（7）：72-86.

[7] 甘霖. 公平竞争市场环境：经济高质量发展的基础 [N]. 学习时报，2018-09-21.

[8]《毛泽东思想和中国特色社会主义理论体系概论》编写组. 毛泽东思想和中国特色社会主义理论体系概论 [M]. 北京：高等教育出版社，2018.

[9]《思想道德修养与法律基础》编写组. 思想道德修养与法律基础 [M]. 北京：高等教育出版社，2018.

可口可乐收购汇源果汁被禁[①]

一、案例正文

2018年是《中华人民共和国反垄断法》实施10周年，国家市场监管总局正式发布中国反垄断和反不正当竞争10大典型案例。“禁止美国可口可乐公司收购中国汇源果汁集团有限公司案”成为10大典型案例之首。国家市场监管总局在9月6日的发布会上表示，该并购将损害汇源果汁消费者的合法权益，具有排除、限制竞争效果，因此依法禁止此项经营者集中。国家市场监管总局相关负责人表示，“该案是《反垄断法》实施后首个被禁止的案件，也是唯一被禁止的外国企业收购中国企业案件，促进了果汁行业的健康发展，具有里程碑意义”。

事件回放：2008年9月3日汇源集团发布公告称，可口可乐报价179亿港元（约合24亿美元），将以现金方式收购该公司。并购消息一出便受到网民及专家的一致声讨。商务部于2009年3月18日发布公告，根据中国反垄断法禁止可口可乐收购汇源。此次并购案成为了《反垄断法》实施以来首个未获通过案例。

（一）收购背景

在中国饮料市场上，相关统计资料显示，截至2007年底，汇源100%纯果汁及中浓度果蔬汁的销售量分别占国内市场总额的42.6%和39.6%，[②] 汇源已经连续数年在这两项指标上占据市场领导地位。可口可乐公司旗下的“美汁源”在中低浓度果汁市场占有大概25%的市场份额。由此可见，在中国的果汁市场上，汇源具有无可争议的龙头老大地位。

作为全球最大的饮料公司，可口可乐公司自1979年在中国开展业务，可口可乐、雪碧、芬达等带气饮料品牌在中国拥有很高的知名度。近年来该公司积极拓展中国的果汁饮料市场，希望通过收购汇源来提高公司在中国饮料市场的份额。

（二）收购主要过程

2008年9月3日，可口可乐公司发布公告，打算以24亿美元收购中国汇源果汁集团有限公司。

2008年9月4日，对该并购案投票表决的调查结果显示，参与投票的4万多人中，持

---

① 案例正文根据媒体公开资料收集整理。

② 食品科技网.洋品牌杀入果汁饮料行业 市场格局生变数[EB/OL].[2009-07-07].https://www.tech-food.com/news/detail/n0276585.htm.

不赞同意见的比例高达 82.3%。

2008 年 11 月 3 日，汇源公司宣布称，可口可乐并购汇源案已正式送交商务部审批。

2008 年 12 月 4 日，商务部表示，已立案受理可口可乐并购汇源申请。

2009 年 3 月 5 日，汇源董事长朱新礼表示，可口可乐董事会内部反对并购汇源的声音越来越多。

2009 年 3 月 18 日，中国商务部发布公告，根据中国反垄断法禁止可口可乐收购汇源，并称这是出于防范垄断损害市场竞争效率的考虑。

（三）禁止该收购案的主要考量

第一，可口可乐公司收购汇源后，有能力在碳酸软饮料市场上的支配地位延伸到果汁饮料市场，造成排挤现有果汁饮料企业、限制竞争的后果，进而损害饮料消费者的利益。

第二，可口可乐公司收购汇源后，通过对“美汁源”和“汇源”两个知名果汁品牌的控制，将明显增强其对果汁市场的控制力，加上在碳酸饮料市场已有的支配地位以及品牌传导效应，将明显提高潜在竞争对手进入果汁饮料市场的障碍。

第三，可口可乐公司收购汇源后，会挤压国内现有中小型果汁企业的生存空间，抑制国内中小型果汁企业参与市场竞争和创新的能力，不利于中国果汁饮料市场形成有效竞争格局，不利于中国果汁行业的持续健康发展。

二、案例的思政元素

本案例的思政元素主要有：

（一）坚持全面依法治国

全面依法治国是关系我们党执政兴国、人民幸福安康、党和国家长治久安的重大战略问题，是“四个全面”战略布局的重要组成部分。只有全面依法治国，才能解放和增强社会活力、促进社会公平正义、维护社会和谐稳定、确保党和国家长治久安。

党的十一届三中全会明确提出“发展社会主义民主、健全社会主义法制”的重大方针。党的十五大明确把依法治国确立为治理国家的基本方略。1999 年第九届全国人民代表大会二次会议通过的宪法修正案将“依法治国”正式写入宪法。党的十六大提出，发展社会主义民主政治，最根本的是要把坚持党的领导、人民当家作主和依法治国有机统一起来。党的十七大提出，依法治国是社会主义民主政治的基本要求，强调要全面落实依法治国基本方略。党的十八大阐述了全面推进依法治国重要思想，党的十八届三中全会提出推进法治中国建设目标任务。党的十九大明确提出，全面依法治国是中国特色社会主义的本质要求和重要保障。

我国于 2008 年 8 月 1 日开始施行《反垄断法》，其目的是为了预防和制止垄断行为，保护市场公平竞争环境，提高经济运行效率，维护消费者利益和社会公共利益，促进社会主义市场经济健康发展。

本案例中企业收购有违《反垄断法》，是政府通过法律使用对垄断实施管制的结果，体现了全面依法治国的坚定信念。

（二）强化企业社会责任意识

企业社会责任是指企业在创造利润、对股东和员工承担法律责任的同时，还要承担对消费者、社区和环境的责任。企业的社会责任要求企业必须超越把利润作为唯一目标的传统理念，强调要在生产过程中对人的价值的关注，强调对环境、消费者、社会的贡献。我国《公司法》规定，公司从事经营活动，必须遵守法律、行政法规，遵守社会公德、商业道德，诚实守信，接受政府和社会公众的监督，承担社会责任。

企业在创造利润、对股东承担法律责任的同时，亦要考虑到对各相关利益者造成的影响。企业承担社会责任是企业走向可持续发展的重要途径，它符合社会整体对企业的合理期望，能够提高企业的社会评价和综合竞争力。企业承担社会责任也是构建和谐社会的客观要求，企业在注重经济效益和经营状况的同时，兼顾考量对社会和自然环境所造成的影响，有利于树立良好的企业形象，也是提升企业竞争力的有效途径和管理战略。

本案例中企业的社会责任要求企业必须超越把利润作为唯一目标的传统理念，承担起维护国家产业布局，加速产业技术升级和产业结构的优化，以保证经济的运行安全，并接受政府的监督和依法干预。

（三）保障和改善民生

民生是人民幸福之基、社会和谐之本。党的十九大明确提出，保障和改善民生要抓住人民最关心最直接最现实的利益问题。果汁饮料市场涉及大量农民利益，与国计民生有关，农业农村农民问题是关系国计民生的根本性问题，解决好“三农”问题是全党工作重中之重。“三农”产业是中国的民生产业，农民利益要受到特别保护。如果可口可乐成功收购汇源，果农利益将难以得到足够保护。汇源也正是基于此，才能够得到地方政府的大力支持。

三、案例使用说明

（一）教学用途与教学目标

1. 教学用途

本案例为描述型案例，可用于《微观经济学》第五章“不完全竞争市场”的教学。通过本案例的学习讨论，学生在学习《微观经济学》不完全竞争市场理论的同时，学会运用马克思主义的立场观点分析解决经济发展中的问题，推动社会经济公平有序发展。

2. 教学目标

通过该案例的学习讨论，学生在提高专业理论素养的同时，不断提高政治理论素养，并理解政府限制垄断、鼓励竞争的政策。

（1）知识层面。

理解概念：垄断的含义。

掌握理论：垄断的条件；垄断形成的原因；垄断市场效率如何评价。

（2）能力层面。

应用理论解释现象的能力：通过理论的学习及案例的讨论，加深学生对理论的理解并学以致用，能够联系实际解释现象、解决问题。

对政府政策的理解领悟能力：通过案例讨论，让学生明白维护社会主义市场经济秩序对社会经济发展具有重大意义；政府对垄断进行干预，目的是为了保护市场公平竞争环境，提高经济运行效率，维护消费者利益和社会公共利益；强化企业社会责任意识对社会及企业发展具有重要意义。

（3）素质层面。

作为新时代经济管理类大学生，在掌握好专业知识和专业技能的同时，还应能够自觉运用马克思主义的立场观点方法分析解决现实问题，从党和国家的战略部署、大政方针的高度审视经济活动，树立正确的民族观、国家观、法制观，强化社会责任意识、规则意识、奉献意识。

（二）案例讨论的准备工作

学生需要学习完《微观经济学》课程中第四章“完全竞争市场”、第五章“不完全竞争市场”，对相关理论和分析方法有所理解。

（三）案例分析要点

1. 启发思考题

（1）结合案例，分析垄断的特征、垄断产生的原因、垄断的危害。

（2）政府对垄断的管制有哪些途径？

（3）从案例中得到什么启示？

2. 分析思路

三个思考题是结合案例和相关理论知识，循序渐进提出的。

（1）结合案例，分析垄断的特征、垄断产生的原因、垄断的危害。参考答案如下：

关于垄断的特征。完全垄断简称垄断，又叫独占，它是指一种产品的生产和销售完全由一家厂商所控制的市场结构。如果一个厂商能够控制或影响整个市场的供给，那么它就构成了垄断。完全垄断市场的主要特点有：第一，只有一家厂商。厂商数目唯一，一家厂商控制了某种产品的全部供给。它是整个行业中唯一的供给者。第二，产品不能替代。完全垄断厂商提供的产品没有相近的替代品，它与其他产品的交叉价格弹性为零。第三，其他厂商进入该行业极为困难或不可能。完全垄断市场存在进入障碍，其他厂商难以参与。正因如此，完全垄断者可以长期保持其垄断地位。第四，完全垄断厂商是价格的制定者。由于完全垄断厂商控制着整个行业的生产和产品供给，垄断者可以通过调整产量来直接影响市场供求关系，从而达到控制或决定市场价格。第五，完全垄断厂商的价格歧视。完全垄断者为了最大限度地获取垄断利润，往往根据销售条件的不同，在不同地区或不同的消费群体，实行不同的销售价格，即价格歧视。

关于垄断产生的原因。导致垄断的原因是多方面的，主要有以下几方面：

第一，对资源的独家控制。如果一家厂商控制了生产某种产品的全部资源或基本资源的供给，且该资源没有接近的替代品，这个厂商实际上也就控制了使用该原材料生产的产品的供给而形成垄断。这叫自然资源被垄断导致的独家垄断。

第二，拥有专利权。专利权是政府和法律允许的一种垄断形式。专利权是为了鼓励发明创造，促进新技术和发展新产品，而以法律的形式赋予发明人的一种权利。一家厂商可能因为拥有专利权而成为某种产品的垄断者。

第三，规模经济的要求形成的自然垄断。有些行业起步就需要很大的规模，需要巨大的固定资产投资和很高的产量水平，由一家大厂商提供全部市场需求的平均成本最低，两个或两个以上的厂商提供该产品就难以获利。只有实现大规模生产经营，才能充分发挥各种生产要素的作用，取得规模经济效益，这种情况下，该厂商就形成自然垄断。

第四，政府的特许。是由于政府在其中发挥作用而导致的独家垄断。有些情况下，一家厂商因获得政府的特许而成为某种产品的唯一供给者。

关于垄断的危害。通过分析完全垄断市场条件下厂商的产出决策，可以看到，完全垄断市场中资源的利用效率较低；价格较高但产量较低；完全垄断存在净损失；垄断还会导致市场调节利益的失效。垄断局面的形成会给企业带来谋取高垄断利润的机会，垄断者利用垄断地位，在价格制定和商品、服务提供方面追求最大化垄断利润，最终伤及消费者利益，导致福利的损失和资源配置的低效率，垄断利润通常也被看成是不公平的，这就有必要对垄断进行政府干预。

虽然理论上对垄断给予低效率评价，且各国政府也制定了很多反垄断法，但对此有的经济学家提出了不同的看法，他们认为垄断厂商会把垄断利润用于研究与开发，推动创新和技术进步，从而降低成本。社会从这种垄断厂商的创新中获得的收益可能要比由于垄断造成的损失大得多。当然并不是所有的人都能接受这种观点。

（2）政府对垄断的管制有哪些途径？参考答案如下：

垄断常常导致资源配置的低效率，垄断利润通常也被看成是不公平的，这就有必要对垄断进行政府干预。对于政府来说，解决垄断条件下的价格高于竞争价格这一问题，方法之一是对垄断厂商可能索取的价格进行管制。对垄断实施管制的第二个措施是制定反托拉斯法来实现的。这也是政府对垄断更加强烈的反应。

（3）从案例中得到什么启示？参考答案如下：

要强化法治意识、规则意识和社会责任感。从事经营活动必须遵守法律、行政法规，遵守社会公德、商业道德，诚实守信，接受政府和社会公众的监督，承担社会责任，保护市场公平竞争，维护消费者利益和社会公共利益。

（四）教学组织方式

1. 问题清单及课时分配

建议安排 1 个课时（40 分钟），围绕三个问题循序渐进地分析讨论。①分析垄断的特征有哪些；垄断产生的原因、垄断的危害有哪些。②政府对垄断的管制有哪些途径？③从案例中得到什么启示？

2. 讨论方式

在教师讲授完本章理论之后，紧接着提供该案例教学讨论，同时将思政元素有机融入《微观经济学》课程的课堂教学中。

首先介绍案例及讨论。采取边讨论边讲授的互动式教学方式，引导学生梳理垄断的条件、产生的原因，并启发学生就如何解决垄断对消费者利益侵害、垄断会导致福利的损失和资源配置的低效率等问题，能够提出有效解决途径。结合已有学者提出的对策，进行比较分析与效果评价，让学生真正理解政府对垄断的管制是为了保护市场公平竞争环境，提高经济运行效率，维护消费者利益和社会公共利益。

在对案例进行经济学意义上的分析讨论之后，可以融入相关的思政元素。一是坚持全面依法治国基本方略，深化依法治国实践。二是强化企业社会责任意识，全面提升企业竞争力。三是提高保障和改善民生水平，这是人民最关心最直接最现实的利益问题。四是作为新时代经济管理类大学生，要树立正确的民族观，国家观，强化社会责任意识。

具体教学环节设计如下：第一步，请学生们仔细阅读 PPT 上的案例材料，同时，教师对该案例材料进行必要说明（5 分钟）。第二步，将学生们进行分组讨论，要求学生们结合案例材料围绕以下思考题进行讨论：一是垄断的条件。垄断产生的原因有哪些，垄断有哪些危害；二是政府对垄断的管制有哪些途径；三是从案例中得到什么启示（15 分钟）。第三步，学生们讨论结束后，请每组学生派一位代表将本组讨论结果与大家进行分享，要求学生把提出的观点与案例材料要紧密结合（10 分钟）。第四步，教师对学生们的发言进行总结点评，起到巩固知识、加深理解的作用。紧接着结合案例引出相关思政元素，一是坚持全面依法治国基本方略，深化依法治国实践。二是强化企业社会责任意识，全面提升企业竞争力。三是提高保障和改善民生水平，这是人民最关心最直接最现实的利益问题。四是引导学生，作为新时代经济管理类大学生，要树立正确的民族观、国家观、法制观，强化社会责任意识、规则意识、奉献意识。使学生在提高专业理论素养的同时，不断提高政治理论素养（10 分钟）。

（五）总结

作为企业，要强化企业社会责任意识，承担起维护国家产业布局，加速产业技术升级和产业结构的优化，以保证经济的运行安全，并接受政府的监督和依法干预等社会责任。

作为新时代经济管理类大学生，在掌握好专业知识和专业技能的同时，还应自觉提高运用马克思主义的立场观点方法分析解决现实问题的能力，自觉从党和国家的战略部署、大政方针的高度审视经济活动，树立正确的民族观、国家观、法制观，强化社会责任意识、规则意识、奉献意识。

参考文献

[1]《西方经济学》编写组. 西方经济学（上册）[M]. 北京：高等教育出版社，2012.

[2] 习近平. 习近平谈治国理政 [M]. 北京：外文出版社，2014.

[3] 本书编写组. 党的十九大报告辅导读本 [M]. 北京：人民出版社，2017.

[4] 本书编写组. 马克思主义基本原理概论 [M]. 北京：高等教育出版社，2018.

[5] 本书编写组. 思想道德修养与法律基础 [M]. 北京：高等教育出版社，2018.

[6] 本书编写组. 毛泽东思想和中国特色社会主义理论体系概论 [M]. 北京：高等教育出版社，2018.

深化收入分配制度改革　缩小收入差距

——基于“生产要素和收入分配”的视角

一、案例正文

（一）材料1：《国务院关于激发重点群体活力带动城乡居民增收的实施意见》

提高城乡居民收入，是全面建成小康社会的重要内容。党的十八大提出，要千方百计地增加居民收入。党的十八届三中全会提出，要形成合理有序的收入分配格局。党的十八届五中全会提出，到2020年国内生产总值和城乡居民人均收入比2010年翻一番。

改革开放以来，我国城乡居民收入保持持续较快增长，收入分配结构呈现向好趋势。当前经济运行的新常态特征比较明显，新技术、新产业、新业态加速成长，为促进城乡居民收入的稳定增长提供了有力的支撑。但是，受到国内外多重因素的影响，经济下行压力正在向收入分配领域传导。

既要降低经济运行成本、保持经济中高速增长，又要提高居民收入、不断增进人民福祉，实现“居民收入增长和经济增长同步、劳动报酬提高和劳动生产率提高同步”任重而道远。同时，部分劳动者人力资本积累不足、增收困难，部分市场主体等待观望，部分地区行业收入增长潜在动能不强，部分收入分配政策指向宽泛、聚焦不够。

为推动解决相关问题，必须进一步深化收入分配制度改革，调整优化收入分配政策。瞄准技能人才、新型职业农民、科技人员等增收潜力大、带动能力强的七大群体，深化收入分配制度改革。必须坚持实施“鼓励创收致富与缩小收入差距”相结合的原则。在初次分配中，鼓励全体劳动者通过诚实劳动、辛勤劳动、创造性劳动创收致富。同时，完善税收、社会保障等再分配调节手段，规范收入分配秩序，切实保障困难群众基本生活，不断缩小不同群体间的收入差距。①

（二）材料2：《做大“蛋糕”　分好“蛋糕”》

2014年1月1日，习近平总书记在《人民日报》上发表《切实把思想统一到党的十八届三中全会精神上来》一文，文章提出：“蛋糕”不断做大了，同时还要把“蛋糕”分好。

习近平总书记非常形象地用“蛋糕”做比喻，一方面，强调把“蛋糕”做大，以利

① 国务院．国务院关于激发重点群体活力带动城乡居民增收的实施意见（国发〔2016〕56号）［EB/OL］．［2016-10-21］．http：//www. shanghai. gov. cn/nw2/nw2314/nw2315/nw32813/nw32816/nw32828/userobject82aw23013. html.

于全国人民都能分得一份较大的"蛋糕"；另一方面，强调要将已有的"蛋糕"公平合理地分配给每一个社会成员，让他们有更多的获得感。做大"蛋糕"和分好"蛋糕"是辩证统一、互为条件、相互促进的。做大"蛋糕"是分好"蛋糕"的前提，分好"蛋糕"是做大"蛋糕"的有效措施。

只有分好"蛋糕"才能实现社会的公平正义。在领导社会主义现代化建设的过程中，我国非常重视效率和公平。党的十三大提出，在促进效率提高的前提下体现公平；党的十四大提出，兼顾效率与公平；党的十五大提出，初次分配注重效率，再分配注重公平；党的十七大提出，初次分配和再分配都要处理好效率和公平的关系，再分配更加注重公平；党的十八大提出，调整国民收入分配格局，着力解决收入分配差距较大的问题，使发展成果更多更公平地惠及全体人民，朝着共同富裕的方向稳步前进。①

（三）材料 3：《收入分配问题需消除体制性障碍》

自 2003 年以来，我国基尼系数一直处在全球平均水平 0.44 之上，超出国际警戒标准，收入差距仍然比较大。

北京师范大学教授罗楚亮提出：目前全国收入差距，在一定程度出现了下降的趋势，但是，收入分配的不平等程度依然比较高，不能因为近年来的收入差距下降，来掩盖收入差距依然处于高位的基本事实。②

近年来，针对缩小收入差距的努力并未停止。2004 年，收入分配改革开始启动调研。2013 年 2 月，国务院发布《关于深化收入分配制度改革的若干意见》。

2015 年 11 月 23 日，习近平总书记在主持政治局集体学习时指出："不断健全体制机制和具体政策，调整国民收入分配格局，持续增加城乡居民收入，不断缩小收入差距。"

2016 年，《国民经济和社会发展第十三个五年规划纲要》要求："正确处理公平和效率关系，坚持居民收入增长和经济增长同步、劳动报酬提高和劳动生产率提高同步，持续增加城乡居民收入，规范初次分配，加大再分配调节力度，调整优化国民收入分配格局，努力缩小全社会收入差距。"

2016 年底，国务院连续印发《关于激发重点群体活力、带动城乡居民收入的实施意见》《关于实行以增加知识价值为导向分配政策的若干意见》等多个文件，稳步推进收入分配改革。业内人士指出，收入分配改革的步伐明显加快，科研人员、教师、医护人员等多个群体收入或将提高。

2017 年 2 月 6 日，国务院印发《"十三五"促进就业规划》，提出：深化收入分配制度改革，不断强化收入分配政策的激励导向。2018 年 6 月 15 日，发展改革委提出，目前我国城乡居民增收的基础还不够稳固，收入差距拉大的风险仍然存在，要从五方面措施深化收入分配制度改革。③

---

① 马晓途．做大"蛋糕"　分好"蛋糕"［EB/OL］．［2015-10-22］．http：//theory.people.com.cn/n/2015/1022/c40531-27727558.html.

② 罗楚亮．收入分配问题需消除体制性障碍［EB/OL］．［2017-06-06］．http：//news.sina.com.cn/c/2017-06-07/doc-ifyfuvpm7700120.shtml.

③ 发展改革委．五方面措施深化收入分配制度改革［EB/OL］．［2018-06-15］．https：//www.dzwww.com/xinwen/guoneixinwen/201806/t20180615_17495374.htm.

（四）材料4：《收入分配改革有了新动作！国家要激励这些人增收》

2017年6月15日，国家发展和改革委员会新闻发言人孟玮在新闻发布会上透露，发展和改革委员会将会同有关部门紧紧围绕“增活力、扩范围、促公平、强基础”，加快推动收入分配制度改革。据介绍，在增加活力方面，着力激发重点群体积极性。针对技能人才、科研人员、企业经营管理者、新型职业农民等多个群体，一是提高技能人才待遇，健全“大国工匠”培养、选拔和激励机制；二是实行以增加知识价值为导向的分配政策；三是改革国有企业工资决定机制，开展中央企业职业经理人薪酬制度改革试点；四是积极支持新型农业主体建设高标准农田，全面推进新型职业农民培育。①

（五）材料5：《7大群体收入提高 2020年城乡人均收入比2010年翻一番》

《国务院关于激发重点群体活力带动城乡居民增收的实施意见》（国发〔2016〕56号），瞄准技能人才、新型职业农民、科技人员、小微创业者、企业经营管理人员、基层干部队伍、有劳动能力的困难群体等增收潜力大、带动能力强的七大群体，深化收入分配制度改革，推出差别化的收入分配激励政策。②

第一，完善多劳多得、技高者多得的技能人才收入分配政策；第二，加大对新型职业农民的培育和支持力度，加快职业化进程；第三，制定项目激励、成果转化奖励等激励政策，引导科研人员进行科技研究与创新工作；第四，降低小微创业者的创业成本，健全和完善创新创业成果的利益分配机制；第五，完善产权保护制度，进一步稳定预期、优化环境，激发企业家创业热情；第六，完善工资制度，实施差别化的激励措施，充分调动员工的工作积极性；第七，鼓励和引导有劳动能力的低保对象、贫困人口，主动参加生产劳动，通过自身努力增加收入。

二、案例的思政元素

本案例的思政元素主要是：

（一）坚持居民收入增长和经济增长同步

上述的几个案例材料，主要涉及的是收入分配问题，应该继续深化收入分配制度改革，缩小收入差距，坚持居民收入增长和经济增长同步。

从材料1《国务院关于激发重点群体活力带动城乡居民增收的实施意见》这个案例中可以看到，在民生领域还有不少短板，脱贫攻坚任务艰巨，城乡区域发展和收入分配差距依然较大。材料2《做大“蛋糕”分好“蛋糕”》也描述了在收入分配过程中，不仅要分好“蛋糕”，还要做大“蛋糕”。做大“蛋糕”是分好“蛋糕”的前提和基础。

---

① 中国新闻网．收入分配改革有了新动作！国家要激励这些人增收［EB/OL］．［2017-06-16］．https：//news.qq.com/a/20170616/000861.htm.

② 国家发展改革委．7大群体收入提高 2020年城乡人均收入比2010年翻一番［EB/OL］．［2017-06-16］．http：//bj.bendibao.com/news/2017616/242074_3.shtm.

因此，在国家经济增长和发展的同时，必须保证居民的收入增长，坚持居民收入增长和经济增长同步。这也符合《国民经济和社会发展第十三个五年规划纲要》所提出的“坚持居民收入增长和经济增长同步、劳动报酬提高和劳动生产率提高同步”。在党的十九大报告中，也提出“两个同步增长”的观点：坚持在经济增长的同时实现居民收入同步增长、在劳动生产率提高的同时实现劳动报酬同步提高。

（二）坚持按劳分配原则，完善按要素分配的体制机制

党的十九大报告指出，坚持按劳分配原则，完善按要素分配的体制机制，促进收入分配更合理、更有序。社会主义市场经济体制，是社会主义基本制度与市场经济的结合，按劳分配是社会主义经济制度的分配原则，市场经济则要求发挥各生产要素的作用，允许生产要素按贡献参与分配。

坚持按劳分配，有利于充分调动劳动者的积极性和创造性，激励劳动者努力学习技术、提高技能，促进社会生产的发展。同时，按劳分配体现了社会主义制度中劳动者共同劳动、平等分配的社会地位。

完善按要素分配的机制，不仅要做大“蛋糕”，更要分好“蛋糕”。这也符合《国务院关于激发重点群体活力带动城乡居民增收的实施意见》（国发〔2016〕56号）所提到的，瞄准技能人才、新型职业农民、科技人员、小微创业者、企业经营管理人员、基层干部队伍、有劳动能力的困难群体等增收潜力大、带动能力强的七大群体，深化收入分配制度改革。

（三）正确处理效率和公平的关系

在收入分配中，还要正确处理效率与公平的关系，应以发展的观点看待和分析问题。在经济发展初期，生产力发展水平较低，产品供给能力严重不足；劳动力供给充分，资本要素稀缺。这一阶段的主要任务是通过资本积累带动劳动就业，提高产品供给能力，在公平与效率的权衡上通常会更加重视效率。进入中等收入阶段以后，一方面产品供给能力大幅度提升；另一方面收入分配差距过大会制约消费需求的增长、影响社会稳定，无论保持经济持续健康增长还是促进社会和谐发展，在公平与效率的权衡上，都要求更加注重公平。

因此，在不同的经济发展阶段，我国的收入分配的着力点也有所变化。党的十三大提出：“在促进效率提高的前提下体现公平”，党的十四大提出：“兼顾效率与公平”，党的十五大提出：“初次分配注重效率，再分配注重公平”，党的十七大提出：“初次分配和再分配都要处理好效率和公平的关系，再分配更加注重公平”，党的十八大提出：“调整国民收入分配格局，着力解决收入分配差距较大的问题”。党的十九大提出：“坚持按劳分配原则，完善按要素分配的体制机制，促进收入分配更合理、更有序”。这都表明，在收入分配领域，正在努力分好“蛋糕”，实现社会主义的公平正义。

三、案例使用说明

（一）教学用途与教学目标

1. 教学用途

本案例为评述型案例，适用于本科生《微观经济学》第六章“生产要素和收入分配”相关知识点的教学和培训。

收入是和百姓切身利益最相关的话题之一。长期以来，收入分配是否公平都是百姓最为关注的民生话题之一，也是政府一直重视并着力解决的问题。近年来，全国收入差距出现了一定程度的下降，但收入分配的不平等程度依然较高，不能以近年来的收入差距下降特征来掩盖收入差距依然处于高位的基本事实。

本案例在对“生产要素和收入分配”案例进行传统经济学分析的同时，融入了相关的思政元素。第一，从贯彻落实党的十九大报告提出的“两个同步”和“两个同时”对该案例材料进行分析，正确理解“坚持在经济增长的同时实现居民收入同步增长”“在劳动生产率提高的同时实现劳动报酬同步提高”。第二，从案例中深刻体会党的十九大报告提出的我国收入分配原则：坚持按劳分配原则，完善按要素分配的体制机制，促进收入分配更合理、更有序。第三，深刻认识“深化收入分配制度改革”的必要性和重要意义，在收入分配中正确处理公平与效率的关系。

2. 教学目标

（1）知识层面。

理解概念：要素供给曲线、劳动供给、闲暇需求、劳动供给函数、替代效应、收入效应。

掌握理论：要素供给的一般理论、要素供给的原则、劳动市场的供求均衡和工资的决定、劳动供给均衡、劳动供给曲线向后弯曲。

（2）能力层面。

系统思维能力：教师通过对理论的讲解帮助学生系统地了解要素供给的一般理论、劳动市场的供求均衡和工资的决定，形成全面、系统、联系地分析问题、解决问题的思维能力。

判断实践能力：根据案例材料，设置三个由浅入深、由知识到能力的收入分配相关问题，通过解答问题，帮助学生搭建一座“理论到实践、实践到理论”的思维桥梁，使学生能就“生产要素和收入分配”这一知识点，搜集相关信息与资料，并且用适当的理论知识提出合理解决方案。

（3）素质层面。

形成专业意识：理解生产要素和收入分配的相关理论体系，理解新时代新发展理念及其对收入分配的影响；养成关注时事政治、经济环境的学习习惯，深入了解具体企业的收入分配案例。

提高职业素养：通过案例，引入“坚持居民收入增长和经济增长同步”“坚持按劳分配原则，完善按要素分配”“正确处理效率和公平的关系”等重要的思政元素，拓展学生视野、增强社会责任感，形成正确的收入分配观。

（二）案例讨论的准备工作

（1）学生需要预习《微观经济学》第六章“生产要素和收入分配”的相关知识点，对生产要素和收入分配有一个粗浅的认识。

（2）授课教师可事先让学生搜集有关“收入分配制度改革”的新闻，让学生对本案例要讨论的内容有个粗浅的认识，便于展开课堂分析。

（三）案例分析要点

1. 启发思考题

（1）这五个案例材料，都涉及了收入分配问题，请思考：收入分配的原则是什么？

（2）案例材料《国务院关于激发重点群体活力带动城乡居民增收的实施意见》提到，把收入分配制度改革的重点，瞄准“技能人才、新型职业农民、科技人员、小微创业者、企业经营管理人员、基层干部队伍、有劳动能力的困难群体等增收潜力大、带动能力强的七大群体”，为什么？

（3）党的十九大报告指出：“坚持在经济增长的同时，实现居民收入同步增长”“在劳动生产率提高的同时，实现劳动报酬同步提高”。请结合案例材料，正确理解“两个同步”和“两个同时”。

2. 分析思路

（1）这五个案例材料，都涉及了收入分配问题，请思考：收入分配的原则是什么？参考答案如下：

我国目前处在社会主义初级阶段，实行社会主义市场经济体制，社会主义基本制度与市场经济相结合，这要求在收入分配中：必须坚持按劳分配原则。坚持实行按劳分配，有利于充分调动劳动者的积极性和创造性，激励劳动者努力学习技术、提高技能，促进社会生产的发展。同时，这种分配方式体现了社会主义制度中劳动者共同劳动、平等分配的社会地位。

在坚持按劳分配原则的同时，还要完善按要素分配机制。在收入分配的过程中，从“效率优先，兼顾公平”发展为“初次分配和再分配都要处理好效率和公平的关系，再分配更加注重公平”，党的十九大报告提出“坚持按劳分配原则，完善按要素分配的体制机制，促进收入分配更合理、更有序”。

（2）案例材料《国务院关于激发重点群体活力带动城乡居民增收的实施意见》提到，把收入分配制度改革的重点，瞄准“技能人才、新型职业农民、科技人员、小微创业者、企业经营管理人员、基层干部队伍、有劳动能力的困难群体等增收潜力大、带动能力强的七大群体”，为什么？参考答案如下：

这七大群体，在各行各业城乡居民中具有较强的代表性，有的是代表了新时期国家改革发展的战略方向和战略重点，有的是城乡居民增收的短板。对这些群体的有效激励，就是牵住了“牛鼻子”，能够牵一发而动全身，成为带动城乡居民增收的有力支点。

这些群体是社会运行的稳定器，对产品和服务的需求较大，增加这部分中等收入群体的收入，可以扩大内需、增加消费，促进经济增长与居民增收进入良性循环。收入分配制度改革的重点应该放在这部分重点群体上，有利于落实共享精神，扩大中等收入群体的数量，在做大“蛋糕”的同时分好“蛋糕”，调动了这些群体的主动性和创造性，提高了中国经济发展的效率与创新水平。

（3）党的十九大报告指出：“坚持在经济增长的同时，实现居民收入同步增长”“在劳动生产率提高的同时，实现劳动报酬同步提高”。请结合案例材料，正确理解“两个同步”和“两个同时”。分析思路如下：

党的十九大报告提出“两个同步”和“两个同时”，把“经济增长水平的提高”和“居民个体收入水平的提高”有机结合，利用“劳动生产率的提高”造福劳动者，实现“劳动报酬的同步提高”。这样的收入分配政策和要求，一方面，可以防止“收入增长跟不上经济的增长”“劳动报酬提高跟不上劳动生产率的提高”；另一方面，也要避免“收入增长超前于经济增长”“劳动报酬提高脱离劳动生产率提高”，以免使得收入增长和劳动报酬提高成为“无源之水、无米之炊”，缺乏增长的可持续性。通过对这个问题的理解，可以加深学生对国家经济政策在确保收入分配公平问题上的认识和理解。

（四）教学组织方式

教师在讲授完生产要素和收入分配相关知识点后，可以将思政元素融入《微观经济学》课程的课堂教学中，一般安排2个课时（80分钟），具体教学环节设计如下：

第一步，请学生认真阅读“生产要素和收入分配”的这几个案例材料，同时，教师对该案例材料进行简单的讲解说明，并引导学生从党的十九大报告“收入分配”观点、我国现阶段“收入分配”原则、收入分配中的“公平与效率”等角度，对案例材料进行思考，时间约20分钟。

第二步，利用“小组式”讨论方式，要求学生结合案例材料，围绕“收入分配的原则”“收入分配制度改革为什么重点瞄准七大群体”“怎样理解党的十九大报告提出的‘两个同步’和‘两个同时’”等问题，进行分组讨论，时间约20分钟。

第三步，学生讨论结束后，请每组学生派一位代表，将本组讨论结果与大家进行分享，要求学生提出的观点与案例材料要紧密结合，每组时间控制在5分钟左右，按6组计算，约30分钟。

第四步，教师对各组学生的发言进行总结，时间约10分钟。简要概述“生产要素和收入分配”相关知识点，从党的十九大报告“收入分配”观点、我国现阶段“收入分配”原则、收入分配中的“公平与效率”等角度，结合案例材料阐述相关内容，引导学生正确理解我国现阶段收入差距存在的客观性和收入分配制度改革的必要性。

（五）总结

收入分配问题，不仅是一个非常重要的理论问题，还是一个很难解决的实践问题。在经济发展水平提高的同时，我国的收入分配领域出现了一些新矛盾和问题，进行收入分配制度改革，势在必行。为此，在2017年6月，国家发展和改革委员会印发了《深化收入分配制度改革重点工作安排》，明确了收入分配制度改革的十九项重点工作。

通过本章“生产要素和收入分配”案例学习，让学生了解收入分配制度改革，是我国在经济新常态条件下深化收入分配制度改革的重大举措，是经济体制改革的重要组成部分，是我国不同阶级、阶层和群体经济利益的重大调整，具有重大的意义。

第一，让学生理解，深化收入分配制度改革，能够推进我国经济的稳定增长，促进经济发展方式转变，优化产业结构。构建合理有序的收入分配新格局，不断提高人民群众的收入水平，充分调动广大劳动者和要素所有者的积极性和创造性，倒逼经济发展方式的转变，逐步跨越“中等收入陷阱”。

第二，让学生理解，深化收入分配制度改革，实现居民收入和经济发展同步增长，能够惠民生、促消费。社会主义社会的生产目的，从本质上看，就是要不断满足人民日益增长的物质文化需要。在我国广大人民的收入水平显著提高的同时，还要提高我国居民收入在国民收入分配中的比重，增加居民的最终消费率和生活质量，进而推动整个社会的经济增长，彰显社会主义制度的优越性。

第三，让学生理解，深化收入分配制度改革，能够促进我国的社会稳定和谐发展。通过理顺不同阶层和不同群体之间的收入分配关系，保护合法收入，调节过高收入，取缔非法收入，逐步增加低收入者收入，扩大中等收入者比重，逐步实现共同富裕。

参考文献

[1] 马晓途. 做大“蛋糕” 分好“蛋糕”[EB/OL]. [2015-10-22]. http://theory. people. com. cn/n/2015/1022/c40531-27727558. html.

[2] 国务院. 国务院关于激发重点群体活力带动城乡居民增收的实施意见（国发〔2016〕56号）[EB/OL]. [2016-10-21]. http://www. shanghai. gov. cn/nw2/nw2314/nw2315/nw32813/nw32816/nw32828/userobject82aw23013. html.

[3] 罗楚亮.收入分配问题需消除体制性障碍[EB/OL].[2017-06-06].http://news.sina.com.cn/c/2017-06-07/doc-ifyfuvpm7700120.shtml.

[4] 中国新闻网. 收入分配改革有了新动作！国家要激励这些人增收 [EB/OL]. [2017-06-16]. https://news. qq. com/a/20170616/000861. htm.

[5] 国家发展改革委. 2017年深化收入分配制度改革重点工作安排 [EB/OL]. [2017-06-16]. http://bj. bendibao. com/news/2017616/242074_2. shtm.

[6] 国家发展改革委. 7大群体收入提高 2020年城乡人均收入比2010年翻一番 [EB/OL]. [2017-06-16]. http://bj. bendibao. com/news/2017616/242074_3. shtm.

[7] 发展改革委.五方面措施深化收入分配制度改革[EB/OL].[2018-06-15].https://www.dzwww.com/xinwen/guoneixinwen/201806/t20180615_17495374.htm.

[8]《西方经济学》编写组. 西方经济学（上册）[M]. 北京：高等教育出版社，2012.

[9] 习近平. 习近平谈治国理政 [M]. 北京：外文出版社，2014.

[10] 本书编写组. 党的十九大报告辅导读本 [M]. 北京：人民出版社，2017.

[11] 本书编写组. 马克思主义基本原理概论 [M]. 北京：高等教育出版社，2018.

[12] 本书编写组. 思想道德修养与法律基础 [M]. 北京：高等教育出版社，2018.

[13] 本书编写组. 毛泽东思想和中国特色社会主义理论体系概论 [M]. 北京：高等教育出版社，2018.

整治“散乱污”企业

一、案例正文

（一）材料1：玉林市整治“散乱污”企业

根据广西壮族自治区生态环境厅网站2018年8月的信息，标题为《玉林市共排查出“散乱污”企业239家》的材料显示，玉林市开展集中整治“散乱污”专项行动。本次专项行动按照相关要求，全面清理整治“散乱污”企业，对于符合产业政策、而环保排放不达标的企业，实行限期整改或者停产整顿；坚决依法关停整改污染环境、浪费资源、不具备安全生产条件的企业；坚决依法拆除、取缔已明确关闭、无证无照的企业；坚决依法关闭不符合国家产业政策和生产技术强制标准的企业；对在居民集中区的，坚决依法予以搬迁或关闭。玉林市全面贯彻落实自治区、玉林市开展“散乱污”企业整治工作部署以及相关要求，为了持续改善大气环境质量，对“散乱污”企业进行全面清理整治。本次专项行动，玉林市各相关部门联动，排查出“散乱污”企业共239家，其中，7家被关闭，60家被拆除，16家停产整改，54家限期整改，90家被取缔。立案查处“散乱污”企业存在的环境违法行为，处罚金额达到52.31万元，4件被移送公安拘留，2件被限制生产，14件被查封扣押。①

（二）材料2：来宾市整治“散乱污”企业

根据广西壮族自治区生态环境厅网站2018年8月的信息，标题为《来宾市多举措开展“散乱污”企业清理整治行动有实效》的材料显示，来宾市由市人民政府统筹，市环保、工信部门牵头，各相关部门配合，统一开展“小散乱污”排查整治工作，对辖区内排查发现的“小散乱污”企业，依法依规进行专项取缔行动。来宾市环保部门牵头制定下发《关于集中整治违法违规“小散乱污”企业的通知》，要求各县（市、区）在规定时间对本辖区内违法违规的“小散乱污”企业进行全方位、全覆盖的专项集中排查整治，将“小散乱污”企业列出清单，分类施策，实行销号式整改。来宾市高度重视“小散乱污”企业排查整治工作，做到职责明确，行动统一。对于在“小散乱污”排查整治工作中发现存在问题的企业，来宾市各相关部门联合执法，对违法生产的企业一律从严惩处。截至2018年8月7日，来宾市排查涉“散乱污”企业375家次，共计派出执法人员523人次，

---

① 玉林市共排查出“散乱污”企业239家［EB/OL］.［2018-08-10］. http：//sthjt.gxzf.gov.cn/zw/sxdt/201808/t20180809_200010337.html.

99 家企业被发现存在环境问题，相关部门依法依规对相关企业分别采取了拆除、关闭、取缔、停产整改、限期整改等措施，其中 15 家被拆除、11 家被关闭、18 家被取缔、43 家停产整改、2 家限期整改，其余 10 家正在整改中。来宾市相关部门按照《环境保护法》及其配套办法查办“散乱污”企业，“移送公安拘留”2 起、“限制生产、停产整治”21 起、“查封、扣押”10 起。①

（三）材料 3：柳州市柳江区整治“散乱污”企业

《广西日报》2018 年 9 月报道，柳州市柳江区开展“散乱污”企业集中清理整治行动，共排查出“散乱污”企业 113 家。

据介绍，为保障辖区环境空气质量持续改善，柳江区严格落实企业达标排放，强化管控重点企业应急限产限排，切实加强建筑施工场地扬尘防控，全面落实城市道路扬尘治理，全面实施机动车黄标车区域限行，狠抓整治夜市露天烧烤餐饮油烟污染，禁止农业秸秆及农村生活垃圾焚烧，加强空气质量预警分析和应对。同时，配套建立了“四项机制”：成立了大气污染防治专项行动工作领导小组，建立了环境监管执法公安、环保、住建等部门联动机制，建立了公众参与监督机制鼓励群众举报偷排偷放，出台了大气污染防治工作年度考核办法。

根据“四项机制”，柳江区各职能部门积极开展整治工作，按照“散乱污”企业界定标准，依据相关法律法规，对辖区范围内“散乱污”企业进行“地毯式”摸排，查清企业是否存在“散乱污”违法事实等情况。目前，柳江区有关部门已对存在违法违规行为的企业按程序进行处置，下一步，将以此次整治为契机，推动企业规范发展和绿色发展。②

（四）材料 4：钦州市整治“散乱污”企业

《广西日报》2018 年 6 月报道，钦州市委、市政府对中央环保督察组督察发现的问题和交办件高度重视，集中力量开展“散乱污”企业“歼灭战”。截至 2018 年 6 月 13 日 18 时，应拆除的“散乱污”冶炼企业共 24 家已全部完成拆除，全面完成 6 月 9 日中央环保督察组“回头看”在钦州检查指出的“散乱污”冶炼企业整改工作，并逐步恢复厂区生态原状。

6 月 13 日上午，钦州市委、市政府领导再次率队现场督办整改工作，并主持召开现场会，强调要端正态度，积极配合中央环保督察整改情况“回头看”，对环境问题不虚报、不瞒报、不漏报、不采取临时措施隐瞒欺骗。各部门要严格落实安全生产和环境保护的属地管理责任，以“零容忍”的态度，依法依规从快处置环境违法行为，并落实 24 小时监督制度。要严格督促企业落实主体责任，形成高压态势，加强源头治理，以壮士断腕的决心、攻城拔寨的拼劲，坚决打好生态环境保护污染防治攻坚战。

6 月 13 日，钦州市各县区“散乱污”企业拆除工作全面铺开。钦南区成功拆除 3 家，钦北区成功拆除 2 家，灵山县、钦州港区各成功拆除 1 家。浦北县由县委书记带队，各部门领导干部 260 余人组成联合执法队，到乐民镇，拆除“散乱污”企业 13 家。至此，连

① 来宾市多举措开展“散乱污”企业清理整治行动有实效［EB/OL］.［2018-08-14］. 网址 http：//sthjt. gxzf. gov. cn/zw/sxdt/201808/t20180814_200010370. html.

② 余锋，昌苗苗. 柳江区集中治理“散乱污”企业 一企业因环境违法被处罚 130.2 万元，负责人被行政拘留［N］. 广西日报，2018-09-28.

同此前拆除的4家，全市应拆除的24家“散乱污”冶炼企业已全部完成拆除。①

二、案例的思政元素

本案例的思政元素主要是：

（一）理解事物普遍联系观点与环境保护之间的关系

马克思主义认为，事物是普遍联系的。世界是一个相互联系的统一整体，任何事物都和其他事物处在一定的联系中，事物与事物之间、事物内部要素之间都存在相互联系，这些联系是多种多样的，而且联系具有客观性。同时，联系也是有条件性的，不同的条件对于人的活动可以起到支持的作用或者是制约的作用，有利的条件将会促进和支持人的活动，不利的条件将会阻碍和制约人的活动。② 由此可见，人与自然之间并不是各自孤立存在的，而是相互联系、互相影响的。只有在实现人类社会发展进步的同时，保护好自然生态环境，科学合理处理人与自然的关系，实现人与自然的和谐发展，才能推动人类社会实现可持续发展。如果人类善待大自然，自觉保护生态环境，大自然就会回馈人类；反之，如果人类不重视环境保护，甚至破坏环境，造成污染，那么大自然就会让人类承担相应的后果。人类社会历史上多次出现的环境事件都很好地证明了这一点。人们在发展经济的同时，必须重视对生态环境的保护，自觉采取低污染、低排放、低能耗的生产方式，对生产各个环节可能产生的污染问题进行积极防范和治理，促进人类与自然的和谐发展，推动人类社会可持续发展的实现。如果企业在进行生产的同时，忽视对生态环境的保护，将会对环境造成破坏，最终恶化的环境又将影响人类社会的可持续发展。正如习近平总书记所指出的，“人与自然是一种共生关系，对自然的伤害最终会伤及人类自身。只有尊重自然规律，才能有效防止在开发利用自然上走弯路”。③

材料中提到的“散乱污”企业，不仅没有保护环境，而且还存在污染环境、浪费资源等现象，产生了生产的负外部性，不利于人与自然的和谐发展。

（二）自觉遵守社会公德

作为人们在公共生活以及社会交往中都应遵守的行为准则，社会公德是维护社会和谐稳定最起码的道德要求。社会公德的主要内容包括：文明礼貌、助人为乐、爱护公物、保护环境、遵纪守法。④ 从社会公德角度来看，保护环境、遵纪守法是遵守社会公德的主要内容。社会公德是每个公民应该遵守的行为准则，保护环境和遵纪守法的观念应该贯穿于每个公民以及每个企业的行为之中。我们在日常生活、工作以及学习等过程中，都应该自觉遵守各项法律、法规、规章、制度，做一个遵纪守法的合格公民。我们要形成自觉保护生态环境的意识，养成节约资源的习惯，把保护环境落实到生活中的小事中，把低碳、环保、绿色的生产方式和生活方式落到实处，对于违反环境保护相关法律法规的行为，要坚

---

① 梁莹．钦州24家“散乱污”冶炼企业全部拆除［N］．广西日报，2018-06-15.

② 《马克思主义基本原理概论》编写组．马克思主义基本原理概论［M］．北京：高等教育出版社，2018.

③ 习近平．习近平谈治国理政［M］．北京：外文出版社，2017.

④ 《思想道德修养与法律基础》编写组．思想道德修养与法律基础［M］．北京：高等教育出版社，2018.

决依法依规处理。

材料中提到的部分“散乱污”企业存在环境违法行为，在集中整治专项行动中，被立案查处，它们违背了“保护环境、遵纪守法”的社会公德，违反了相关法律法规，必须承担相应的责任。

（三）建设美丽中国，推进生态文明建设

随着经济的迅速发展，保护环境也越来越得到人们的重视。人们已经认识到，如果生态环境遭到破坏，环境不断恶化，那么将会威胁人类的生存，保护环境的重要意义日益凸显。因此，我们非常重视在发展经济的同时要保护生态环境。习近平总书记强调，生态文明建设是“五位一体”总体布局和“四个全面”战略布局的重要内容①，提出“推动形成绿色发展方式和生活方式是贯彻新发展理念的必然要求，必须把生态文明建设摆在全局工作的突出地位”，②指出“要加大环境督查工作力度，严肃查处违纪违法行为，着力解决生态环境方面的突出问题，让人民群众不断感受到生态环境的改善”。③

保护环境、推进生态文明建设对经济发展具有重要意义。新发展理念是习近平新时代中国特色社会主义经济思想的主要内容，创新、协调、绿色、开放、共享的新发展理念相互贯通、相互促进，绿色是永续发展的必要条件，绿色发展要处理好人和自然的和谐问题。④ 习近平总书记在中国共产党第十九次全国代表大会上的报告中强调，“建设生态文明是中华民族永续发展的千年大计。必须树立和践行绿水青山就是金山银山的理念，坚持节约资源和保护环境的基本国策，像对待生命一样对待生态环境”。⑤ 保护生态环境，选择低碳、环保、绿色的生产以及生活方式，切实推进生态文明建设，将是建设美丽中国的重要途径，将会有力促进可持续发展的实现。

材料中，各地相关部门对于涉事的“散乱污”企业进行了依法依规处理，这是治理环境污染问题的积极举措，体现了在发展经济的同时积极推进生态环境保护工作。

三、案例使用说明⑥

（一）教学用途与教学目标

1. 教学用途

本案例适用于《微观经济学》市场失灵和微观经济政策的外部性和环境知识点的教学。

2. 教学目标

（1）知识层面。

理解概念：外部性影响及其分类、外部性影响和资源配置低效率、外部性影响和环境

---

①②③ 习近平．习近平谈治国理政［M］．北京：外文出版社，2017.

④ 《毛泽东思想和中国特色社会主义理论体系概论》编写组．毛泽东思想和中国特色社会主义理论体系概论［M］．北京：高等教育出版社，2018.

⑤ 习近平．决胜全面建成小康社会 夺取新时代中国特色社会主义伟大胜利——在中国共产党第十九次全国代表大会上的报告［M］．北京：人民出版社，2017.

⑥ 《西方经济学》编写组．西方经济学（上册）［M］．北京：高等教育出版社，2012.

保护。

掌握理论：纠正外部性影响的政策。

（2）能力层面。

逻辑分析能力：通过讲授本知识点的相关理论，让学生理解什么是外部性影响，外部性影响包括哪些类型，掌握外部性影响为什么会导致资源配置低效率，掌握如何解决外部性影响。在掌握上述相关理论的背景下，根据案例材料，将理论与案例结合起来，引导学生将《微观经济学》相关理论运用到案例中，学会分析现实经济问题，提出解决问题的方案，提高逻辑分析能力。

（3）素质层面。

经济生活中，生产过程如果没有进行严格的管理，部分企业很有可能在生产过程中对环境造成污染，形成负外部性，这是市场失灵的表现之一，教师在讲授该知识点时，进行案例分析，不仅可以阐明相关的市场失灵和微观经济政策理论，还可以融入相关的思政元素。通过分析案例材料，阐明保护环境的重要性，让学生在学习《微观经济学》理论的同时，学会用马克思主义基本原理来分析现实经济问题。阐明保护环境、遵纪守法是每个公民应该遵守的社会公德，强调生态文明建设是我国“五位一体”总体布局的重要组成部分，教育学生要遵纪守法、遵守社会公德、不断提高道德修养。

（二）案例讨论的准备工作

（1）提前请学生预习《微观经济学》中市场失灵和微观经济政策的“外部性和环境”知识点，对相关理论有大致的了解。

（2）授课教师课前要根据本案例制作好相应的授课 PPT。

（三）案例分析要点

1. *启发思考题*

（1）请结合案例材料，说明外部性影响的类型。

（2）请结合案例材料，运用《微观经济学》、马克思主义基本原理分析治理环境污染的必要性。

（3）请结合案例材料说明，如何解决企业生产过程中产生的负外部性问题？

2. *分析思路*

（1）请结合案例材料，说明外部性影响的类型。

理论知识点：外部性影响的类型。

参考答案要点如下：

根据不同的标准可以将外部性分成不同的类型，比如，可以分为正外部性、负外部性，也可以分成消费的外部性、生产的外部性，还可以细分为消费的正外部性、消费的负外部性、生产的正外部性、生产的负外部性。本案例材料中提到的“散乱污”企业，存在污染环境等现象，产生了负外部性，属于生产的负外部性。

（2）请结合案例材料，运用《微观经济学》、马克思主义基本原理分析治理环境污染的必要性。

理论知识点：外部性影响的含义及影响。

参考答案要点如下：

陈述《微观经济学》中外部性影响的含义及影响，指出本案例材料中提到的“散乱污”企业，存在污染环境等现象，产生了负外部性，不利于人与自然之间的和谐发展，各种导致环境被污染的具有负外部性影响的行为都必须依法依规进行处理。

马克思主义基本原理在环境保护中具有指导意义。唯物辩证法指出，事物都是处在普遍联系之中的，普遍联系又会引起事物的运动发展。① 人与自然相互联系、相互影响，人类善待环境，大自然就会善待人类；人类污染环境，大自然必会让人类承担相应的后果。本案例材料中提到的“散乱污”企业，存在污染环境等现象，为了保护环境，促进人与自然的和谐发展，我们必须积极治理环境污染。

（3）请结合案例材料说明，如何解决企业生产过程中产生的负外部性问题？

理论知识点：纠正外部性影响的政策，外部性影响和环境保护。

参考答案要点如下：

陈述《微观经济学》中解决企业生产过程中产生负外部性影响的方法，指出外部性是市场失灵的重要表现之一，而企业生产过程中产生的负外部性影响很可能会导致环境污染。本案例材料中，各地相关部门对于涉事的“散乱污”企业进行了依法依规处理，这是治理环境污染问题的积极举措。

（四）教学组织方式

1. 问题清单及提问顺序

在讲授完《微观经济学》市场失灵和微观经济政策的“外部性和环境”知识点后，紧接着可以将思政元素融入《微观经济学》课程的课堂教学中，具体教学环节设计如下：第一步，请学生们观看并且仔细阅读 PPT 上的案例材料，同时，教师对该案例材料进行简单说明。第二步，要求学生们在规定时间内结合案例材料围绕以下思考题进行讨论：一是请结合案例材料，说明外部性影响的类型。二是请结合案例材料，运用《微观经济学》、马克思主义基本原理分析治理环境污染的必要性。三是请结合案例材料说明，如何解决企业生产过程中产生的负外部性问题？第三步，学生们讨论结束后，请学生将讨论结果与大家进行分享，要求学生提出的观点与案例材料要紧密结合。

2. 课时分配

1 个课时。

3. 讨论方式

将学生们进行分组，大概 5 人一组，学生们讨论结束后，请每组学生派一位代表将本组讨论结果与大家进行分享。

4. 课堂讨论总结

教师对学生们的发言进行总结。

（五）总结

简要概述外部性这一市场失灵现象以及相应的解决措施，结合案例材料阐述相关内

---

① 《马克思主义基本原理概论》编写组．马克思主义基本原理概论［M］．北京：高等教育出版社，2018.

容，运用马克思主义基本原理分析保护环境、治理污染的必要性。分析该案例材料的教育意义，让学生们理解生态文明建设的重要性，引导学生们树立正确的世界观、人生观和价值观，自觉遵守社会公德、加强道德修养。

参考文献

［1］玉林市共排查出“散乱污”企业239家［EB/OL］.［2018-08-10. http：//sthjt. gxzf. gov. cn/zw/sxdt/201808/t20180809_200010337. html.

［2］来宾市多举措开展“散乱污”企业清理整治行动有实效［EB/OL］［2018-08-14］. http：//sthjt. gxzf. gov. cn/zw/sxdt/201808/t20180814_200010370. html .

［3］余锋，昌苗苗. 柳江区集中治理“散乱污”企业 一企业因环境违法被处罚130.2万元，负责人被行政拘留［N］. 广西日报，2018-09-28.

［4］梁莹，昌苗苗. 钦州24家“散乱污”冶炼企业全部拆除［N］. 广西日报，2018-06-15.

［5］《西方经济学》编写组. 西方经济学（上册）［M］. 北京：高等教育出版社，2012.

［6］《马克思主义基本原理概论》编写组. 马克思主义基本原理概论［M］. 北京：高等教育出版社，2018.

［7］《思想道德修养与法律基础》编写组. 思想道德修养与法律基础［M］. 北京：高等教育出版社，2018.

［8］《毛泽东思想和中国特色社会主义理论体系概论》编写组.. 毛泽东思想和中国特色社会主义理论体系概论［M］. 北京：高等教育出版社，2018.

［9］习近平. 习近平谈治国理政［M］. 北京：外文出版社，2017.

［10］习近平. 决胜全面建成小康社会 夺取新时代中国特色社会主义伟大胜利——在中国共产党第十九次全国代表大会上的报告［M］. 北京：人民出版社，2017.

海尔子公司价格垄断协议案[①]

一、案例正文

2016年8月12日，据国家发展和改革委员会网站消息，在国家发展和改革委员会的指导下，根据相关法律，重庆海尔家电销售有限公司上海分公司、重庆海尔电器销售有限公司上海分公司、上海市物价局对重庆新日日顺家电销售有限公司上海分公司3家公司价格垄断协议案实施行政处罚，罚款金额达1234.80万元。

其实早在2015年6月，12358价格监管平台就陆续收到上述三家公司对经销商进行严格的价格控制、实施价格垄断行为的举报。相关调查还表明，从2012年开始，上述三家公司通过营销政策、向经销商订立存在限价要求的经销协议等多种方式推动“限定向第三人转售商品最低价格”的垄断协议生成；再通过零售限卖价指导书并制定不按要求价销售的罚款细则等。

而根据我国《反垄断法》第十四条关于禁止经营者与交易相对人达成“限定向第三人转售商品最低价格”垄断协议指出，对市场价格竞争进行人为的排除、抑制，导致市场竞争秩序混乱，损害了其他经营者和消费者的合法权益。这三家公司的行为正好触犯了这条规定。

家电观察人士刘步尘认为，海尔等三公司的行为普遍存在于大部分家电企业之中，同时并没有什么人对此提出异议。事实上，渠道管理越严格，垄断问题越严重。我国家电商业协会营销委员执行会长洪仕斌提出，限制终端价格在家电业、流通业内均广泛存在。就市场层面而言，企业之所以这样做是在保护价格。假如在价格上不加限制使之维持在合理区域之内，产品价格体系将难以维持，导致低价竞争泛滥，产品只能落得下架的后果。这一现象从本质上来说反映出厂商和代理商之间的合作存在问题。洪仕斌指出，过去家电毛利十分可观，厂商、代理商、经销商、促销员都能分得一杯羹，原有的运营模式较为成功。然而，一旦市场形势欠佳、盈利空间遭到压缩，其中的利益冲突将逐渐暴露出来。刘步尘同样认为，一些经销商对某些品牌的厂商丧失信心，纷纷转行，乃至彻底离开了家电行业，其中有些经销商将库存处理掉后转去炒股了。他指出，当前厂商与经销商之间关系较差，反水行为频发。记者经调查发现，和之前一样，家电业，特别是空调行业采取“压货销售”营销方式，压货比例通常维持在1.5~2倍左右，也就是说，销售一台家电即会产生1.5~2台库存，导致经销商资金被大量占用。货物从厂商出手，经过代理商、分销

① 杨英. 发改委：海尔分公司等公司涉嫌垄断将被罚［EB/OL］.［2016-08-15］. https://www.sohu.com/a/110486534_119922.

商、经销商才能抵达卖场等平台，之间必然会消耗大量的物流及资金沉淀成本。中怡康相关信息表明，虽然前两个季度在房地产的带动下，家电销量实现了增加，然而后续动力不足，总体上改变不了国内家电行情持续低迷的状态。结合相关信息可知，2016 年 1～5 月，我国家电市场规模为 6305 亿元，同比降低 1.93%。这之中，“冰洗空”大白电器正处在去库存、产品结构调整加速升级的转型阶段。

最后，上海市物价局依据《反垄断法》的相关规定，依法责令重庆海尔家电销售有限公司上海分公司、重庆海尔电器销售有限公司上海分公司、上海市物价局对重庆新日日顺家电销售有限公司上海分公司立即停止违法行为，处以上一年度相关市场销售额 3%的罚款，共计 1234.80 万元。据业内人士介绍，关于此次处罚额度依据的是《反垄断法》的相关规定，即按照企业上一年度市场销售额的 1%～10%处罚。业内人士指出：“3%的就低罚款额应该是考虑了上述 3 家公司在上海市物价局开展调查后，能够主动进行整改，积极清退罚款，主动减轻违法后果等情节。”

二、案例的思政元素

本案例的思政元素主要是：

（一）马克思主义垄断理论对研究我国产业垄断的指导意义

马克思在《资本论》中，对资本积累过程展开了详细论述，包括资本转化成剩余价值的过程，同时详细论述了怎样实现资本数量的提升。另外，马克思也揭露了资本家积累资本，把剩余资本转化成资本的手段。他认为，垄断造成的不良后果在很大程度上影响着垄断社会经济。有关生产、流通层，资本主义社会是通过垄断来控制的，并基于资本家所设的垄断价格导致危害了中小企业消费者权益。基于技术的发展，经济效率的提升都被割断，无法实现有效的技术改革，导致矛盾被全面显现出来。

自改革开放至今，国企的改革与发展获得了不小成果，然而还相差甚远，仍旧不能停下来。所以，针对国有经济布局结构的调整，要求有效增强国企整治。当前改革的重心在于由多样化的竞争机制取代原有的垄断模式，鉴于这一形势，资本市场的优越之处凸显出来。海尔子公司的垄断行为使得消费者的消费并未获得与自身付出价格等价的商品。因此，应以马克思主义垄断理论为指导，从产品结构调整促成产权多样化，构建现代企业制度，推动全国统一的市场体系并有效地完善实施规则，调整好政府、企业、市场关系，展现行业协会的自律作用，从社会层面监督垄断产业六个层面对国内产业的垄断现象加以规制。

（二）实行统一的市场准入制度，建立现代企业制度

对内开放重点在于对各类垄断进行反对与遏制，转变区域、行业之间割据的局面，充分发挥市场在资源配置中的主导作用，促进资源产业之间、地区之间以及各所有制企业之间的合理流动与优化配置，促进竞争机制充分发挥作用。习近平指出：注重遵循权利、机会、规则三大层面的平等原则，实施统一的市场准入机制；激励非公有制企业加进国企改革的大潮中，并支持非公有资本控股混合所有制企业，加大现代企业制度构建扶持力度。

海尔子公司通过发布销售政策、向经销商发布相关的秩序管理公函，以及和经销商之间拟定存在限价要求的经销协议等方式，属于纵向协议。纵向协议是指市场上处于不同经济阶段企业间的协议，如生产商与经销商之间的协议。与竞争者之间的横向协议不同，纵向协议的特点是协议双方的给付具有互补性，即一方提供商品，另一方支付价格。纵向协议对市场的影响具有两面性，既可能有利于提高经济效率，又可能排除、限制市场竞争。海尔子公司的行为有悖于寡头市场竞争下的单项企业理性决策，这是由于，在当前寡头市场结构和行业市场需要增长放缓的大环境下，如果其他企业不随行就市，那么单个企业的涨价便会导致消费者放弃该企业产品，影响其盈利。可见，市场“垄断”行为并不只是针对几个企业的联合行为，单一企业的上下游限制也可能涉及垄断。

（三）深化商事制度改革，完善市场监管体制

党的十九大报告指出，深化商事制度改革，打破行政性垄断，防止市场垄断，加快要素价格市场化改革，放宽服务业准入限制，完善市场监管体制。当前学术领域与经济领域的焦点话题之一就是在市场决定资源配置的前提下如何发挥政府的最大作用。原因在于当前改革不断推进，经济体制改革仍然在其中有着重要的地位，因此，对于政府和市场关系的协调十分关键。我国的市场经济体制历时 20 余年的发展，已基本构建了社会主义市场经济制度，不过亦有一些问题亟待改进，主要包括：混乱的市场秩序，生产要素发展缓慢，存在要素闲置及需求不能满足的现象；市场规则有失统一；市场竞争尚不完善，不能很好地实现优胜劣汰与结构调整等。诸如此类问题的存在影响着社会主义市场经济体制的进一步健全。

中国经济能得以迅猛发展的重点原因之一就在于我们将市场经济的优势与社会主义制的优势有效相结合。我国市场经济是基于社会主义制度而产生的，有着浓郁的社会主义特征。社会主义制度的优越性，能有效避免资本主义市场经济的缺陷，此即社会主义市场之经济内涵。要求我们立足于辩证法和两点论的指导，全面推动社会主义制度和市场经济的良好结合，展示其优越性。使“有效的市场”与“有为的政府”并存，通过不断地实践来克服这一经济学上的全球性难题。

海尔三家分公司与其上海地区经销商属于独立市场主体，两者存在纵向交易关系，三家公司的行为构成了《中华人民共和国反垄断法》第十四条第（二）项和《反价格垄断规定》第八条第（二）项规定的“限定向第三人转售商品最低价格”的垄断协议，排除、限制了市场价格竞争，扰乱了正常的市场竞争秩序，不利于资源优化配置，损害了其他经营者和消费者的合法权益。

三、案例使用说明

（一）教学用途与教学目标

1. 教学用途

在我国市场经济的发展过程中，某些行业垄断行为的存在严重干扰了自由、公平的市场竞争秩序。在对案例进行经济学意义上分析的同时，可以融入相关的思政元素。一是运

用马克思主义基本原理对该材料进行理论剖析。二是立足于习近平新时代中国特色社会主义思想对该材料进行分析。三是从社会主义市场经济体制建设的角度对该材料进行分析。通过本案例教学，学生在学习《微观经济学》市场失灵相关知识点的同时，学会运用马克思主义的立场观点分析解决经济发展中的问题，贯彻落实新发展理念，推动完善社会主义市场经济体制建设、推动形成全面开放新格局。

本案例可用于《微观经济学》第八章“市场失灵和微观经济政策”和第四节垄断部分使用。

2. 教学目标

（1）知识层面。

理解概念：垄断。

掌握理论：马克思主义垄断理论。

（2）能力层面。

系统思维能力：教师通过对理论的讲解，帮助学生系统地理解马克思主义垄断理论的科学性和对社会主义市场经济适用性，构建一个完整、系统、联系地剖析问题、解决问题的思维能力。

判断实践能力：根据案例材料，设置两个由浅入深、由知识到能力的问题，通过解答问题，帮助学生搭建一座“理论到实践、实践到理论”的思维桥梁，使学生能就管理实务问题搜集信息与资料，善用适当的理论知识，提出合理解决方案。

（3）素质层面。

形成专业意识：理解垄断产生的原因，以马克思主义垄断理论为指导推进中国的反垄断法治建设；养成关注时事政治、经济环境、企业案例的学习习惯。

提高职业素养：通过案例，引入党的十九大精神和以上三大思政元素，拓展学生视野，让他们理解垄断对经济社会产生的不利影响，增强社会责任感，形成正确的现代企业制度管理观。

（二）案例讨论的准备工作

（1）学生需要预习《微观经济学》课程中市场失灵与矫治的相关知识，对垄断的类型和分析方法有一个粗浅的认识。

（2）授课教师可事先了解班级是否有了解海尔集团的同学，如有，可以请他（她）事先做个简单的 PPT，案例分析前用 5 分钟时间给全班同学展示海尔集团的发展情况。如果班上没有了解海尔集团的学生，授课教师自己准备海尔集团的相关简介概述。

（三）案例分析要点

1. 启发思考题

（1）结合案例，运用马克思主义基本原理分析新时代下垄断是怎样产生的（包括政治、经济、文化、技术等方面）。

（2）请结合海尔三家分公司案件材料说明，如何引用马克思主义垄断理论来应对国内垄断产业所面临的各种问题。

2. 分析思路

两个思考题是基于微观经济学市场失灵与矫治——垄断知识点而提出的。

根据市场失灵理论，资源配置的最佳方式即完全化的竞争环境；不过，在实践过程中，这种情况是理想化的，是不可能实现的。这是由于垄断、外部性、信息不完全在公共品领域方面单纯地依托于价格机制想要实现资源配置是很难实现效率—帕累托最优的，容易发生市场失灵。一般情况下，垄断和竞争相比，其资源配置效率是较低的，其价格是较高的，其市场供给量是较少的，其价格总是高于边际成本的，垄断利润是经常存在的，如图 2-1 所示。

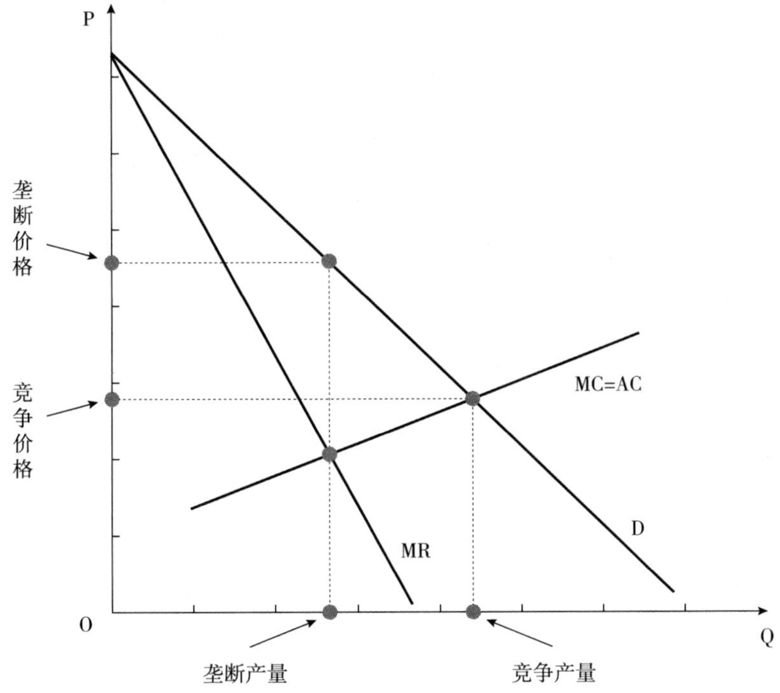

图 2-1 垄断利润

(1) 结合案例，运用马克思主义基本原理分析新时代下垄断是怎样产生的。

理论知识点：垄断的成因。

引导学生结合党的十九大报告进行分析。参考答案如下：

党的十九大报告指出，全方位落实市场准入负面清单机制，消除不利于市场统一与竞争公平的所有规定与行为，鼓励民营企业发展，充分调动各种市场主体的活跃度。这些重要论述与社会主义市场经济平等性、法制性、竞争性和开放性的特征高度契合。垄断是指一个或少数厂商对某种产品的生产或销售实行完全的或某种程度的控制。在垄断市场中，买者人数众多，是竞争性的，也就是说，买者是价格接受者。因此，卖者可以通过控制产品价格或者产量来得到最大化的利润。垄断的存在，在一定程度上会造成资源浪费和市场效率低下。

少数资本主义大企业，为取得更大盈利，通过相互协议或联合等方式，针对某个或若干部门商品生产、销售与价格展开操控。垄断之所以存在，原因在于：其一，生产集中发展到一定程度，极少数企业将联起手来对本部门的生产与销售进行操控，也就是垄断，目的在于获取更大盈利；其二，企业规模庞大将遏制竞争，从而出现垄断；其三，日趋加剧的竞争给竞争参与者造成的损害越来越大，为避开玉石俱焚的下场，他们将彼此妥协，联起手来，实施垄断。

垄断非但不会消除竞争，相反会加剧竞争：

首先，垄断并未消除竞争之经济条件。竞争作为商品经济一项特有的规律，垄断产生后，不仅未能转变生产资料本身的资本主义私有制性质，同时推动商品经济向前发展，因此垄断无法根除竞争。

其次，垄断离不开竞争的维持。借助竞争，每个垄断组织的规模得以不断壮大。当垄断地位达到一定高度后，为了获取更多盈利，加之来自更强大竞争对手的重压，垄断组织必须千方百计地维持自身的垄断地位，继续强化自身的竞争优势。

最后，社会带有复杂性与多样性，哪个垄断组织都无法将复杂多变的社会悉数包下来。事实上，除去垄断组织，大量中小企业亦竞争不断。即使在那些垄断程度极高部门，亦不可能仅存在一个垄断组织。每个垄断组织为维持自身的垄断地位，获取更大的垄断利润，彼此之间的激励竞争自然广泛存在。

整体来讲，在垄断的形势之下，垄断和垄断组织内部、组织之间、垄断资本家集团间、垄断组织和非垄断组织间，势必将产生越演越烈的竞争。

（2）请结合海尔三家分公司案件材料说明，如何引用马克思主义垄断理论来应对国内垄断产业所面临的各种问题。

理论知识点：垄断的管制。

引导学生应用马克思主义垄断理论，对国内垄断产业所面临的各种问题进行剖析与应对，对垄断进行管制。参考答案如下：

政府管制包括经济管制和社会管制：前者是指对产品价格、进入与退出市场的条件、产品与服务标准等方面进行的管制。后者主要是为了保护环境、保证劳工和消费者的健康和安全。

第一，规制我国产业垄断的基本思路。首先，对政府、市场、企业三者之间的关系加以调整。为保障垄断产业的有效竞争，原本就对之承担着监督和管理职能的政府自然发挥着促进作用。因而，消除垄断企业中的这一不合理体制是必然的。然而，为提升效率实行公平有效竞争，必须提高对产权结构优化的重视性，从而推动其达到产权和投资主体多样性要求。其次，就垄断产业而言，必须进一步推进股份制变革，全力支持混合所有制经济方式，实施投资主体的多样化管理制度。如今市场经济逐步市场化与社会化，必然促成各垄断企业融合地、交叉地拥有其他企业股权。在国内，垄断产业应该支持实施我国的民间资本与外国资本同时享有国有企业改革和发展的话语权，也就是实行混合所有制的经济政策，引导国有企业与非国有企业彼此之间的渗透与结合。

第二，建设现代企业制度。首先，产权明晰。产权制度改革有利于国有企业现代企业制度构建，有助于推动国有企业产权关系的进一步落实，从而有效地应对国家所有权、企业法人财产权关系。国有企业的财产所有权作为国有企业产权关系下的唯一主体，政府和监督机构是无权干涉其经营或支配的。垄断企业有权行使其法人财产权，此外，其所有法人财产均应承担起相应的民事责任。其次，政企分离。政府部门作为国有资产的所有人，通过完整、有效的国有资产管理机制有助于对国有资产实施授权经营、分工监督。政府作为制定者和管理者，能够利用立法层面的规章制度维持与促进市场体系的稳定发展，逐步构建一个相对健全的社会秩序与市场规则。政府对经济进行宏观调控有利于提升经济发展战略目标的科学性，在合理政策的指导与调解下，社会经济能更好地实现全面发展。

（四）教学组织方式

在讲授完本节相关知识点后，紧接着可以将思政元素融入《微观经济学》课程的课堂教学中，具体教学环节设计如下：第一步，请学生们观看并且仔细阅读 PPT 上的案例材料，同时，教师对该案例材料进行简单说明。第二步，将学生们进行分组，大概 6 人一组，要求学生们结合案例材料围绕以下思考题进行小组讨论：一是请结合案例材料说明，运用马克思主义基本原理分析垄断是怎样产生的？二是探讨如何利用马克思主义垄断理论，对国内垄断产业所面临的问题进行剖析和应对。第三步，学生们讨论结束后，请每组学生派一位代表将本组讨论结果与大家进行分享，要求学生提出的观点与案例材料要紧密结合。第四步，教师对学生们的发言进行总结，简要概述外部性这一市场失灵现象以及相应的解决措施，结合案例材料阐述相关内容，并将马克思主义基本原理、中国特色社会主义理论、党的十九大报告中有关“垄断”的内容、社会主义市场经济体制的相关理论贯穿于讲解中，运用马克思主义基本原理分析垄断产生的原因及解决的必要性，引导学生深入理解社会主义市场经济体制建设。

总的来说，建议用本案例完成市场失灵与矫治全部知识点的教学，不再安排教师讲授的时间。一般安排 2 个课时（80 分钟）。教学组织安排如表 2-6 所示。

表 2-6　案例的教学组织

学习阶段	学习内容	时间限制	学习目标
课前	要求学生分组，预习课本知识，了解垄断的定义、产生的原因及管制	提前两天	熟悉与案例相关的理论
课中	由教师展示案例 PPT 和与案例相关的 PPT 系列图片	10 分钟	熟悉案例和了解案例提出的时代背景
	由教师介绍与本案例相关的思政元素	10 分钟	让学生了解与本案例相关的思政理论
	分组讨论，要求学生运用思政元素分析案例，并当堂写出案例分析报告	20 分钟	让学生能够用理论分析问题，并把小组案例分析报告作为平时考核成绩
	随机抽取三个小组进行发言	每组 5~6 分钟，控制在 20 分钟以内	锻炼学生对所要分析内容的归纳总结能力
	对各组表现和小组发言做一个简单点评，引导全班进一步讨论，并进行归纳总结，注意思政元素与经济学理论的结合	20 分钟	让学生学会运用思政相关理论去剖析经济学的概念和理论，并启发学生如何找出解决现实问题的建议和对策
课后	请学生继续关注经济发展的形势和动态，下次课回顾提问		增进记忆，巩固知识

（五）总结

如今，我国已迈进改革开放推进、加速经济发展方式转型的攻坚阶段，也面临着因国内外环境复杂多变带来的巨大风险与挑战。要彻底消除产业垄断所存在的问题，监督垄断产业将政策法规落到实处，必须结合我国的实际国情，坚持走有特色的应对产业垄断的发展道路，才能推动社会主义市场经济的稳定发展，为我国经济的繁荣发展提供最大动力。

参考文献

[1]《西方经济学》编写组．西方经济学（上册）[M]．北京：高等教育出版社，2012.

[2] 习近平．习近平谈治国理政 [M]．北京：外文出版社，2014.

[3] 本书编写组．党的十九大报告辅导读本 [M]．北京：人民出版社，2017.

[4] 本书编写组．马克思主义基本原理概论 [M]．北京：高等教育出版社，2018.

[5] 本书编写组．思想道德修养与法律基础 [M]．北京：高等教育出版社，2018.

[6] 本书编写组．毛泽东思想和中国特色社会主义理论体系概论 [M]．北京：高等教育出版社，2018.

《新闻 1+1》：篮球场，还是广场

一、案例正文

2017 年 5 月 31 日 19 时许，河南省洛阳市王城公园的篮球场内发生一起殴打他人的案件。当事人双方是打篮球的年轻人和跳广场舞的大叔大妈。新闻中的视频显示①，一名赤裸上身的小伙子被数名老人围堵，有老人对小伙子进行殴打，被打几秒后小伙子开始还击，现场冲突激烈。

2017 年 6 月 1 日，洛阳市公安局金谷派出所发布情况通报称，2017 年 5 月 31 日，洛阳市王城公园篮球场内发生一起殴打他人案件。报警后，金谷派出所民警立即到达现场处置。经调查，2017 年 5 月 31 日 19 时许，吕某等在洛阳市王城公园篮球场打篮球的过程中与在球场上跳广场舞的赵某等发生争执，随后赵某对吕某进行殴打。6 月 1 日凌晨，民警调查结束后，依法对案件进行调解，当事人双方在自愿基础上达成了调解协议。②

据媒体调查了解，打篮球的年轻人和跳广场舞的大叔大妈双方的矛盾在 5 月 31 日之前已见端倪。一名事件当事人小程从 5 月 26 日起发微博称："每到下午 7 点钟，是上班族刚下班，正是打球时间，可跳广场舞的大叔大妈们每天按时按点来球场占场。"在其微博下的一段视频显示，在篮球场上，有健身操广播的音乐播放，数十名跳广场舞的大叔大妈和十名左右打篮球者共用一片场地。事发后小程通过相关媒体解释，其实大叔大妈们已经来这个篮球场跳了很多年，那天是第一次发生冲突，但是，这次篮球场里的老少之战已经酝酿数日之久。事发前，有篮球小伙向跳舞的大叔大妈们提出平分篮球场的建议，但人数众多的大叔大妈们并没有同意，最终双方沟通协商不成，酿成了冲突。

为何会动手？据现场的大叔大妈反映，31 日晚上 7 点 10 分，音乐响起，他们摆好队形准备开始跳舞。几个正在场内打球的年轻人不情愿地收起篮球，但并未离开，而是站在一旁起哄并冲着广场舞队伍大声嚷嚷，说话很难听，"什么老不死的……"，大叔大妈觉得受到了侮辱，与年轻人争吵起来。争吵中，一位穿红衣服的老人表示"让对方动手试试"，其中一个年轻人拿着篮球不断摆出要打架的姿势，嘴里继续骂着难听的话，红衣老人气不过才动手打了对方。

无独有偶，2017 年 6 月 12 日晚，江苏省南京市也发生了一起打篮球的年轻人和跳广

---

① 央视网.《新闻 1+1》：篮球场，还是广场？[EB/OL].[2017-06-05].http://tv.cctv.com/2017/06/05/VIDEqmoWBWmHp 2yqFIiDgNiv170605.shtml.

② 张帆，徐丽娜.大妈小伙抢球场背后的场地尴尬[EB/OL].[2017-06-03].http://news.cctv.com/2017/06/03/ARTIoepzsVIjdhYr9s2M7 TLi170603.shtml.

场舞的大叔大妈起冲突的事件①。在南京市建邺区万科光明城市小区的梦都大街的绿化空地中间有一处篮球场。周边小区的年轻人喜欢到这里打球，尤其在5月篮球场进行整修开放后，更多年轻人包括中小学生，都爱到这篮球场以球会友。不过，跳广场舞的大叔大妈们也“看中”了这块场地，基本晚上七八点，就会相约在篮球场内翩翩起舞。一来二去，打篮球与跳广场舞发生了时间上的冲突，双方发生了矛盾。6月12日晚，双方之间再次为了场地问题发生争吵，约30位大叔大妈寸步不让，打篮球的年轻人们也情绪激动，在沙洲派出所民警赶赴现场维持秩序和调解下，避免了冲突的进一步升级。

随着经济的发展和全民健身的理念下，大叔大妈们要跳广场舞，小伙们要打篮球，自然都是为了锻炼身体，都不为过。但是打篮球和跳广场舞都在同一场所——篮球场里同时进行，自然会发生矛盾。篮球场的主要功能是用来打篮球，在不打篮球的时候，也可以用来跳广场舞。大叔大妈占用篮球场跳广场舞，很可能是因为找不到更好的场所，看准了“空当”也就占用了。可以说，年轻人要打篮球，大叔大妈要跳广场舞，都是为了锻炼身体，也是一种刚需，他们站在自己的角度看，都觉得自己的锻炼是最重要的，是容不得别人侵犯的权利。因此，年轻人不服大叔大妈，大叔大妈也不服年轻人，双方都一心想占用这个场地，都想死守住自己的地盘，双方都不肯主动让步，因为矛盾无法解决导致双方的矛盾不断激化，最后发展到用武力解决的程度。但不管怎么样，用武力解决绝不是好办法，结果必然是两败俱伤。

锻炼身体本是好事，却因为不同人群互不相让闹得不欢而散，打篮球与跳广场舞之争，看似是场地之争，其背后折射出的是对体育公共活动空间的强烈需求，然而活动空间严重不足，最终使双方上演了一场“武打闹剧”。更加值得深思的是，“广场舞场地”之争或许只是城市体育公共活动空间之争的一隅而已。而放眼全国，这种因为公共活动之间导致对公共物品、公共资源的抢占现象，近年来愈加常见。体育馆被用来开演唱会，足球场被各类其他体育运动占用，城市内专用场地被多种利用其实都潜藏着爆发冲突的隐患。

城市不单是老年人的城市，也不单是年轻人的城市，而是所有人的城市。和谐与包容应当是一个成熟城市不可或缺的品质，满足不同群体的各类现实需求，尽最大努力让市民对城市生活感到幸福、满意。②

其实，随着中国老龄化人口越来越多，“广场舞空间”问题已经受到越来越多的关注。《人民日报》就曾在2017年3月发文表示：广场舞不应该被“污名化”，立规矩的同时也需要给予空间。可惜，尽管各方对广场舞扰民、广场舞场地之争等问题讨论了多年，但至今仍然没有给出成熟、合理的解决方案。所以与其说广场舞大叔大妈和篮球小伙争执的原因只是一块篮球场地，不如说是市民在抱怨城市公共活动空间不足。在城市活动空间不足，公共活动设施短缺的环境下，我们期待政府及相关部门合理规划城市空间，完善公共活动设施，不要给广场舞大叔大妈和篮球小伙们留下太多叹息和无奈。

---

① 腾讯新闻．又一起！南京广场舞大妈和打篮球小伙起冲突警察出动［EB/OL］．［2017-06-15］．https：//news.qq．com/a/20170615/020088．htm.

② 央视网．“篮球场之争”拷问城市管理智慧［EB/OL］．［2017-06-03］．http：//news.cctv．com/2017/06/03/ARTIqkt9 JCrMK40ZXPyMdZpp170603．shtml.

二、案例的思政元素

本案例的思政元素主要是：

（一）中国特色社会主义进入新时代

矛盾是事物运动发展的源泉和动力。正确地判断和处理社会主要矛盾是历史唯物主义和辩证唯物主义的基本要求。马克思主义哲学认为，人类历史中最普遍、最根本、最本质的活动，就是人的需求和生产供给两者之间的关系及其内在的矛盾运动；在社会的各种矛盾中，起决定作用的是主要矛盾。毛泽东同志在《矛盾论》中指出，在复杂的事物的发展过程中，有许多的矛盾存在，其中必有一种是主要的矛盾，由于主要矛盾的存在和发展规定或影响着其他矛盾的存在和发展。因此，推动党和国家各项事业的发展，需要深刻认识和把握我国的社会主要矛盾。

党的十九大报告中指出，中国特色社会主义进入新时代，我国社会主要矛盾已经转化为人民日益增长的美好生活需要和不平衡不充分的发展之间的矛盾。对社会主要矛盾作出新判断是中国特色社会主义发展到一定阶段的深刻总结，是党的十九大的重大理论创新和历史贡献。这一重大政治论断是对我国社会主要矛盾认识和判断的与时俱进，深刻揭示了制约我国发展的症结所在，指明了解决现阶段我国发展问题的根本着力点。第一，矛盾的一方面已经由“人民日益增长的物质文化需要”转变为“人民日益增长的美好生活需要”。经过不懈努力，我国基本解决了十几亿人民的温饱问题，总体上实现了小康生活。如今人民需求的层次和品质已大大提高，不再是简单的温饱需要，而是对美好生活的需要。第二，矛盾的另一方面已经从“落后的社会生产”转变为“不平衡不充分的发展”。经过40多年的改革发展，我国社会生产力水平总体上显著提高，社会生产能力在很多方面进入了世界前列，已不能用“落后”来表达。现在我国是世界第二大经济体，影响满足人民美好生活需要的因素主要是发展不平衡不充分的问题。发展不平衡，主要指各区域各方面发展不够平衡，制约了全国发展水平的提升。发展不充分，主要指一些地方、一些领域、一些方面还有发展不足的问题，发展的任务依然很重。第三，我国社会主要矛盾的变化，没有改变对我国社会主义所处历史阶段的判断。我国仍处于并将长期处于社会主义初级阶段的基本国情没有变，我国是世界上最大的发展中国家的国际地位没有变。

案例中提到的“打篮球与跳广场舞之争”就是我国现阶段社会主要矛盾的典型表现。经过40多年改革开放的发展，人民日益增长的美好生活需要也在不断发展变化，与时俱进。今天，已经过上小康生活的人们更加关心注重身体健康状况，加强身体素质锻炼便是其中的突出表现。然而，城市里供人们强身健体的体育设施、场地等公共资源和公共物品却没有得到充分的发展，这些本该共享的公共资源和公共物品却远远不能满足运动人数增长对资源的需求。因此，对公共资源和公共物品的争夺引发的各种矛盾也在屡屡上演。这是公共资源分配不均的一个缩影，究其深层次原因还在于公共资源和公共物品以及公共服务发展滞后，而且发展不平衡不充分，不能更好地满足社会不同群体的各类现实需求。加快公共服务体系建设，是我国经济社会发展到一定阶段的必然要求，是构建和谐社会的重要内容。

（二）构建社会主义和谐社会

党的十八大报告指出，建设中国特色社会主义，全面推进经济建设、政治建设、文化建设、社会建设、生态文明建设，实现社会主义现代化和中华民族伟大复兴。党的十九大报告进一步明确提出，“为把我国建设成为富强民主文明和谐美丽的社会主义现代化强国而奋斗”。党的十九大报告把社会主义现代化奋斗目标从“富强民主文明和谐”进一步拓展为“富强民主文明和谐美丽”，增加了“美丽”使“五位一体”总体布局与现代化建设目标更好地对接。社会建设是中国特色社会主义“五位一体”总体布局的重要组成部分。社会建设是要以保障和改善民生为重点，多谋民生之利，多解民生之忧，加快健全基本公共服务体系，加强和创新社会管理，推动和谐社会建设。实现社会和谐，建设美好社会，始终是人类孜孜以求的一个社会理想，也是包括中国共产党在内的马克思主义政党不懈追求的一个社会理想。

“民主法治、公平正义、诚信友爱、充满活力、安定有序、人与自然和谐相处”是和谐社会的主要内容。马克思主义认为，未来理想社会是社会生产力高度发达和人的精神生活高度发展的社会，是每个人自由而全面发展的社会，是人与人和谐相处、人与自然和谐共生的社会。其中，人与人之间的和谐相处是最重要的。这是因为，个人自身的和谐只有在集体和社会中才能实现；社会各系统、各阶层之间的和谐必须以个人自身的和谐为基础，并通过这种和谐体现出来；人和社会与自然之间的和谐是人与人之间和谐的特殊表现；国家与国际社会之间的和谐又离不开人与人之间的和谐。实现社会内部人与人之间的和谐是建设和谐社会的一个重要目标。马克思主义认为，社会的全面进步和人的全面发展是对社会历史发展规律的反映。一部人类社会的发展史，就是一部人类从片面发展不断走向全面发展的历史。因此，构建社会主义和谐社会就是一个不断化解社会矛盾的持续过程。

从我国的实际状况来看，受生产力发展不平衡、不充分这一根本因素的制约，彻底消除和化解社会矛盾，完全实现人与人之间的和谐，是一个长期的历史过程。但同时也应看到，我们正在通过一系列行之有效的措施，努力扭转目前社会发展中的失衡现象，建立起公平合理的社会利益分配机制，真正使改革发展的丰硕成果惠及全体人民，实现人民共同富裕、共同享有的社会发展目标，逐步建立起既存在差别又充满活力、不断进步的和谐社会，促进人与人之间的和谐。

（三）自觉践行社会主义核心价值观

社会主义核心价值观的基本内容中，“爱国、敬业、诚信、友善”是公民的基本道德规范，是从个人行为层面对社会主义核心价值观基本理念的凝练，覆盖了社会道德生活的各个领域，是公民必须恪守的基本道德准则，也是评价公民道德行为选择的基本价值标准。友善，是处理人际关系的基本准则和公民基本道德规范。遵守社会公德是合格公民和社会组织的基本要求。社会公德是人们在社会和公共生活中应该遵守的行为准则，是保证社会和谐稳定最起码的道德要求。人们的行为文明状况作为社会公德的基本要求，集中反映的是社会成员的文明教养程度，而礼貌则是这种文明程度在人际交往中的外在表现形式。作为社会公德的一个基本规范，文明礼貌是在人际交往中的一种道德信息。在公共场合、集体活动中，每个人都应当自觉地遵守活动的秩序或规定并且相互礼让，这对于保证集体生活的正常进行、维护大多数人的共同利益是一个重要条件。自觉遵守和服从法律，有明确的法制观念，也是社会公德的基本要求。我国社会是法治社会，每一个公民都必须具有很强的法治意识，有必备的法律知识，自觉维护法律的权威，认真执行各项法令、法规和各项规章制度，自觉地遵守法律法规，维护社会秩序。案例中“河南省洛阳市王城公园篮球场事件”的参与双方没有尽到遵守社会公德的责任，也没有起到传承弘扬尊老爱幼、文明礼让等中华优秀文化的表率作用，而是用武力来解决问题，给社会带来了负面影响，既违背了社会公德，也违反了我国相关法律规范，必须受到社会谴责和法律追责。

（四）传承弘扬中华优秀文化

中国自古就有“礼仪之邦”的美誉，谦敬礼让是中华民族优良的道德传统。中国传统道德认为，礼是人与其他动物区别的标志，推崇“仁爱”原则，追求人际和谐也是中华优秀传统美德。几千年来，中国人历来主张与人为善、推己及人，建立和谐友爱的人际关系。作为新时代经济管理类大学生，在掌握好专业知识和专业技能的同时，还应能够自觉运用马克思主义的立场观点分析解决现实问题，从党和国家的战略部署、大政方针的高度审视具体工作，将践行社会主义核心价值观和传承弘扬中华优秀文化、革命文化和社会主义先进文化落实到学习、工作和生活中。

三、案例使用说明

（一）教学用途与教学目标

1. 教学用途

本案例为描述型案例，适用于本科生《微观经济学》中的第八章“市场失灵和微观经济政策”知识点公共物品和公共资源的教学和培训。

2. 教学目标

（1）知识层面。

理解概念：公共物品和公共资源。

掌握理论：掌握公共物品和公共资源导致市场机制不能自动实现资源的最优配置的主要原因以及市场自动调节的有限性，会运用微观经济政策加以调节。

（2）能力层面。

系统思维能力：教师通过对公共物品和公共资源理论的讲解，帮助学生系统地了解物品的类型和分类标准，形成全面、系统、联系地分析问题、解决问题的思维能力。

判断实践能力：根据案例材料，设置三个由浅入深、由知识到能力的问题，通过解答问题，帮助学生搭建一座“理论到实践、实践到理论”的思维桥梁，使学生能就公共物品和公共资源导致市场失灵问题搜集信息与资料，善用适当的理论知识，提出合理解决方案。

（3）素质层面。

提高专业素质：通过案例的学习、理论框架的构建，引导学生关注社会现象和政府政策，理解市场经济活动的复杂性和市场机制调节的有限性，让学生意识到生活中处处充满经济学理论，增加学生的兴趣，同时提高学生运用马克思主义基本原理来理解分析和解决现实经济问题的能力。

提高思想政治素养：通过案例的学习，让学生了解我国社会主义市场经济建设，引发学生对社会主义体制下经济学理论的运用和意义的思考，用党的创新理论成果指导专业知识学习，使学生在专业知识学习过程中提高自身的思想政治素养。

（二）案例讨论的准备工作

（1）学生需要预习《微观经济学》课程中第八章“市场失灵和微观经济政策”知识点公共物品和公共资源的相关知识，对公共物品和公共资源概念及其导致的市场失灵的具体表现有一个粗浅的认识。

（2）授课教师可通过多媒体教室的网络连接，用3~5分钟时间播放案例的网络视频，给全班同学展示案例的具体情况。授课教师也可以自己做个简单的PPT，简要介绍案例具体情况。

（三）案例分析要点

1. *启发思考题*

（1）结合案例，请运用马克思主义基本原理中的矛盾理论分析新时代下加快建设我国公共服务体系的意义。

（2）结合案例，分析政府提供大多数公共物品的主要原因。

（3）结合案例，分析如何解决公共资源通常被过度使用的“公地悲剧”问题。

2. *分析思路*

通过本案例教学，学生在学习《微观经济学》的第八章“市场失灵和微观经济政策”知识点公共物品和公共资源的相关知识点的同时，认识到在市场经济中，由于公共物品的非排他性和非竞争性，公共资源的非排他性和竞争性，导致市场在公共物品供给上缺乏效率和公共资源被过度使用的现象，这都是典型的市场失灵表现。因此，公共物品和公共资源主要由政府来提供和管理。

提出的三个思考题，教师可以融入相关的思政元素对案例进行分析：从马克思主义基本原理中的矛盾理论、构建社会主义和谐社会、践行社会主义核心价值观、传承弘扬中华优秀文化等方面，引导学生学会运用马克思主义的观点立场分析解决我国社会主义市场经济发展中遇到的问题，树立科学发展理念，遵守法律、行政法规，遵守社会公德。

（1）结合案例，请运用马克思主义基本原理中的矛盾理论分析新时代下加快建设我国公共服务体系的意义。

理论知识点：公共物品和公共资源的供给和管理。

引导学生从党的十九大报告中我国社会主要矛盾已经转化的内容进行分析。参考答案如下：

党的十九大报告指出，我国社会主义建设进入新时代，社会主要矛盾已经转化为人民日益增长的美好生活需要和不平衡不充分的发展之间的矛盾，但是彻底消除和化解矛盾实现社会和谐，是一个长期的历史过程。结合案例，具体矛盾表现为：人民日益增长的公共服务需求与公共服务总体供给不足、质量低下之间的矛盾。公共服务是维护社会公平的基础，发挥社会矛盾的“缓冲器”作用。只有扭转公共服务供给中的失衡现象，建立起公平合理的社会利益分配机制，真正使改革和发展的丰硕成果惠及全体人民，才能实现和谐社会，促进人与人之间的和谐。因此，加快提高我国公共服务水平，强化政府公共服务职能，有利于缓解当前我国经济社会发展中所面临的各种突出矛盾，顺利推进和谐社会建设；有利于完善健全公共服务供给的体制机制；有利于公众参与公共服务的管理与监督；有利于提高公共资源的整体配置效率；有利于提高政府的管理能力。

（2）结合案例，分析政府提供大多数公共物品的主要原因。

理论知识点：公共物品的特点和供给。

引导学生从构建社会主义和谐社会的角度进行分析。参考答案如下：

构建社会主义和谐社会是一个不断化解社会矛盾的持续过程。公共物品的非排他性和非竞争性使得通过市场交换获得公共产品的利益这种机制失灵。对于公共物品的供给者而言，他必须能把那些不付钱而享受公共物品的人排除在消费之外，否则他将无法弥补生产成本。而对于一个消费者而言，由于公共产品的非排他性，公共产品一旦生产出来，每一个消费者都可以不支付就获得消费的权利，每一个消费者都可以搭便车。消费者的这种行为意味着公共产品的供给者很有可能得不到弥补生产成本的收益。因此，不会有供给者提供公共物品，这使得公共物品很难由市场提供，只能由政府来提供。从我国的实际状况看，受生产力发展不平衡、不充分这一根本因素的制约，政府提供足够的公共物品需要一个过程。但随着经济发展和人民生活水平的提高，对基本公共物品的供求也需扩展，水平也需提高。因此，加快公共服务体系建设，是我国经济社会发展到一定阶段的必然要求，是构建和谐社会的重要内容。

（3）结合案例，分析如何解决公共资源通常被过度使用的“公地悲剧”问题。

理论知识点：公共资源的特点和管理。

引导学生从自觉践行社会主义核心价值观和传承弘扬中华优秀文化进行分析。参考答案如下：

随着经济的发展和人民生活水平的提高，政府对公共资源的管理能力水平也需要逐步提高。公共资源非排他性和竞争性的特性，对资源使用者形成了规避责任、搭便车等机会主义的强烈诱惑，使资源的过度争夺使用成为常态。政府需要将公共资源的所有权明晰，并制定相应的政策法规，明确责任和义务。科斯定理证明，一旦产权明确规定，而各利益相关者之间的联络、谈判、签约等的成本足够低，则无论将产权划归给谁，最终总能达到该资源的最优配置和使用，才能避免“公地悲剧”的发生。我国社会是法治社会，每一个公民都必须具有很强的法制意识、有必备的法律知识，自觉维护法律的权威，认真执行各项法令、法规和各项规章制度，自觉地遵守法律法规，维护社会秩序。尤其在使用公共资源过程中，每个人都应当自觉地遵守秩序或规定，并且相互礼让，维护大多数人的共同利益。自觉遵守和服从法律，有明确的法制观念，也是社会公德的基本要求。同时，谦敬礼让是中华民族优良的道德传统，主张与人为善、推己及人，建立和谐友爱的人际关系。

（四）教学组织方式

建议用本案例完成“公共物品和公共资源”全部知识点的教学，不再安排教师讲授的时间。一般安排 2 个课时（80 分钟）。教学组织安排如表 2-7 所示。

表 2-7 案例的教学组织

学习阶段	学习内容	时间限制	学习目标
课前	要求学生分组（5 人左右一组），并预习相关知识	上一次课结束的时候布置任务	熟悉理论知识
课中	教师播放视频或 PPT	5 分钟	熟悉案例背景
	分组讨论，注意思政元素与经济学理论的结合	25 分钟	结合理论分析问题
	随机抽取三个小组进行发言	每组 5 分钟，控制在 15 分钟以内	结合理论分析问题，言之有物，条理清晰
	引导全班学生学会运用经济学的理论知识解决现实问题，并进行归纳总结，注意思政元素与经济学理论的结合	35 分钟	归纳用到的关键理论，并对各组表现做一个简单点评
课后	请学生继续关注“公共物品和公共资源”的问题		增进记忆，巩固知识

（五）总结

市场失灵是指市场机制不能有效发挥作用，难以实现帕累托效率的状况。而导致市场失灵的原因是多方面的，主要有垄断、外部性、公共物品和公共资源、信息不完全等。

社会主义市场经济体制是我国改革开放所建立的市场经济体制。党的十九大报告指出，要加快完善社会主义市场经济体制。通过学习公共物品和公共资源这一市场失灵现象以及相应的解决措施，引导学生正确认识我国社会主义市场经济发展过程中存在的各种问题，深入理解社会主义市场经济体制建设，正确理解新时代的特点和变化，学会运用马克思主义的立场观点分析解决我国社会主义市场经济发展中的问题，引导学生在提高专业理论素养的同时，不断提高政治理论素养，为推动完善社会主义市场经济体制建设贡献自己的力量，共同推动中国经济的可持续发展，最终实现中国梦。

参考文献

[1] 央视网. 篮球场，还是广场？[EB/OL]. [2017-06-05]. http：//tv. cctv. com/2017/06/05/VIDEqmoWBWmHp2yqFIiDgNiv170605. shtml.

[2] 央视网.大妈小伙抢球场背后的场地尴尬[EB/OL].[2017-06-03].http://news.cctv.com/2017/06/03/ARTIoepzsVIjdhYr9s2M7TLi170603.shtml.

[3] 央视网.“篮球场之争”拷问城市管理智慧[EB/OL].[2017-06-03].http://news.cctv.com/2017/06/03/ARTIqkt9 JCrMK40ZXPyMdZpp170603shtml.

［4］腾讯网. 又一起！南京广场舞大妈和打篮球小伙起冲突警察出动［EB/OL］.［2017-06-15］. https：//news. qq. com/a/20170615/020088. htm.

［5］《西方经济学》编写组. 西方经济学（上册）［M］. 北京：高等教育出版社，2012.

［6］习近平. 习近平谈治国理政［M］. 北京：外文出版社，2014.

［7］本书编写组. 党的十九大报告辅导读本［M］. 北京：人民出版社，2017.

［8］本书编写组. 马克思主义基本原理概论［M］. 北京：高等教育出版社，2018.

［9］本书编写组. 思想道德修养与法律基础［M］. 北京：高等教育出版社，2018.

［10］本书编写组. 毛泽东思想和中国特色社会主义理论体系概论［M］. 北京：高等教育出版社，2018.

二手车电商光鲜广告语难掩行业乱象

一、案例正文

2018 年 8 月 14 日，新经济行业数据挖掘和分析机构 iiMedia Research（艾媒咨询）发布了《2018 上半年中国二手车电商平台监测报告》（以下简称《报告》）。《报告》显示，2015 年以来，中国二手车市场交易量保持较高的增长率，2017 年仅 1 月、2 月国内二手车市场交易量为 171.15 万辆，2018 年同期达到 198.24 万辆，同比增长 15.8%。报告显示，二手车电商发展迅猛，人人车以 46.7%的市场份额占比位列 C2C 二手车电商行业第一，领先于瓜子二手车的 38.9%①。

明星代言的光环效应、多渠道高频次的广告投放、朗朗上口的广告语，都使人人车、瓜子二手车等二手车电商平台路人皆知。然而，这些二手车电商平台却时常曝出数据造假、销售故障车、宣传语与实际操作不符等新闻，使得二手车电商行业乱象频出。

（一）平台售车造假屡禁不止

"损害用户利益的行为，无分岗位职级，一经核实立即辞退。"这是人人车 CEO 李健在 2016 年 12 月初给全体员工发的邮件。原因是重庆的雷先生在人人车平台上买到了事故车，经媒体曝光后，人人车全款退车并赔偿相应的损失。同时，人人车官方声明：立誓引以为戒，永远敬畏用户的信任与托付，坚持"让用户买到放心二手车"的初心。但是，人人车平台广告宣称的"249 项专业检测"仍未把好关。

2018 年 5 月，河北周先生在人人车客服人员的陪同下，花费 11.45 万元购买了一辆经平台检测合格证显示的"无泡水事故"轿车，并支付平台销售人员 4580 元服务费。周先生回到住地后将车复检，却被告知这辆车出过事故。河北车通机动车鉴定评估有限公司的《汽车鉴定评估报告书》证明，此车发生过碰撞有修复痕迹，驾驶室内进水，水淹高度在驾驶室内的座椅垫面以上、仪表台以下，属于水淹二级高度。周先生不能接受这个结果，认为平台所谓的 249 项检测失去作用，虚假地将"水泡车"定性为"无水泡事故"，涉嫌构成"以虚假或者引人误解的宣传方式误导消费者"的违法行为。在协商无果后，向北京市工商行政管理局朝阳分局提出行政处罚申请书，并表示将视情况决定对人人车是否提出民事诉讼。

新生的互联网二手车电商平台，本该对传统二手车市场中不规范的卖家给予重创，然

---

① 法制网．二手车电商光鲜广告语难掩行业乱象［EB/OL］．［2018-08-26］．http：//epaper. legaldaily. com. cn/fzrb/content/20180826/Articel07002GN. htm.

而自身也出现了诸多不规范的现象。有媒体梳理国内法院 2016 年以来审结的涉二手车电商消费维权案件，发现其中占比最高的起诉事由是“隐瞒实际车况”。艾媒咨询的数据也显示，大多数二手车买家是第一次购车，对车辆的认知有限，难以辨别车况，由于信息不完全使买家在市场交易过程中处于劣势，利益容易受到侵犯。

（二）服务费用收取广为诟病

“没有中间商赚差价，卖家多卖钱，买家少花钱。”这耳熟能详的瓜子二手车网的广告语也让人疑惑：不赚差价，如何赚钱？与传统二手车市场靠赚差价盈利不同，新生的互联网二手车电商平台则是靠汽车金融、保险等售后市场服务赚钱。

但目前，二手车电商仍然靠收取交易服务费来维持。例如，瓜子二手车网收取车价 4%的服务费，买家可享受到相关质保和过户前的复检。瓜子二手车网“保卖”服务，被媒体质疑是瓜子平台从个人手中收车销售、赚取高额服务费。瓜子“保卖”车分别向卖家收车价 2%服务费，向买家收 4%服务费、过户费 700 元上下、GPS 安装费约 1000 元；“保卖”车上架 7 天内成交必须通过瓜子平台办理贷款，收车款 2%的贷款服务费，贷款 3 年收相当于车款 3%的金融返利，加上强制性购买保险，合起来至少 10%的利润。有律师分析，在这“保卖”行为中，买卖双方没有直接面议价格，而是分别与瓜子平台签订合同，且都看不到对方的合同，中间不透明；瓜子平台收取双方的多种费用并从中盈利，这些费用有些是消费者不能自主选择的。因此，瓜子二手车网在广告中的具体承诺与实际履行情况并不相符。

瓜子二手车平台宣称“没有中间商赚差价”，其定位瓜子二手车平台“仅为信息发布平台”，交易模式为卖家与买家的直接交易。然而，在涉及二手车电商消费维权相关案例中，瓜子二手车平台均被法院认定为“有资质的中介公司，系合同居间服务方”。此外，有消费者反映，在瓜子二手车平台上经常会买到传统二手车行的车，这就和传统二手车市场交易一样。调查发现，除了瓜子二手车平台自己收车来卖，瓜子二手车平台有员工将一些优质二手车源直接卖给了二手车商，一些二手车商也通过瓜子二手车平台销售车辆。瓜子二手车平台的这一问题一直被业内诟病：车商既可从平台上购入车辆，又可卖给个人消费者，因此，不能说瓜子二手车平台上没有中间商。

（三）刷单拆单涉嫌虚假宣传

2017 年 11 月，人人车认为瓜子二手车在广告宣传中用语不实，如“遥遥领先”“全国领先”“每天超过百万人浏览”等会对消费者产生误导，属于不正当竞争行为，将瓜子二手车告上法庭，要求瓜子二手车立即停止不正当竞争行为、赔礼道歉并赔偿经济损失 1 亿元。业内人士认为，瓜子二手车宣称“遥遥领先”“全国领先”“每天超过百万人浏览”是为了显示市场份额大和成交额多，吸引投资人。

一些二手车电商平台为了做大成交额，甚至恶意刷单、数据造假。媒体报道，安徽合肥二手车电商刷单情况严重，经销商根本没有成交量，却不断收到来自人人车平台发送成功向人人车支付居间服务费用几百元不等，以及邀请对刚刚陪同看车的某某销售的服务进行评价的各种短信消息。这均为人人车平台销售人员所为，或将车辆信息更改为交易成功、待看车状态，或者找两个手机号作为买家和卖家捏造数据单。这些现象说明人人车平台刷单、拆单问题严重。刷单、拆单做大交易额，这对人人车平台销售人员、城市主管人员以及平台总部都有好处，销售人员、城市主管借此挣得提成，平台可以借此快速提升交易规模、吸引投资人以获取新的融资，各方心知肚明，人人车平台甚至鼓励这些行为。

在内虚假刷单、拆单做大交易额，在外虚假宣传，模糊收费项目、服务标准，出现问题后或者通过事先“霸王条款”规避责任，或者让消费者去起诉原车主，直接逃避责任……二手车电商平台出现的种种乱象根源在于新生的互联网二手车交易市场仍然是一个不完全信息市场，急需加强行业自律和外部监管。因此，需要借助互联网信息技术增加透明度，健全二手车交易制度，建立一个全国统一的二手车质量追溯体系，强化对二手车质量的监控，相关信息向消费者公开，避免消费者与电商平台之间的信息不对称；同时，也需加大政府相关监管部门对企业广告、刷单等行为的监管，督促企业对消费者履行信息披露义务，全面尊重消费者的知情权、选择权、公平交易权、安全保障权，维护消费者权益。

二、案例的思政元素

本案例的思政元素主要是：

（一）正确认识经济基础与上层建筑矛盾运动规律

马克思主义认为经济基础与上层建筑是辩证统一的。经济基础决定上层建筑，上层建筑反作用于经济基础，二者相互影响、相互作用。经济基础状况决定上层建筑的发展方向，决定上层建筑相应的调整或变革，而不允许上层建筑长期落后于或不适应自己的发展；上层建筑的反作用也必须取决于和服从于经济基础的性质和客观要求，而不允许上层建筑脱离经济基础的发展状况和水平。在发展社会主义市场经济的过程中，要深入理解上层建筑一定要适合经济基础状况的规律，必须正确把握经济基础与上层建筑在矛盾运动过程中存在的各种利益关系，并在深化经济体制改革、完善社会主义经济基础以促进生产力发展的同时，加快上层建筑领域的改革，以适应生产力发展和巩固经济基础的要求。让市场信息更加透明、公开，让市场交易双方的信息更加完全、对称，是促进社会主义市场经济健康发展的必然要求，也是推进上层建筑改革，使其适应经济基础状况的必然要求。

（二）坚持全面依法治国

党的十八届四中全会通过的《中共中央关于全面推进依法治国若干重大问题的决定》指出：“社会主义市场经济本质上是法治经济。”这一论断既是对我国社会主义市场经济多年实践经验的总结，也是对社会主义市场经济本质的准确界定。坚持全面依法治国是建设社会主义市场经济、促进生产力发展的客观要求。市场经济本质上是法治经济，市场经济只有用健全的法律法规去规范、引导和制约人们的经济行为，保障人们合法的经济权益，才能维护良好的市场秩序，实现人民群众的根本利益，调动人民群众的积极性和创造性，促进经济和社会全面、协调、可持续发展。

党的十九大报告把“坚持全面依法治国”纳入新时代坚持和发展中国特色社会主义的基本方略，明确了“建设中国特色社会主义法治体系、建设社会主义法治国家”的总目标，标志着党对全面依法治国的理论探索和实践发展都达到了新的高度。党的十九大报告进一步深化对社会主义市场经济规律的认识，明确加快完善社会主义市场经济体制的重点任务，进一步坚定社会主义市场经济改革方向。因此，建设有中国特色的社会主义市场经济更加需要法治的保驾护航。

全面深化相关领域改革和全面推进依法治国，完善相关法律法规，加强法制建设，改变市场交易活动中商家与买家之间信息不透明的现状，让人人都认识到失信必将付出代价，诚实守信、遵纪守法才是王道。从经济学的角度来看，失信行为的发生取决于其带来的收益和失信成本的权衡。在社会经济活动中，若失信者付出的失信成本低于其获得的收益，失信行为就会发生。同时，由于失信成本太低，又诱使许多人产生失信行为。因此，完善相关法律法规，加强法制建设，明确行为禁区，加大惩戒力度，提高违法成本，把社会诚信体制牢固树立在法律基础之上。

（三）自觉践行社会主义核心价值观

在社会主义核心价值观的基本内容中，“爱国、敬业、诚信、友善”是公民的基本道德规范，是从个人行为层面对社会主义核心价值观基本理念的凝练，覆盖社会道德生活的各个领域，是公民必须恪守的基本道德准则，也是评价公民道德行为选择的基本价值标准。诚信，即诚实守信，是人类社会的道德传统，是社会主义道德建设的重点内容，强调诚实劳动、信守承诺、诚恳待人。诚实，即忠诚老实，就是忠于事物的本来面貌，不隐瞒自己的真实思想，不掩饰自己的真实感情，不说谎、不作假，不欺瞒别人。守信，就是讲信用、讲信誉、信守承诺，忠实于自己承担的义务。忠诚地履行自己承担的义务是每一个现代公民应有的职业品质。

法治能够遏制恶性竞争，形成良性竞争，保证市场在资源配置中起决定性作用。社会主义市场经济也不排斥道德经济。李克强总理指出“市场经济是法治经济，也应该是道德经济”。党的十六届三中全会通过的《中共中央关于完善社会主义市场经济体制若干问题的决定》中也指出“增强全社会的信用意识，政府、企事业单位和个人都要把诚实守信作为基本行为准则”。诚实守信是市场经济秩序的基石，是市场各参与方的“立身之本”和“无形资本”。市场经济既是交换经济、竞争经济，又是一种契约经济。保证契约双方履行自己的义务，是维护市场经济秩序的关键。一方面，市场经济是法治经济，用法律的手段来维护市场的秩序；另一方面，还须用道德的力量，以诚信的道德觉悟来维护正常的经济秩序。法治着重于惩罚那些已经违法犯罪的人；德治则着重于对违法犯罪前的教育和预防。

市场经济的健康有序运行，不仅是靠对违法者的惩处，更重要的是要使大多数市场参与者能够成为竞争中的守法者，成为一个有道德的竞争者。若没有道德教育，在市场经济的激烈竞争中、在利益最大化的诱惑与驱动下，社会就失去了诚实守信的道德基石，市场经济的正常秩序是根本无法建立起来的。只有使参与市场的竞争者自觉守法，才能真正发挥法律的作用，才能保证市场经济秩序的正常运行。在我国社会主义市场经济发展过程中，进行诚实守信的道德教育对克服市场失灵、保证社会主义市场经济沿着社会主义道路向前发展有着特殊的指向作用。目前，在我国社会主义市场经济的发展过程中，类似案例中的欺诈欺骗、假冒伪劣、坑蒙拐骗的“信用缺失”“信用危机”等现象已经严重阻碍了社会主义市场经济健康发展。因此，我们不仅要靠法治，还须依靠德治来引导和克服，为社会主义市场经济的健康发展提供良好的环境。

（四）加强社会主义精神文明建设

社会主义市场经济是信用经济，需加强社会主义精神文明建设，营造和谐社会氛围，打造公平公正放心交易的市场环境。从发展社会主义市场经济的内在要求看，市场交易中失信现象的频繁发生不仅极大地增加了市场经济的交易成本，而且破坏了市场秩序的正义性，使得市场信用关系难以得到扩展和发展。从建设社会主义和谐社会的要求看，社会主义和谐社会是全体人民各尽所能、充满创造力的社会，是社会公平和社会正义得以实现、利益关系得以协调、人际关系得以和谐、人和人之间诚实守信的社会，这正是社会主义精神文明建设的内在精神。提高社会诚信度是加强社会主义精神文明建设的一项重要任务，无论是对于促进社会主义市场经济的健康发展，还是建设社会主义和谐社会，都具有非常重要的意义。

三、案例使用说明

（一）教学用途与教学目标

1. 教学用途

本案例为描述型案例，适用于本科生《微观经济学》中的第八章“市场失灵和微观经济政策”知识点不完全信息的教学和培训。

2. 教学目标

（1）知识层面。

理解概念：不完全信息。

掌握理论：掌握不完全信息现象导致市场机制不能自动实现资源的最优配置的主要原因以及市场自动调节的有限性，并会运用微观经济政策加以调节。

（2）能力层面。

系统思维能力：教师通过对不完全信息理论的讲解，帮助学生系统地了解不完全信息的概念、现象及后果，形成全面、系统、联系地分析问题、解决问题的思维能力。

判断实践能力：根据案例材料，设置三个由浅入深、由知识到能力的问题，通过解答问题帮助学生搭建一座“理论到实践、实践到理论”的思维桥梁，使学生能就不完全信息导致市场失灵问题搜集信息与资料，善用适当的理论知识，提出合理解决方案。

（3）素质层面。

提高专业素质：通过案例的学习，引导学生关注市场经济中的不完全信息现象，理解市场经济活动的复杂性和市场机制调节的有限性，让学生自觉运用马克思主义的观点立场来分析市场经济活动，从党和国家的战略部署、大政方针的高度来审视市场经济活动，进一步提高学生分析和解决问题的能力。

提高思想政治素养：通过将思政元素引入案例，让学生认识和理解市场信息的透明、公开以及市场信用体系建设对我国社会主义市场经济健康发展的重大意义，树立正确的法制观，强化责任意识、规则意识和诚信意识，不断提高自身的思想道德素质和法治素养。

（二）案例讨论的准备工作

（1）学生需要预习《微观经济学》课程中第八章“市场失灵和微观经济政策”知识点“不完全信息”的相关知识，对不完全信息概念、典型表现及其导致的市场失灵的具体原因有一个粗浅的认识。

（2）授课教师可通过多媒体教室的网络连接，用3~5分钟时间播放案例的网络视频，给全班同学展示案例的具体情况。授课教师也可以自己做个简单的PPT，简要介绍案例具体情况。

（三）案例分析要点

1. *启发思考题*

（1）结合案例，说明社会主义市场经济本质上是法治经济。

（2）结合案例，说明“诚实守信”是社会主义市场经济秩序的基石。

（3）结合案例，分析解决不完全信息条件下的市场失灵问题。

2. *分析思路*

通过本案例教学，学生在学习《微观经济学》的第八章“市场失灵和微观经济政策”知识点“不完全信息”的同时，认识到在市场经济中，由于信息的不完全、不对称，拥有信息优势的一方通常会凭借信息的优势在实现自身利益最大化的同时损坏信息劣势方的利益，使得市场运行效率下降，这是市场失灵的表现。因此，需要政府来保证市场经济有效运行。

提出的三个思考题，教师可以融入相关的思政元素对案例进行分析：从把握经济基础和上层建筑矛盾运动的规律、全面推进依法治国、践行社会主义核心价值观、加强社会主义精神文明建设等方面引导学生学会运用马克思主义的观点立场分析解决我国社会主义市场经济发展中遇到的问题，树立科学发展理念，增强遵纪守法、遵守社会公德的自觉意识，推动社会主义道德建设、法治中国建设。

（1）结合案例，说明社会主义市场经济本质上是法治经济。

理论知识点：信息不完全理论。

引导学生结合坚持全面依法治国进行分析。参考答案如下：

党的十八届四中全会通过的《中共中央关于全面推进依法治国若干重大问题的决定》指出：“社会主义市场经济本质上是法治经济。使市场在资源配置中起决定性作用和更好发挥政府作用，必须以保护产权、维护契约、统一市场、平等交换、公平竞争、有效监管为基本导向，完善社会主义市场经济法律制度。”党的十九大报告把“坚持全面依法治国”纳入新时代坚持和发展中国特色社会主义的基本方略，明确“建设中国特色社会主义法治体系、建设社会主义法治国家”的总目标。法治是市场经济的内在要求。首先，市场主体地位的确立需要法治。其次，市场经济公平竞争规则的形成需要法治。最后，法治是市场经济宏观调控的重要手段。

在市场经济中，由于信息的不完全、不对称，拥有信息优势的一方通常会凭借信息的优势在实现自身利益最大化的同时损坏信息劣势方的利益，使得市场运行效率下降。因此，社会主义市场经济只有用健全的法律法规规范、引导和制约人们的经济行为，保障人们合法的经济权益，才能维护良好的市场秩序，才能维护好、实现好人民群众的根本利益，调动人民群众的积极性和创造性，促进经济和社会全面、协调、可持续发展。

（2）结合案例，说明“诚实守信”是社会主义市场经济秩序的基石。

理论知识点：信息不完全理论。

引导学生结合社会主义核心价值观进行分析。参考答案如下：

目前，在我国社会主义市场经济的发展过程中，类似案例中的欺诈欺骗、假冒伪劣、坑蒙拐骗的“信用缺失”“信用危机”等现象，已经严重阻碍了社会主义市场经济的健康发展。社会主义市场经济的健康有序运行，不仅仅是靠对违法者的惩处，更重要的是要使大多数市场参与者能够成为竞争中的守法者，成为一个有道德的竞争者。若没有道德教育，在市场经济的激烈竞争中、在利益最大化的诱惑与驱动下，社会就失去了诚实守信的道德基石，市场经济的正常秩序是根本无法建立起来的。只有使参与市场的竞争者自觉守法，才能真正发挥法律的作用，才能保证市场经济秩序的正常运行。在我国社会主义市场经济发展过程中，进行诚实守信的道德教育对克服市场失灵、保证社会主义市场经济沿着社会主义道路向前发展有着特殊的指向作用。

（3）结合案例，分析解决不完全信息条件下的市场失灵问题。

理论知识点：信息不完全理论。

在前两题的基础上，引导学生了解相关的微观经济政策。参考答案如下：

市场经济既是交换经济、竞争经济，又是一种契约经济。保证契约双方履行自己的义务，是维护市场经济秩序的关键。一方面，市场经济是法治经济，用法律的手段来维护市场的秩序；另一方面，还须用道德的力量、诚信的道德觉悟来维护正常的经济秩序。法治着重于惩罚那些已经违法犯罪的人；德治则着重于对违法犯罪前的教育和预防。

因此，要解决不完全信息导致的市场失灵问题需要从两方面努力。一是需要政府完善相关法律法规，加强法制建设，明确行为禁区，加大惩戒力度，提高违法成本，把社会诚信体制牢固树立在法律基础之上，通过法律法规去规范、引导和制约市场参与者的经济行为，保障各方合法的经济权益，才能维护良好的市场秩序。二是需要进行道德教育，使得市场参与者具有契约精神和诚信的道德觉悟，做到诚实守信，保证契约双方履行自己的义务，从而维护正常的市场秩序。

（四）教学组织方式

建议用本案例完成不完全信息全部知识点的教学，不再安排教师讲授的时间。一般安排 2 个课时（80 分钟）。教学组织安排如表 2-8 所示。

表 2-8　案例的教学组织

学习阶段	学习内容	时间限制	学习目标
课前	要求学生分组（5 人左右一组），并预习相关知识	上一次课结束的时候布置任务	熟悉理论知识
课中	教师播放视频或 PPT	5 分钟	熟悉案例背景
	分组讨论，注意思政元素与经济学理论的结合	25 分钟	结合理论分析问题

续表

学习阶段	学习内容	时间限制	学习目标
课中	随机抽取三个小组进行发言	每组5分钟，控制在15分钟以内	结合理论分析问题，言之有理，条理清晰
	引导全班学生学会运用经济学的理论知识解决现实问题，并进行归纳总结，注意思政元素与经济学理论的结合	35分钟	归纳用到的关键理论，并对各组表现做一个简单点评
课后	请学生继续关注不完全信息的问题		增进记忆，巩固知识

（五）总结

在市场经济中，由于信息的不完全、不对称，拥有信息优势的一方通常会凭借信息的优势在实现自身利益最大化的同时损坏信息劣势方的利益，使得市场运行效率下降。因此，让市场信息更加的透明、公开，让市场交易双方的信息更加的完全、对称，是促进社会主义市场经济健康发展的必然要求。

通过学习不完全信息这一市场失灵现象以及相应的解决措施，引导学生从把握经济基础和上层建筑矛盾运动的规律、全面推进依法治国、践行社会主义核心价值观、加强社会主义精神文明建设等方面，去正确认识不完全信息在我国社会主义市场经济发展过程中带来的各种问题，深入理解社会主义市场经济体制建设，引导学生在提高专业理论素养的同时，不断提高政治理论素养，并且运用自身所学为完善社会主义市场经济体制建设做出贡献。

参考文献

[1] 法制网. 二手车电商光鲜广告语难掩行业乱象 [EB/OL]. [2018-08-26]. http://epaper. legaldaily. com. cn/fzrb/content/20180826/Articel07002GN. htm.

[2]《西方经济学》编写组. 西方经济学（上册）[M]. 北京：高等教育出版社，2012.

[3] 习近平. 习近平谈治国理政 [M]. 北京：外文出版社，2014.

[4] 本书编写组. 党的十九大报告辅导读本 [M]. 北京：人民出版社，2017.

[5] 本书编写组. 马克思主义基本原理概论 [M]. 北京：高等教育出版社，2018.

[6] 本书编写组. 思想道德修养与法律基础 [M]. 北京：高等教育出版社，2018.

[7] 本书编写组. 毛泽东思想和中国特色社会主义理论体系概论 [M]. 北京：高等教育出版社，2018.

我国的城乡收入和地区收入差距演变

一、案例正文

根据《中国统计年鉴》的数据，从表 2-9 中的数据可以看到，2013 年，我国城镇居民人均可支配收入为 26467 元，农村居民人均可支配收入为 9429.6 元，城乡居民可支配收入比为 2.8068。到 2016 年，我国城镇居民人均可支配收入为 33616.2 元，农村居民人均可支配收入为 12363.4 元，城乡居民可支配收入比为 2.7190，同 2013 年相比，2016 年我国城镇居民人均可支配收入增长了 27%左右，农村居民人均可支配收入增长了 31%。

表 2-9　2013~2016 年我国城镇、农村人均可支配收入与城乡收入比

指标	2013 年	2014 年	2015 年	2016 年
城镇居民人均可支配收入（元）	26467	28843.9	31194.9	33616.2
农村居民人均可支配收入（元）	9429.6	10488.9	11421.7	12363.4
城乡居民可支配收入比	2.8068	2.7499	2.7312	2.7190

根据《中国统计年鉴》的数据，从表 2-10 中的数据可以看到，我国城镇居民按收入五等份分组的人均可支配收入，以 2013 年为例，低收入户（20%）的城镇居民人均可支配收入为 9895.9 元，高收入户（20%）为 57762.1 元，高收入户与低收入户的收入比值为 3.3。从表 2-10 和图 2-2 可以看到，2016 年，我国城镇居民按收入五等份分组的人均可支配收入呈阶梯状，低收入户（20%）的人均可支配收入为 13004.1 元，高收入户（20%）的人均可支配收入为 70347.8 元，高收入户与低收入户的可支配收入比值为 5. 4。

表 2-10　2013~2016 年城镇居民按收入五等份分组的人均可支配收入　　单位：元

组别	2013 年	2014 年	2015 年	2016 年
低收入户（20%）	9895.9	11219.3	12230.9	13004.1
中等偏下户（20%）	17628.1	19650.5	21446.2	23054.9
中等收入户（20%）	24172.9	26650.6	29105.2	31521.8
中等偏上户（20%）	32613.8	35631.2	38572.4	41805.6
高收入户（20%）	57762.1	61615	65082.2	70347.8

根据《中国统计年鉴》的数据，从表 2-11 和图 2-3 的数据可以看到，我国东部地区、中部地区、西部地区和东北地区分组的人均可支配收入，以 2013 年为例，人均可支

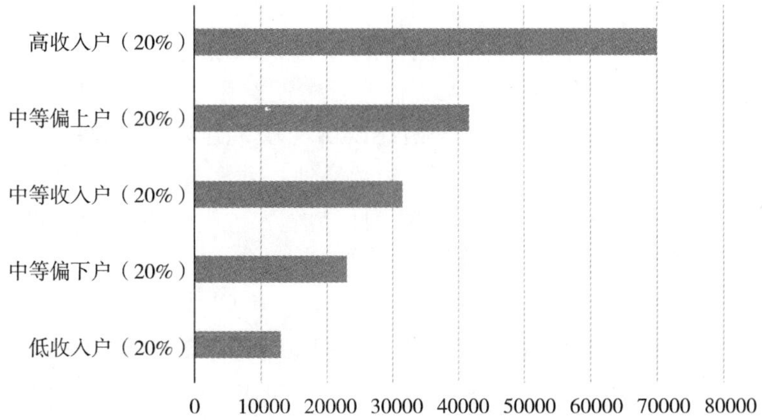

图 2-2 2016 年城镇居民按收入五等份分组的人均可支配收入的对比情况

配收入最高的是东部地区，人均可支配收入为 23658.4 元，其他依次是东北地区、中部地区和西部地区，西部地区的人均可支配收入为 13919 元，最高的东部地区与最低的西部地区的人均可支配收入比为 1.7。到 2016 年，东部地区、中部地区、西部地区、东北地区在人均可支配收入上的排序没有变化，东部地区的人均可支配收入为 30654.7 元，西部地区的人均可支配收入为 18406.8 元，最高的东部地区与最低的西部地区的人均可支配收入比为 1.67，比 2013 年的收入比要降低一些。

表 2-11 2013~2016 年全国居民按照东部、中部、西部、东北地区分组的人均可支配收入

单位：元

组别	2013 年	2014 年	2015 年	2016 年
东部地区	23658.4	25954	28223.3	30654.7
中部地区	15263.9	16867.7	18442.1	20006.2
西部地区	13919	15376.1	16868.1	18406.8
东北地区	23507.2	25578.9	27399.6	29045.1

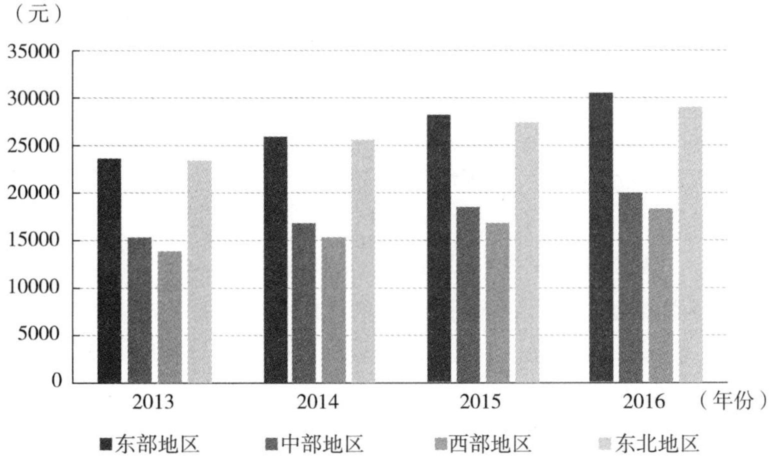

图 2-3 东部、中部、西部、东北地区人均可支配收入比较

针对我国城乡收入差距、地区收入差距比较严重的问题，我国提出了区域协调发展战略和乡村振兴战略。同时我国也一直致力于消除贫困，2012 年以来，国家累计安排中央预算内投资 404 亿元，撬动各类投资近 1412 亿元，搬迁贫困人口 591 万人，地方各级统筹中央和省级财政专项扶贫资金 380 亿元，搬迁 580 多万贫困人口，有效拓展贫困地区发展空间。① 2016 年，中国政府启动实施了新一轮的易地扶贫搬迁方案，增加中央预算内投资规模、提高政府补助标准，引入开发性、政策性金融资金，大幅拓宽融资渠道，并加大易地扶贫搬迁群众后续脱贫扶持力度，确保搬迁一户、脱贫一户。

联合国《2015 年千年发展目标报告》数据显示，中国减贫效果非常显著，其中中国极端贫困人口所占总人口的比例从 1990 年的 61%下降到 2002 年的 30%以下，率先实现比例减半，2014 年该比例又下降到 4.2%。随着我国精准扶贫政策的实施，该比例还会逐渐的下降，截至目前，中国对全球减贫的贡献率超过了 70%，成为世界上减贫人口最多的国家，也是世界上首个率先完成联合国千年发展目标的国家，为全世界的减贫事业做出了重大贡献，得到了国际社会的广泛赞誉。这个成就足以载入人类社会发展史册，也同时向全世界证明中国共产党的领导和中国特色社会主义制度的优越性。②

二、案例的思政元素

本案例的思政元素主要是：

（一）正确理解我国社会主义发展的阶段性特征

从生产力发展水平和人民生活水平来看，我国已经从改革开放前的较低水平、改革开放后的中等水平，发展到现在和今后几十年的中高水平。虽然，当前我国社会主义发展中还面临着贫富分化、城乡差距、地区差距等问题，这些问题也是不争的事实，但是我们要正确看待这些问题，因为这些问题正是反映了我国社会主义发展的阶段性特征。党的十九大报告提出，我国正处于并将长期处于社会主义初级阶段。社会主义制度的发展和完善是一个长期的历史过程。社会主义初级阶段是一个相当长的历史发展阶段，在发展进程中必然还要经历若干具体的发展阶段，不同时期会显现出不同的阶段性特征。

（二）从现象到本质，深刻领会我国社会主义的本质

虽然案例中的材料展示了中国收入差距现象，但是我国是社会主义国家，收入差距问题最终会得到根本解决。因为社会主义的本质是解放生产力，发展生产力，消灭剥削，消除两极分化，最终达到共同富裕。社会主义社会是共产主义社会的第一阶段或初级阶段，其目标是走向共产主义社会的高级阶段，即我们通常所说的共产主义社会。共产主义社会是物质财富极大丰富、人们精神境界极大提高、每个人自由而全面发展的社会。社会主义社会只有在充分发展和高度发达的基础上，才能向共产主义社会过渡。因此，社会主义社会必然有一个漫长的自我发展过程，而我国的收入差距问题也将会得到根本的解决。

---

①② 数据来源：国务院新闻办公室 2016 年 10 月 17 日发表的《中国的减贫行动与人权进步》白皮书。

（三）我国社会主要矛盾已经转化为人民日益增长的美好生活需要和不平衡不充分的发展之间的矛盾

党的十九大报告明确指出，中国特色社会主义进入新时代，我国社会主要矛盾已经从人民群众日益增长的物质文化需求同落后的社会生产之间的矛盾转化为人民日益增长的美好生活需要和不平衡不充分的发展之间的矛盾。对社会主要矛盾的科学判断和深刻的认识，是制定党的路线方针政策的基本依据。我国社会主要矛盾的变化是关系全局的历史性变化，对党和国家提出了许多新要求。材料中反映的当前我国存在的城乡收入差距、地区收入差距等问题也正是当前我国社会主要矛盾的一个具体和突出表现。我国在继续推动发展经济的基础上，着力解决好城乡和地区之间发展不平衡不充分的问题，大力提升经济发展的质量和效益，更好满足人民在经济、政治、文化、社会、生态等方面日益增长的需要，更好推动人的全面发展和社会全面进步。因此，作为当代的大学生，我们应该正确认识我国当前社会的主要矛盾。我国当前的城乡收入差距大，区域之间人民的生活水平差距大，这些都是当前我国社会主义矛盾的缩影。社会主要矛盾的变化直接关系和影响我国社会的发展。党的十九大报告中特别强调，认识和解决我国社会主要矛盾关系到全局的历史性变化，要在继续推动发展的基础上着力解决发展不平衡以及不充分的问题，推动社会的全面发展与进步。

（四）习近平新时代扶贫思想

当前我国正在开展精准扶贫工作，致力于消除贫困，缩小收入差距。习近平总书记明确指出：“消除贫困、改善民生、实现共同富裕，是社会主义的本质要求，是我们党的重要使命。”这是对扶贫意义的深刻把握。贫穷绝不是社会主义，社会主义国家一定要消灭贫穷。习近平总书记强调我们党的精准扶贫是“真扶贫、扶真贫、真脱贫”。习近平总书记还强调扶贫、脱贫的措施和工作一定要精准，要因户施策、因人施策，扶到点上、扶到根上，不能大而化之。在扶贫的路上，不能落下一个贫困家庭，丢下一个贫困群众。习近平新时代扶贫思想是指导贫困地区打赢脱贫攻坚战的理论法宝，体现了鲜明的理论品格，这些品格也正是习近平新时代中国特色社会主义思想的理论特质。因此，我们要正确认识当前我国精准扶贫的政策，深刻领会习近平新时代扶贫思想。

三、案例使用说明

（一）教学用途与教学目标

1. 教学用途

本案例为分析型案例，适用于本科生的《微观经济学》中“市场失灵”中收入分配不平均知识点的教学和培训。

2. 教学目标

（1）知识层面。

理解概念：市场失灵中收入分配不平均的问题。

掌握理论：收入分配不均衡的度量——洛伦兹曲线和基尼系数。

（2）能力层面。

逻辑思维能力：教师通过对市场失灵收入分配不平均理论的讲解，帮助学生认识到市场经济发展优胜劣汰的特征，必然会产生收入差距。收入差距的出现不可避免地产生了收入分配的不平均。同时引导学生理解收入分配的不平均在市场中不能解决，必须由政府来解决，由此引申出来的思政元素：社会主义的本质，我们国家当前正在实施精准扶贫政策等，培养学生全面看待问题，以及对现象进行观察、比较、分析、综合、抽象、概括、判断、推理的能力。

辩证思考问题的能力：从现象看到本质，材料展示了中国城乡和地区收入差距的问题，由此向学生讲解。收入差距的存在是市场经济产生的必然结果，但是针对这个现象要引导学生去辩证地看待和思考，帮助学生正确认识我国社会主义的阶段性特征，理解我国当前的收入差距问题正是我国当前社会所处阶段主要矛盾的一个具体表现，而且为了解决当前的主要矛盾，我国当前采用的精准扶贫政策致力于解决社会的主要矛盾。

（3）素质层面。

帮助学生形成关注国家大事的习惯：理解收入分配不平均的现象，由教材的知识联系我国当前的社会现象，引导学生去关注和理解国家的大政方针政策。

培养学生的爱国情怀：通过本案例的分析，提炼出思政元素，包括我国社会主义的阶段性特征、我国社会主义的本质、我国社会主义矛盾的变化、习近平新时代扶贫思想，通过这些思政元素的理解，帮助学生树立起爱国主义情怀。

（二）案例讨论的准备工作

（1）学生事先预习《微观经济学》教材“市场失灵”章节中“市场失灵的表现之一——收入分配不平均与再分配”的相关知识，对市场配置的低效率即市场经济不能解决收入差距不平均的理论有较为直观的认识。

（2）安排学生学习和了解当前我国精准扶贫的相关政策和执行情况，让学生在案例课开始前，随机选择部分学生介绍自己家乡精准扶贫政策的执行状况，并说出对我国当前精准扶贫政策的感受。

（三）案例分析要点

1. 启发思考题

（1）案例反映了市场失灵的什么问题？

（2）如何深刻领会社会主义的本质？

（3）当前我国应对收入差距问题的措施主要有哪些？

（4）分析我国精准扶贫政策的核心思想与我国社会制度之间的关系。

2. 分析思路

上面的四个思考题都是基于本案例和课本的知识点提出的。

本案例中的材料展示了中国城乡和地区收入差距的情况。

（1）案例反映了市场失灵的什么问题？参考答案如下：

案例中展示了中国城乡和地区收入差距的现象，这个现象反映了市场失灵的其中一个表现或者原因就是收入分配的不平均。首先帮助学生回顾前面《微观经济学》中的基本理论和知识，引导学生领会微观经济学的基本思想，理解微观经济学的核心假定条件，比如理性人假设、市场出清假设等。这些微观经济学理论决定了在市场经济中遵循价格自由调节机制以及个人、企业、市场遵循理性选择和最优选择原则，这些机制和原则促使市场经济中必然产生激烈竞争，从而导致市场产生优胜劣汰的现象。我国目前实行的市场经济制度同样遵循价格自动调节机制和理性选择原则，同样会产生市场竞争和优胜劣汰，从而不可避免的产生收入差距问题。因此，要理解收入差距问题是市场经济发展的必然结果，同时也是市场配置低效率的一个体现。

（2）如何深刻领会社会主义的本质？参考答案如下：

从上个问题的分析中，学生已经能够清楚认识到市场机制的自动调节机制必定会产生收入差距，这样的收入差距现象在当前也是客观存在的事实。以此现象为契机，引导学生从现象看到本质，认真思考所提炼出的思政元素。虽然当前我国存在城乡收入差距、地区收入差距的问题，正好反映了我国社会主义的阶段性特点，以及当前我国社会主要矛盾的变化，透过这些现象，我们要深刻认识到中国是社会主义国家，社会主义的本质是解放生产力，发展生产力，消灭剥削，消除两极分化，最终达到共同富裕。当前我国也采取了一系列的措施来解决当前的主要矛盾。

（3）当前我国应对收入差距问题的措施主要有哪些？参考答案如下：

从案例中我们可以看到，针对当前的收入差距问题，我国采取了一系列的政策措施来解决。最为直接的就是我国实行的精准扶贫政策，精准扶贫是针对不同贫困地区的区域环境、不同贫困户的生产和生活状况、运用科学有效的程序，采取产业扶贫、就业扶贫、生产补偿扶贫、基础设施改造扶贫、异地搬迁扶贫、危旧房改造扶贫、村庄改造扶贫、最低生活保障扶贫、教育和健康扶贫等方式，对贫困户实施精准识别、精确帮扶、精确管理的减贫方式。保障贫困户有稳定的收入来源、不愁吃穿、教育问题、医疗问题、住房问题、养老问题都得到妥善解决。到 2020 年我国现行标准下农村贫困人口实现脱贫，贫困县全部摘帽，解决区域性整体贫困。当前我国正在全面建成小康社会的关键一年。习近平总书记也强调，全面建成小康社会不是一个“数字游戏”或“速度游戏”，而是一个实实在在的目标。在保持经济增长的同时，更重要的是落实以人民为中心的发展思想，想群众之所想、急群众之所急、解群众之所困，在学有所教、劳有所得、病有所医、老有所养、住有所居上持续取得新进展。除了我国的精准扶贫政策外，我国也进行了财税体制改革，采取了新的个人所得税制度，大幅提高免征额，首次增加六项专项附加扣除、扩大低档税率级距，税收改革方式也是缩小收入差距的一个重要举措。

（4）分析我国精准扶贫政策的核心思想与我国社会制度之间的关系。参考答案如下：

通过上个问题的探讨，我们已经加深了对精准扶贫政策的认识和了解。习近平新时代扶贫思想提出的是要真扶贫、扶真贫、真脱贫，而且不会放弃一个家庭，纵观世界上任何一个国家也没有像中国这样实现大规模的全面脱贫。中国人口的全面脱贫，不仅对中国具有划时代的意义，对整个全世界也具有划时代的意义。精准脱贫政策是我国中国特色社会主义制度优势的集中体现，充分彰显了我国社会主义制度的优越性。

通过教学，引导学生正确认识和看待我国收入差距的现象，深刻认识我国当前实行的一系列精准扶贫政策，牢固树立“四个自信”，即中国特色社会主义道路自信、理论自信、制度自信、文化自信。树立爱国主义思想，努力学习科学文化知识，培养高尚的道德情操，未来为社会主义事业的发展做出应有的贡献。

（四）教学组织方式

建议在讲解完市场失灵的相关知识点后，紧接着将思政案例“我国的城乡和地区收入差距的演变”纳入课堂教学，对于本案例，安排 1 个课时（40 分钟）的教学，具体教学环节设计如下：

第一步（5 分钟）：理论讲解，通过 PPT 向学生讲解《微观经济学》中知识点“市场失灵——收入分配的不平均”。从理论角度向学生讲解市场为什么不能解决收入分配不平均的原因。

第二步（10 分钟）：案例介绍，向学生展示本案例的材料，在第一步理论分析的基础上，通过材料中的图形和表格，向学生直观展示了市场失灵——收入分配不平均的表现，也就是收入差距的具体表现。通过材料向学生展示我国的城乡收入差距、地区收入差距现象，以及介绍当前我国精准扶贫政策取得的成就。

第三步（15 分钟）：提问和讨论，在第二步的基础上，随机选取学生进行提问，同时引导学生对该问题进行思考和讨论，我们国家既然面临城乡、地区收入差距问题，那么针对这样的问题，我们国家采取了什么样的处理措施呢？并鼓励学生基于自己的调查介绍自己家乡精准扶贫的政策采取了哪些措施，这些精准扶贫措施的执行对当地贫困户的生活产生了怎样的影响。

第四步（10 分钟）：归纳和总结，通过前面的讨论，对学生的发言进行归纳和总结，介绍我国在应对收入差距问题上采取的诸多措施，包括精准扶贫、个人所得税改革等，并继续导入思政元素，引导大家思考中国梦，全面建成小康社会目标等，让学生深刻理解社会主义国家的目标和社会主义的本质，使学生坚定中国特色社会主义道路自信、理论自信、制度自信、文化自信。

（五）总结

市场经济遵循“优胜劣汰”的法则。在市场经济条件下，竞争是必然的，竞争的结果必然导致“优胜劣汰”，从而不可避免地促使社会财富出现分配不平均的现象，收入差距问题也随之出现，这是市场失灵的表现之一。在本案例的分析中，融入相关的思政元素，这些思政元素包括：一是正确认识社会主义发展的阶段性特征，也就是要正确理解社会主义迈向共产主义道路过程中，收入差距问题在初期是必然存在的现象。二是运用马克思主义关于社会主义的本质和根本目标的描述和分析，理解社会主义的根本目标是走向共产主义社会，实现共同富裕。但是社会主义社会只有在充分发展和高度发达的基础上才能向共产主义社会过渡。因此，社会主义社会必然有一个漫长的自我发展过程，因此要认识到这个过程中肯定会导致收入差距问题的存在。三是分析我国当前社会的主要矛盾。理解我国当前存在的城乡收入差距、地区收入差距正是当前社会主要矛盾的体现。四是深刻领会习近平新时代中国特色社会主义扶贫思想，了解当前我国精准扶贫政策的实施状况。引导当今的大学生正确认识和看待当前我国发展中所存在的城乡收入差距、地区收入差距等问题，透过现象看到本质，爱我们的制度、爱我们的国家。

总的来说，可以从以下几个方面来理解本案例的思政教育意义：深刻理解社会主义的本质；我国精准扶贫的政策与社会主义的根本目标联系起来；深刻理解习近平新时代中国特色社会主义扶贫思想，深刻认识我国社会主义制度的优越性。

参考文献

[1]《西方经济学》编写组. 西方经济学（上册）[M]. 北京：高等教育出版社，2012.

[2] 本书编写组. 马克思主义基本原理概论 [M]. 北京：高等教育出版社，2018.

[3] 本书编写组. 毛泽东思想和中国特色社会主义理论体系概论 [M]. 北京：高等教育出版社，2018.

[4] 本书编写组. 思想道德修养与法律基础 [M]. 北京：高等教育出版社，2018.

[5] 国家统计局. 中国统计年鉴（2017）[M]. 北京：中国统计出版社，2018.

财经类课程思政
案例教学设计
与应用

第三部分
《管理学》“课程思政”案例

砥砺奋进十二载　根植八桂谱新篇①

一、案例正文

"这些年，桂林银行在自身战略定位、发展理念和商业模式等方面都做了有益的探索，为进一步实现更高水平发展做了良好的铺垫。"桂林银行党委书记、董事长王能说道。

2006年以来，桂林银行在实干创新中实现了华丽转身与赶超跨越。目前，桂林银行资产规模突破2000亿元，已经成为广西资产规模最大、综合实力最强的地方法人金融机构。桂林银行在全球权威金融媒体英国《银行家》杂志发布的"2018全球银行1000强"中排名第434位，较上一年度提升了111位。在中国企联发布的"2018中国服务业企业500强"中排名第318位。在广西企联发布的"2018广西企业100强"中排名第28位，被金融时报社、全国地方金融论坛评为中国地方金融（2016）"十佳城市商业银行"。

（一）初试锋芒

2006年2月8日，桂林市商业银行（2010年更名为桂林银行，以下统称"桂林银行"）迎来了新的掌舵人，时任桂林中国银行保险监督管理委员会分局局长的王能临危受命，接过了底子薄、基础差、发展举步维艰的桂林银行。

彼时，桂林银行正在"寒冬"中苦苦挣扎，资产负债增长无力，资本充足率甚至为负数，存贷款余额不足。上任后，王能经过仔细分析，针对严峻的形势提出了以"树信心、打基础"为首的"24字工作要点"。不仅如此，王能身先士卒、顶住压力，带领团队深入调研、多方奔走，综合运用多种方案攻坚克难。到2006年末，距王能上任不到一年，桂林银行的总资产较年初增长了17.67亿元，同比增幅达70.05%；存款增长了15.5亿元，同比增幅达70.55%。王能之"能"，不止于"勇"，还在于"智"，他带领下的桂林银行不止步于"求生存"，更在积极"谋发展"。

（二）攻守有道

随着我国金融业的不断发展，银行同业竞争日益加剧，市场争夺也愈加激烈。在大型银行的挤压下，城市商业银行的市场发展空间本就狭窄，而城市商业银行自身定位不清所导致的固守传统发展模式、同质化竞争更进一步削弱了城市商业银行的竞争力。银行的竞争力是持续发展的根本保证，但前提是银行要有精准的战略定位。虽然大多数城市商业银行都意识

---

① 董治. 砥砺奋进十二载　根植八桂谱新篇——访桂林银行党委书记、董事长王能［J］. 银行家，2018（9）：32-35.

到“找准定位”的重要性，然而成功转型者寥寥。“在发展的初期阶段，中小银行应立足本地，结合本地的实际情况进行创新”。王能对此有着清醒的认识，对于基础差、底子薄的桂林银行而言，他必须以攻为守，带领桂林银行走“特色化、差异化”经营的“突围”之路。

近年来，国家对农村发展建设越来越重视。党的十九大报告提出实施乡村振兴战略，这是党对于“三农”问题一以贯之的重视并在此基础上进行了创新发展，有利于形成村镇化与城镇化双轮驱动。习近平总书记强调，农业农村农民问题是关系国计民生的根本性问题，必须始终把解决好“三农”问题作为全党工作的重中之重。要坚持农业农村优先发展，按照产业兴旺、生态宜居、乡风文明、治理有效、生活富裕的总要求，建立健全城乡融合发展体制机制和政策体系，加快推进农业农村现代化。在此背景下，桂林银行从独特的区域区位发展情况出发，结合广西国民经济发展的客观实际、客户结构和同业竞争形势，王能创造性地打造了农村金融服务模式，进一步为桂林银行未来的转型发展奠定了扎实的基础。

桂林银行根据广西农村地区的实际情况，提出了“一体两翼”的农村金融发展模式。“一体”即基于社区银行体系较为成熟的商业模式和经验，集渠道、服务、产品、平台于一体，构建农村金融服务支撑体系。“两翼”之一是加强与互联网企业、金融科技企业合作，通过资源整合，依托金融科技和大数据应用打造综合服务平台；“两翼”之二是整合政府数据平台和资源平台，围绕农业龙头企业，以供应链模式打造农村金融生态圈。同时，通过完善管理、培训、营销、考核、服务、风控六大体系，形成农村金融可持续发展的商业模式。

（三）江山如画

广西农作物丰富，是重要的水果产区和“南菜北运”基地。截至 2018 年底，广西的 4926 万常住人口中，农村人口占比约 50%。广西具有发展农业的天然禀赋和良好基础，加上国家推进的乡村振兴战略，广西农村金融发展前景呈现一派勃勃生机。“中小银行必须摈弃挣快钱的思维，跟着国家政策扎扎实实地做。”在王能看来，往农村走、满足农户金融需求，为我国现代化农业发展提供金融支持，带给了城市商业银行巨大的发展空间。

通过对近年来社区金融发展的经验总结，桂林银行根据广西农村地区的实际情况，提出了“一体两翼”的农村金融发展模式。“其实还是做生态，没有生态圈就自己制造生态圈！”王能说。首先，构建线下网络，打牢“下沉”基础。通过“县域支行+乡镇小微支行+农村金融服务站”服务网络，以县域支行为核心，在乡镇设立小微支行，主要服务于乡镇居民、农户、商户、小微企业和合作社。同时在行政村以更为轻型化的模式设立农村金融综合服务站，在提供相应金融服务的同时收集、沉淀前端第一手数据，将金融的触角延伸到了“最后一公里”。其次，整合农业产业链，打造农业生产资料下乡和农产品进城通路。一是整合包括饲料、农药、化肥、农机等农业生产资料的生产商和经销商，以供应链金融方式为农户提供服务。二是依托电商平台和社区支行，线上、线下联动，助力广西砂糖橘、荔枝、芒果、南瓜等农产品打开销路，帮助农户走出困境，推动农产品上市。最后，跨界整合，构筑自身为核心的大型生态圈。一是联合区信用联社、各县村镇银行、农村商业银行，开放分享桂林银行的金融服务平台，助力发展村镇银行、农村商业银行为农业经营主体提供小额存贷款、支付结算等金融服务，开展适合新型农业经营主体的订单融资和应收账款融资业务、农业产业链、供应链融资、大型农机具融资、农业生产设施融资。二是借力互联网巨头的力量延伸农村金融服务领域。桂林银行在广西区内与蚂蚁金服独家合作，以“大数据风控+定向支付”

模式推出国内首款互联网助农贷款产品——“桂农贷”，为农户解决生产经营所需的资金。截至2018年7月，桂林银行涉农贷款余额174.38亿元，比年初增加40.94亿元；“桂农贷”余额3.05亿元，惠及农户超过2.03万户；已运营合作式农村金融服务站96家，辐射客户数近20万人，累计办理小额资金业务7000余笔。①

二、案例的思政元素

本案例的思政元素主要是：

（一）贯彻创新发展理念

创新、协调、绿色、开放、共享五大发展理念是关系我国发展全局的一场深刻变革。创新是引领发展的第一动力，创新发展注重的是解决发展动力问题。发展动力决定发展速度、效能、可持续性。在当代中国，社会发展离不开改革创新，改革创新是社会发展的重要动力，坚持改革创新是新时代的迫切要求。

党的十八大以来，我国企业发展面临的国际国内形势发生了很大变化，特别是外部需求总体依然偏弱、竞争优势转换尚未完全到位、贸易摩擦的影响更加凸显等问题，导致竞争加剧、下行压力较大，培育增长新动力，形成发展新优势，成为创新引领发展的必然要求。2018年11月，习近平总书记主持召开民营企业座谈会谈道：只有通过深化改革，才能加快转变经济发展方式，推进经济结构战略性调整，把创新驱动的新引擎全速发动起来，为我国经济社会发展提供前所未有的强劲动力。

桂林银行立足于本地实际情况深化改革，提升了金融体系服务经济的能力，正是以改革创新为核心的时代精神的集中体现。企业以攻为守、主动求变，既是中国特色社会主义市场经济发展的需要，也是企业自身发展的需要，还是适应国际化环境的需要和加强资本结构优化的现实需要。

（二）矛盾的普遍性和特殊性是辩证统一的关系

矛盾的普遍性指矛盾的共性、矛盾存在的绝对性。矛盾普遍性存在于一切事物中，存在于一切事物发展过程的始终，旧的矛盾解决了，新的矛盾又产生了，事物始终在矛盾中运动。矛盾的特殊性指不同事物的矛盾各有其特点，同一事物的矛盾在不同的发展过程和发展阶段中有不同的特点。具体来说，在本案例中桂林银行作为一所商业银行有着银行业的普遍矛盾，其发展具有银行业的共同特点，但作为一家区域性的地方银行，其也有自己的特殊矛盾，故其发展应该根据自己的特点走特色发展之路，而不能盲目模仿跟从其他银行的发展模式。桂林银行可谓很好地做到了把矛盾的普遍性和特殊性结合起来，因地制宜地提出了“一体两翼”的农村金融发展新模式。

（三）乡村振兴战略是为了解决我国城乡发展不平衡的重要举措

中国特色社会主义进入新时代，我国社会主要矛盾已经转化为人民群众日益增长的美

---

① 董治. 砥砺奋进十二载　根植八桂谱新篇——访桂林银行党委书记、董事长王能［J］. 银行家，2018（9）：32-35.

好生活需要和不平衡不充分发展之间的矛盾。必须认识到，我国社会主要矛盾的变化是关系全局的历史性变化，对党和国家的工作提出了许多新要求。在继续推动发展的基础上，全党要牢牢把握社会主义初级阶段这个基本国情，牢牢立足于社会主义初级阶段这个最大实际，着力解决好发展不平衡不充分问题，大力提升发展质量和效益，以经济建设为中心，坚持四项基本原则，更好地满足人民在经济、政治、文化、社会、生态等方面日益增长的需要，更好地推动人的全面发展、社会全面进步。

党的十九大提出的乡村振兴战略，是以习近平同志为核心的党中央着眼于党和国家事业发展全局，深刻把握现代化建设规律和城乡关系变化新特征，顺应亿万农民对美好生活的向往，对“三农”工作作出的重大决策部署，是决胜全面建成小康社会、全面建设社会主义现代化国家的重大历史任务，是新时代做好“三农”工作的总抓手。农业农村农民问题是关系国计民生的根本性问题，必须始终把解决好“三农”问题作为全党工作的重中之重。其后，党中央和国务院又先后印发了《中共中央、国务院关于实施乡村振兴战略的意见》《乡村振兴战略规划（2018—2022 年）》等文件，对实施乡村振兴战略进行具体部署。乡村振兴就是要不断提高农民在产业发展中的参与度和受益面，彻底解决农村产业和农民就业问题，确保当地群众长期稳定增收、安居乐业。

广西农作物丰富，具有发展农业的天然禀赋和良好基础。在国家推进乡村振兴战略的背景下，本案例中的企业——桂林银行以满足乡村金融需求为核心，充分把握经济发展变迁中金融需求矛盾的转变，研究金融及其构成要素的发展变化规律，研究银行业内部效应与溢出效应，促进金融与经济增长、协调金融与社会协调发展，从而构建金融协调运行的政策调控体系，以促进金融与乡村经济有序、稳定、健康发展，为我国现代化农业发展提供了金融支持，也带给了桂林银行巨大的发展空间。

三、案例使用说明

（一）教学用途与教学目标

1. 教学用途

本案例为描述型案例，适用于本科生《管理学》第一篇中“管理的内涵与本质”知识点的教学与培训。

2. 教学目标

（1）知识层面。

理解概念：管理的内涵。

掌握理论：管理的本质。

（2）能力层面。

系统思维能力：教师通过对相关理论知识的讲解，让学生对“管理的内涵与本质”知识点的内容有系统的认识。并通过组织学生对案例材料进行分组讨论及问题解答，将理论知识与实践应用相结合，帮助学生形成判断问题、剖析问题和解决问题的系统性思维能力。

辩证思考能力：教师通过案例分析与讲解，展示案例材料中所体现的我国社会主要矛盾转变，乡村振兴战略实施，矛盾的普遍性与特殊性等内容，提高学生辩证思考的能力，学会运用客观的、发展的、全面的、普遍联系的眼光来观察事物、分析问题、解决问题。

创新思维能力：创新是引领发展的第一动力，教师在案例分析与讲解的过程中，贯彻新发展理念，鼓励学生创造性地提出问题和创造性地解决问题，培养学生的创造意识和创新精神。

（3）素质层面。

提高专业素质：通过案例学习，帮助学生搭建理论知识框架，加深学生对管理的基本含义、管理的本质特征、管理的创新职能等内容的理解。培养学生对于生活中处处有管理学知识的意识，增强学生的学习兴趣，促进学生养成关注时事政治、行业环境、企业案例的习惯，提高学生运用相关理论知识分析和解决实际管理问题的能力。

提高思想素养：通过引入有关思政元素，运用党的创新理论指导专业知识学习。让学生从案例分析中进一步加深国家、民族和社会等因素在企业管理活动中的影响认知，引发学生对于管理学知识在新时代发展过程中的运用及其体现的思考，在专业学习的过程中帮助学生树立爱国主义情怀，提高思想政治素养。

（二）案例讨论的准备工作

（1）学生需要预习《管理学》课程中管理导论的相关知识，对管理的内涵与本质特征有一个初步的认识。

（2）授课教师可事先通过简要的 PPT 或视频宣传片对桂林银行的基本概况进行介绍，让学生对本案例的背景有一定的了解。

（三）案例分析要点

1. *启发思考题*

（1）结合案例，分析桂林银行业务转型的必要性。

（2）结合案例，分析桂林银行开展“农村金融服务模式”的原因。

（3）结合案例，分析桂林银行开展“农村金融服务模式”的自然属性与社会属性。

2. *分析思路*

上述的三个思考题，主要是基于管理学管理的内涵与本质的相关知识点而提出的。

知识点一：管理的内涵。

管理是为了有效地实现组织目标，由管理者利用相关知识、技术和方法对组织活动进行决策、组织、领导、控制并不断进行创新的过程。

知识点二：管理的本质。

管理的本质是在活动中对组织成员的行为进行协调。

知识点三：管理的创新职能。

组织活动是一种面向外部、面向未来的活动。组织的外部环境以及企业内部资源是在不断变化的。即使环境与资源不变，组织中的管理者对资源与环境的认识也可能发生改变。这些变化要求组织内部的活动、技术与方法不断变革，组织活动与人的安排不断优化，甚至组织活动的方向、内容与形式选择也需要不断地进行调整。这些变革、优化和调整是通过管理的创新职能来实现的。

知识点四：管理的自然属性与社会属性。

组织活动过程是一系列资源的组合过程。这些资源及其利用方法都与一定的技术相关联。一方面，不同的时代背景下，技术发展水平不同，对整合资源利用过程的管理也必然体现出不同的特征。这些特征与管理的自然属性相关。另一方面，管理为管理主体利益服务、是管理主体为实现其预期目的而需借助的手段，这些特征决定了管理具有特殊的社会属性。

（1）分析桂林银行业务转型的必要性。

理论知识点：管理的本质、管理的创新职能。

参考答案如下：

习近平同志在党的十九大报告中强调，中国特色社会主义进入新时代，我国社会主要矛盾已经转化为人民日益增长的美好生活需要和不平衡不充分的发展之间的矛盾。必须认识到，我国社会主要矛盾的变化是关系全局的历史性变化，对党和国家的工作提出了许多新要求。基于此背景下，桂林银行以金融效率为中心，充分把握经济发展变迁中金融需求矛盾的转变，研究金融及其构成要素的发展变化规律，并研究由此决定的内部效应与溢出效应，促进金融与经济增长、协调金融与社会协调发展，从而构造金融协调运行的政策调控体系，以促进金融与乡村经济有序、稳定、健康发展。

另外，创新是引领发展的第一动力。发展动力决定发展速度、效能、可持续性。变革是永恒的时代主题。在当代中国，社会发展离不开改革创新，坚持改革创新是新时代的迫切要求。组织活动是一种面向外部、面向未来的活动。组织外部环境与企业内部资源的变化，以及组织中的管理者对资源与环境认识的改变，要求组织内部的活动、技术与方法不断变革，组织活动与人的安排不断优化，甚至组织活动的方向、内容与形式选择也需要不断地进行调整。桂林银行在新的时代背景之下，立足于本地的实际情况进行改革，正是以改革创新为核心的时代精神的集中体现。企业以攻为守、主动求变，既是中国特色市场经济体制的需要，也是企业自身发展的需要，同时还是日益加强的国际化环境及资本结构优化的需要。

（2）分析桂林银行开展“农村金融服务模式”的原因。

理论知识点：管理的内涵与本质。

参考答案如下：

管理是为了有效地实现组织目标，由管理者利用相关知识、技术和方法对组织活动进行决策、组织、领导、控制并不断进行创新的过程。管理产生的根本原因是由于人欲望的无限性和资源的有限性之间的矛盾。管理的本质是对组织成员在活动中的行为进行协调，其功能在于通过科学的方法来提高资源的利用率。对于企业而言，有效的管理力求能够精准掌握目标群体的需求点，协调内外部环境与目标群体的痛点，并在此基础上组织开展相应的管理措施，以有限的资源实现尽可能多或高的目标。

具体来说，在我国社会主要矛盾已转化的基本国情背景下，企业的管理应着力解决好发展不平衡不充分问题，大力提升发展质量和效益。本案例中，桂林银行作为一所商业银行有着银行业的普遍矛盾，其发展具有银行业的共同特点，但作为一所区域性的地方银行，也有自己的特殊矛盾，故其发展应该根据自己的特点走特色发展之路，而不能盲目模仿跟从其他银行的发展模式。广西农作物丰富，具有发展农业的天然禀赋和良好基础。本案例企业桂林银行在国家乡村振兴战略的背景下，根据自身矛盾的普遍性和特殊性，针对现代农业金融服务需求日益增长与地方金融体系不健全、金融产品与工具匮乏、金融运行机制不完善等矛盾，以满足乡村金融需求为核心，为我国现代化农业发展提供金融支持，因地制宜地提出了“一体两翼”的农村金融发展模式。

（3）分析桂林银行开展“农村金融服务模式”的自然属性与社会属性。

理论知识点：管理的自然属性与社会属性。

参考答案如下：

管理是对组织中人的活动进行整合和协调。组织活动过程是一系列资源的组合过程。这些资源及其利用方法都与一定的技术相关联。不同的时代背景下，技术发展水平不同，对整合资源利用过程的管理也必然体现出不同的特征。这些特征与管理的自然属性相关。金融服务是现代商业银行的重要职能。随着经济的发展，银行由于联系面广信息比较灵通，特别是电子计算机在银行业务中的广泛应用，使其具备了为客户提供信息服务、咨询服务，为企业提供决策支援等服务的自然属性。

管理是为了达到预期目的而进行的特殊活动。管理为管理主体利益服务，具有特殊的社会属性。管理社会属性的特征决定了在特殊背景下产生的理论与方法总是与这个特殊背景有着密不可分的关系，其他社会背景下的组织借鉴和运用这些理论和方法时必须考虑到社会制度、主要性质、服务目的及其主客体关系等方面的差异。党的十九大提出实施乡村振兴战略，其最终目标是要不断提高村民在产业发展中的参与度和受益面，彻底解决农村产业和农民就业问题，确保当地群众长期稳定增收、安居乐业。本案例中的企业桂林银行开展的“农村金融服务模式”是在国家推进乡村振兴战略的社会属性下，以满足乡村金融需求为核心，为我国现代化农业发展提供金融支持，同时也给自身带来了巨大的发展空间。

（四）教学组织方式

建议运用本案例完成“管理的内涵与本质”知识点的教学，在对课本有关知识点进行讲授梳理之后，安排1个课时（40分钟）进行。具体教学组织安排如表3-1所示。

表3-1 案例的教学组织

学习阶段	学习内容	时间限制	学习目标
课前	将学生们进行分组（每组4~5人），上网了解桂林银行的业务特征	课前一晚完成	熟悉案例背景
课中	请学生们仔细阅读案例材料并展开小组讨论。各小组结合案例材料，重点围绕以下思考题进行小组讨论：一是分析桂林银行业务转型的必要性；二是分析桂林银行开展“农村金融服务模式”的原因；三是分析桂林银行开展“农村金融服务模式”的自然属性与社会属性	20分钟	针对问题，进一步熟悉案例相关信息，并进行分析、归纳和相互启发
	选择2~3组的学生代表将本组讨论结果与大家分享，要求学生提出的观点与案例材料要紧密结合	10分钟	增强学习的参与感，并提示学生关注点
	教师总结知识点并点评各小组表现	10分钟	重点分析学生理解错误或理解不到位之处
课后	完成案例分析报告		增进记忆，巩固知识

（五）总结

本案例在进行管理学意义分析的同时，其思政教育内容主要表现在以下几个方面：首先，结合新时代我国社会主要矛盾转化的基本国情，思考本案例中企业管理协调的矛盾转变；其次，秉承党关于实事求是、因地制宜的发展理念，思考管理协调方式方法在新时代背景下的创新与转变；最后，探讨在新时代背景下企业管理的自然属性与社会属性。

通过本案例教学，学生在学习《管理学》中“管理内涵与本质”相关知识点的同时，进一步把握我国社会的基本国情，增强学习贯彻习近平新时代中国特色社会主义思想，树立实事求是、因地制宜的理念，引导学生在“加快产业转型升级，夯实乡村振兴经济”的发展背景下对我国企业协调管理的进一步认识与理解。

参考文献

[1] 习近平. 决胜全面建成小康社会　夺取新时代中国特色社会主义伟大胜利——在中国共产党第十九次全国代表大会上的报告 [M]. 北京：人民出版社，2017.

[2] 董治. 砥砺奋进十二载　根植八桂谱新篇——访桂林银行党委书记、董事长王能 [J]. 银行家，2018（9）：32-35.

[3] 本书编写组. 管理学 [M]. 北京：高等教育出版社，2019.

[4] 本书编写组. 马克思主义基本原理概论 [M]. 北京：高等教育出版社，2018.

[5] 本书编写组. 思想道德修养与法律基础 [M]. 北京：高等教育出版社，2018.

[6] 本书编写组. 毛泽东思想和中国特色社会主义理论体系概论 [M]. 北京：高等教育出版社，2018.

中集集团企业使命与愿景的三次演化

一、案例正文

中集从1982年正式投产到现在发展为中国500强的国际化经营的大型制造企业，历经企业创业期的艰难与成长期的迷茫，从简单地制造集装箱这一单一产品到专用车、登机桥等领域的世界第一，进而到能源化工储运设备和海上钻采设备领域，企业的使命与愿景如表3-2所示。在这一过程中不断丰富，从初始使命愿景形成如今的使命愿景，在不断丰富的同时也引领中集在技术与管理上持续改进，稳步地迈向自己的梦想。

表3-2　企业使命和战略愿景演化的三个阶段

	演化的第一阶段	演化的第二阶段	演化的第三阶段
使命	依靠过硬的生产技术和产品质量获得行业认可	提供世界一流的现代化交通运输装备和相关服务的主要供应商；保持公司的健康发展和持续增值，为股东提供良好回报，为员工提供更广阔的发展舞台	为物流和能源行业提供高品质与可信赖的装备和服务，为股东和员工提供良好回报，为社会创造可持续价值
愿景	成为集装箱领域的世界第一	引领行业发展，成为世界一流企业	成为所进入行业受人尊重的全球领先企业

根据中集高层管理者对使命内涵的理解以及中集对外公布的使命陈述的变化，中集使命的演化过程划分为三个阶段。

中集集团使命演化的第一阶段（1982~1990年）

中集诞生于改革开放的前期，1979年中国大陆航运业务还只是处于萌芽期，当时的董事局基于对中国经济和世界经济的判断，认为集装箱这个服务于贸易的包装工具将会在中国得到发展，于是组建了中外合资企业，尝试集装箱制造，并在1982年正式投产。

当时世界集装箱制造业随着东亚国家经济起飞从美国向日本，再由日本向韩国转移。刚刚改革开放的中国对外贸易处于起步之中，还不具备支撑起这一庞大产业的基础。中集在这一创业期一直处于亏损状态，1986年丹麦方撤资，公司停产转业，遣散大部分员工，留下以麦伯良为首的关键岗位的59名员工自谋生路，依靠对外承接钢结构产品的机械加工这类“打零工”业务艰苦度日。

这一过程中，企业真切地感受到“市场”的巨大威力，在市场的摔打下，不断学习发达国家先进的制造技术和管理模式，打磨着自己的基本功。1987年，中国远洋运输总公司参股，公司改组为三方合资企业。中远的加入给处于困难期的中集注入了资金，同时也给予中集订单上的帮助。从此，中集集装箱业务开始走上正轨。

20 世纪 80 年代末，集装箱制造中心向中国转移的趋势日渐明显，管理层预期到中国集装箱行业将迎来历史性机遇，以麦伯良为主的企业管理层应势确立了做集装箱世界第一的目标。首先不断拜访和争取国内外的大客户，拓展国内外市场；对于来之不易的订单，从设计、生产组织、质量控制、按时交货、服务都精益求精地完成，以优质的产品获得客户的信任，在业内逐步建立信誉。

中集集团使命演化的第二阶段（1991~2002 年）

20 世纪 90 年代初，在集装箱制造中心加速向中国转移的过程中，国内集装箱行业在短暂的井喷后，陷入产能过剩从而导致厂家竞相压价的恶性局面。

中集通过对内外部环境的审视，发现了现状与目标之间的差距，主要问题是单一产品的局限性成为企业发展的天花板。已经出任中集总经理的麦伯良认为，集装箱行业市场容量不够大，装不下中集集团的未来。企业未来发展不应止步于现在，要成为行业中的世界第一，需要调整未来的发展战略。

未来发展方向包括获取行业的话语权从而获得持续的领先优势，引领整个行业朝健康的方向发展；而探索多元化发展道路成为企业寻求持续增长的重要途径。于是，中集从以下四个方面展开攻势：并购整合，沿海布局；建立标准化管理体系；培育供应商，统一标准；延伸产品线。

随着原有业务的升级优化和多元化经营，中集进入了机场设备制造业、房地产业、林业、厢式半挂车制造业等全新行业，中集的主业重新进行了定位调整，2002 年正式将使命陈述更改为“在全球市场中，成为能按照客户需求，提供世界一流的现代化交通运输装备和相关服务的主要供应商，创造为客户所信赖的知名品牌，同时保持公司的健康发展和持续增值，为股东和员工提供良好回报”，逐渐形成“尽心尽力、尽善尽美”的价值观和“国强民富、共同发展”的理念。

中集集团使命演化的第三阶段（2002~2018 年）

中集开启了产业升级之路。这一阶段中集的两大任务是产业升级和技术与管理创新。

21 世纪初，中集工厂因环境问题遭到居民投诉，这使中集集团认识到，一方面，光做集装箱世界第一的企业不够，做世界一流企业也不够，必须承担更多的社会责任。另一方面，中国经济步入转型时期的阵痛，全球经济危机突然降临。经济环境的突变让中集高层管理者意识到低要素成本已经不再成为企业参与国际竞争的有利优势。

因此，“世界级企业要有质量的内涵，包括你对人类的贡献，对社会的价值，对员工的价值，对利益相关者的价值，对行业发展的价值”。通过技术创新不仅能够促进传统制造方式的进步，解决环保问题，同时也有助于建立中集在技术上持续改进的能力。

2011 年，南方中集建成全球最先进的集装箱生产线“梦工厂”。中集已经在全国建立多个地区、多个产业的研究院，核心优势逐渐从成本领先过渡到技术牵引，中集全面进入开放式自主创新时代。

2014 年以后，中集集团借助广东自贸区，将产业发展的触角延伸到海洋金融与高端服务业，从而打造海洋产业纵深发展的战略。目前中集集团旗下包括“四大四小”八个业务板块，实现了集装箱、车辆、能化、海工、物流服务、空港、金融等产业布局。

二、案例的思政元素

本案例的思政元素主要是：

（一）质量互变规律

质量互变规律是唯物辩证法的基本规律。它揭示了事物发展量变和质变的两种状态，以及由于事物内部矛盾所决定的由量变到质变，再到新的量变的发展过程，提出事物发展是质变和量变的统一、连续性和阶段性的统一。任何事物的发展都必须首先从量变开始，量变是质变的必要准备，质变依赖于量变。中集集团创业初始，公司苦撑两年，市场仍不景气，公司一度解散。年轻的麦伯良和他的59名同事坚守下来，没有集装箱业务，他们就对外承接钢结构产品的机械加工这类“打零工”业务，不仅是维持生计，更是不断积累经验、磨炼技术。“中远”入股后，通过凭借积累下来的技术优势，并购我国沿海港口的集装箱厂家，扩大生产规模，进一步提升产品质量和信誉，做成国内第一品牌，产量达世界第一，完成了中集集团的第一次使命任务。

接着，中集依托规模优势，进一步提升技术领先优势，从一个学习追赶者成长为行业领导者，升级到中集集团第二次使命；再之后，依托多年积累的规模优势、技术优势、品牌优势，以及资金优势，进行了相关多元化发展，终于蜕变为一家受人尊敬的世界级公司。

中集集团使命的三次演化，正是经过企业脚踏实地、埋头苦干，不断提升自身技术质量、品牌、市场能力，一次又一次度过市场风浪，通过不断量变的积累，实现凤凰涅槃这样质变的过程。

（二）在实现中国梦的实践中放飞青春梦想

1. 中国梦的理论阐述

“中国梦”理论即对“中国梦”的内容、依据及其实现路径的描述、分析和推断。

“中国梦”植根于中华民族深厚的历史土壤，继承了近代以来中华民族的“复兴梦”。“中国梦”的具体内容是国家富强、民族振兴、人民幸福，对民族复兴的高度自信，体现了实现中华民族伟大复兴的历史逻辑。

“中国梦”的理论依据是历史唯物主义。历史唯物主义认为客观的物质生产活动始终在历史发展过程中起基础的、决定性的作用。习近平总书记提出的“中国梦”具有历史唯物主义性质，体现了这个历史悠久的原住民国家民族复兴的强烈愿望，正在凝聚和激励一代又一代中国人的信心和斗志，通过坚定不移地走中国特色社会主义道路一步一步逐步实现。

2. 实现梦想的长期性、艰巨性和曲折性

首先，实现理想是一个过程。一般来说，理想越是高远，它的实现过程就越复杂，需要的时间就越长。理想实现的长期性是对人们的毅力和信心的考验，对此必须做好充分的思想准备。其次，要正确对待实现理想过程中的顺境与逆境。当身处顺境时，居安思危，做好积累准备；当身处逆境时，切勿悲观失望，要心怀理想和憧憬，勇于战胜逆境。只要善于利用顺境，勇于正视逆境和战胜逆境，远大崇高的理想就一定能够实现。

中集集团实现梦想的过程是一个长期、艰难、曲折的过程。中国的改革开放必然形成巨量的对外贸易额，而外贸商品海运市场是中集集团的主战场。中集集团这个最早进入该领域的央企，尽管在时间与该产业在中国的井喷状态有少许错位，但依靠中集集团骨干们的坚持终于没有与机会擦肩而过。在中集集团不同的发展阶段，如整合国内产业、冲破海外技术标准、突破成长瓶颈的过程中，每一次从危机中突围都使中集集团更加强大，也更加自信。

3. 中集集团使命愿景演化的启示

中集集团每一次使命愿景升级，都是在实现它的梦想道路上留下的深深脚印。

1989 年，刚从华南理工大学毕业的麦伯良带着振兴“中国制造”的梦想，来到中集向英国师父学习先进的制造技术，在公司最困难、低迷的时候，仍然相信这个梦想，以苦为乐，为实现梦想积极准备；在凭借着中国改革开放的春风，产品走向世界的过程中发展壮大的时候，不忘初心，心无旁骛，把提升中国制造技术和水平放在第一位，成长为世界一流、引领行业发展的重要企业；在突破发展瓶颈的时期，保持制造优势，坚守初心，把先进制造带入多个相关领域，在实现“成为一个受人尊敬的世界企业”道路上，麦伯良和他的那一代人，实现了自己的“中国梦”。

以麦伯良为代表的那一代人，为“中国梦”做出了卓越的贡献。“中国梦”归根结底是全体人民的梦，要实现中华民族的伟大复兴这一“中国梦”，需要一代又一代青年继续奋斗。

面对时代的召唤、祖国的召唤、历史的召唤，青年一代要学习中集人的精神，坚定梦想，怀着坚定不移的信念，紧跟时代步伐，踏着以中集集团为代表的中国重器的脚印，接过历史重担，不断学习、艰苦奋斗、勇于创新，锤炼出高尚的品格和坚定的意志，责无旁贷地完成未来的“中国梦”。

三、案例使用说明

（一）教学用途与教学目标

1. 教学用途

本案例为描述型案例，适用于本科生的《管理学》《企业战略管理》中企业使命与愿景知识点的教学和培训。

2. 教学目标

（1）知识层面。

理解概念：企业使命、企业愿景。

掌握理论：企业使命、企业愿景的内容、意义及其演化的影响因素。

（2）能力层面。

判断能力：通过对企业使命愿景等知识点学习，帮助学生理解企业使命愿景的内容和意义，能根据企业的环境和业务来判断其他现实公司对企业愿景使命的表达是否准确、简练。

实践能力：能在对企业详细了解之后，替企业撰写出企业使命与愿景。可以去评论企业所阐明的使命与愿景。

系统思维能力：教师通过案例材料学习，使学生能结合对企业业务分析和环境分析，分析企业愿景使命的演化，形成综合、分析、联系的思维能力。

（3）素质层面。

提升专业素质：理解和学习企业思考问题的两个视角——外部视角和内部视角，通过企业家的能动性对外部和内部进行匹配，从而决策企业的发展方向和未来目标，形成企业使命和愿意，凝聚力量引领企业不断向前；培养形成自己的思考视角，能更全面、更高度地思考个人发展。

提高人文素养：通过将思政元素引入案例，将个人命运与国家命运、世界发展联系起来，拓展学生视野，帮助学生形成正确的世界观、历史观，以更强的使命感、自信心面对自己的职业和人生。

（二）案例讨论的准备工作

（1）学生需要预习课程中使命愿景的相关知识，查找身边知名企业的使命愿景表述，初步判断哪些企业的表述更准确、生动、有想象力。

（2）授课教师准备中集集团产品、全球货物航线的图片以便学生了解中集集团的集装箱业务。

（3）阅读和讨论案例之前，可以播放《大国重器》中关于中集集团的视频资料以增加学生对该企业的认知和兴趣。

（三）案例分析要点

1. *启发思考题*

（1）中集集团不同阶段的使命愿景中包含了哪些内容？

（2）请结合材料说明，企业使命演化的依据是什么？

（3）结合材料说明，企业和个人应如何将个体命运与国家命运和世界发展相结合，确立自己的使命？

2. *分析思路*

本案例的讨论，集中在企业战略管理的“企业使命与愿景”中的“企业使命和愿景的内涵”“企业使命与愿景中的构成要素”“企业使命与愿景的形成”等知识点而设立。

知识点一：企业使命与战略愿景的内涵。

企业使命的陈述描述了公司现在的业务和目标，即“我们是谁，要做什么，以及我们为什么在这里”。

战略愿景描绘了管理者对公司未来的战略方向，需要具有激励性，即“我们前进的方向以及我们希望公司未来变成什么样”。

知识点二：企业使命与愿景中的构成要素。

企业的使命描述的是企业存在的原因或者理由，即是企业生存的目的定位。完整的企业使命需要描述以下内容：我们的事业是什么？我们的顾客群是谁？顾客的需要是什么？我们用什么特殊的能力来满足顾客的需求？如何看待股东、客户、员工、社会的利益？

战略愿景描绘了管理者对于公司未来的愿望，提供了“我们去哪里”的全貌，并做出了对未来行动方向的承诺，它需要易于传达的口号式表达。企业使命则需要用描述性语言说明：企业的产品和服务，满足哪部分顾客的需求，塑造组织特征。

知识点三：企业使命与愿景演化的影响因素。

市场机会的识别。市场机会是企业可以有所为的领域。环境不断变化，全球化、产业转移、消费升级中新的市场机会不断涌现，为企业提供了发展的方向。

企业的资源与能力。企业所拥有的资源与能力是企业能有所作为的保障。依据企业所拥有的资源与能力，企业可以在不断涌现的市场机会面前选择自己能够做的业务、产品，为相关的顾客提供产品和服务。

管理者认知。即管理者对所处客观环境进行信息加工的过程。管理者则扮演信息扫描和解释的角色，并最终决定企业对这些信息做出何种的回应。

企业特性。包括企业规模、企业性质、企业所在行业、所在区域特征、成长性与盈利能力，以及企业生命周期、股权性质等。

（1）中集集团不同阶段的使命愿景中包含了哪些内容？

理论知识点：企业使命愿景的内涵和构成要素。

引导学生分析三个阶段使命愿景的描述，如使命在产品和服务、顾客、顾客价值、核心能力以及利益相关者五要素的具体内容表述，以及愿景中对公司未来的愿望和承诺的具体内容表述。观察和分析三阶段的差别，对这种差别形成的原因进行假设分析。分析结果如表 3-3 所示。

表 3-3 中集集团使命愿景的具体内容

	要素	演化的第一阶段	演化的第二阶段	演化的第三阶段
使命	产品和服务	集装箱	现代化交通运输装备和相关服务台	物流和能源行业装备和服务
	顾客	未描述	未描述	物流和能源行业顾客
	顾客价值	过硬的生产技术和产品质量	世界一流的产品和技术	高品质、可信赖
	核心能力	过硬的生产技术和产品质量	通过提供世界一流的产品和技术保持公司的健康发展和持续增值	提供高品质、可依赖的物流和能源装备和服务
	利益相关者	行业认可	股东回报、员工发展	回报股东和员工，创造社会价值
愿景	对公司未来的愿望、行动方向的承诺	成为集装箱领域的世界第一	引领行业发展，成为世界一流企业	成为所进入行业的受人尊重的全球领先企业

（2）请结合材料说明，企业使命演化的依据是什么？

理论知识点：企业使命与愿景演化的影响因素。

在案例讨论过程中，引导学生分析在中集集团的三个阶段中，识别市场机会、企业资源和能力、管理者认知、企业特性等要素如何影响了企业使命与愿景的变化。分析的结果如表 3-4 表示。

表 3-4 中集集团使命愿景演化的影响要素

使命和愿景演化依据	演化的第一阶段	演化的第二阶段	演化的第三阶段
识别市场机会	改革开放释放中国动力，需求供给放量，在经济全球一体化的世界氛围中，货物流通所需要的海运设备、服务将有快速和巨量增长	集装箱行业在短暂的井喷后，陷入产能过剩从而导致厂家竞相压价的恶性局面	全球经济危机和衰退、环境问题成为社会热点问题
企业资源和能力	通过早期合资获得了西方技术；依托华南理工大学获得了有扎实功底的技术人才；中远入股得到大客户	领先的技术、领先的产品质量	已建立受人尊重的品牌、高质量和高技术商誉，资金实力、技术实力雄厚
管理者认识	对行业未来发展持坚定信心，愿意为未来准备、等待、吃苦	深刻认识到产业规模天花板以及整个行业中的问题症结，实行四个方向的策略	低成本不是参与国际竞争的优势，应该承担更多的社会责任和全球责任
企业特性	央企背景对产业使命和沿海布局的整体规划	该行业具有显著的规模经济效应，央企背景为其迅速扩张提供便利条件	大规模垄断型企业承担更大的社会责任

(3) 结合材料说明，企业和个人应如何将个体命运与国家命运和世界发展相结合，确立自己的使命？参考答案如下：

通过案例分析讨论，学习企业战略管理思考的两个角度：一是从外部环境抓机遇；二是苦修内功，磨炼核心能力。一旦机遇之窗来到，要果断地抓住，乘风而上，开疆扩土。

从个人自身出发，也应该建立这两个视角：一方面顺应世界发展、国家发展，顺应历史潮流，在中华民族伟大复兴的征程上找到自己未来的方向和位置；另一方面则要努力学习现代科学知识、现代商业知识，站在时代潮流之上，承担起自己这一代人对国家、民族、全人类历史使命和重要责任。

(四) 教学组织方式

建议用本案例完成“企业使命和愿景”全部知识点的教学。安排 2 个课时（80 分钟）。教学组织安排如表 3-5 所示。

表 3-5 案例的教学组织

学习阶段	学习内容	时间限制	学习目标
课前	要求学生分组了解中集集团的相关产品，了解集装箱在国际贸易中的作用，了解集装箱产业的国际转移	课前一晚完成	熟悉案例背景
课中	观看视频	7 分钟	进一步熟悉案例背景
	教师简单介绍中集集团的成就	3 分钟	增强学习的参与感，并提示学生关注点
	阅读案例	5 分钟	掌握案例信息

续表

学习阶段	学习内容	时间限制	学习目标
课中	分组讨论	15 分钟	针对问题，进一步熟悉案例相关信息，并进行分析、归纳和相互启发
	教师就问题（1）、问题（2）引导提问及小组讨论发言	25 分钟	结合理论分析实际问题
	教师就问题（3）引导提问、讨论，注意思政元素与管理学理论结合，引导学生用战略视角思考企业和人生问题	15 分钟	结合理论分析问题
	教师总结知识点并点评各小组表现	10 分钟	重点分析学生理解错误或理解不到位之处
课后	完成案例分析报告	15 分钟	增进记忆，巩固知识

（五）总结

企业愿景这个概念是随着西方战略管理理论引入中国后，才在中国企业层面得到应用的，之前常用的概念很多，如企业经营宗旨、意图方针、指导思想、企业精神信条等。到目前为止，这些概念之间有哪些区别并不十分清晰。在企业实践中的表述也是模糊的。

从企业实践来看，其实并不需要特别刻意区分相互之间的关系，而应该从这些概念的现实指导性和可操作性去认识，可以从德鲁克的经典论述出发去界定企业愿景的内涵，德鲁克认为企业要思考三个问题，第一，我们的企业是什么；第二，我们的企业将是什么；第三，我们的企业应该是什么。这也是思考企业战略的三个原点。这三个问题集中体现了企业的愿景，即企业愿景可以回答以下三个问题，我们要到哪里去，我们未来是什么样的，目标是什么，其核心是解决我们希望成为什么的问题。

所以，关于企业的愿景内涵我们可以做如下理解：第一，企业愿景是企业股东、董事会经营存在不同利益相关者期望达成的单个或者多个目标进行的综合设想。第二，企业愿景是介于理想和现实之间的梦想。第三，企业愿景是任何战略责任主体行为是否符合长远发展的基本准则。第四，企业愿景应该在相当长的时期内保持相对稳定。

所以，明确企业愿景非常重要，其原因为：第一，有利于强化企业的存在价值；第二，有利于深化与外部利益相关者的沟通；第三，有利于协调好内外个体与组织的价值利益；第四，有利于规范企业的发展方向。为了更好地发挥企业愿景的作用，它的表述需要注意以下几个原则：第一，要言简意赅；第二，要有想象空间；第三，要有激励作用。

参考文献

［1］张瑊，张乾元．中国梦之大众认同的内涵、基础与实现路径［J］．郑州轻工业学院学报（社会科学版），2018，19（1）：9-14.

［2］德鲁克．管理：任务、责任和实践［M］．北京：华夏出版社，2007.

［3］柯林斯．基业长青（第四版）［M］．北京：中信出版社，2009.

[4] Mintzberg H, Waters J A. Of Strategies, Deliberate and Emergent [J]. Strategic Management Journal, 1985, 6 (3): 257-272.

[5] Swanson E B, Ramiller N C. The Organizing Vision in Information Systems Innovation [J]. Organization Science, 1997, 8 (5): 458-474.

[6] 何健. 组织学习视角下企业使命演化研究 [D]. 华南理工大学硕士学位论文, 2016.

大美横县　茉莉飘香[①]

——广西横县着力打造特色品牌　讲好茉莉花故事

一、案例正文

每年茉莉花开时节，在中国茉莉之乡、世界茉莉花和茉莉花茶生产中心——横县举办的中国（横县）茉莉花文化节，都会吸引国内外大量嘉宾、客商参展参会，为这朵茉莉花“浇水施肥”。截至2018年9月，横县已成功举办十届全国茉莉花茶交易博览会和九届中国（横县）茉莉花文化节。富有浓郁茉莉特色、主题突出的博览会与文化节搭建起了全国茉莉花产业发展升级、国际茉莉花产业相互交流的大平台。茉莉花（茶）产业发展不断迈上新台阶，也使横县的知名度和美誉度不断增强。

（一）壮大产业规模　打造特色品牌

近年来，横县县委、县政府把茉莉花（茶）产业作为横县的绿色产业、富民产业、朝阳产业来重点打造。坚持秉承“标准化、国际化”的发展理念，建立了茉莉花专家大院、茉莉花标准化生产基地、茉莉花茶标准化加工基地、中国茉莉花（茶）产品质量监督检验中心、茉莉花产业核心示范区、茉莉花茶电子商务中心和全国四大茶叶市场之一的西南茶城及中国茉莉花茶交易中心市场，完善了茉莉花产业的生产、加工、销售、交通、服务、信息、旅游、管理等保障体系，推动了产业转型升级发展，努力把横县建设成为世界级的茉莉花和茉莉花茶生产中心、文化交流中心、科学研究中心以及茉莉花旅游休闲养生度假胜地。2017年，全县茉莉花种植面积约10.5万亩，年产茉莉鲜花8.5万吨，有130多家花茶企业，年产茉莉花茶6.5万吨，茉莉花（茶）产业综合年产值达90亿元。

目前，横县已拥有茉莉花茶自主品牌35个，横县茉莉花和茉莉花茶先后获批国家地理标志保护产品，横县茉莉花茶获批国家地理标志证明商标，获评“全国优秀茶叶区域公用品牌”，并成为“中欧100+100”地理标志互认互保产品。横县成功入选第一批广西商标品牌战略实施示范县，成为全区9个县级示范县之一。根据2018中国品牌价值评价信息暨第二届中国品牌发展论坛发布，横县茉莉花和茉莉花茶品牌综合价值达197.45亿元。

（二）依托博览会与文化节平台　传播茉莉文化

近年来，横县依托博览会与文化节平台，多措并举，全力打造和传播新时代茉莉花

① 陈铭威，苏寒梅．横县着力打造特色品牌　讲好茉莉花故事［EB/OL］．［2018-09-28］．http：//gx.people.com.cn/GB/n2/2018/0928/c229260-32/09516.html.

（茶）文化价值体系。截至 2018 年 9 月，横县已成功举办十届全国茉莉花茶交易博览会和九届中国（横县）茉莉花文化节。以茉莉花为媒、以文化为纽带，横县茉莉花的知名度和美誉度不断提升。

为进一步挖掘和传承茉莉花文化，横县在校椅镇建设了中国茉莉花茶博物馆、中国茉莉花茶展览馆等，并将茉莉花产业与现代文化创意产业紧密结合，借助优秀茉莉花歌曲、诗词、书画、影视作品等创作、评选活动，有效扩充了横县茉莉花文化容量。

同时，扶持农业龙头企业转型升级，创新开发茉莉花系列香氛、香包、香米、糕点、盆景等旅游文创产品，不断延长茉莉花产业链。

横县着力打造“茉莉闻香之旅”旅游品牌，构建“全域旅游”发展新格局。提出“花果山水”的休闲农业乡村旅游发展新思路，打造横州镇——校椅镇二级路沿线茉莉花生态综合示范带。以示范带为轴，串联茉莉花产业链各重要环节的综合发展带，形成茉莉花产业发展的驱动轴和茉莉“闻香之旅”“文化之旅”“养生之旅”的主动脉。今年茉莉花文化节期间，横县接待游客达 21.25 万人次，旅游综合收入达 2.3 亿元。

横县将按照“历史记忆、茉莉风情、山清水秀、宜业宜居”的建设思路，加快打造集田园、花园、家园和产业园为一体的、具有浓郁茉莉风情的西江新城。在旅游景区、高速公路出入口、城市公共设施、交通主干道路等地方广泛注入茉莉花元素；在机关学校、公园绿地、道路（河）边等地段广泛栽种茉莉花，设计和推广横县茉莉花标识，打造产业集群、三产深度融合、信息互通的新型城镇化城市，建造以茉莉花文化为主元素的生态型文明城市。

（三）借助媒体聚焦　讲好花乡故事

近年来，横县加强与中央驻桂媒体及区市主流媒体的联系，联合策划，主动整合资源，拓宽宣传渠道，运用报纸、广播、电视、微信、微博、手机客户端、网络大 V 直播等手段，引导全媒体聚焦横县，共同讲好横县故事。

茉莉花文化节期间，横县邀请人民网、新华网、《广西日报》、《南宁日报》等 50 多家主流媒体平台参加报道。借助国内有影响力的商业媒体，充分运用 H5、短视频广告推介、微博话题运营、全景 VR 等新媒体手段，全方位、多角度展示“茉莉花文化节”的特色亮点。策划系列宣传报道，在人民网、新华网、《广西日报》、《南宁日报》、《南国早报》等媒体共刊登《小茉莉成就花乡大品牌》等 200 多篇茉莉花节系列宣传报道，活动宣传细致周密、持续高潮。

横县还着力打造“网络媒体花乡行”宣传品牌。2018 年以来，组织开展网络媒体花乡行活动 8 期，重点结合“三月三”“2018 年中国（横县）茉莉花文化节”等重要活动节点，邀请中央驻桂媒体、区市各级网络媒体开展“网络媒体花乡行”大型采访活动，“三月三　魅力满花乡”媒体花乡行活动有 42 名记者参加，发稿 120 多篇，总浏览量 150 多万次，邀请了中央驻桂媒体、境外媒体、区市主流媒体、知名网络媒体平台及旅游达人、网红大 V 等 45 家媒体 66 名媒体人参加。媒体记者们通过图文、视频直播、短视频、美文美图、720VR 全景等方式，对横县经济社会发展亮点进行全方位、多维度宣传报道，发稿 200 多篇，总浏览量 700 多万次。今年文化节期间，邀请到全国网络媒体南宁行大型采访团共 55 人到横县进行采访报道，博览会与文化节期间，采访团共发布相关稿件信息 200

多条次，总浏览量超800万次。

二、案例的思政元素

本案例的思政元素主要是：

（一）解放思想、实事求是具有永恒的思想价值

实事求是是马克思主义的根本观点，是中国共产党人认识世界、改造世界的根本要求，是我们党的基本思想方法、工作方法、领导方法。

广西横县地处广西南部，有着超过五百年的茉莉花种植历史。改革开放以来，横县茉莉花产业逐渐发展壮大，形成独具特色的优势资源产业。随着人民群众美好生活需要的日益广泛，横县打造茉莉花品牌，进一步挖掘和传承茉莉花文化，扶持农业龙头企业转型升级，创新开发茉莉花系列等旅游文创产品，构建“全域旅游”发展新格局，形成茉莉花产业发展的驱动轴和茉莉“闻香之旅”“文化之旅”“养生之旅”的主动脉；打造以茉莉花文化为主元素的生态型文明城市。横县着力打造特色品牌，讲好茉莉花故事就是根据自身发展优势，实事求是，不断解放思想发展起来的具体表现。

（二）实施乡村振兴战略

党的十九大报告中提出，要实施乡村振兴战略。农业、农村、农民问题是关系国计民生的根本性问题，必须始终把解决好“三农”问题作为全党工作的重中之重。要坚持农业农村优先发展，按照产业兴旺、生态宜居、乡风文明、治理有效、生活富裕的总要求，建立健全城乡融合发展体制机制和政策体系，加快推进农业、农村现代化。构建现代农业产业体系、生产体系、经营体系，完善农业支持保护制度，发展多种形式的适度规模经营，培育新型农业经营主体，健全农业社会化服务体系，实现小农户和现代农业发展地有机衔接。促进农村一、二、三产业融合发展，支持和鼓励农民就业创业，拓宽增收渠道。

《中共中央　国务院关于实施乡村振兴战略的意见》提出，要构建农村一、二、三产业融合发展体系，实施休闲农业和乡村旅游精品工程，建设一批设施完备、功能多样的休闲观光园区、森林人家、康养基地、乡村民宿、特色小镇，促进小农户和现代农业发展的有机衔接。

《乡村振兴战略规划（2018—2022年）》提出要壮大特色优势产业，以各地的资源禀赋和独特的历史文化为基础，有序开发优势特色资源，做大做强优势特色产业。实施产业兴村、强县行动，培育农业产业强镇，打造一乡一业、一村一品的发展格局。要培育提升农业品牌，实施农业品牌提升行动，加快形成以区域公用品牌、企业品牌、大宗农产品品牌、特色农产品品牌为核心的农业品牌格局。加快培育一批“农字号”特色小镇，在有条件的地区建设培育特色商贸小镇，推动农村产业发展与新型城镇化相结合。

作为一个农业大县，横县依托茉莉花产业发展优势，以花带茶、以茶兴旅、以旅促农，产业互动、协同发展，促进一、二、三产业融合，有效激活了特色农业休闲旅游资源潜力，助推乡村振兴。茉莉花已成为促进横县农民增收、企业增效、财政增收、经济增速的“致富花”“幸福花”。

（三）坚定文化自信，推动社会主义文化繁荣兴盛

党的十九大报告中提出，文化是一个国家、一个民族的灵魂。文化兴国运兴，文化强民族强。没有高度的文化自信，没有文化的繁荣兴盛，就没有中华民族伟大复兴。要坚持中国特色社会主义文化发展道路，激发全民族文化创新创造活力，建设社会主义文化强国。要推动文化事业和文化产业发展。要深化文化体制改革，完善文化管理体制，加快构建把社会效益放在首位、社会效益和经济效益相统一的体制机制。完善公共文化服务体系，深入实施文化惠民工程，丰富群众性文化活动。加强文物保护利用和文化遗产保护传承。健全现代文化产业体系和市场体系，创新生产经营机制，完善文化经济政策，培育新型文化业态。推进国际传播能力建设，讲好中国故事，展现真实、立体、全面的中国，提高国家文化软实力。

《乡村振兴战略规划（2018—2022年）》提出要发展乡村特色文化产业，加强规划引导、典型示范，挖掘培养乡土文化和本土人才，建设一批特色鲜明、优势突出的农耕文化产业展示区，打造一批特色文化产业乡镇、文化产业特色村和文化产业群。

横县积极搭建茉莉文化交流和传承的大平台，全力打造新时代茉莉花（茶）文化价值体系。建设中国茉莉花茶博物馆、中国茉莉花茶展览馆等，借助优秀的茉莉花歌曲、诗词、书画、影视作品等创作、评选活动，深入挖掘茉莉花（茶）的文化资源，将茉莉花产业与现代文化创意产业紧密结合，有效扩充了横县茉莉花文化容量。茉莉花文化节期间，借助国内有影响力的商业媒体，全方位、多角度展示“茉莉花文化节”的特色亮点，推动茉莉花、茉莉花茶和茉莉花文化进一步走向世界。

三、案例使用说明

（一）教学用途与教学目标

1. 教学用途

本案例为描述型案例，适用于本科生《管理学》中“组织环境分析”知识点的教学和培训。

2. 教学目标

（1）知识层面。

理解概念：组织环境分类。

掌握理论：环境分析的常用方法。

（2）能力层面。

系统思维能力：教师通过对理论的讲解，帮助学生系统了解组织环境的分类和构成，形成全面、系统、联系地分析问题、解决问题的思维能力。

判断实践能力：根据案例材料，设置三个由浅入深、由知识到能力的问题，通过解答问题，帮助学生搭建一座“理论到实践、实践到理论”的思维桥梁，使学生能就管理实务问题收集信息与资料，善用适当的理论知识，提出合理的解决方案。

(3) 素质层面。

形成专业意识：理解管理活动的开放性，理解新时代的时代特征、新发展理念及其对管理活动的影响；养成关注时事政治、经济环境、企业案例的学习习惯。

提高职业素养：通过案例分析重要的思政元素，拓展学生视野，让他们理解国家、民族、社会对企业管理活动的影响，增强社会责任感，形成正确的管理伦理观。

(二) 案例讨论的准备工作

第一，学生需要预习《管理学》课程中管理环境分析的相关知识，对组织环境的层次类型和分析方法有一个粗浅的认识。

第二，授课教师可事先了解班级里是否有横县的同学，如有，可以请他（她）事先做个简单的 PPT，在案例分析前用 5 分钟时间给全班同学展示家乡茉莉花产业的发展情况。如果班级里没有横县的学生，授课教师自己准备横县茉莉花的宣传片。

(三) 案例分析要点

1. 启发思考题

(1) 结合案例，分析新时代下，中国企业所面临的宏观管理环境（包括政治环境、经济环境、文化环境、技术环境）。

(2) 结合案例，如果你是横县一家茉莉花种植园的经营者，分析企业的微观环境要素（包括供应商、消费者、竞争者、当地政府）。

(3) 结合案例，如果你是横县一家茉莉花种植园的经营者，你将采取哪些经营管理措施适应环境的发展？

2. 分析思路

三个思考题是基于管理学“环境分析与理性决策”知识点而提出的。

组织环境是由众多因素交错而成的整体，管理学研究中有许多不同的分类方法。使用较常见的一种分类，即把环境分成三大层次或三个大类——一般或宏观环境、具体或微观环境以及组织内部环境，具体内容如图 3-1 所示。

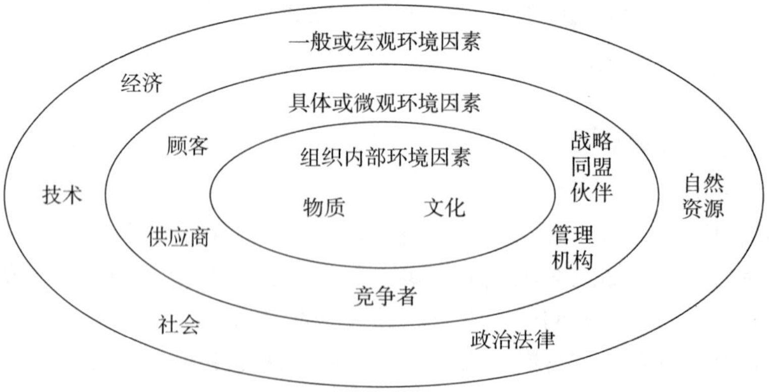

图 3-1 组织环境三大层次

（1）分析新时代下，中国企业所面临的宏观管理环境。

理论知识点：组织的宏观管理环境的构成和分析。

引导学生结合党的十九大报告进行分析，参考答案如下：

①政治环境：国内政治稳定。中国共产党人的初心和使命，就是为中国人民谋幸福，为中华民族谋复兴。社会治理体系更加完善，社会大局保持稳定，国家安全全面加强。但意识形态领域斗争依然复杂，国家安全面临新情况。

②经济环境：中国特色社会主义进入新时代，我国社会主要矛盾已经转化为人民日益增长的美好生活需要和不平衡不充分的发展之间的矛盾。经济建设取得了重大成就。坚定不移贯彻新发展理念，推进绿色发展。经济结构不断优化，基础设施建设快速推进，农业现代化稳步推进，实施乡村振兴战略。但发展不平衡不充分的一些突出问题尚未解决，发展质量和效益还不高。城乡区域发展和收入分配差距依然较大。

③社会环境：人民美好生活需要日益广泛，不仅对物质文化生活提出了更高要求，而且在民主、法治、公平、正义、安全、环境等方面的要求日益增长。文化事业和文化产业进一步发展。坚持人与自然和谐共生。但社会文明水平尚需提高，社会矛盾和问题交织叠加，生态环境保护任重道远。

④技术环境：创新驱动发展战略大力实施，创新型国家建设成果丰硕。但创新能力不够强。

⑤自然环境：坚持人与自然和谐共生。树立绿水青山就是金山银山的理念，坚持节约资源和保护环境的基本国策，形成绿色发展方式和生活方式，坚定走生产发展、生活富裕、生态良好的文明发展道路。

（2）结合案例，如果你是横县一家茉莉花种植园的经营者，分析企业的微观环境要素（包括供应商、消费者、竞争者、当地政府）。

理论知识点：组织的微观管理环境的构成和分析。

引导学生分析对茉莉花种植园影响最大的微观环境因素。参考答案如下：

①供应商：银行，种植劳动力，技术人员，苗种、土地、肥料等资源供应商。

②消费者：游客、茉莉花茶制作厂商、精油制造厂商、其他茉莉花深加工厂商（香氛、香包、香米、糕点、盆景）等。

③竞争者：其他茉莉花种植园的经营者。

④当地政府：制定产业政策的政府主管部门，如发展和改革局、农业局、旅游局等。

⑤战略同盟伙伴：稳定的资源供应商和下游企业。

（3）结合案例，如果你是横县一家茉莉花种植园的经营者，你将采取哪些经营管理措施适应环境的发展？

在前一题的基础上，引导学生了解环境、适应环境、管理环境。参考答案如下：

①内部管理：积累物质资源（物力、人力、财力），改善物质环境；建设企业文化（成员行为方式、信仰、准则、价值观），改善文化环境。

②经营措施：了解政策，顺应国家和地方发展战略。满足人民物质和精神文化需求，在产业链上做文章。

③种植环节：学习种植技术，引进并推广用于提取香料生产用花的茉莉新品种，扩大规模。发展生态农业，注重绿色、有机、环保，从源头上杜绝在茉莉花生产上高残高毒农

药、除草剂、生长激素、不合格肥料，争创农业品牌。

④下游环节：种植做大做强后，发展茉莉花的深加工。加大对茉莉花健康功效的宣传，加大对茉莉花香料的提取和药用领域的研究，在茉莉花精油、日用化妆品、药用等保健品市场方面多做努力。

⑤横向环节：建立战略联盟，与其他旅游企业一起发展观光旅游、农家乐、乡村民宿。

（四）教学组织方式

建议用本案例完成“组织环境”全部知识点的教学，不再安排教师讲授的时间。一般安排 2 个课时（80 分钟）。教学组织安排如表 3-6 所示。

表 3-6　案例的教学组织

学习阶段	学习内容	时间限制	学习目标
课前	要求学生分组，并预习课本知识，查阅相关资料，了解横县茉莉花产业的发展概况	提前两天	熟悉案例背景
课中	教师或学生展示茉莉花产业形象 PPT	5 分钟	进一步熟悉案例背景
	分组讨论，并当堂完成案例分析报告	30 分钟	结合理论分析问题，小组案例分析报告作为一次平时成绩
	抽取三个小组进行发言	每组 5 分钟，控制在 20 分钟以内	结合理论分析问题，言之有物，条理清晰
	引导全班进一步讨论，并进行归纳总结，注意思政元素与管理学理论的结合。引导学生学会运用管理学的理论知识解决现实问题	25 分钟	归纳用到的关键理论，并对各组表现做一个简单点评
课后	请学生继续关注自己家乡某一个产业发展的动态，下次课回顾提问		增进记忆，巩固知识

（五）总结

作为一个农业大县，横县县委、县政府顺应新时代发展环境，以政策为指引，实施乡村振兴战略，依托茉莉花产业发展优势，以花带茶、以茶兴旅、以旅促农，产业互动、协同发展，促进一、二、三产业融合，全力打造新时代茉莉花（茶）文化价值体系，促进农民增收、企业增效、城市发展、社会进步。茉莉花经营企业应该研究管理环境的发展趋势，顺势而为，在产业链上深耕细作，进一步推进茉莉花产业的优化升级。

参考文献

[1] 习近平．决胜全面建成小康社会　夺取新时代中国特色社会主义伟大胜利——在中国共产党第十九次全国代表大会上的报告［M］．北京：人民出版社，2017.

[2] 习近平．习近平谈治国理政（第一卷）[M]. 北京：外文出版社，2018.

[3] 习近平．习近平谈治国理政（第二卷）[M]. 北京：外文出版社，2018.

[4] 陈铭威，苏寒梅．大美横县 茉莉飘香 [EB/OL]. [2018-09-28]. http://gx.people.com.cn/GB/n2/2018/0928/c229260-32/09516.html.

[5] 本书编写组．管理学 [M]. 北京：高等教育出版社，2019.

咱们公司的年轻人[①]

一、案例正文

转眼又到了年底评估的时候了，睿意咨询合伙人张晓红害怕手下那群90后赤裸裸的涨薪要求，害怕他们提出不升职便走人……

（一）林强：他们怎么了

原定9点半开始开会，小米差不多到10点才一路小跑进来。我瞄了她一眼，她立马嬉皮笑脸地说："强哥，别动气，别动气，睡过头了。"我切！要解释也给我点像样的借口啊，直接就"睡过头了"。算了，为了今天的大计，我忍！

"快坐下吧！就等你了。"我清了清嗓子，稍微提高了点儿音调："今天开Off-site meeting（外出会议），是想谢谢大家一年来的努力。宣布一个好消息，我们项目组今年的年度目标已经在上周提前完成了。"

耶……！小小的咖啡馆里，碰杯声，击掌声，甚至有人用双脚在桌下打出了踢踏舞的节奏，一时间各种响动此起彼伏。"好了，好了。人家老板要提意见了。做咱们这单生意，还不够人家修地板的钱。"

"我们这叫疯狂工作，疯狂享乐。头儿，是不是可以组织一次海外游啊？"我们团队的旅行家不失时机地提议。

"没问题，明年带大家去迪拜。"等大家的小激动过去之后，我才小心翼翼地切入主题，"大家都知道，我们前两天刚刚接了个咨询大项目。我希望大家能保持高昂的士气，年底前冲一冲，把这个案子做得漂漂亮亮的。"我以为大家会给我点儿回应，可没人接茬儿，我只好自顾自向前了。

"我想，如果我们铆足了劲，冲一冲，把这单做好，那么到了年底，不光各位的红包会更大，我相信带着这样的业绩，各位跟老板谈明年的薪水，老板也会对你刮目相看的……"

我忙不迭地数着冲业绩的好处，句句发自真心。我们都还年轻，在我这个团队，我这个1978年出生的人已经是老大哥了。团队成员八个人，都是二十多岁、三十出头的年龄，要身体有身体，要精力有精力。闲着也是闲着，多加点班算什么？

业绩冲上去，会让老板另眼相看，不管是明年的加薪还是提职，可都有好处！不说那些虚的，年终奖可是实打实的。多辛苦一个半月，换来这么多好处，何乐而不为？

---

① 徐志红．咱们公司的年轻人［J］．哈佛商业评论，2011（12）．

不过，我的真诚似乎没有打动这些家伙。咖啡馆醇厚的香气中，逐渐弥散开来一点尴尬的沉默。我把目光转向小马，我知道他刚刚买了房。小马当然明白我的意思，可说出来的话却颇为无奈：“为了每个月6000块的房贷，我敢说什么？冲啊！”

我干笑，谁说不是呢？大哥我除了房贷，还要养孩子。重重大山，我不得不往前冲啊！

“要冲，你们冲，别拽上我啊！年初说好了我们团队就1000万元的指标，我看不出有什么理由还要往前冲。大家都知道，这1000万元也是大家没日没夜没周末干出来的。还要冲，还要不要大家活了？好了，客户11点还要到公司来拜访，我先闪了哦，各位亲，Bye-Bye。”

我愣愣地看着拿包走人的小米，听着她“噔噔噔”扬长而去……

（二）小米：我要工作，也要生活

一睁眼，已经9点了。我翻身起床，没有梳妆打扮，紧赶慢赶还是迟到了。拜托！别斜着个眼睨我，姐不就晚了那么一二十分钟吗？

今天开会，不在会议室，假模假式地弄到咖啡馆去，我就知道，一准儿是黄鼠狼给鸡拜年，没安好心！

果不其然，好果子还没给尝上一颗，先给下了个套。让我们冲一冲，把今年最后一个大客户服务好。林强倒是挺会想的，你倒是想冲，因为冲了您老的业绩会更好看啊。可我凭什么？冲不冲，关我啥事？反正你给我的我做好就行，干嘛要加班加点忙个不停。平日里你嘴上抹了蜜似的，今天金融的项目要我们努点儿力，明天机械的项目又要我们多加点儿班……我拼死拼活地干，能有什么甜头？老板看到的还不是你的业绩表上又多了光辉的一栏。为人做嫁衣的事，还是少找我！

虽说林强比我年长几岁，有时候我觉得他的想法还真不靠谱。就说上次人保的项目吧，他一学工科的，哪有我这学金融的了解保险公司。再说，他一毕业就在咨询公司里待着，工具、方法是学了不少，但还是缺点儿企业实际运作经验。我以我保险公司的经历跟他沟通，他完全听不进去。既然如此，我就直接找业务线大老板张晓红汇报吧，老板办公室的门朝哪里开，又不是只有你林强一个人知道。

今年这大半年，我没日没夜忙，取消了每年一次的长途旅行。生日聚会也因加班匆匆散场。你说这工作干得冤不冤啊？

要说我真是看不懂林强他们，明明比我们大不了几岁，天天拉着一张脸，装出一副特严肃的样子。发给你的提案用网络体怎么了，那么看不顺眼？人家张晓红都没他那么假正经，给我们的邮件里还“童鞋们”呢？可林强们呢，老板的气质不学，老板的派头倒是先学会了。

公司里好几个林强的哥们儿，好像都是一个师傅调教出来的。就上周，公司薪酬调研团队的项目经理离职了。猜猜，人家做了什么惊天地、泣鬼神的事？该大哥星期五辞职，星期六已经开始给新东家加班了。你说说，这样的人生，有意思不？

人生，可不是从一个公司到另一个公司。我当然要好好工作，怎么说我也是PK了七八轮才进了全球顶尖的咨询公司——睿意咨询。但是，我不想跟他们一样，一天24小时除了吃饭睡觉都是工作工作再工作。我要工作，也要生活！

趁着这两周手里的项目刚刚告一段落，我要赶紧安排一下我的假期。对！就去云南雨崩村。上次去梅里雪山的时候天气没赶好，今年一定把这心愿了啦！至于人力资源前两天给我安排的什么演讲技巧培训，免了吧！姐从小学当大队长到大学当学生会主席，这一路是伴随着演讲长大的，还需要培训？

（三）林强：我，就是一夹心饼

对，还是我，林强。在别人看来，我的生活可真够光鲜。全球顶尖咨询公司年轻的项目经理，刚刚40岁出头，已经在这个别人需要经过车轮面试才能进入的公司做到了小头目。可是，这个小头目，还真不如不做！

老板面前，别说了，我承认我是孙子，谁让他们个个学富五车，才高八斗，身居高位。客户面前，当然了，我也是孙子，谁让他们腰揣钞票，成了我们的“上帝”。但是，我能不能求求你们，下次我讲方案的时候，不要给我狐疑的眼神？怎么说我也在专业的咨询公司里干了10来年了，就不能给我一点面子上的赞许吗？随时随地，我都要陪着十二万分的小心伺候客户，稍微一不留神，他们就会投诉到老板那里去。尊重，没听说过这个词吗？

这些气，我受了就受了。最不能忍受的是，我还要受我手下的气。我手下也就八个兵，说是我的兵吧，人家的生杀大权可不在我这儿，人家不会对我赔小心和笑脸。那帮小屁孩儿，一个个的，拔了毛比猴子都精。就前天，我还看见平常大大咧咧、经常迟到的小米给大老板张晓红冲了一包板蓝根。至于吗？老板一个喷嚏，把你紧张成那样？

还有要命的。能进我们公司的，都把自己视为人中龙凤。眼睛一个比一个看得高。别看张口闭口叫我“头儿”，心里估计没人把我当首领。一个比一个厉害。最出格的一次，人保的项目，小米居然把项目进度报告直接交给张晓红。说什么我也是你的直接上司，收你的报告邮件还是从老板那里转发过来的，你叫我的脸往哪儿搁？说真的，当老板来质问我为什么项目出现问题时，我真是一头雾水、手足无措。

叫他们准备一个提案，不知道要催多少遍。好不容易邮件发给我了，还忘不了来句淘宝体：“亲，要给好评哦！”拜托，我们是全球顶尖的咨询公司，不是你家阿姨的淘宝网店。

要说吧，我虽没赶上买房的好时光，可好歹买了房。那些小朋友，房子没有着落，却好像和“生活压力”这个词没有半分钱的关系。罗杰团队的Ben，下家都没找好，已经递交了辞职申请。没什么理由，就是想去丽江晒太阳。辞职就是为了去晒太阳？听听，多新鲜。

每天中午，就一个小时午休，他们真舍得折腾，号称要吃遍静安区所有美味。一到周末，不是羽毛球、游泳、桌游就是定向运动。你听说过没有？我打赌你跟我一样老土。

不说别的，上次项目赶得急，我叫小米加班，你猜她怎么回的我：“老大，我已经买了电影票，今晚小妹我说什么都是电影院的人了。”看那阵势！

还有，前两天，为了好好犒赏一下他们大半年的辛苦，我专门把开会的地方换到咖啡馆。人家还真的彻底放松了，当着众人让我下不来台。我真不知道我有什么错？让大家加点班，年底戴上大红花，多拿点年终奖，我还成了罪人了？我刚入职场的那几年，不都是这么过来的？

快到年底了，上次月度会议上我拍着胸脯跟老板保证：“这个大项目交到我手里，您放一百个心。保证完成任务！”可现在怎么完成任务，我还真是心里没底。最后一个半月，再忙点，多加点班，有什么大不了的？可手下这群小朋友一个个像赴刑场似的，至于吗？

有时候想想，我都觉着特沮丧。客户不把我当人，老板不把我当葱，就连那帮小朋友也从来没真正把我当“带头大哥”。我就是个夹心饼，几头不是人。也许，我真该考虑一下挪挪窝儿了？近一年来，我每个月都会接到好几通猎头公司打来的电话，不是竞争对手发来的邀请，就是来自客户公司的职位，薪水开得可都不低。我一直希望能在咨询公司多磨砺几年，可是看现在的情形，我是不是也该到客户公司那里谋个什么实职呢？

（四）张晓红：其实，我也烦

时间真是一种奇怪的东西。小时候，盼星星盼月亮一样地盼过年。30 岁一过，你就总是跑输时间。总感觉今年的年历刚刚打开，明年的年历已经摆上案头。

我叫张晓红，今年 45 岁，当年从国外读完 MBA 后就直接加入了睿意美国总部。12 年前，我被派回中国。弹指一挥间，12 年的时间，无声无息地从身边溜走。

好了，打住，多愁善感不应该是形容全球顶尖咨询公司中国区合伙人的标签。让我有些头疼的是又到了年底，又到了一年该做业绩评估的时候了。

不知道从哪年开始，我发现自己的评估对象突然多了很多 90 后。若在成熟的经济体，在睿意这样的公司做顾问，一定是有把年纪了。但在中国就不一样。只要你聪明，肯干就行！短短 10 来年，80 后、90 后已经成为中国咨询公司的主力军。也是啊，国外分公司的合伙人，哪一个不是霜染头发，可我自己还不是 30 出头就已经做到中国区合伙人的高位？快速发展的市场推着你不断向前。

我对这帮年轻人的感情很复杂。他们聪明，有想法。就说前两天吧，因为最近项目清淡，所以给他们派一活儿。让他们去找找各个行业的目标客户，做做行业资料。这边任务一布置下去，公司市场部电话立刻成了他们的热线电话。是啊，市场部不经常搞活动吗，手里不有活动名单吗？他们的灵活，无时无刻不在显现。

还有他们的行动力，也非常让我欣赏。我这条业务线的 Carla，不光业务上是把好手，还在百忙之中搞了一个公益组织，专门帮助山区的孩子。每年 7 月、8 月份，她都要请个长假，到山区去做考察。这种时候，不管项目多忙，我都会准她假。他们身上这种追求梦想不懈怠的精神，我不觉得自己有权力去阻止或者剥夺。

可是，就是这些熠熠生辉的金子，也有让我发怵的时候。有一次，我在办公室的打印机上发现了长达 30 页的歌迷名单。你有爱好，我不反对，可你不能公私不分，上班时间还玩自己的爱好吧。

这些都罢了。我一向自诩为开明的领导，只要你不耽误项目进度，能到点交活儿，其他事情我都是睁一只眼闭一只眼。

最让我头痛的是这些年轻人为自己争取权益时的生猛。一上来就是：“老板，今年加薪幅度可以达到多少啊？你看，我一个月的房租 3000，吃喝拉撒 2000，娱乐 1000，还没有奢侈消费呢，一个月工资差不多没了……”这样的开场白，实在有些让人纳闷，你是在跟你妈要钱呢，还是在跟老板谈薪酬？

我不是反对你跟我谈价钱，问题是你要拿出自己值得加工资的真凭实据。你做了多少案子？每个案子你的贡献度是多少？你的团队协作能力如何？你的未来有没有增长潜力？……

别觉得我冷血，这是资本的特性。每年在我的老板那里，我也要过这一关。老板每一年都要求增长，增长从哪里来？在我们这一行，只有从人身上来。想加工资，不想加班，世上哪有这么美的事？

我有些不解的是，他们每个人那种超乎寻常的自信都来自哪里。去年的业绩评估，有一幕还在眼前。刚刚进公司一年的Jimmy，很强硬地跟我说："老板，今年会给我升职吗？我觉得我是我们团队里最优秀的一个，如果有一个提升的机会，我想那个机会不应该给旁人。"我还没来得及问她为什么，她扬扬眉毛说："如果有升职，而不是我，我想我不会在一个不认可我的公司继续待下去的。"她说这话的时候扬了扬眉毛，她的张扬我今天仍然记得。

过后，我当然没有提拔她。一来提升的机会有限；二来她进公司毕竟只有一年，再优秀也要学会等待。果不其然，她在听到升职名单的当天就走人了。我从其他小朋友那里知道，她手里至少攥着两张录用通知。

小朋友难留，中层经理就更难留了。在我这条业务线，5个项目经理，大都是80初的，经过七八年的磨砺，刚刚可以在公司里站稳脚跟。要说他们不够成熟，是真的。前一段时间，我刚刚提上来的一个项目经理，因为女朋友催着到三亚举行订婚典礼，我交给他的项目他口头上应承了，到头来做得一塌糊涂。最后客户打来投诉电话，只有我来赔笑脸。

别看他们一个个还是青苹果，可早已成为竞争对手或客户眼中的香饽饽。对于身在中国的他们来说，压力很大，机会更多。有时候想想，我也是从他们那个年龄过来的，实在很理解他们：正是成家立业的年龄，各方面的压力都很大，不说别的，单是每个月上万的房贷，已经压得他们喘不过气来。据我们几个合伙人的观察，公司里的员工一旦买房，一年之内的离职率高达90%。除却压力，外面的世界又有几多诱惑？

员工的去留问题，已经成为我的心病。每接到一个大单，欣喜之余我第一个想到的问题一定是：谁来做这个案子？给他一个案子，他会不会做到一半撂单走开？他走了，我又叫谁来接手？我的忧虑，可不是杞人忧天。

这些年轻人，经过七八年的打磨，业务能力已经能够独当一面。可是有那么几个人，也太"独"了，做客户陈述写投标报告，都没有问题，可要让他们带团队，却难于上青天。手里就那么几个可以带项目的中层，你叫我怎么不忧心？

每次员工发邮件给我，要求和我好好谈谈，我都会心跳加速，是不是又一个员工即将离职？我可以拿什么留住他们？就在今年，我这条业务线的离职率，已经达到两位数；我唯一能感到欣慰的是，我的业务线还不是公司上下离职率最高的业务线。

又到了年底，我害怕过年。我害怕小朋友们用眼神杀死我，害怕面对他们赤裸裸的涨薪要求，害怕他们提出不给升职就走人……

二、案例的思政元素

（一）关于发展观点的认识

发展观点是唯物辩证法的一个总特征。唯物辩证法认为，无论是自然界、人类社会还是人的思维都是在不断地运动、变化和发展的，事物的发展具有普遍性和客观性。发展是前进的、上升的运动，发展的实质是新事物的产生和旧事物的灭亡。新事物是指合乎历史前进方向、具有远大前途的东西，旧事物是指丧失历史必然性、日趋灭亡的东西。新事物必然战胜旧事物。时代在发展进步，“公司里的年轻人”的思想观念不同于前人正是社会发展进步的体现。所以，分析此案例的时候，我们要用发展的眼光去了解社会环境有什么新变化，“公司里的年轻人”思想观点、行为特点发生了什么新变化，对组织管理产生了什么新影响，管理者一方面要积极接纳他们的新思想、新观念，另一方面要寻找适应新环境、新观念的激励手段。

（二）关于矛盾的普遍性和特殊性的理解

矛盾的普遍性是指事事有矛盾、时时有矛盾。唯物辩证法认为，矛盾普遍存在，矛盾不仅存在于自然界，也存在于人类社会和人的思维中，人的思维中的矛盾是客观世界矛盾的反映。只要我们从事物的内部，从联系和运动中看事物，就会发现矛盾。“运动本身就是矛盾”。

矛盾的特殊性是指各种事物的矛盾都各有其特点或个性。不同事物的矛盾是具体的、特殊的。具体来说，矛盾的特殊性有三种情形：一是不同事物的矛盾各有其特点；二是同一事物的矛盾在不同发展过程和发展阶段各有不同特点；三是构成事物的诸多矛盾以及每一矛盾的不同方面各有不同的性质、地位和作用。

此案例体现出了矛盾的普遍性。随着时代的发展，观念必然随之变化，管理手段也应与时俱进。

此案例还体现出了矛盾的特殊性。具体来说，就是不同年代的人的思想观念是不同的，“年轻人”的思想观念不同于“老员工”。即使都是年轻人，也因为家庭环境不同、教育背景不同、性格特点不同，在思想观念、理性追求、生活态度等方面也会有很大差异，管理者应该认识到矛盾的特殊性，有针对性地采取不同的激励手段，调动员工的积极性。

（三）正确处理好个人与集体关系

党的十九大报告载明：“明确新时代我国社会主要矛盾是人民日益增长的美好生活需要和不平衡不充分的发展之间的矛盾，必须坚持以人民为中心的发展思想，不断促进人的全面发展、全体人民共同富裕。”

新时代我国人民对美好生活的需要日益广泛。按照马斯洛的需求理论，人的需要有不同的层次，在基本物质文化需要得到满足后，人会有更高层次的需要。在新的社会背景下和管理环境下，企业员工，尤其“年轻人”，对工作带来的满足感、成就感有更高的追求，工作不仅是谋生的手段，也是实现自我价值的途径。他们不仅追求工作质量，也追求生活质量。

管理者要顺应人民群众对美好生活的向往，认识到组织中“年轻人”不断增长的新的需求与现有管理制度之间的矛盾，找到新的管理措施，全面调动员工的积极性、主动性、创造性，为“公司里的年轻人”的创造提供更好的舞台和环境。

同时，管理者也应该做好“公司里的年轻人”的思想工作，要正确处理好个人与社会的关系。个人的活动既是一个生命的自然过程，又是社会实践的历史过程。在这个历史过程中，每个人都不是孤立存在的，他的活动都面临着个人与社会的关系问题。正确认识和处理个人与社会的关系，既是个人进行正常活动的重要条件，也是影响人生选择的基础和前提。

中国在经济全球化、世界多极化、文化多样化、社会信息化的背景中进行改革开放，人们的思想意识受市场经济等因素的影响，呈现出多样化的特点。少数人滋长了拜金主义、享乐主义、极端个人主义等错误的价值观。案例中，“公司里的年轻人”有些关注自己比关注组织更多，片面强调个人利益、个人喜好，这样的价值观既要坚决反对，更要正确引导。管理者需要创新企业文化建设，正确引导和激励员工，坚持集体主义的价值观，要求人们“心中有他人，心中有集体，心中有国家”。要相互尊重、对人宽容、关心他人。企业要关心公益，注重企业的社会责任。

三、案例使用说明

（一）教学用途与教学目标

1. 教学用途

本案例为决策型案例，适用于本科生《管理学》中“激励”知识点的教学和培训。

2. 教学目标

（1）知识层面。

理解概念：激励的原理。

掌握理论：激励理论。

（2）能力层面。

判断实践能力：通过阅读案例，设置由浅入深、由知识到能力的问题，通过解答问题，帮助学生搭建一座“理论到实践、实践到理论”的思维桥梁，使学生能就管理实务问题收集信息与资料，运用适当的理论知识，提出合理的解决方案。

（3）素质层面。

形成专业意识：理解管理活动的开放性，理解新时代的时代特征、新发展理念、新的用人环境、新的人才观念对管理活动的影响；养成关注时事政治、经济环境、企业案例的学习习惯。

提高职业素养：通过案例，引入党的十九大精神和其他重要思政元素，拓展学生视野，让他们理解社会发展对企业管理活动的影响，增强人才强国、人才强企、优化人才成长环境的正确的企业管理观。

（二）案例讨论的准备工作

学生需要学习《管理学》课程中“激励”的相关知识。

（三）案例分析要点

1. 启发思考题

（1）案例中的“年轻人”有何种行为表现？他们相对“老”员工有什么新的需要？为什么他们会出现这样的需要？

（2）如何针对年轻人的需要提出新的管理措施？

2. 分析思路

两个思考题，是基于管理学“激励”知识点而提出的。

行为是人类在环境影响下一切外在反应的统称。人的行为过程是一个“刺激—需要—动机—行为—目标—满足（受挫）”循环往复的过程。依据行为过程的规律，管理者可以对劳动者未满足的需求展开刺激，强化其动机，引导其行为目标，进而促使劳动者产生组织期望的积极行为。根据侧重点不同，激励理论可分为行为基础理论、过程激励理论和行为强化理论。

（1）案例中的“年轻人”有何种行为表现？他们相对“老”员工有什么新的需要？为什么他们会出现这样的需要？

理论知识点：行为产生的过程、需要层次理论、管理环境分析。

参考答案如下：

①案例中的“年轻人”有何种行为表现？

工作努力、追求休闲、热爱公益、满足个性、看重自我等。

②他们相对“老”员工有什么新的需要？

更注重生活质量、更追求个性满足、更看重自我价值。

③为什么他们会出现这样的需要？

行为的产生是基于外部诱因和内部需求的。年轻人的行为是由于成长环境变化、社会环境变化、需求变化共同作用而产生的。

“年轻人”们成长的时代特征：商品经济时代、独生子女不愁吃穿时期、成长于“实践是检验真理唯一标准”的舆论环境、网络时代。当前，“经过长期努力，中国特色社会主义进入了新时代”“我国社会的主要矛盾已经转化为人民日益增长的美好生活需要和不平衡不充分的发展之间的矛盾”。“新时代”下，“人民日益增长的美好生活需要”主要体现在物质性需要、社会性需要（包括社会交往、社会安全、社会保障和社会公正等方面的需要）和心理性需要（包括尊重的需求和自我实现的需要）三个方面。根据马斯洛的需要层次理论，低层次需要满足后，人们就会追求高层次的需要。当今“年轻人”工作，不仅为了谋生，还要追求兴趣满足、个性满足、价值体现。

（2）如何针对年轻人的需要提出新的管理措施？

理论知识点：需要层次理论、激励的方法。

参考答案如下：

管理者应该针对时代背景，适应环境变化，提高对“人”的重视，设置相应的激励手段，更好地满足员工在经济、政治、文化、社会、生态等方面日益增长的需要，更好地优化人才激励措施、优化人才培养环境，推动人的全面发展、企业的全面发展、社会的全面进步。

对“公司里的年轻人”的激励可以从以下方面入手：了解他们的成长经历、精神需求、生活压力、价值观、行为取向、生活方式，建立良好的沟通机制。建立完善的奖励机制和导师制度，创新文化建设，建立畅通的申诉制度等。

（四）教学组织方式

建议在讲授完激励理论知识后使用本案例。建议安排 1.5 个课时（60 分钟）。教学组织安排如表 3-7 所示。

表 3-7　案例的教学组织

学习阶段	学习内容	时间限制	学习目标
课前	学生分组（5~6 人一组）		
课中	分组讨论，并当堂完成案例分析报告	30 分钟	结合理论分析问题，小组案例分析报告作为一次平时成绩
	抽取三个小组进行发言	每组 5 分钟，控制在 15 分钟以内	结合理论分析问题，言之有物，条理清晰
	教师进行归纳总结，注意思政元素与管理学理论的结合。引导学生学会运用管理学的理论知识解决现实问题	15 分钟	归纳用到的关键理论，并对各组的表现做一个简单点评
课后	请学生观赏电影《首席执行官》		扩大知识面，培养管理意识

（五）总结

本案例讲的是年轻人的故事，轻松幽默，深受学生喜欢。教师要理顺激励的逻辑，明确管理活动需要运用的资源中，最重要的资源是“人”，因为人具有主观能动性；但在管理活动中，人的主观能动性没有得到充分发挥，因此，管理者必须了解行为产生的原理和规律，善于激励。激励的原理是了解人的“内在需求”和设置“外在刺激”（即管理手段）。分析案例时要注意引导学生的管理环境意识，让他们真正理解党的十九大报告中对中国国情的论述，理解辩证唯物主义的思想方法在现实管理实践中的运用，从而提高学生分析问题、解决问题的能力。

参考文献

[1] 习近平. 决胜全面建成小康社会　夺取新时代中国特色社会主义伟大胜利——在中国共产党第十九次全国代表大会上的报告 [M]. 北京：人民出版社，2017.

[2] 习近平. 习近平谈治国理政（第一卷）[M]. 北京：外文出版社，2018.
[3] 习近平. 习近平谈治国理政（第二卷）[M]. 北京：外文出版社，2018.
[4] 徐志红. 咱们公司的年轻人 [J]. 哈佛商业评论，2011（12）.
[5] 本书编写组. 管理学 [M]. 北京：高等教育出版社，2019.

"互联网+"行动的探索者——马化腾[①]

一、案例正文

马化腾，男，汉族，无党派人士，1971 年 10 月出生，广东汕头人，腾讯科技（深圳）有限公司董事会主席、首席执行官。受益于改革开放大环境，他创立并带领腾讯，从一个仅有 5 人的小企业成长为全世界最具影响力的互联网公司之一。提出"互联网+"概念，大力推动微信、QQ、在线支付等互联网应用，从民生政务、生活消费、生产服务、生命健康、生态环保等方面推动数字化转型升级，在实体经济和数字经济、传统行业和科技创新融合发展等方面发挥了重要作用，被称为"互联网+"行动的探索者。搭建腾讯基金会平台，倡导全民公益理念，通过信息技术打造广泛参与、透明可信的公益新格局。2018 年 12 月 18 日，中共中央、国务院授予马化腾改革先锋称号，颁授改革先锋奖章。

（一）马化腾的 QQ 故事

1993 年，马化腾从深圳大学计算机专业毕业后，进入深圳润迅通讯发展有限公司任职编程工程师，并专注于寻呼机软件的开发，而后升任开发部主管。

一次偶然的机会，马化腾接触了一个以色列人开发的即时聊天工具 ICQ。他觉得 ICQ 虽然能够在电脑上提供及时信息的功能，但是没有中文版。于是，马化腾想设计一个中文版的 ICQ。马化腾与几个朋友成立了深圳市腾讯计算机系统有限公司，并于 1998 年自主开发了基于互联网的网上中文 ICQ 服务——OICQ，其迅速成为了全国在线人数最多的中文 ICQ 服务商。1999 年 10 月，腾讯得到美国数据集团（IDG）和李嘉诚旗下的香港盈科数码各 110 万美元的风险投资。

然而，1999~2000 年，腾讯经历了一次严重的赔偿官司。因为马化腾开发的 OICQ 抢占了很多 ICQ 的用户群，尤其是中国大陆用户，所以 ICQ 公司通过法律途径，要求腾讯停止使用 OICQ 这个名称，并归还 OICQ 域名给 ICQ 公司，同时赔偿一定金额的费用，最终腾讯败诉。自此，腾讯将原 OICQ 系统更名为 QQ。如今，QQ 在国内外（以国内为主）拥有注册用户约 3.4 亿，且以几何速度每日递增，很快便成长为国内网民使用最多的即时通讯工具。除此之外，QQ 本身也通过广告、移动 QQ、QQ 会员费等多个领域实现了盈利。

---

① 腾讯帝国创始人——马化腾［EB/OL］.［2017-12-07］. http://www.sohu.com/a/209086338_638049；走进腾讯，从摆满企业公仔的办公室，你就能了解马化腾的用人之道［EB/OL］.［2017-09-16］. http://m.sohu.com/a/192360975_99922248.

（二）马化腾的领导风格

马化腾作为深圳市腾讯计算机系统有限公司创始人，自然是最大的贡献者和受益者。其为人亲切、温和、低调，成为了无数媒体争相报道的对象。无论是业内人士还是普通网民，甚至是不上网的大众均对马化腾的远见和魄力颇为赞赏。马化腾不只是建立了一个成功的企业，更是在中国独特的文化背景中，将独生子女家庭以及庞大的移动互联网人口联系了起来。

《时代周刊》评价马化腾是个崇尚共享、追求自由精神的人，不会单纯强调"我"的价值，他知道团队的意义。马化腾作为人才管理工作的最高领导者，一直在思考腾讯要如何帮助高级人才持续成长。腾讯对高级人才有4个维度的横向评估，分别是：管理自己、管理工作、管理团队、管理战略变革。除了众所周知的中国最大互联网公司CEO这个身份之外，他还是腾讯人力资源管理执行委员会负责人。从这个身份不难看出马化腾对内部管理的重视。对高级人才的培养和管理，是腾讯人力资源管理的重中之重。低调务实的腾讯并不刻意追求颠覆性的创新，从管理上来说，不追求惊天动地之举，只追求不断优化。

马化腾介绍说，互联网行业具有高知识密集、高附加值和高产业带动能力等特点。不仅如此，这个行业还具有低能耗、低环境污染的特点。可以说，互联网服务行业不仅是高端服务行业，更是环保、绿色的服务行业。马化腾认为互联网产业非常新，而且变化非常快，历史也非常短。马化腾认为中国互联网本土企业能够崛起的最主要原因应是本土的创新，本土公司能够充分地理解中国用户的特点和发展方式，开发出真正适合中国网民的应用和服务。

（三）马化腾的用人之道

腾讯是一家追求创新，拥抱变化的互联网企业。走进腾讯的办公大楼，最大的感受是放松，没有太多的拘束，有的办公环境布置得很卡通，有的地方甚至可以看到游戏道具。腾讯一直很注重用户的体验和感受，这也体现在企业经营中的用人之道上。

1. 以人为本

腾讯很注重员工个人的成长，鼓励员工与企业共同成长和发展，给新人设立了完整的培训体系。腾讯对员工的重视往往从入职开始，应届毕业生报到后先进行为期两周的封闭式内部培训，培训期间许多部门的总经理、副经理或产品总监等会对其进行面对面的讲座和交流，让新人尽快了解公司。

2. 用人不疑

马化腾在用人方面采用"用人不疑，疑人不用"的原则。张小龙的团队在被腾讯收购后，马化腾并没有像大多数老板一样过多的去插手张小龙所负责的事情，而是给了他很大的自由，让他放手去发挥。就是马化腾这样的用人之道，让张小龙创造出了几乎人人都离不开的微信，让腾讯的市值一路飙升，至今已突破了2000亿美元的大关。

3. 有归属感

腾讯除了关注员工个人的职业生涯发展外，还很注重工作之余的生活，例如安排班车接送员工上下班，为员工提供早餐牛奶，安排羽毛球、篮球、网球、足球和舞蹈等丰富的文体娱乐活动，邀请员工家属参加每年的员工大会等。马化腾认为，"为员工创造更广阔、更完善的平台，让大家有归属感，能让员工愿意而且能够在腾讯成就一番事业。”有数据统计，腾讯员工的离职率非常低，全年低于5%。

4. 激发创意

腾讯的企业文化鼓励每个员工都要具有创新的意识。只要有好的点子，就可以和上司进行沟通。腾讯常常会面向全体员工发邮件，征集一些好的点子，比如QQ.COM的口号“新生活，我主张”，就是从广大员工中征集过来的。当用户对创意的体验反应很好，创意为公司带来收益时，公司便会给策划人及其团队给予精神和物质的双重奖励。

二、案例的思政元素

本案例的思政元素主要是：

（一）品格的力量

领导者要体现影响力，其品格是不可忽视的内容。夏尔·戴高乐讲过：“那些具有品格的人会放射出磁石般的力量，对于追随他们的人来说，他们是最终目标的象征，是希望的象征。”领导者良好的道德品质是领导权力的土壤，会对其身边的人产生巨大的影响。

知识教育可以塑造人的品格。《第三次浪潮》的作者阿尔温·托夫勒认为，未来高质量的权力将来自于知识的应用，知识是用途最广的社会控制的根本来源。在新时代的背景下，领导者要做社会的洞察者和思考者。领导者对自身知识体系和道德修养的完善不仅能获得精神上的洗涤，而且对扩大领导的威信和影响力具有关键的作用。马化腾为人亲切、温和、低调，同时又是一个崇尚共享、追求自由精神的人，不单纯强调“我”的价值等表明马化腾是一个非常注重品格养成的领导者。

（二）坚持以人民为中心的发展思想

永远把人民对美好生活的向往作为奋斗目标。人民性是马克思主义最鲜明的品格，始终同人民在一起，为人民利益而奋斗，是马克思主义政党同其他政党的根本区别。人民是历史的创造者，人民是真正的英雄。坚持人民主体地位，充分调动人民积极性，始终是我们党立于不败之地的强大根基。强调以人为本，体现了中国共产党的根本宗旨。以人为本不仅主张人是发展的根本目的，而且主张人是发展的根本动力。人是发展的根本目的，也是发展的根本动力，一切为了人民，一切依靠人民，就是坚持以人民为中心的发展思想。只讲根本目的，不讲根本动力，或者只讲根本动力，不讲根本目的，都不符合唯物史观。毛泽东同志指出，人民群众是历史的主人；同时指出，人民，只有人民，才是创造世界历史的动力。

腾讯注重员工的个人成长，鼓励员工与企业共同成长和发展，给新人设立了完整的培训体系。马化腾在用人方面采用“用人不疑，疑人不用”的原则，给员工很大的自由，让员工自由发挥，这就是马化腾的用人之道。腾讯关注员工的归属感。腾讯除了关注员工的个人职业生涯发展外，还注重工作之余的生活，马化腾认为，“为员工创造更广阔、更完善的平台，让大家有归属感，能让员工愿意而且能够在腾讯成就一番事业。”这些方面都表明了腾讯坚持以人民为中心的发展理念。

三、案例使用说明

（一）教学用途与教学目标

1. 教学用途

本案例为描述型案例，适用于本科生的《管理学》中“领导职能”知识点的教学和培训。

2. 教学目标

（1）知识层面。

理解概念：领导与领导者、领导三要素。

掌握理论：领导权力的来源、人本理论。

（2）能力层面。

系统思维能力：教师通过对理论的讲解，帮助学生系统了解领导权力的来源、领导三要素的构成，形成全面、系统、联系地分析问题、解决问题的思维能力。

（3）素质层面。

形成专业意识：理解领导的科学性和艺术性，理解新时代的时代特征、新发展理念及其对管理活动的影响；养成关注时事政治、经济环境、企业案例的学习习惯。

提高职业素养：通过案例，引入思政元素，拓展学生视野，让学生理解领导者的社会责任感和影响力，形成正确的领导权力观。

（二）案例讨论的准备工作

学生需要预习《管理学》课程中“领导职能”相关知识，对领导的内涵与特征、领导与领导者、领导与被领导者、领导与情境、人本原理等管理学知识点有一个更直观的认识。

（三）案例分析要点

1. 启发思考题

（1）结合案例，请从领导者权力来源，谈谈为何马化腾能够对下属有如此大的影响力。

（2）结合案例，请谈谈你是如何理解领导的三个要素的。

（3）结合案例，从领导特征理论出发，你认为马化腾具有什么样的领导特征，并谈谈他“以人为本”的管理理念。

2. 分析思路

上述思考题，主要是基于管理学“领导的内涵与特征”的相关知识点而提出的。

知识点一：领导者权力的来源。

领导者权力分为两种类型：一类是与领导者的职位相关的职位权力，包括奖赏权力、强制权力和法定权力；另一类是与领导者的个人魅力或相关知识有关的个人权力，包括参照权力和专家权力。

知识点二：领导的三要素。

领导行为是领导者、被领导者、情境三者的复合函数，即领导 = f（领导者，被领导者，情境）。

知识点三：人本原理。

以人为中心的人本原理是管理的首要原理，其要求领导者对组织活动的管理，既是“依靠人的管理”，也是“为了人的管理”。

（1）结合案例，请从领导者权力来源，谈谈为何马化腾能够对下属有如此大的影响力。

理论知识点：领导权力的来源。

参考答案如下：

领导是一个人在特定情境中通过影响个体或群体的行为来努力实现目标的过程。在组织中，领导者权力分为两种类型：一类是与领导者的职位相关的职位权力，包括奖赏权力、强制权力和法定权力；另一类是与领导者个人的魅力或相关知识有关的个人权力，包括参照权力和专家权力。其中，参照权力来源于领导者个人的特征，包括行为方式、魅力、品德、经历、背景等，其基础是下属对领导者这些特征的认同，或是一种对认同的渴望，此时下属会期待自己的行为、感觉或信仰能够像领导者一样，当领导者对下属非常有吸引力时，下属就会渴望与领导者一样。当领导者对下属非常有吸引力时，下属就会渴望与领导者关联，有了关联之后又会希望关系更加密切并能够保持，此时领导者就对下属产生了影响力。领导者个人特征对下属的影响力越大，下属的认同感越高，参照权力就越大，对下属的影响力也就越大。

可见，领导者个人品格的力量会对身边的人产生巨大的影响力。恩格斯提出权力影响力的来源一方面是一定的权威，另一方面是一定的服从。马化腾以良好的领导者品格为其企业的管理打下了坚实的基础。

（2）结合案例，请谈谈你是如何理解领导的三个要素的。

理论知识点：领导的三个要素。

参考答案如下：

领导行为是领导者、被领导者、情景三者的复合函数，即领导 = f（领导者，被领导者，情境）。

领导者是这一行为的主体，也是权威和影响力产生的主要来源，对领导者的研究主要集中于领导者的个人特质和行为特征。很多人认为，马化腾有远见和魄力，温和且为人低调。

被领导者是这一行为的客体，他们也会对领导行为的效果产生影响，因为权威真正的确立在于被领导者的接受程度，因此，被领导者的特征决定了实施何种领导行为最有效。在腾讯公司，领导充分关注员工的成长，从入职开始就制定了一系列的培训，同时充分认可下属的做事风格和能力。

领导行为还应随着组织情境的变化而调整。组织情境既包括任务结构、职位权力、工作特征等组织内部环境，也包括社会文化等组织外部环境。从内部环境看，腾讯是一个追求创新的公司，工作环境让人感觉放松，没有太多的拘束，例如安排羽毛球、篮球、网球、足球和舞蹈等丰富的文体娱乐活动，下属有了创新的点子可以随时发邮件与上级联系。同时，特别关注外部快速发展的互联网环境。

可以说，领导行为是领导者、被领导者、情境三者的复合函数，马化腾在管理下属的时候形成了“以人为本”的管理理念，这些领导特征形成以下三方面因素的影响有关：①自己温和、低调的个性特征；②充分认可下属的做事风格和能力；③充分考虑到互联网发展快速的外部发展环境，同时又营造一种有利于员工创新的工作环境和工作制度。因此，马化腾的领导行为是适合当前腾讯的生存环境和发展需要的。

（3）从领导特征理论出发，你认为马化腾具有什么样的领导特征，并谈谈他“以人为本”的管理理念。

理论知识点：人本原理。

分析思路参考如下：

以人为本的人本原理是管理的首要原理，其要求领导者对组织活动的管理，既是“依靠人的管理”，也是“为了人的管理”。

“依靠人的管理”，一方面强调组织被管理者参与管理，参与组织活动方向、目标以及内容的选择、实施和控制；另一方面强调根据人的特性对组织、对人进行管理，重视管理的人性化。“为了人的管理”是指管理的根本目的是为人服务。管理的为人服务不仅包括通过管理工作来提高组织业务活动的效率，从而使组织能够更好地满足服务对象的要求，而且还包括通过管理工作，充分实现组织成员的社会价值，促进组织成员的个人发展，满足组织成员的物质与心理需求。这种需求的满足，不仅要求管理者组织民主决策，而且要求管理者根据各个组织成员的素质特点安排恰当的工作，同时要求通过这种安排使每个人都有机会在组织的业务活动中增加知识、提高能力、完善素质，从而实现自身的不断发展。

案例中，马化腾作为腾讯公司的最高领导者，始终坚持以人为本的管理理念。一方面，其重视企业人才的培养模式以及企业本土化的创新发展方式，发挥“依靠人的管理”的人本思想理念；另一方面，其善于鼓励员工与企业共同成长和发展，提高员工的归属感，秉承“为了人的管理”的人本思想理念。通过上述两类途径，充分调动组织成员参与组织活动的积极性，为企业的可持续化运营提供了源源不断的人力资源。

（四）教学组织方式

建议在结束讲授“领导的一般理论”全部知识点后，安排本案例的教学。一般安排1.5个课时（60分钟）。教学组织安排如下：

（1）教师导入，可以请学生讲讲QQ的使用感受，与微信的使用体验有何不同？提问学生对QQ创始人的了解程度如何？（5分钟）

（2）PPT展示改革开放40年百人表彰名单中马化腾的相关内容，并简单介绍其事迹，导入问题“马化腾如何创建腾讯的？”提示学生看案例。（5分钟）

（3）分组讨论。（30分钟）

（4）听取2~3个小组的发言。

（5）教师总结，并介绍相关的网站和论文，以便学生课后进一步了解腾讯及马化腾。

（五）总结

通过本案例教学，使学生掌握“领导职能”的相关知识点，明晰管理与领导者权力来源的区别，树立科学管理理念和以人为本的管理意识，进一步增强学生关于品格修养和专业技能对领导影响力重要性的认知和理解。

参考文献

[1] 李秀娟．马克思主义实践观视阈下的大学生领导力教育［J］．蚌埠学院学报，2016（2）：147-150.

[2] 刘永，沙军．当代中国文化视野中的大学生领导力教育［J］．当代青年研究，2013（3）：92-97.

[3] 习近平．党的十八届中央委员会向中国共产党第十九次全国代表大会的报告［M］．北京：人民出版社，2017.

[4] 本书编写组．管理学［M］．北京：高等教育出版社，2019.

不忘初心：阿里巴巴的文化追求与使命担当①

一、案例正文

阿里巴巴创建于1998年底，总部设在杭州，并在美国硅谷、英国伦敦等海外城市设立分支机构。作为全球著名的（B2B）品牌，阿里巴巴（Alibaba.com）是目前全球最大的网上贸易市场。完美坚固的团队组合、良好的定位、稳固的结构、优秀的服务、坚定不移的目标信念，使阿里巴巴成为全球首家拥有210万商人的电子商务网站，被商人们评为“最受欢迎的B2B网站”。

刚成立时，阿里巴巴还只是一个由18个人初创的电子商务公司，而今已经成长为一家横跨电商、金融、无线通信等多种业态的“产业生态圈”，旗下坐拥多家子公司，而其眼中最重要的资源——“阿里巴巴人”（员工）已经扩容到86833人（截至2018年6月）。与此同时，阿里巴巴作为行业“搅局者”和“颠覆者”的形象愈加鲜明，其“开放、创新”的文化标签也日益深入人心。正是这样的企业文化使阿里巴巴能够跨业态掀起一场革命，以至于阿里巴巴能在如此庞杂的产业生态中，体现出如此富有生命力和影响力的企业文化，这样的文化追求不仅体现着作为企业家的初心和使命，更展现出一个企业的家国情怀和世界担当，其使命、愿景和价值观如下所示：

使命——让天下没有难做的生意。

愿景——分享数据的第一平台；幸福指数最高的企业：“活102年”。

价值观——坚持“客户第一、员工第二、股东第三”。

（一）精神文化的追求：开放与分享

文化建设一直是阿里巴巴发展的重中之重，2001年，强调“简单、激情、开放”等价值观的“独孤九剑”在阿里巴巴内部被奉为圭臬；2003年，阿里巴巴更是“争议性”地把价值观纳入到绩效考核体系中，而且占到50%的权重，甚至有时候会更加倚重。在阿里巴巴的招聘历史上曾多次出现由于价值观，而把一些精英人才拒之门外的案例，依照时任阿里巴巴人事处总监卢洋的话来说，“如果跟我们价值观不相吻合，一个人能力越大，那么进来之后对组织的破坏力也就更大”。

---

① 资料来源：经笔者网络收集后整理所得。金融界．阿里巴巴的2018：快乐工作，认真生活［EB/OL］．［2019-02-08］．https：//baijiahao. baidu. com/s？ id=1626682078531837533&wfr=spider&for=pc；腾讯网．阿里巴巴HR副总裁谈：如何打造成功的企业文化［EB/OL］．［2019-01-04］．https：//new. qq. com/omn/20190104/20190104A0MK7H. html；凤凰科技．马云要求6万阿里人：必须要有家国情怀和世界担当［EB/OL］．［2017-09-09］．http：//tech. ifeng. com/a/20170909/44677798_ 0. shtml.

其实，阿里巴巴的文化很简单，与互联网的基因一致，就是开放、分享，在卢洋看来，这种企业文化不仅能够应对由于业务持续庞杂所可能引发的“大组织病”，而且能够保证一些有利于公司发展的先进制度得以真正实施。为了激发员工工作的自主性，优化体系内的人力资源流转，阿里巴巴对转岗制度做了调整：以前是部门主管同意之后员工才可以转换工作，如今只要接收方同意，原部门主管就要无条件放行。

在瞬息万变的互联网环境下，在多个行业掀起变革的阿里巴巴持之以恒的就是企业文化。据卢洋透露，阿里巴巴正在构建面向未来的企业形态，这将完全有别于现有的组织模式，而得以有效运转的关键还是在于开放和分享的企业文化。

（二）行为文化的追求：公平与客观

“阿里巴巴味儿”就是阿里巴巴强化企业文化的一个阵地，事实上，许多公司都不乏这样的设置，但是阿里巴巴的这个内网却有不一样的味道。在内网上，员工可以直言部门主管的待遇不公，可以质疑公司的某项政策规定，甚至是集团高管走马上任也会被反对“围攻”。用阿里巴巴一位员工的话来说，可以讨论任何事情而无论层级，可以发表任何观点而不论对错，即便是高管的观点也经常被员工“减芝麻”（“减芝麻”表示不同意）。

形成这样的氛围听上去并不困难，“就是让员工相信他可以这样做，其实大家看的就是高管的言行和回应”。“一切管理上的问题，包括管理者的不成熟，员工的不理解，这些都没有什么不可以说的”。卢洋说阿里巴巴坚持的原则是“即使是毒草，也要让他生长在阳光下”。也正是在这种潜移默化的培养中，每位员工都能以一个平等、客观的姿态参与到工作的讨论和执行中。

在阿里巴巴的另外一个安排中，项目推进以“共创会”的形式进行，“可能老板本身就有想法了，但还是要先把问题抛出来，让大家共同参与，经过几轮之后形成的结论，有可能跟老板最初的设想相同，也有可能优于最初的设想”。上述员工介绍说，“这样带来的好处就是，由于是大家共同参与得出的结果，因此，员工对项目的理解，包括项目未来的执行上都会更顺利”。

价值观的量化就是“做实”的有效路径，阿里巴巴广为人知的“六脉神剑”很简单，即客户第一、拥抱变化、团队合作、诚信、激情、敬业，但每一项都有具体的解释和详细的内容，而且与绩效考核能够一一对应，比如“激情”一项就定义为“乐观向上，永不放弃”，“1 分的激情是什么样的，6 分的激情是什么样的，这些都有具体细则，在进行绩效考核的时候，员工就要依次举出自己的工作案例来跟考官说明。”

（三）制度文化追求：收放自如的控制

阿里巴巴充分满足了员工的施展空间和创新冲动，“赛马”就是一个很好的例子，员工只要有好的想法和创意就可以提交到阿里巴巴的项目委员会，经过审批之后，员工就可以放手去做，集团会为其配备人手、资金，甚至还有期权，阿里巴巴很多好的项目都是通过“赛马”成立的。

不仅鼓励员工的自由创作，而且阿里巴巴对此给予极大的耐心和包容，这样的政策并没有职位大小高低之分。

“放任”的结果往往带来意想不到的惊喜，有些案例甚至让阿里巴巴内部员工也有点难以置信，比如刚刚入职的一位员工"不务正业"，耗时8个月痴迷于与自身业务关联不大的技术难题，部门主管也欣然接受，而这对于双方来说都是一种"冒险"：员工毫无突破，高管难辞其咎。但最终，员工的技术方案被纳入全球性的技术标准中。

"对于员工的培养不是简单依赖于一个完整的培训体系，当然，培训是必要的，阿里巴巴也一直在做各种方面各种类型的培训。"卢洋认为，这些培训只是企业员工培养的基本动作，而更关键的在于员工自主性的培养，"我们整个制度是鼓励创新，而且是容错的，给员工一定的空间，实战中的磨炼对其成长是最有帮助的，员工在这个过程中，享受到成就感，享受到成长的快乐"。

这使阿里巴巴文化中所强调的"快乐工作"成为可能，不仅是小的制度安排，在整个晋升体制上，阿里巴巴也同样奉行"自由"原则。比如阿里巴巴员工的晋升并不是由主管决定，而是结合一年的工作情况自己来判断决定，如果认为自己到了晋升的某一个层次和水平就提交晋升申请，由各个部门的资深同事进行考核，员工做述职报告，评委来投票决定。

（四）企业文化的践行：人性化管理

阿里巴巴的文化管理是由一系列的体制和制度共同作用完成的。在这个体系中，HR扮演着极为重要的角色，可以说，阿里巴巴的HR是其文化管理的操盘手。在阿里巴巴，HR属于一个战略性的部门，其角色定位就是HR跟业务在一起，能够成为业务的伙伴，能够伴成长、能够推文化、能够促沟通。

要达到这样的预期，HR就必须能熟悉和了解部门业务和员工的需求，因此，阿里巴巴的HR团队构成也很多元化，500多人中有2/3来自于技术、产品、运营等各个业务部门，而只有少数是专业的HR出身。

这样的HR能把阿里巴巴的"家事"料理得细致周密，小到日常文娱，大到晋升庆祝，HR都能体贴入微地考虑到员工的需求，阿里巴巴每年的"家书"计划会给所有员工的家属寄出一份个性化定制的期刊，其上详细介绍了该员工一年的工作情况；而在阿里巴巴设定的"一年香、三年醇、五年陈"的员工成长轨迹中，部门也会在关键成长时期第一时间为员工送上鼓励，比如到第五年的时候，HR会提前发邮件提醒部门主管，后者会像庆祝生日一样为员工做准备。

在"人性化管理"之外，阿里巴巴的HR也不乏铁腕的角色。可以说，除了大部分公司HR的常规动作，阿里巴巴的HR责任更重，首先，在面试中对员工的价值取向进行严格审核，避免发生"用人部门急于开展工作而忽略价值观考察"的情况；其次，在日常业务开展过程中，阿里巴巴的HR也有一个特殊的设计，会给各个业务部门配置专人，进行现场督导巡视；最后，跟员工谈心交流，看是不是存在文化上的问题，使组织符合阿里巴巴的方向发展。正如前述员工所比喻的，阿里巴巴的HR就像一个毛细血管一样，深入到每一个业务。"即使部门业务发展良好，但如果违背了阿里巴巴的价值观，那么HR也会站出来提出质疑"。

（五）企业文化最高追求：家国情怀与世界担当

马云一直希望推动阿里巴巴成为一个受到尊重的企业，不是因为排名和价值，而是

“为中国、为世界、为未来，为所有我们关心和热爱的人创造价值、解决问题”。

在 2017 年 1 月 25 日的浙商大会上，马云有一个多小时的发言时间，而他只用一句话带过了阿里巴巴的业绩，却用大量的篇幅分析经济形势，并提出应对与作为：“用三五年时间规划调整，用十年时间，我们再把这个国家的经济做起来。”

2017 年 6 月 30 日，马云出席美国中小企业论坛，面对 3000 家美国中小企业，马云说：请重新发现中国。看完马云在美国底特律的演讲之后，在商界身经百战的柳传志也难掩心中情愫，动笔写了一篇文章《为中国露脸！让我激动》。

2017 年 9 月 8 日，阿里巴巴迎来了 18 周岁生日。当晚，阿里巴巴全球 4 万员工从各地赶来，齐聚杭州黄龙体育中心，为公司送上一份“成人礼”。晚会最后，马云进行了压轴演讲，年会走向高潮时刻，马云带领所有阿里巴巴合伙人宣布将共同开启经济体的新时代。18 岁，意味着成人，意味着更大的担当和责任。就像马云所说的，“我们未来必须要有‘家国情怀’和‘世界担当’，必须考虑每个人的家，只有考虑自己的家，考虑这个国家，考虑这个社会，考虑世界的担当，阿里巴巴才会赢得尊重”。发展至今，不管是开放的企业价值观，还是与客户齐心协力共同发展，抑或是超越企业本身的“大人才战略”，阿里巴巴都体现出了高瞻远瞩的眼光和阔达的胸襟。是家国情怀和社会担当，让阿里巴巴和阿里巴巴人与众不同。

二、案例的思政元素

本案例的思政元素主要是：

（一）培育和践行社会主义核心价值观

文化的核心在于“价值观”。从组织的角度理解，组织文化是指一个组织在长期实践活动中形成的具有本组织特征的文化现象，是组织中的全体成员共同接受和共同遵循的价值观念、思维方式、心理预期、行为准则、团队归属感以及工作作风等群体意识的总称，是以价值观为导向的一种观念。阿里巴巴的企业文化核心“开放、分享”，是他们主导的价值精神，并以此价值观为核心，提倡“开放、分享”的思维方式，不断围绕着这个价值观来规范和约束成员的行为，提高员工的归属感。从国家层面看，社会主义核心价值观也是如此，形成富强、民主、文明、和谐，自由、平等、公正、法治，爱国、敬业、诚信、友善的社会主义核心价值观，用基本的价值观来规范和约束成员的行为。“爱国、敬业、诚信、友善”则从个人层面去约束和规范公民的行为，要体现的是我国公民的价值追求以及与道德准则。正如材料所示，文化对于一个组织、一个国家极为重要，任何资源最终都会匮乏，唯有精神和文化能够将一个民族和一个企业传承延续下来。

（二）坚定文化自信，建设社会主义文化强国

文化是一个国家、一个民族的灵魂，是人民的精神家园，也是政党的精神旗帜。当今时代，文化在综合国力竞争中的地位日益重要，谁占据了文化发展的制高点，谁就能更好地在激烈的国际竞争中掌握主动权。坚定中国特色社会主义道路自信、理论自信、制度自信、文化自信，最根本的是坚定中国特色社会主义文化自信。实现中华民族伟大复兴，迫

切要求我国由一个文化大国转变为一个文化强国，这是中华民族几千年文化积淀赋予我们的历史使命。

中国特色企业文化是建设社会主义文化强国的重要组成部分，必须以马列主义、毛泽东思想、邓小平理论、"三个代表"重要思想和科学发展观、习近平新时代中国特色社会主义思想为指导，它应该是中国特色社会主义文化的有机组成部分，并且在企业生产、经营、管理中能够创造精神财富和物质财富。致力于人的全面发展，立足我国社会主义的基本情况，弘扬中华民族的优良传统美德，并且在企业发展的同时，恪守和谐发展的生态文明观，在企业经济效益增长的同时重视对员工的尊重和激励。我们把中国特色企业文化分为四个层面，即企业精神文化、企业制度文化、企业行为文化、企业物质文化，其中，企业精神文化是整个企业文化体系的核心，是其他三种文化之源。坚持以人为本，以人为核心是中国特色企业文化的根本所在。坚持中华民族优秀传统文化是中国特色企业文化建设的基础。社会主义核心价值观是中国特色企业文化建设的方向坐标。恪守和谐发展生态文明观是企业长久发展的源泉。材料也表明阿里巴巴的发展具有鲜明的中国特色企业文化内涵。

企业的社会责任和爱国情怀也是企业文化的一部分。社会责任和爱国情怀是一个社会和企业应该具备的独特的情怀和责任。习近平总书记提出"只有富有爱心的财富才是真正有意义的财富，只有积极承担社会责任的企业才是最有竞争力和生命力的企业"。然而很多企业认为履行社会责任的主体应该是国家，因为社会责任的履行会增加企业的额外成本。许多企业并没有树立社会责任意识，更谈不上把企业发展与社会责任相结合。比较典型的事件是长春长生疫苗事件。2018 年 7 月，国家药品监督管理局通告，长春长生生物科技有限公司冻干人用狂犬病疫苗生产存在记录造假等行为。距离 2017 年 11 月疫苗不合规之后，不到一年，再曝疫苗质量问题。这反映了当前企业对待社会责任的一个普遍现象，这样的现象年年都在发生，如环境污染、产品不合格等，2008 年发生的三鹿奶粉事件也是一个典型代表。在这方面，更多的企业应该向华为、阿里巴巴、联想等集团学习。这些集团都表现出了非常高的爱国情怀和社会责任。在中美贸易摩擦中，华为也不忘展现出作为一个中国企业应该有的气质与风度。

（三）唯物辩证法之事物的普遍联系原理

唯物辩证法认为，世界上的万事万物都处于普遍联系之中，普遍联系引起事物的运动发展。普遍联系中整体与部分的辩证关系：整体与部分互相包含；整体与部分相互转化；整体不一定等于各部分之和。阿里巴巴的企业文化强调对员工的信任、培养、晋升等（即使是毒草，也要让他长在阳光下，管理不是一种控制）与阿里巴巴发展壮大、家国情怀就是普遍联系、整体与部分的关系的生动写照。比如，在 2009 年"公司的力量"纪录片中，柳传志和马云都发表了作为一个中国企业家应有的责任，"公司应该传达一个更好更正确的财富观，再有一个，公司应该更好地去做一些慈善事业，为整个社会尽些责任（联想集团董事局主席柳传志）""能够通过自己的理念和思想，去影响这个社会，完善这个社会，让每个人懂得交易、平等、分享、透明，我觉得这样的公司，在我看来是受尊重的（阿里巴巴集团董事局主席马云）"。大学生作为未来企业发展的主力军，可以通过基本的管理学教育来提高企业履行社会责任的积极性和主动性，需要从市场竞争和经济利益视角深入理解企业社会责任，提升企业的爱国情怀。对此，学生应该从唯物辩证法的视角去认识企业文化和社会责任，这是因为普遍事物之间是相互联系的。引导学生树立唯物辩证法观念，即整体是由部分构成的，部分从属于整体，我们在一切活动中都应该有全局观念或大局意识。

三、案例使用说明

（一）教学用途与教学目标

1. 教学用途

本案例为描述型案例，适用于本科生《管理学》中“组织文化”知识点的教学和培训。

2. 教学目标

（1）知识层面。

理解概念：组织文化。

掌握理论：组织文化的构成因素、功能和塑造过程。

（2）能力层面。

系统思维能力：教师通过对理论的讲解，帮助学生系统了解组织文化的内涵、因素、功能和塑造过程，形成全面、系统、联系地分析问题、解决问题的思维能力。

判断实践能力：根据阿里巴巴相关文化的材料，从企业文化概念、建设过程和作用三个方面设置问题。通过与学生的问答互动，帮助学生能就无形的企业文化形成具体的实践认识，同时对材料进行理论剖析，搭建一座“理论到实践、实践到理论”的思维桥梁。

（3）素质层面。

形成专业意识：理解企业文化的重要作用，通过对文化概念的认识，理解社会主义核心价值观对于中国发展的重要作用与影响。

提高职业素养：通过对阿里巴巴企业文化的了解与认识，明白企业对于民族、社会和国家的发展是有着重要的文化追求和使命担当的，以此增强学生的社会责任感，形成正确的管理伦理观。

（二）案例讨论的准备工作

（1）学生需要预习《管理学》课程中组织文化的相关知识，对组织文化的内容、功能有个基本了解。

（2）授课教师可事先让一个同学了解学校的文化，如有，可以请他（她）事先做个简单的 PPT，介绍一下自己所就读的高中以及现在所在大学的发展过程，以及校训的内容及感受。

（三）案例分析要点

1. 启发思考题

（1）请根据组织文化概念的核心要素分析阿里巴巴企业文化的主要要素，并谈谈对社会主义核心价值观的理解。

（2）请根据案例，结合组织文化作用，谈谈阿里巴巴企业文化的主要作用。

（3）请根据企业文化的影响过程，分析阿里巴巴是如何形成和管理自身文化的。

2. 分析思路

三个思考题，是基于管理学“组织文化”知识点提出来的。

（1）请根据组织文化概念的核心要素分析阿里巴巴企业文化的主要要素，并谈谈对社会主义核心价值观的理解。

理论知识点：组织文化的概念与特征。

参考答案如下：

组织文化是指一个组织在长期实践活动中形成的具有本组织特征的文化现象，是组织中的全体成员共同接受和共同遵循的价值观念、思维方式、心理预期、行为准则、团队归属感以及工作作风等群体意识的总称。阿里巴巴“开放、分享”的企业文化核心则是他们主导的价值关系，并以此价值观为核心，提倡“开放、分享”的思维方式，并不断围绕着这个价值观来规范和约束成员的行为，提高员工的归属感。

组织文化的特征：独特性、长期性、可塑性、精神性、系统性、相对稳定性、融合性。如开放、创新，“阿里巴巴味儿”等文化始终代表了阿里巴巴的文化特点，这些精神能够体现组织文化应该具备的特点，同时，也通过使命、愿景和价值观展现了阿里巴巴的企业文化及其特点。

（2）请根据案例，结合组织文化作用，谈谈阿里巴巴企业文化的主要作用。

理论知识点：组织文化的作用。

参考答案如下：

①导向功能：以一种适应性文化引导着组织整体和每一个组织成员的价值取向及行为取向，使之符合组织所确定的目标。

②凝聚功能：组织文化能够以各种微妙的方式沟通组织成员的思想感情，融合人们的理想、信念和情操，培养和激发其群体意识。因此，阿里巴巴吸引了一群追求开放创新的年轻人加入。

③激励功能：通过组织文化的塑造和内在引导，每个组织成员都能从内心深处产生为组织宁愿付出一切的奉献精神，从而最大限度地激发工作的积极性、主动性和创造性。

④约束功能：组织中的文化氛围、群体行为准则和道德规范，对每一个组织成员的思想、心理和行为都具有很强的约束和规范作用。阿里巴巴曾把一些精英人才拒之门外就是约束功能的体现。

⑤辐射功能：组织文化一旦形成较固定的模式，不仅会在组织内发挥作用，对本组织成员产生影响，而且会通过各种渠道向社会辐射，对社会产生影响。现在很多企业都在学习阿里巴巴的企业文化。

⑥调适功能：组织文化可以帮助新加入组织的成员尽快适应组织，使自己的个人价值观更好地与组织需要相匹配。可以让很多新入职的员工以自己喜欢的方式进行工作。

（3）请根据企业文化的影响过程，分析阿里巴巴是如何形成和管理自身文化的。

理论知识点：组织文化的塑造过程。

参考答案如下：

①选择价值观：组织价值观要体现组织的宗旨和发展战略与方向；组织价值观要与组

织文化各要素之间相互协调；组织价值观要得到组织成员和社会的认可与接受。

②强化认同：在选择并确立了组织价值观和组织文化模式后，应采取有效的方式进行强化，具体做法包括宣传、树立典型、加强培训和教育。

③提炼定格：成熟的组织价值观和组织文化模式的形成不是一蹴而就的，必须经过精心分析、全面归纳和精炼定格。

④巩固完善：建立规章制度和领导者率先垂范。

（四）教学组织方式

建议用本案例完成“组织文化”全部知识点的教学，不再安排教师讲授的时间。一般安排 2 个课时（80 分钟）。教学组织安排如表 3-8 所示。

表 3-8 案例的教学组织

学习阶段	学习内容	时间限制	学习目标
课前	要求学生分组，并预习课本知识，查阅相关资料，了解阿里巴巴集团的发展概况	提前两天	熟悉案例背景
课中	教师或学生展示阿里巴巴文化形象 PPT	5 分钟	进一步熟悉案例背景
	分组讨论，并当堂完成案例分析报告	30 分钟	结合理论分析问题，小组案例分析报告作为一次平时成绩
	抽取三个小组进行发言	每组 5 分钟，控制在 20 分钟以内	结合理论分析问题，言之有物，条理清晰
	引导全班进一步讨论，并进行归纳总结，注意思政元素与管理学理论的结合。引导学生学会运用管理学的理论知识解决现实问题	25 分钟	归纳用到的关键理论，并对各组表现做一个简单点评
课后	请学生继续关注阿里巴巴的发展，谈谈对这个企业发展的感想		增进记忆，巩固知识

（五）总结

企业文化对一个企业来说，犹如一个人体的“基因”，它通过特别的方式告诉员工企业的核心价值观，提倡做什么和不提倡做什么，如一个无形的双手在背后推着员工奋斗，共同实现企业目标。可以说在现代企业，企业文化已升华为企业的灵魂，但任何企业文化都要有家国情怀与世界担当，这是推动国家与社会进步的主要精神动力。通过该案例教学，让学生们在学习《管理学》组织文化相关知识点的同时，学会运用马克思主义的立场观点分析解决企业管理中的问题，树立现代企业制度理念，塑造企业形象，增强产品形象，依法治企，推动中国特色企业文化建设。

参考文献

[1] 蔡弘志，祝慧敏．阿里巴巴企业文化对竞争力影响的研究 [J]. 电子商务，2017 (1)：34-35.

[2] 孙春艳．企业文化成就阿里巴巴 [J]. 中外管理，2014 (1)：54-55.

[3] 骆正清，张薇．创业型企业的企业文化落地——以阿里巴巴集团为例 [J]. 中国人力资源开发，2013 (13)：47-51.

[4] 翁佳慧．企业文化个案研究——以阿里巴巴为例 [J]. 科技信息（科学教研），2008 (1)：182.

凝魂聚力！统一组织成员的思想与行动

——三湾改编

一、案例正文

1927年9月，秋收起义失败。仅一周，原有5000多人的起义部队，只剩下不足1000人和48匹马。为了躲避敌人的围追堵截，毛泽东率领军队从文家市向罗霄山脉中段的井冈山转移。为什么会遭遇接二连三的失败？一路上，毛泽东陷入了沉思。

1927年9月29日，起义军翻越大山来到一个群山环抱，没有地方反动武装的山坳——永新县三湾村。三湾村地处湘赣边区的九陇山区，是茶陵、莲花、永新、宁冈四县的交界地，有50多户人家，在山区算是较大的村庄。起义部队到达三湾的时候，减员较大，人员不足1000人，组织很不健全，思想相当混乱。次日，毛泽东在协盛和杂货铺里召开了前委扩大会议。会议的主要议题有三个：①整编部队；②党支部建立在连上；③建立士兵委员会，实行官兵平等。

（一）党指挥枪——整编部队

毛泽东发动秋收起义之后，一开始是很乐观的。所以他估计怎么也会有十万人参加起义。大家都很热切，觉得唤起工农千百万，敌人就会像落叶一般被吹掉？所以农民起义军就浩浩荡荡去打长沙了，结果很悲惨。虚火被大雨浇灭了，就剩下一点点火星子，这时，毛泽东接到的依然是攻打长沙的指令。这时候毛泽东选择了撤退，他把最后的一点火星子保存了下来，冒着被指责为逃跑的危险。

此时，毛泽东完全明白了什么主义也无法救助这支“缺枪没炮”的武装了。他第一个决定是上山，先找个安全的地方保存革命的火种。不过失败并没有打消他革命的念头，相反他决定自己找路。就是说，以前的所有指示和别人安排的道路都是完全走不通的！毛泽东明确了一个基本思想，就是要党指挥枪。他告诉跟着他的残兵败将，他将带着大家革命，目标是夺取政权，所以将会没有钱，没有利益，只有未来。愿意干的留下，不愿意干的把枪留下给钱走人。

（二）党建在连上——建立党支部

毛泽东分析了第一次革命失败的原因在于共产党没有掌握自己的军队，提出了“党建在连上”的重大主张。当时担任师长的余洒渡提出种种异议，陈浩、徐韩等也站出来反对，室内争论非常激烈，毛泽东耐心解释，最后以第一次国内革命的叶挺独立团为例，把党支部建在连上，支部领导干部绝大多数是共产党员，党可以凭借自己军队的成功经验，以“党建在连上”发展形势，发挥堡垒作用，这是革命胜利的重要保证。在微弱的油灯下，一直讨论到天亮。

师长余洒度召集部队在枫树坪下集合，毛泽东站出来讲话，首先鼓舞士气说：“同志们！敌人只是在我们后面放冷枪，没什么了不起，大家都是娘生的，敌人有两只脚，我们也有两只脚。贺龙在家乡两把菜刀起家，现在当军长了，我们有近千人还怕什么？大家都起义暴动出来了，一个人可以当敌人10个，10个战士可以当敌人100个，有什么可怕的，没有挫折和失败，革命是不会成功的！”其次宣布“三湾改编”会议精神，组建一支新型人民军队的三项决定：第一，整编部队，把原来的工农革命军第一军第一师缩编为一个团，下辖两个营十个连，称工农革命军第一军第一师第一团。第二，党支部建立在连上，设立党代表制度，排有党小组，班有党员；营、团以上有党委，从而确立了“党指挥枪”的原则。第三，连队建立士兵委员会的民主制度，实行官兵平等，经济公平，破除旧军雇佣关系；并初步酝酿出“三大纪律、六项注意”。随即，部队开始整编。

改编后的中国工农革命军第一军第一师第一团集体在三湾村的枫树坪，毛泽东向部队作了重要讲话，进一步阐明了向井冈山进军的意义，坚定了广大指战员的革命信心和意志，同时宣布了行军纪律：一切行动听指挥、筹款要归公、不乱拿群众一个红薯。毛泽东说：“我们是共产党领导的军队，只有严格遵守这三项纪律，我们才能搞好同山上群众和王佐部队的关系。”这就是后来对人民军队建设有重大意义的三大纪律的开端。

（三）建立士兵委员会——官兵平等

三湾改编的另一项重要内容就是在军队内实行民主主义，在军、团、营、连均设士兵委员会，官长同时为士兵委员会。全连士兵大会选举5~7人或9人为连士委执委，推主席一人。以全营人数按每5人举一代表组成全营士兵委员会，推举11~13人组织营士执委，推举1人为主席。按全团人数每10人举代表一人组织全团代表会，推举17~19人组织团士执委，推举1人任主席。全军按30~50人举一代表组织全军代表会，选举19~21人或23人组织军士执委，选1人为主席，军士执委选5~7人为常委。

部队缩编的同时，部队中的党组织结构也相应地进行了调整。毛泽东总结经验教训，在部队各级都设立了党的组织，班设小组，连有支部，营、团有党委。这是一个重大的创造，它对于党整合军队并在军队中顺利实现自己的意志起到了非常重要的作用。毛泽东后来在《井冈山的斗争》中对调整军队和党组织结构所起的重要作用也作了肯定，他说：“红军之所以艰难奋战而不溃散，支部建在连上是一个重要原因。”毛泽东根据实际情况重新设计了党代表制度。党代表制度发端于黄埔军校。黄埔军校区别于旧军校的一个显著特点，就是设有党代表和政治部。三湾改编中的“支部建在连上”将党代表制度进行了一次伟大的创造，从而奠定了我们党政治建军的基础。三湾改编后，军队在连以上设立党代表，担任党组织书记，专做连以上的思想政治工作。这样，党代表制度就使人民军队中各层级逐步形成了双首长负责制。“党代表制度，经验证明不能废除。特别是在连一级，因党的支部建设在连上，党代表更为重要。他要督促士兵委员会进行政治训练，指导民运工作，同时要担任党的支部书记。事实证明，哪一个连的党代表较好，哪一个连就较健全，而连长在政治上却不易有这样大的作用。”在军队中实行党代表制度，实质上是为了加强党对军队的整合，有效实现党对军队的领导。同时特别注意在班长、战士中发展党员，这样党和士兵群众的联系便更加紧密了，大大加强了政治思想工作。

三湾改编是建设新型人民军队的重要开端，在人民军队建设史上具有里程碑的意义。几十年后，罗荣桓元帅回忆说，“三湾改编实际上是我军的新生，正是从这时开始，确立了党对军队的领导”。如果不是这样，红军“即使不被强大的敌人消灭，也只能变成流寇”。

二、案例的思政元素

本案例的思政元素主要是：

（一）坚持党对一切工作的领导

党是最高政治领导力量，这是马克思主义政党学说的基本原则，是对历史经验的深刻总结，是推进伟大事业的根本保证。而党建工作就是保持党的领导的基础性工作。党建工作是党务工作的重要内容，是指党为了保持自己的性质而从事的一种自我完善性工作。它的建设关系到党的全局建设，是伴随着党和人民事业的建设发展。可以说，基层党建工作是党的组织建设的重要环节，是基层单位完成各项任务、促进单位全面建设的重要保证。加强基层党组织建设对于促进社会稳定发展、提高广大人民群众的生活水平和质量、维护党在群众中的形象、巩固党的执政地位都具有十分重要的意义。

加强党建工作的内容应该从以下几个方面进行：①强化管理，健全党建工作机制。要坚持党建工作“两手抓、两手都要硬”的工作思路，进一步健全和落实基层党建工作机制。②提高认识，创新党建工作的思想观念。基层党建必须坚持以科学发展观为指导，以改革创新的精神全面推进。③以作风建设为主要内容，不断融洽干群关系。加强作风建设是一项重要任务。党员干部的作风建设是保持良好的干群关系的重要前提和纽带。材料中就明确反映了党建工作在组织结构中有着非常重要的作用，这是明确党的思想、行动的重要支撑。从管理学角度看，党建工作属于组织设计的重要体现。组织设计包含了静态设计和动态设计两个方面的内容：一是静态的组织结构设计。组织结构设计是组织设计的基础性工作，既是对组织整体模板的分解，也是对组织框架的整体安排，包含了职能设计、部门设计和层级设计三个方面内容。二是动态的组织运行制度设计。组织运行设计是为了保证组织高效运行而进行的制度和人员方面的安排。从党建的工作内容看，更加强调的是动态的组织运行制度设计，体现了管理规范的设计，即更多强调组织的规章制度。

（二）思想政治工作是经济工作和其他一切工作的生命线

党的十八大以来，习近平总书记高度重视思想政治工作，先后在中央召开的多次重要会议和多个重要场合发表了一系列关于思想政治工作的重要讲话，对新时期的思想政治工作做出了新的重大部署，提出了一系列新思想、新观点、新论断，形成了独具时代特色的新思想。材料也证明，思想是组织文化的重要内涵，能统一行动、统一思想，形成较大的协同效应。这是一个组织保持一致性的重要体现。从组织的特征看，组织包含了组织成员、组织目标、组织活动和组织独立四个方面的内容。统一思想，这是希望中国共产党在发展过程中，能够明确具体的目标。从管理学角度看，不同成员之所以愿意走到一起并相互协调行动，是因为他们希望通过协调共同的行动来实现某种共同的目标，且他们认为只有通过共同目标的实现才能实现个人目标。思想的统一，既是对目标的一种统一，也是行动的一种统一，目标的不同也会影响活动的内容、形式、特点和性质。

（三）培育和践行社会主义核心价值观

习近平总书记提出：“在社会主义核心价值观中，最深层、最根本、最永恒的是爱国主义。”培育和践行社会主义核心价值观是党中央高度重视的工作内容。习近平总书记曾多次作出重要论断和明确要求，要求加强社会主义核心价值观的培育和践行。本案例充分反映了社会主义核心价值观体现的自由、平等、公正、法治精神。三湾改编中的重要工作就是建立士兵委员会，实行官兵平等、民主管理，体现了公平、法治的基本思想，体现了社会主义核心价值观的重要理念。

三、案例使用说明

（一）教学用途与教学目标

1. 教学用途

本案例为描述型案例，适用于本科生《管理学》中“组织设计”知识点的教学和培训。

2. 教学目标

（1）知识层面。

理解概念：组织结构。

掌握理论：常见的组织结构形式和影响因素。

（2）能力层面。

系统思维能力：教师通过对理论的讲解，帮助学生系统地了解组织结构设计的重要性、常见的形式和影响因素，形成全面、系统、联系地分析问题、解决问题的思维能力。

判断实践能力：根据三湾改编的材料，从组织结构的概念、功能以及影响因素等方面设置问题。通过与学生的问答互动，一方面帮助学生了解组织结构直观的认知，另一方面能够让学生更加清楚地认识组织结构是如何推动企业发展的。

（3）素质层面。

培养学生的社会责任感和正确的企业伦理观。本案例非常契合理论知识，根据案例所设计的问题正好是组织当中非常普遍的管理问题，能很好地将中国发展历史、爱国教育融入到课堂当中，学生很好接受。学生从思想意识上真正理解到党的十九大重要历史意义、理论意义、实践意义，自觉地投入学习与实践当中。认识到军队不仅是重要的组织形态，还是国家和社会重要的组成部分。因此，管理行为不仅是企业行为，还是社会、家庭、军队、医院等组织的行为。

（二）案例讨论的准备工作

（1）学生需要预习《管理学》课程中组织结构的相关知识，对组织结构的形式、分类有初步的认识和了解。

（2）授课教师可事先邀请一位同学收集三湾改编的相关史料，可以做一个简单的 PPT 和寻找相关史料视频，为全班同学展示。

（三）案例分析要点

1. *启发思考题*

（1）结合案例，从组织概念和特征出发，分析为什么思想教育如此重要。

（2）结合案例，分析影响军队改编（组织结构调整）的重要因素是什么？

（3）结合案例，你认为三湾改编前后的组织结构形式是什么，其各自特点及优缺点是什么？

2. *分析思路*

三个思考题，是基于管理学“组织设计”知识点而提出的。

组织设计的任务是设计清晰的组织结构，规划各部门的职能和权限，确定组织中职能职权、参谋职权、直线职权的活动范围，最终编制职务说明书。因此，组织设计包括两个方面的内容：静态的组织结构设计（包括职能设计、部门设计、层级设计）、动态的组织结构设计（包括沟通系统设计、管理规范设计、激励设计）。

（1）结合案例，从组织概念和特征出发，分析为什么思想教育如此重要。

理论知识点：组织的概念和基本特征。

引导学生了解思想的主要作用。参考答案如下：

“组织”是指一群人的一种相对稳定的集合。组织是指一群人为了实现某个共同目标而结合起来协同行动的集合体。可以看出，组织非常重要的一个作用和效果就是要让一群具有共同目标的人形成协同行动的效果。思想是组织文化的重要内涵，能够统一行动、统一思想，形成较大的协同效应。这是一个组织保持一致性的重要体现。从组织的特征看，组织包含了组织成员、组织目标、组织活动和组织独立四个方面的内容。统一思想，这是希望中国共产党在发展过程中，能够明确具体的目标。从管理学角度看，不同成员之所以愿意走到一起并相互协调地行动，是因为他们希望通过协调共同的行动来实现某种共同的目标，并且他们认为只有通过共同目标的实现才能实现个人目标。毛泽东创造性地提出支部建在连上的原则，对实现党对军队的领导，奠定了重要的组织基础，开创了党指挥枪的历史性探索。

（2）结合案例，分析影响军队改编（组织结构调整）的重要因素是什么？

理论知识点：影响组织结构调整的因素。

引导学生从党史方面进行分析。参考答案如下：

①环境：管理活动是在一定的环境下进行的，可以分为一般环境和任务环境。

②战略：美国史学家钱德勒认为，战略发展有四个不同的阶段，每个阶段都应有与之相适应的组织结构。成功企业的组织结构是与其战略相适应的。

③技术：伍德沃德根据生产技术的复杂程度将生产技术分为单件小批量生产技术、大批量生产技术、流程生产技术三类。

④规模：大型组织和小型组织在组织结构上的区别主要表现在规范程度、集权程度、复杂程度和人员结构等。

⑤发展阶段：1950 年，鲍尔丁提出“组织生命周期”概念，认为组织存在生命周期，

每个发展阶段具有不同特征，同时面临着不同风险，需要调整战略以适应发展的需要，并适时调整组织结构。

可以看出，当内外部不同的因素发生变化的时候，需要调整对应的组织结构来适应战略的发展。三湾改编前后，很多因素发生了变化：首先，环境发生了变化，在国民党的压迫下，红军的生活环境不断受到破坏和影响；其次，规模发生了变化，原有5000多人的秋收起义部队仅剩不足1000人和48匹战马，把原来的工农革命军第一军第一师缩编为一个团，下辖两个营十个连，称工农革命军第一军第一师第一团；最后，阶段发生了变化，组织内部的人员开始不断动摇，尤其是新生力量军，因此，需要适合的组织结构来实现军队的调整和改编。这些因素的变化都需要发展战略的引导。

（3）结合案例，你认为三湾改编前后的组织结构形式是什么，其各自特点及优缺点是什么？

理论知识点：常见的组织结构形式。

引导学生结合案例进行分析。参考答案如下：

①改编前的组织结构为直线制。

特点：垂直领导；优点：设置简单，权责关系明确，有利于组织的有序运行；缺点：专业化水平低，缺乏横向沟通，对管理人员的要求高；适用范围：规模较小、生产技术比较简单、初创期的组织。调整前的组织结构在思想引导方面存在较大的缺失，而且没有相对应的职能部门去监管和引导士兵的行为。

②改编后的组织结构为直线职能制。

特点：以直线制结构为基础，在各层级中设置相应的职能部门；优点：统一指挥与专业化管理相结合能够有效减轻管理者负担；缺点：协调难度加大，易损害下属的自主性，会降低对环境的适应能力，降低决策效率，增加管理成本；适用范围：适用于规模不大、产品种类不多、内外部环境比较稳定的中小组织。三湾改编中，重要任务是在军、团、营、连增设士兵委员会，官长同时为士兵委员会，保证从基层部门到上级部门的思想政治工作，即在相应的层级设立专门体现民主主义的职能部门，同时还增设相应的党委，有效监管和引导士兵的思想与行动，保证思想与行动的统一。

（四）教学组织方式

建议用本案例完成"组织设计"知识点的教学，可以根据需要安排教师讲授其他相关知识点。一般安排3个课时（120分钟），教学组织安排如表3-9所示。

表3-9 案例的教学组织

学习阶段	学习内容	时间限制	学习目标
课前	要求学生分组，并预习课本知识，查阅三湾改编的相关史料	提前两天	熟悉案例背景
课中	教师或学生制作三湾改编的相关PPT或者收集视频史料	5分钟	进一步熟悉案例背景
	分组讨论，并当堂完成案例分析报告	30分钟	结合理论分析问题，小组案例分析报告作为一次平时成绩

续表

学习阶段	学习内容	时间限制	学习目标
课中	抽取三个小组进行发言	每组5分钟，控制在20分钟以内	结合理论分析问题，言之有物，条理清晰
	引导全班进一步讨论，并进行归纳总结，注意思政元素与管理学理论的结合。引导学生学会运用管理学的理论知识解决现实问题	65分钟	归纳用到的关键理论，并对各组表现做一个简单点评
课后	请学生继续关注其他党史，下次课回顾提问		增进记忆，巩固知识

（五）总结

在现代管理实践中，许多企业家对于组织结构的认识并不清楚，对于学生来说更是如此。许多同学认为组织结构过于抽象，对于组织结构的基本形式、作用、结构设计的方法等内容都较难理解。在本知识点的教学过程中，着重借助三湾改编的重要发展历史，加深同学们对于历史认识的同时，强化管理学知识的学习：一是采用中国发展历史中众所周知且影响深远的发展历史作为主体内容分析；二是结合管理学知识与历史事实，强化同学们对于历史与知识的双重传授；三是从组织结构的作用、类型、设计方法和影响因素等内容结合案例分析，让同学们能够对内容有清晰的认识。

参考文献

[1] 陈珊珊."三湾改编"历史经验对高校学生党建工作的启示［J］.文化创新比较研究，2018，2（24）：6-7.

[2] 丁仁祥.三湾改编与井冈山精神源流之探讨［J］.井冈山大学学报（社会科学版），2018，39（2）：16-22.

[3] 徐国栋，刘晓农.论三湾改编对建设新型人民军队的重大意义［J］.党史文苑，2007（24）：13-15.

[4] 肖居孝，肖良材."三湾改编"对组织变革的启示［J］.管理科学文摘，2008（3）：173-174.

[5] 王明夫.民营企业组织建设的三湾改编模型［J］.中国人力资源开发，2013（6）：101-103.

[6] 吴吉祥，唐由庆.弘扬三湾改编传统　加强党的基层组织建设［J］.南昌大学学报（人文社会科学版），1991（2）：1-8.

中国共产党历史上一个生死攸关的转折点①

——遵义会议

一、案例正文

长征是对中国革命和红军的最大考验，也是对毛泽东、周恩来、朱德三位伟人及其关系的最大考验。在决定红军和中国命运的时刻，他们克服种种困难，不计个人得失，顾全大局，最终把红军带出了泥泞的草地，把中国革命带出了低谷，引向了辉煌。

（一）红军被迫踏上险途——免去职务

遵义会议前后，在中共中央和红军内部发生了一场决定红军和中国命运的斗争，结果是毛泽东重新回到领导岗位。在这一过程中，周恩来对确立毛泽东在中国共产党内的领袖地位可以说居功至伟。

1933 年 1 月，由于在上海的处境日益困难，受王明遥控，以博古为首的中共临时中央不得不迁入中央苏区。此时，周恩来和朱德正在前方指挥红军第四次反“围剿”，而受到“左倾”势力排挤的毛泽东则在闽西长汀福音医院养病。

博古等一到根据地，便成立了以博古为书记的新中共中央局，取代了周恩来原有的地位，成为中央根据地的最高领导人。一到苏区，博古便放了两把火：一是批斗“罗明路线”；二是反“邓、毛、谢、古”。这两把火使王明“左”倾错误在中央苏区各项工作中得以全面推行，同时寻求从上海搬来的共产国际军事顾问李德的支持。

在第五次反“围剿”初期，周恩来和朱德曾经就作战方针和战役部署问题与博古、李德等进行过多次争论，但终因王明所在共产国际的支持，使周恩来屡次在争论中处于下风，军事指挥权被大大削弱。

1934 年 1 月，中共中央六届五中全会在瑞金沙洲坝召开，博古被选为总书记，毛泽东没有参加这次会议。几天后，毛泽东主持召开了“全苏二大”，在这次会议上毛泽东的中央政府人民委员会主席的职务也被免去。

1934 年 6 月底，博古成立了由他本人、李德和周恩来组成的最高权力机构“三人团”，处置红军战略转移的一切军政事宜。10 月初，中央苏区核心区域兴国、宁都、石城一线相继失陷，第五次反“围剿”败局已定。10 月 10 日下午，中央红军不得不踏上了漫漫的征途。

---

① 长征途中的毛泽东、周恩来、朱德［EB/OL］．［2006-10-23］．http：//culture. people. com. cn/GB/40479/40482/4945109.

1934 年 12 月 1 日，红军一路血战，连续冲破敌人四道封锁线。渡过湘江，兵员折损过半，由出发时的 8.7 万余人锐减到 3 万余人。军中怨声四起，群起而攻之。博古方寸已乱，在一筹莫展中一度欲引咎自戕，被闻讯赶来的周恩来等劝阻。

湘江惨败把红军推到了生死存亡的边缘，周恩来承担了实际的领导和指挥责任，开始对李德、博古执行的"左"倾军事路线提出怀疑、抵制和批评。

（二）"真理在谁手里，就跟谁走"——重新参与指挥

如何摆脱国民党几十万大军的围追堵截，挽救红军，挽救革命？此时周恩来、朱德不约而同地想到了毛泽东。

虽身处逆境，但毛泽东却时刻关注着苏区和红军的命运。为了与博古、王明的"左倾"路线斗争，能将自己的正确思想付诸实践，毛泽东开始争取两位"国际派"大将，王明与博古在莫斯科中山大学的同学：张闻天与王稼祥。

当时身为中华苏维埃共和国中央政府人民委员会主席的张闻天是个光明磊落的人，他的信条是"真理在谁手里，就跟谁走"。在苏区，张闻天曾与毛泽东相邻而居，随着同毛泽东接触的增多，开始认识到毛泽东的正确性，同时对博古、李德的专横作风和战场上的瞎指挥越来越不满。

王稼祥为人正派，鄙视小集团活动，他曾一度拥护王明的教条主义。1930 年回国后，在中共中央宣传部任干事，随后任党报委员会秘书长。1931 年 4 月，王稼祥到达中央苏区，担任红军总政治部主任。

长征开始时，毛泽东与张闻天和王稼祥被同时编在了军委第一野战纵队，三人经常谈古论今，在许多方面尤其是军队前途问题上的认识趋于一致。

1934 年 12 月 12 日，中共中央在通道临时召开了一次紧急会议。毛泽东力主放弃原定计划，改为向敌人兵力比较薄弱的贵州前进。这种主张得到张闻天、王稼祥、周恩来的支持。这是自宁都会议以后，毛泽东第一次参与军事指挥。雄心万丈的毛泽东正是在此时写下了那几句满怀豪情的诗句：

山，刺破青天锷未残。天欲堕，赖以拄其间。

红军到达黎平后，中共中央政治局召开了著名的黎平会议。对周恩来而言，黎平会议是他一生所面临的最大抉择之一，他因采纳了毛泽东的建议而不得不与李德和博古彻底决裂。

周恩来当时的警卫员范金标对此回忆说："黎平会议是在一个晚上召开的，吵得很厉害。总理批评李德，总理把桌子一拍，搁在桌子上的马灯跳了起来，灯也熄灭了。我们马上去把灯点上。开会解决什么问题，当时不知道，后来才晓得，争论的焦点是向敌人防守薄弱的贵州前进，还是与红二、六军团会合。"

周恩来态度的转变，对于当时中共党内领导双方力量对比的消长以及后来事态的发展起了关键性的作用。

紧接着，在猴场会议上周恩来又起到了关键性的核心作用。这次会议规定："三人团"要取代军委所做出的作战方针，必须在政治局会议上做报告。此后，王稼祥又找到周恩来提出召开中央政治局扩大会议，以检讨长征以来的指挥错误。周恩来毫不犹豫地表示支持。于是便有了 1935 年 1 月遵义会议的召开。

在黎平会议和猴场会议之后，博古和李德的权力受到了很大制约，有关军事行动的决定权实际上已落到周恩来的手中。此时，蒋介石已在通往湘鄂西的沿路设置重兵，等待红军自投罗网。因此，毛泽东力主放弃原定计划，改向国民党军队防守薄弱的贵州进军。而李德、博古则坚持按照原定计划与红二、六军团会合。双方争执不下，谁也说服不了谁。这样整个红军的命运便取决于周恩来的态度，由他来最后拍板定夺。

（三）第五次反“围剿”失利的自我检讨——党权、军权分离

遵义会议上，博古的报告对错误轻描淡写，事事强调客观原因，为军事失败作辩护。而周恩来则指出第五次反“围剿”失利的主要原因是军事领导上战略战术的错误，并从军事指挥执行者的角度做了自我检讨，承担了责任。

首先，张闻天向博古和李德发难，严厉批判了“左”倾军事路线给红军带来的灾难。这个报告的提纲是毛泽东、张闻天、王稼祥集体创作的。

其次，毛泽东结合第五次反“围剿”和长征以来的事实批判了“左”倾军事路线的错误，全面阐述了中国革命战争的战略问题，并将博古、李德的错误概括为三句话，即进攻中的冒险主义，防御中的保守主义，转移中的逃跑主义。他的发言很吸引人，大家一直在倾听，这也是三年来唯一没有被打断，结束后没有遭受批评的一次。

最后，周恩来主动请求中央撤换自己的职务，同时推举毛泽东指挥红军作战。周恩来的态度最终使党内最高领导核心“三人团”解体。由此可见，毛泽东并未如通常所说的通过遵义会议确立了其在全党的领导地位。之后，党内负总责的为洛甫（张闻天）。在军事指挥上，由周恩来取代李德，毛泽东作为中央常委开始参与党的领导核心，并根据常委分工，作为周恩来的副手参与军事指挥。

应该说，中国共产党在遵义会议后的领导格局又恢复到了宁都会议以前的状况，党权与军权分离，毛泽东参与军事指挥，但最后仍要由周恩来拍板定夺。

（四）打鼓新场风波——集权与分权

1935 年 3 月 4 日。军委决定设立“前敌司令部”统一指挥，任命朱德为司令员，毛泽东为政治委员。红军再度成了“朱毛红军”。

毛泽东出山后的第一仗是土城战斗，但由于情报有误，致使这一仗打得很不理想。当时部队官兵有些议论，刚在遵义会议上被撤职的博古则大说风凉话：“看起来，狭隘经验论指挥也不成。”毛泽东当时的心情可想而知。

土城之战后，红军回兵黔北，在毛泽东的指挥下二渡赤水，在娄山关和板桥之间歼灭了黔军王家烈的 8 个团，乘胜再次攻占遵义城。接着，又痛击吴奇伟的增援部队。这一仗，总共歼敌 20 个团，成为长征以来的最大胜仗。

遵义战役的胜利，驱散了土城战役失利的阴影，毛泽东在军内的威信开始回升，但随后发生的打鼓场风波说明了毛泽东当时的地位还很不稳固。1935 年 3 月 10 日，中央政治局召开扩大会讨论“打鼓新场战斗”。会上其他人都主张打，只有毛泽东坚持主张不打。由于国民党军围追堵截，红军又处于穷乡僻壤之间，稍有不慎，就有全军覆灭的危险。尽管毛泽东再三阐述自己的见解，无奈众人未被说服，毛泽东便提出：“你们硬要打，我就不当这个前敌司令部政委了！”

“你不干，就不干吧！”张闻天见毛泽东又要撂挑子也急了。“好，我不干！”毛泽东气呼呼地走了。

但这一次，从毛泽东提出辞职到重新担任前敌司令部政委没有超过24小时。因为当晚毛泽东去找周恩来仔细研究之后，攻打打鼓新场的计划就取消了，事实很快证明了毛泽东的预见是正确的，红军避免了一次不应有的损失。

“打鼓新场风波”引起了毛泽东的思索。他向周恩来、张闻天提出，军事指挥“不能像过去那么多人集体讨论”，不能处处搞“少数服从多数”。指挥作战，权力必须高度集中。次日，中央政治局会议讨论了毛泽东的建议，并得到一致通过，会议决定成立由毛泽东、周恩来、王稼祥组成的三人军事领导小组，一个新的“三人团”又形成了。

二、案例的思政元素

本案例的思政元素主要是：

（一）权力的正确行使与有效监督

1. 正确行使人民赋予的权力

正确行使人民赋予的权力要认识到两点：

首先，权力是来自于人民。马克思列宁主义、毛泽东思想、邓小平理论“三个代表”重要思想、科学发展观、习近平新时代中国特色社会主义思想，都充分认识到权力来自于人民，属于人民，人民通过选举把权力授予能够代表他们、能够忠实为他们办事的人。因而，群众路线是中国共产党的根本工作路线，也是共产党取得革命和建设胜利的重要法宝。只有和人民群众保持密切联系，共产党的事业才能兴旺发达。

其次，权力是为了人民服务。“正确行使人民赋予的权力，坚持原则，依法办事，清正廉洁，勤政为民，以身作则，艰苦朴素，密切联系群众，坚持党的群众路线，自觉地接受党和群众的批评和监督，加强道德修养，讲党性、重品行、作表率，做到自重、自省、自警、自励，反对官僚主义，反对任何滥用职权、谋求私利的不正之风”。在党的十八大中纪委第二次会议上，习近平总书记指出，各级领导干部都要牢记任何人都没有法律之外的绝对权力，任何人行使权力都必须为人民服务，对人民负责，并自觉接受人民监督。这是党员干部必须坚持的正确权力观。对于组织来说，权力的运用是要保持组织各项分工的有效运转。如何正确运用权力，让权力真正推动社会和国家的有利发展，是当前思想政治教育的重要内容。

2. 把权力关进制度的笼子里

在党的十八大中纪委第二次会议上，习近平总书记还提出“要加强对权力运行的制约和监督，把权力关进制度的笼子里，形成不敢腐的惩戒机制、不能腐的防范机制、不易腐的保障机制”。“把权力关进制度的笼子里”涉及党政建设的方方面面，与国家的反腐联系十分紧密。因为权力很容易导致腐败，特别是绝对的权力。如果不能对权力进行约束和控制，就势必会影响国家的繁荣昌盛。因此，任何组织内部的权力都要得到必要的监督与控制，防止权力失控。

把权力关进制度的笼子里，要做好两个方面的工作：第一，要建好笼子。换言之也就是要健全各项法律制度，这些制度要能充分体现中央要求、群众期盼、实际需要等多方面的规定。第二，要把权力关进笼子里。也就是要加强组织在权力运用过程中的监督和追责。这是严格执行民主集中制、实施民主决策的重要途径。而且加强监督可以有效地防止权力滥用，防范腐败事情的发生，制约权力的应用。从管理的角度来说，把权力关进制度的牢笼是管理职能当中非常重要的控制职能。当权力的运用出现错误的时候，必要的监督可以保证权力的正确运用。如遵义会议前后出现的许多领导错误，都是因为权力没有得到必要的监督与控制。在对权力进行有效划分后，权力的运用得到了有效的监控。

（二）中国共产党是一个勇于进行自我革命的伟大的政党

习近平总书记指出：全党必须始终不忘初心、牢记使命，在新时代把党的自我革命推向深入。中国共产党的宗旨是全心全意为人民服务，中国共产党之所以能够取得今天的成效，带领中国人民取得今天的成就，关键的一点就在于中国共产党是一个一直有着自我革命精神、勇于进行自我革命的政党。遵义会议就是我党勇于开展批评与自我批评，勇于进行自我革命的典型。比如在遵义会议中，首先，毛泽东同志结合第五次反“围剿”和长征以来的事实批判了“左”倾军事路线的错误，全面阐述了中国革命战争的战略问题，并将博古、李德的错误概括为进攻中的冒险主义、防御中的保守主义、转移中的逃跑主义；其次，周恩来主动请求中央撤换他本人的职务，同时推举毛泽东指挥红军作战。这是周恩来同志对自我工作进行自我反省后作出的一种正确决断。

三、案例使用说明

（一）教学用途与教学目标

1. 教学用途

本案例为描述型案例，适用于本科生《管理学》中“领导和领导的一般理论”知识点的教学和培训。

2. 教学目标

（1）知识层面。

理解概念：组织整合与组织变革。

掌握理论：常见的权力形式与组织变革过程。

（2）能力层面。

系统思维能力：教师通过对理论的讲解，帮助学生系统地了解权力的作用；权力的分离，以及组织如何设计集权和分权。

判断实践能力：根据遵义会议的材料，从权力的概念、作用以及类型等方面设置多个问题。通过与学生的问答互动，帮助学生了解权力在实际组织运行中的作用以及影响，尤其是在不同场景下权力的应用与分配，这为学生在实践应用中提供了较好的理论支撑。

（3）素质层面。

形成专业意识：理解组织设计的重要性，以及在组织结构中权力所承担的作用。

提高职业素养：通过案例，引入权力发展的起源和应用，拓展学生视野，让他们了解国家的发展历史，以及共产党的发展对企业管理活动的影响，形成正确的权力观和伦理观。

（二）案例讨论的准备工作

（1）学生需要预习《管理学》课程中“权力”和组织变革的相关知识，对组织的整合与变革有一个粗浅的认识。

（2）授课教师可事先安排播放一个视频，就遵义会议的前后历史事件对同学们进行展示。

（三）案例分析要点

1. 启发思考题

（1）请根据毛泽东同志与周恩来同志的前后不同遭遇，分析权力在组织当中的作用，谈谈权力在组织管理中的重要性，并结合案例说说集权与分权的优缺点。

（2）根据案例内容，辨析出直线职权、参谋职权和职能职权的区别，并指出具体事例。

（3）请结合组织变革的障碍知识点，谈谈“批评与自我批评”这种革命精神在组织变革中的作用。

2. 分析思路

三个思考题是基于管理学“组织设计”知识点而提出的。

（1）请根据毛泽东同志与周恩来同志的前后不同遭遇，分析权力在组织当中的作用，谈谈权力在组织管理当中的重要性，并结合案例说说集权与分权的优缺点。

理论知识点：权力的概念。

引导学生对权力的作用以及职务的关系进行分析。参考答案如下：

在一个组织的各种关系中，权力的分布或委派是至关重要的，权力是每一个人得以履行其职责的必要条件。权力是指为了达到组织目标而拥有的开展活动或指挥他人行动的权利，这是协作的保障。在遵义会议中，职务和权力总是相伴而生。权力的作用十分明显，对领导者而言，其是开展军事指挥和党的领导的重要保障。对领导者来说，权力分为两类，一类是权威带来的职位权力，另一类是受个人素质影响形成的个人权力。从材料中可以看到，毛泽东同志表现出了这两方面的权力。

集权是决策权集中在组织高层的一种权力系统。集权使组织容易协调；但集权使决策所需时间增加，影响决策的效率和质量，影响下属部门管理者归属感和认同感。分权是决策权分散在组织各部门的权力系统。分权会提高组织成员参与性，增强成员对组织的归属感和认同感。但也可能使组织各部门间的协调变得困难。

管理学认为，集权和分权是每个组织当中都存在的一种权力分配状态，集权和分权有各自的优点和缺点。指挥作战是一个需要临时决断，且高度专业化的工作，因此，毛泽东认为，如此重要的事情应该采用集权的方式。集权和分权只是保障组织有效运作的一种手段，对于何时集权、何时分析，应该视情况来考虑。

（2）根据案例内容，辨析出直线职权、参谋职权和职能职权的区别，并指出具体事例。

理论知识点：权力的类型。

引导学生对权力的类型进行分析和思考。参考答案如下：

①直线职权：管理者直接领导下属工作的权力。周恩来由于反围剿与其他管理人员存在不同的见解，被取消了指挥权。这在组织中属于直线职权。

②参谋职权：组织中的参谋人员拥有某些特定的权力。政委在军队中拥有参谋职权，根据职务能够为军队作战提供作战见解，而上级领导可以根据需要及个人情况决定是否采用。毛泽东同志在案例中所提的作战见解，行使的参谋权便是如此。

③职能职权：管理者将部分职权授予其他个人或职能部门。遵义会议期间，一个重要的决定就是党权和军权的分离。也就是说，党的领导与打仗需要分开，即党权与军权分离，毛泽东参与军事指挥，但最后仍要由周恩来拍板定夺。

（3）请结合组织变革的障碍知识点，谈谈“批评与自我批评”这种革命精神在组织变革中的作用。

理论知识点：组织变革。

引导学生对集权和分权的类型以及使用范围进行理解。参考答案如下：

组织变革的障碍：

①认知与心理因素：缺乏了解；评价差异；认知惰性。从认知与心理因素看，“批评与自我批评”的革命精神是为帮助组织内部认清组织发展及个人发展的问题所在，增进对问题的了解，同时统一各自成员间对于信息理解和评价的差异，消除惰性。

②资源路径依赖因素：核心能力刚性；行为选择的路径依赖性；文化的组织记忆特征。“批评与自我批评”的革命精神主要是为了消除个别领导者的行为模式影响，领导者在很多情况下会因个性与能力的特点，形成固有的领导模式，并非所有情况下都能有效带领组织发展。如果组织中存在强文化，很有可能成为紧固组织变革的主要障碍，“批评与自我批评”的革命精神正是减弱和消除这方面的影响。

③社会与政治影响因素：个人利益；道德的困境；团队心理压力。“批评与自我批评”的革命精神，可以将组织中所有成员团结起来，寻求并形成一致的利益群体，消除压力，打破原有格局，去尝试新的发展道路。

（四）教学组织方式

建议用本案例完成“组织整合与组织变革”知识点的教学，可以根据需要安排教师讲授其他相关知识点。一般安排 2 个课时（80 分钟）。教学组织安排如表 3-10 所示。

表 3-10 案例的教学组织

学习阶段	学习内容	时间限制	学习目标
课前	要求学生分组，并预习课本知识，查阅相关资料，了解遵义会议的相关材料	提前两天	熟悉案例背景
课中	教师或学生展示遵义会议的史料视频	5 分钟	进一步熟悉案例背景
	分组讨论，并当堂完成案例分析报告	30 分钟	结合理论分析问题，小组案例分析报告作为一次平时成绩

续表

学习阶段	学习内容	时间限制	学习目标
课中	抽取三个小组进行发言	每组5分钟，控制在20分钟以内	结合理论分析问题，言之有物，条理清晰
	引导全班进一步讨论，并进行归纳总结，注意思政元素与管理学理论的结合。引导学生学会运用管理学的理论知识解决现实问题	25分钟	归纳用到的关键理论，并对各组表现做一个简单点评
课后	请学生继续关注当前大学生对于权力的认识，下次课回顾提问		增进记忆，巩固知识

（五）总结

许多管理中，很多管理者对于权力的来源、作用等方面都缺乏深刻和正确的认识，这是在管理中存在的较大问题，极易在组织中出现权力滥用等问题。在本知识点的教学过程中，可以将同学们十分熟悉的研究对象和发展历史嵌入日常的教学过程中。一是采用中国共产党发展过程中众所周知的历史进行主题内容分析；二是从权力视角延伸到同学们日常所思考的管理学理论，对案例材料进行理论分析；三是从国家对权力的来源与应用进行解说，让同学们认清权力的概念、类型和重要作用。通过本案例教学，使学生在学习落实权力的过程中，学会从具体的研究对象中去认识权力的来源，树立正确的人生观、价值观，推动社会的和谐发展。

参考文献

[1] 王海光．遵义会议前中共中央高层权力的转移：对毛泽东领导权威形成的历史考察［J］．安徽史学，2011（1）：72-82.

[2] 石仲泉．遵义会议评价的科学历史观——纪念遵义会议七十五周年［J］．中共党史研究，2010（1）：12-20.

[3] 程德俊，蒋春燕，陶向南．知识的分布与组织的集权和分权［J］．外国经济与管理，2001（3）：7-10+39.

[4] 胡绳．遵义会议的重大历史意义［J］．中共党史研究，1996（1）：2-3+10.

守住扶贫资金钱袋子[①]

——广西玉林村（社区）设专职纪检委员

一、案例正文

近几年，国家拨付大量扶贫资金财物投入到脱贫攻坚一线，各种惠农政策、资金和项目涌入，给村官利用手中权力腐败提供了巨大的空间，在扶贫资金上动起了“歪脑筋”，挪用贪污、虚报冒领、盘剥克扣、优亲厚友等违纪违法行为时有发生。习总书记指出“‘微腐败’也可能成为‘大祸害’，它损害的是老百姓的切身利益，啃食的是群众的获得感，挥霍的是基层群众对党的信任。”

扶贫资金被当成“唐僧肉”，经手就要咬一口；一些干部甚至打起群众低保金、危改款的主意……曾经有段时间，广西玉林村官“雁过拔毛式”的扶贫领域腐败、“村官贪腐”、“微腐败、大祸害”等现象屡禁不止，广西玉林群众反映强烈，非常让人震惊，也为大家拉响了加强基层扶贫资金监管的警报。

群众利益无小事，要切实解决基层“微腐败”，管好“村官”，必须靠全社会的力量，既需要预防在前，也需要严明的纪律惩处。如何守好守住扶贫资金的“钱袋子”？尚需“对症下药”。补齐制度的“板子”，健全完善扶贫领域的规章制度，层层细化操作规程。玉林市摸索出了一条路子，即广西玉林村（社区）设专职纪检委员。

“过去村里很少配有纪检委员，而且纪检委员的职责不明确，纪检监督工作到了村级（社区）组织最基层就断了线，存在监督缺位的现象。”玉林市纪委副书记谢元喜说，“基层腐败治理必须从完善内部治理结构入手”。

2017 年 5 月，玉林市委研究出台关于加强村（社区）党风廉政建设的意见，玉林在 1495 个村（社区）都按照《中国共产党章程》要求，在村党支部设立了纪检委员，做到了“三有”，即村（社区）有一个专职纪检委员（书记）、有一间纪检监察室、有一套运行保障机制，紧盯涉农重点领域和村（社区）干部这一重点群体。

为激发干劲，玉林积极落实村级纪检委员（书记）待遇问题，明确了他们的职责和任务。“原先有岗无薪、有名无权；如今有岗有薪有责，成了纪检工作在基层的最前哨。组织和群众信任咱，咱就得真监督、常提醒。”兴业县山心镇升平社区专职纪检委员刘永威说。

“村委卢主任 2015 年已是脱贫退出户，且担任村干部、有固定收入，但仍然享受帮扶

---

① 庞革平．广西玉林村（社区）设专职纪检委员［EB/OL］．［2018-09-28］．http：//fanfu. people. com. cn/n1/2018/0928/c64371-30317625. html.

政策，不合理！”发现上述问题，58岁的兴业县龙安镇泰村专职纪检委员李浑明，第一时间向镇纪委反映情况，事情很快得到了处理。

“玉林这一举措，让村级纪检委员成为基层监督的落实者、廉政政策的宣传员，打通了基层监督的‘最后一公里’。”广西大学公共管理学院教授、广西大学社会调查研究中心主任汤玉权说。①

2019年是打赢精准脱贫三年行动攻坚战的关键年，越是在脱贫攻坚的冲刺期，对扶贫资金的监管要越严，要用“精准监管”为扶贫资金“保驾护航”。具体来说，要做好以下几个方面的工作：一是监管制度要严。随着脱贫攻坚力度加大，扶贫项目、扶贫资金也会越来越多，要防止“蝇贪”，避免扶贫资金发生“跑、冒、滴、漏”现象，就得依靠制度，用最严格的制度约束权力，堵住制度和权力寻租漏洞，才能确保扶贫资金不会被滥用、扶贫项目不会被乱批。如果没有制度，大量扶贫资金由“少数人”审批和管理使用，难免会出问题。二是监管要到位。严格的制度和程序有赖严厉的监管。无数事实证明，如果好的制度和严格的程序没有人监管，或者监管不到位，制度和程序就无法落实，结果是再严厉的制度和程序都成了一张废纸，而监管也成了“稻草人”。三是决策程序要民主。从民主、公开、透明等方面形成完善村务管理和政策落实的民主监督机制。扶贫项目和资金不是国家秘密，不需要保密。尤其要“扶”对人，用到最需要的地方，必须公开、透明，不能由“少数人”说了算，更不能由“掌管扶贫资金和项目的人”说了算。要做到惠农政策、资金总量、资金分配的“三公开”，确保民众的话语权和监督权。

二、案例的思政元素

本案例的思政元素主要是：

（一）“三个代表”重要思想

“三个代表”重要思想是江泽民从全面总结党的历史经验和如何适应新形势新任务的要求中提出来的，要求中国共产党始终代表中国先进生产力的发展要求、中国先进文化的前进方向、中国最广大人民的根本利益。

结合本案例来看，共产党员，尤其是共产党员公职人员要做到：

牢记自己是“人民公仆”。要做人民利益的代表者，公职人员必须将为人民服务内化为个人的价值信仰，将为人民服务作为必须遵循的职业道德和行为操守。习近平总书记指出，全面建成小康社会，最艰巨最繁重的任务在农村，特别是在贫困地区。没有农村的小康，特别是没有贫困地区的小康，就不是全面的小康；“在扶贫的路上，不能落下一个贫困家庭、丢下一个贫困群众”“人民对美好生活的向往，就是我们的奋斗目标”。这既是习近平总书记对全党同志的谆谆告诫，也是我们党对全国人民的庄严承诺。我们在扶贫攻坚过程中要始终坚持以人民为中心的发展思想，把为人民谋幸福作为根本使命，始终保持同人民群众的血肉联系，让发展成果更多、更公平地惠及广大贫困群众，不断筑牢党的执

① 庞革平. 广西玉林村（社区）设专职纪检委员：盯重点 真监督 常提醒［N］. 人民日报，2018-09-28（06）.

政根基。

牢记我们党来自人民、植根人民、服务人民。一旦脱离群众，就会失去生命力。加强作风建设，必须紧紧围绕保持党同人民群众的血肉联系，增强群众观念和群众感情，不断厚植党执政的群众基础。凡是群众反映强烈的问题都要严肃认真对待，凡是损害群众利益的行为都要坚决纠正。重点强化政治纪律和组织纪律，带动廉洁纪律、群众纪律、工作纪律、生活纪律严起来。坚持开展批评与自我批评，坚持惩前毖后、治病救人，运用监督执纪“四种形态”，抓早抓小、防微杜渐。赋予有干部管理权限的党组相应的纪律处分权限，强化监督执纪问责。加强纪律教育，强化纪律执行，让党员、干部知敬畏、存戒惧、守底线，习惯在受监督和约束的环境中工作生活。

牢记权为民所赋，权为民所用。增强党的自我净化能力，从根本上要强化党的自我监督和群众监督。要加强对权力运行的制约和监督，让人民监督权力，让权力在阳光下运行，把权力关进制度的笼子。强化自上而下的组织监督，改进自下而上的民主监督，发挥同级相互监督作用，加强对党员领导干部的日常管理监督。开展廉洁政治建设，就必须加强社会主义民主法制建设，不断丰富民主的形式，逐渐扩大公民有序的民主参与，健全民主的制度保障。

广西玉林村（社区）设专职纪检委员就是加强监督管理，是中国共产党始终做到代表最广大人民的根本利益的重要举措。

（二）发展社会主义民主政治，健全人民当家作主制度体系

习近平总书记指出，我国社会主义民主是维护人民根本利益的最广泛、最真实、最管用的民主。发展社会主义民主政治就是要体现人民意志、保障人民权益、激发人民创造活力，用制度体系保证人民当家作主。社会主义民主政治要求做到：一是坚持党的领导、人民当家作主、依法治国有机统一，党的领导是人民当家作主和依法治国的根本保证，人民当家作主是社会主义民主政治的本质特征，依法治国是党领导人民治理国家的基本方式，三者统一于我国社会主义民主政治伟大实践；二是加强人民当家作主的制度保障，要支持和保证人民通过人民代表大会行使国家权力；三是发挥社会主义协商民主的重要作用，众人的事情由众人商量，保证人民在日常政治生活中有广泛持续深入参与的权利；四是深化依法治国实践，各级党组织和全体党员要带头遵法、学法、守法、用法，任何组织和个人都不得有超越宪法法律的特权，绝不允许以言代法、以权压法、逐利违法、徇私枉法；五是深化机构和行政体制改革，转变政府职能，深化简政放权，创新监管方式，增强政府公信力和执行力，建设人民满意的服务型政府；六是巩固和发展爱国统一战线，牢牢把握大团结大联合的主题。

（三）全面从严治党永远在路上

习近平总书记在党的十九大报告中指出：“全面从严治党永远在路上”。习近平总书记在庆祝改革开放 40 周年大会上强调，必须坚持全面从严治党，不断提高党的创造力、凝聚力、战斗力。可见全面从严治党在党和国家事业发展中的重要性，也反映了党对自身建设面临形势和任务的清醒认识、对坚定不移推进全面从严治党的坚定决心。全面从严治党要做到：一是必须抓好理论武装，坚持不懈地抓好思想理论武装。要认真学习领会、贯彻

落实党的十九大精神、习近平总书记关于全面从严治党系列重要讲话精神，坚持以习近平新时代中国特色社会主义思想为指导，全面推进从严治党。二是必须抓好党性教育，提高党员、干部坚持优良作风、抵制不良作风的自觉性和坚定性；引导党员干部自觉学习《中国共产党章程》《中国共产党纪律处分条例》《中国共产党支部工作条例（试行）》等，树立“红线”意识。三是必须抓好廉政建设，习近平总书记强调我们党作为执政党，面临的最大威胁就是腐败。党的十八大以来，我们党坚持“老虎”“苍蝇”一起打，使不敢腐的震慑作用得到发挥。加强警示教育，让广大党员、干部受警醒、明底线、知敬畏，主动在思想上划出红线、在行动上明确界限，真正敬法畏纪、遵规守矩。

三、案例使用说明

（一）教学用途与教学目标

1. 教学用途

本案例可用于《管理学》第十二章“控制的类型与过程”中的第二节“控制的类型”和第十三章“控制的方法和技术”中的第一节“层级控制、市场控制与团体控制”部分使用。

2. 教学目标

（1）知识层面。

理解概念：控制过程、控制职能以及层级控制。

掌握理论：控制的类型与过程理论、控制的方法和技术理论。

（2）能力层面。

系统思维能力：教师通过对理论的讲解，帮助学生系统了解控制的进程、控制的职能和控制的内容，同时认识控制的层级形成路径，形成全面、系统、联系地分析问题、解决问题的思维能力。

判断实践能力：根据案例材料，设置两个问题，通过解答问题，帮助学生搭建一座“理论到实践、实践到理论”的思维桥梁，使学生能就管理实务问题收集信息与资料，善用适当的理论知识，提出合理解决方案。

（3）素质层面。

形成专业意识：理解管理活动的开放性，理解新时代的时代特征、新发展理念及其对管理活动的影响；养成关注时事政治、经济环境、企业案例的学习习惯。

提高职业素养：通过案例，引入党的十九大精神和其他重要思政元素，拓展学生视野，让他们理解国家、民族、社会对企业管理活动的影响，增强社会责任感，形成正确的管理伦理观。

（二）案例讨论的准备工作

（1）学生需要预习《管理学》课程中控制章节的相关知识，对控制的手段、方法及层次有一个粗浅的认识。

（2）在讲授完《管理学》第十二章和第十三章相关知识点后，引入本案例供大家讨论，紧接着将思政元素融入《管理学》课程的课堂教学中。

（三）案例分析要点

1. 启发思考题

（1）请根据案例，结合管理学知识点，分析为什么玉林要设村（社区）专职纪检委员职位？意义何在？

（2）请根据案例，结合管理学控制职能相关知识点说明如何构建反腐的控制体系问题。

2. 分析思路

（1）请根据案例，结合管理学知识点，分析为什么玉林要设村（社区）专职纪检委员职位？意义何在？

理论知识点：控制的原因及意义。

引导学生从控制产业的理由出发进行分析，主要从组织环境的不确定性、组织活动的复杂性、管理失误的不可避免以及提升组织的效率和竞争力维度进行分析，厘清对控制的必要性和紧迫性的认识。

分析结果参考如下：

廉洁风险管理是将风险管理理论应用于反腐倡廉工作的实际，通过对管理人员在履行岗位职责、行使权力中面临的以及潜在的廉洁从业风险进行识别、评估，采取针对性全过程防控措施，做到潜在问题早防范，有了问题早发现，一般问题早纠正，严重问题早查处，最终使党员、领导干部和关键岗位人员不犯或少犯错误。通过本案例教学，使学生在学习《管理学》的控制职能相关知识点的同时，学会运用马克思主义的立场观点分析解决社会发展中的问题，通过查找廉洁风险点，制定风险防范措施，使广大党员提高自我查找风险、自我防范风险的积极性和主动性，增强党员干部的风险意识和廉政意识。树立科学发展理念，增强遵纪守法、遵守社会公德、保护生态环境的自觉意识，推动社会主义道德建设、法治中国建设和生态文明建设。

（2）请根据案例，结合管理学控制职能相关知识点说明如何构建反腐的控制体系问题。

理论知识点：控制体系的构成。

引导学生从控制体系的四要素出发构建腐败的预防体系，即主体、客体、目标、手段与工具体系。同时要融合控制的进程，做到事前有预防、事中有监测、事后有惩治。从战略层次的角度，组织的控制方法可以划分为层级控制、市场控制和团体控制三类，这三种控制方法的具体做法不同，适用范围不同，发挥的作用也不同。

分析结果参考如下：

扶贫资金管理中的腐败问题，根据中纪委的通报，存在形式主义、官僚主义、盲目决策、弄虚作假等作风问题。涉及"权、钱、人"的重要领域和关键环节，腐败现象易发、多发。针对此问题，要标本兼治，构建缜密的反腐控制体系，要从主体、客体、目标、手段四个维度着手，探索推进对权力运行的动态监管，完善权力运行的责任规范、责任制度和责任机制，要加强对干部人事权行使的监督，健全对用人考察失察的责任追究制度，对重点单位、重点岗位和重点部位，推行同一职能由两人或两个部门以上双向（必要时多向）制约行使，并针对条块之间可能出现的职能缺位等，加强条块交叉管理，强化相互监督制约作用；加强干部队伍充分体现责任性的现代权力运行意识的培育，防范权力滥用。

（四）教学组织形式

建议用本案例完成控制的手段、方法和进程知识点的教学，不再安排教师讲授的时间。一般安排 1 个课时（40 分钟）。教学组织安排如表 3-11 所示。

表 3-11　案例的教学组织

学习阶段	学习内容	时间限制	学习目标
课前	要求学生分组，并预习课本知识，查阅相关资料，了解案例概况	提前两天	熟悉案例背景
课中	请学生们观看并仔细阅读 PPT 上的案例材料，同时，教师对该案例材料进行简单说明	4 分钟	进一步熟悉案例背景
	分组讨论，并当堂完成案例分析报告	15 分钟	结合理论分析问题，小组案例分析报告作为一次平时成绩
	抽三组学生派一位代表将本组讨论结果与大家进行分享，要求学生提出的观点与案例材料要紧密结合	每组 5 分钟，控制在 15 分钟以内	结合理论分析问题，言之有物，条理清晰
	引导全班进一步讨论，并进行归纳总结，注意思政元素与管理学理论的结合。引导学生学会运用管理学的理论知识解决现实问题	6 分钟	归纳用到的关键理论，并对各组表现做一个简单点评
课后	请学生关注相关社会现象		增进记忆，巩固知识

（五）总结

广西玉林村（社区）设专职纪检委员这一创新行为，结合扶贫资金使用过程中易发生腐败现象，运用马克思主义的立场观点分析解决社会发展中的问题。案例通过查找廉洁风险点，设置专职纪检委员的方式，依靠群众力量，结合控制的基本理论，制定风险防范措施，能够有效预防、控制和解决扶贫资金使用过程中的腐败问题。同时，通过设专职纪检委员的方式，使广大党员提高了自我查找风险、自我防范风险的积极性和主动性，增强了党员干部的风险意识和廉政意识。

参考文献

[1] 习近平．决胜全面建成小康社会　夺取新时代中国特色社会主义伟大胜利——在中国共产党第十九次全国代表大会上的报告［M］．北京：人民出版社，2017.

[2] 习近平．习近平谈治国理政（第一卷）［M］．北京：外文出版社，2018.

[3] 习近平．习近平谈治国理政（第二卷）［M］．北京：外文出版社，2018.

[4] 庞革平．广西玉林村（社区）设专职纪检委员［EB/OL］．［2018-09-28］．ht-

tp：//fanfu. people. com. cn/n1/2018/0928/c64371-30317625. html.

[5] 中国纪检监察学院科研部．马克思主义廉洁政治观及其启示 [EB/OL]. 监察部网站．[2013-01-15]. http：//fanfu. people. com. cn/n/2013/0115/c64371-20207460. html.

[6]《管理学》编写组．管理学 [M]. 北京：高等教育出版社，2019.

[7] 李健．精准扶贫的马克思主义内蕴 [EB/OL]. http：//guancha. gmw. cn/2016-09/27/content_22186097. htm.

[8] 杨姝．依法治权是马克思主义权力观的基本要求 [N]. 光明日报，2017-04-24.

中国—东盟博览会的诞生及落户广西南宁①

一、案例正文

一个组织或活动的生成和发展受到各种内外环境因素的影响，中国—东盟博览会的诞生及落户广西南宁亦是如此，对中国—东盟博览会诞生及落户广西南宁起重要作用的环境因素有以下四个方面：

（一）经济全球化与区域经济一体化趋势加快

经济全球化与区域经济一体化趋势加快是中国—东盟博览会诞生和落户广西南宁的宏观环境因素。

随着新技术革命的蓬勃兴起，社会生产力的巨大提高，国际分工的进一步加强，国与国之间的联系从仅有的商品交换广泛渗透到生产协作、技术、信息交流、资金融通和劳务合作等各个领域，各国经济日益融合成一个整体，以世界经济的信息化、市场化、自由化为标志，经济全球化的趋势在20世纪初愈演愈烈，导致任何国家都离不开世界，世界也离不开各个国家。区域经济一体化则是经济全球化过程相对发展不足的产物，是经济全球化的表现与有机组成部分，是最终实现经济全球化的具体步骤与途径。所以，经济全球化与区域经济一体化是推动全球生产、投资、贸易一体化进程中并行发展的最重要的两个经济现象，二者互为依赖，互为支撑，共同推动世界经济快速向前发展。从区域经济一体化与经济全球化运行的轨迹看，经济全球化是自发的市场机制起着主导作用的过程，而区域经济一体化则是国家起着主导作用的进程。

为迎合经济全球化与区域经济一体化趋势，加快中国经济的发展，中国从以下几点进行行动：一是积极参与经济全球化进程，启动了加入世界贸易组织的漫漫征程，经过十五年的不懈努力，2001年12月11日，中国正式加入世界贸易组织（WTO），成为其第143个成员国。二是积极推动区域经济合作，21世纪初，国际政治环境向着不利于中国的方向发展，面对国际政治的新形势，中国提出以加强双边关系和区域经济合作为基本方式的新的外交战略，发展与周边国家的友好关系，实现“睦邻、富邻、安邻”的战略目标。2002年11月4日，中国国务院总理朱镕基在柬埔寨金边举行的第六次中国—东盟“10+1”领导人会议上，与东盟十国领导人签署了《中国—东盟全面经济合作框架协议》，直接催生了中国—东盟博览会。

---

① 古小松．中国—东盟博览会可持续发展报告［M］．北京：社会科学文献出版社，2009.

（二）中国—东盟自由贸易区建设启动

中国—东盟自由贸易区建设的启动是中国—东盟博览会诞生和落户广西南宁的微观环境因素。

启动中国—东盟自由贸易区建设进程的基础是中国与东盟友好关系的迅速发展。中国与东盟自1991年开始对话到2003年的14年时间里，双方关系经历了建立对话、睦邻互信、战略伙伴三个阶段。在这十多年的时间里，中国和东盟的双方关系可谓全面开花，硕果累累，突出表现在三个方面：一是政治互信加强，中国第一个加入《东南亚友好合作条约》，第一个同东盟建立战略伙伴关系；二是经贸合作成效显著，到2004年，中国和东盟互为对方的第四大贸易伙伴；三是其他领域交流与合作不断拓展。亚洲金融危机及2001年以来亚洲和世界经济下滑的局面，凸显了中国和东盟进一步加强经济联系的必要性和紧迫性。在这一背景下，建立中国—东盟自由贸易区对双方实现优势互补、联合自强，开拓新的发展机遇，共同抵御经济风险，具有十分重要的意义。

（三）中国政府认识到会展业对社会经济发展的拉动作用

中国政府认识到会展业对经济的巨大拉动作用是中国—东盟博览会诞生和落户广西南宁的内部环境因素。

会展经济是一种新型经济形势和新兴产业，是通过举办各种形式的会展活动（展览会、会议、节庆活动、赛事活动、演艺活动、奖励旅游、空间展陈等），带来直接或间接的经济效益和社会效益的经济活动，对社会经济具有快速拉动效应。会展经济不仅可以培育新兴产业群，而且可以直接或间接带动一系列相关产业的发展，形成旅游、科技、商贸、工业与会展互动共兴的发展态势。会展业又可细分为展览业、会议业等，国际上展览业的产业带动比例大约为1：9，即展览场馆的收入如果是1，相关的社会收入为9，这么高的产业关联度使会展经济成为带动城市和区域经济发展的新增长点。它的发展，已远远超过单纯地举办会展本身所具有的意义，成为继旅游、房地产之后又一个崛起的“无烟产业”和“朝阳产业”。除了直接的经济效益外，会展经济还成为展现城市形象和品牌的重要手段。另外，会展能起到传播信息、知识、观念的作用，促进国外与国内、政府与企业、企业与企业、企业与消费者以及社会各主体之间的沟通与交流。尤其是展览会与论坛、高级研讨会、业务洽谈会、技术成果拍卖会、人才交流会等配套举办，所起的作用是综合性的、全方位的，不但能使人流、物流、资金流当时当地落到实处，还能推动知识更新、观念转型。进入21世纪后，中国政府充分认识到了会展业的作用。

（四）广西区位优势的提升和申办展会的主动性

广西拥有的区位优势和申办展会的主动性是中国—东盟博览会诞生和落户广西南宁的内部环境因素。

广西地处我国大陆东、中、西三个地带的交汇点，是华南经济圈、西南经济圈与东盟经济圈的结合部分，是西南乃至西北地区最便捷的出海通道，也是连接粤港澳与西部地区的重要通道。广西具有沿海、沿边、沿江三大优势。沿海优势，广西海岸线曲折，拥有大小港口21个，形成“天然港群海岸”，其中适合建设泊靠能力万吨以上的有防城、钦州、北海、珍珠、铁山5个港口，最终开发潜力达年吞吐能力2亿吨以上。沿边优势，广西有8个县（市）与越南接壤，陆地边境线1020公里，现有边境口岸12个，其中东兴、凭祥、友谊关、水口、龙邦5个口岸为国家一类口岸，另外还有25个边民互市贸易点，各边境口岸和边贸点都有公路相通。沿江优势，珠江水系的西江，纵横广西境内梧州、贵港等城市，西通云南、贵州，东经广州出海，河道运输能力仅次于中国第一大河长江，在广西境内有年吞吐能力万吨以上的内河港口77个。独特的区位优势，使广西对内、对外开放潜力巨大，区域国际通道作用日益显著。

加之广西党委、政府积极争取我国中共中央和中央政府的支持，主动配合我国的国际政治和国际经贸整体战略，努力完善基础设施条件和场馆条件，使得中国—东盟博览会能诞生并最终能永久落户广西首府南宁。

二、案例的思政元素

本案例的思政元素主要是：

（一）马克思主义哲学中内因与外因的辩证关系

马克思哲学把事物的内部矛盾叫作内因，把事物的外部矛盾叫作外因。内外因的关系是：事物的内部矛盾，是事物发展的根本原因；而事物的外部矛盾，则是事物发展的第二位原因。事物的发展是内因和外因共同作用的结果。内因是事物变化发展的根据，外因是事物变化发展的条件，外因通过内因而起作用。

宏观环境是“经济全球化与区域经济一体化趋势”，微观环境是中国和东盟十国积极推动“中国—东盟自由贸易区”建设，内部环境是中国政府“认识到会展业的作用”，以及广西区位优势的提升和争取展会落户的主动性。宏观环境和微观环境变化是中国—东盟博览会诞生的外因，内部环境的变化是内因。中国—东盟博览会的诞生并落户南宁是内外因共同作用的结果。

（二）中国特色大国外交，推动建立新型国际关系

1957年，毛泽东主席在莫斯科向全世界庄严宣告，中国坚决主张一切国家实行和平共处五项原则，这五项原则内容是：相互尊重主权和领土完整、互不侵犯、互不干涉内政、平等互利、和平共处。1963年底至1964年初，周恩来总理出访亚洲、非洲和欧洲14个国家时，提出了中国经济援助的八项原则，把五项原则扩展到经济领域。1974年，邓小平同志在联大特别会议上再次强调国家之间的政治和经济关系都应建立在和平共处五项原则的基础上。1988年，邓小平同志又率先明确提出以五项原则为准则建立国际政治经济新秩序的主张。习近平外交思想的精髓要义主要有10个“坚持”：①坚持以维护党中央权威为统领加强党对对外工作的集中统一领导；②坚持以实现中华民族伟大复兴为使命推进中国特色大国外交；③坚持以维护世界和平、促进共同发展为宗旨推动构建人类命运共同体；④坚持以中国特色社会主义为根本增强战略自信；⑤坚持以共商共建共享为原则推动“一带一路”建设；⑥坚持以相互尊重、合作共赢为基础走和

平发展道路；⑦坚持以深化外交布局为依托打造全球伙伴关系；⑧坚持以公平正义为理念引领全球治理体系改革；⑨坚持以国家核心利益为底线维护国家主权、安全和发展利益；⑩坚持以对外工作优良传统和时代特征相结合为方向塑造中国外交独特风范①。举办中国—东盟博览会系列活动是符合中国外交政策及习近平新时代中国特色社会主义外交思想的战略举措。

（三）中央给广西的三大定位

2015 年 3 月 8 日，习近平总书记在国家"两会期间"，来到人民大会堂广西厅，与广西代表团代表共商国是。他指出，随着国家"一带一路"建设的推进，广西在国家对外开放大格局中的地位更加凸显，迎来了历史性的发展机遇。此次会上，习近平总书记明确赋予广西发展"三大定位"——构建面向东盟的国际大通道，打造西南中南地区开放发展新的战略支点，形成 21 世纪海上丝绸之路和丝绸之路经济带有机衔接的重要门户。这为广西加快形成面向国内国际的开放合作新格局指明了方向②。中央给广西的三大定位使中国—东盟博览会的战略意义更为凸显。中国政府将中国—东盟博览会与博鳌亚洲论坛、夏季达沃斯论坛并列为"国家层面举办的重点涉外论坛和展会"，"具有特殊的国际影响力"，每年举办一次，中国领导人每年保持现有规格出席，东博会在中国—东盟合作中发挥越来越重要的作用③。

（四）经济全球化时代背景下，弘扬新时代的爱国主义必须坚持立足民族又面向世界

经过改革开放 40 年的发展，中国日益走近世界舞台的中央。中国的命运与世界的命运紧密相关。经济全球化是世界经济发展的必然趋势，但不等于全球政治、文化一体化。在经济全球化的背景下，国家仍然是民族存在的最高组织形式，是国际社会活动中的独立主体。只要国家继续存在，爱国主义就有坚实的基础。在参与经济全球化的过程中，我们一定要保持清醒的认识，必须弘扬新时代的爱国主义，必须坚持立足民族，坚定地捍卫自己国家的利益，维护国家发展主体性，按照本国国情坚持、发展自己的政治制度和民族文化。同时又应该看到，在经济全球化时代背景下，没有哪个国家能够独自应对人类面临的各种挑战，也没有哪个国家能够退回到自我封闭的孤岛。中国人民的梦想同各国人民的梦想息息相通，实现中国梦离不开和平的国际环境和稳定的国际秩序。弘扬新时代的爱国主义，必须面向世界，以更加宽广的世界胸怀和全球视野，为维护人类共同利益、推动人类文明发展进步提供中国智慧，始终做世界和平的建设者、全球发展的贡献者、国际秩序的维护者。

---

① 习近平外交思想引领中国特色大国外交开创新局面［EB/OL］.［2018-06-25］. http：//www. xinhuanet. com/politics/xxjxs/2018-06/25/c_1123029499. htm.

② 追寻总书记的广西足音［EB/OL］.［2017-04-23］. http：//gx. people. com. cn/n2/2017/0423/c179430-30076601. html.

③ 2017 年中国—东盟博览会［EB/OL］.［2017-09-14］. http：//intl. ce. cn/zhuanti/2017/dmblh/bjzl/201709/14/t20170914_25966877. shtml.

三、案例使用说明

(一) 教学用途与教学目标

1. 教学用途

适用于本科生的《管理学》中“环境分析与理性决策”知识点的教学。

2. 教学目标

(1) 知识层面。

理解概念：组织的内外部环境要素、理性决策与非理性决策。

掌握理论：环境分析的常用方法、决策方法。

(2) 能力层面。

思维能力：教师通过对理论的讲解，帮助学生系统掌握组织环境的分类和构成，了解决策模式的理论基础，掌握理性决策的方法，形成全面、系统、联系地分析问题、解决问题的思维能力。

实践能力：根据案例材料，设置三个既考核知识掌握程度又锻炼能力的问题，通过解答问题，帮助学生搭建“实践到理论、理论到实践”的思维桥梁，使学生能就实际管理问题收集信息与资料，善用适当的理论知识，提出合理解决方案。

(3) 素质层面。

形成专业意识：理解管理活动的开放性，理解新时代的特征、新发展理念及其对活动管理的影响；养成关注宏观环境、微观环境、内部环境的学习习惯。

提高职业素养：通过案例，引入马克思主义哲学内外因关系原理、中国的外交政策和其他重要思政元素，拓展学生视野，让他们理解国家、民族、社会对活动管理的影响，增强社会责任感。

(二) 案例讨论的准备工作

(1) 学生需要预习《管理学》课程中“环境分析与理性决策”的相关知识，对组织环境的层次、决策模式和决策方法有一个初步认识。

(2) 授课教师可事先让班级同学到“中国—东盟博览会”官方网站，了解“中国—东盟博览会”的起源和最新发展情况。案例分析前用 10 分钟时间让 10 位同学用一句话谈谈自己对中国—东盟博览会的认识。授课教师准备好东博会的最新宣传片，在同学们发言之后播放。

(三) 案例分析要点

1. 启发思考题

(1) 结合案例，运用马克思主义基本原理分析中国—东盟博览会诞生和落户广西南宁的必然性。

(2) 结合案例，谈谈宏观环境因素对中国—东盟博览会成效的影响。

(3) 结合案例和你自己能找到的资讯，就中央政府是基于怎样的决策模式同意中国—东盟博览会永久落户南宁，谈谈自己的见解。

2. 分析思路

三个思考题，是基于管理学“环境分析与理性决策”知识点而提出的。

组织环境是由众多因素交错而成的整体，通常把环境分成三大层次或三个大类，即一般或宏观环境、具体或微观环境以及组织内部环境，如图 3-1 所示。

理性决策通常也被称为科学决策，它假设管理者在决策时运用理性和逻辑实现决策目标，即组织利益最大化。在古典决策理论的基础上，西蒙等提出以“令人满意的”代替“最优化”作为决策准则完善了这一理论。理性决策的过程如图 3-2 所示。

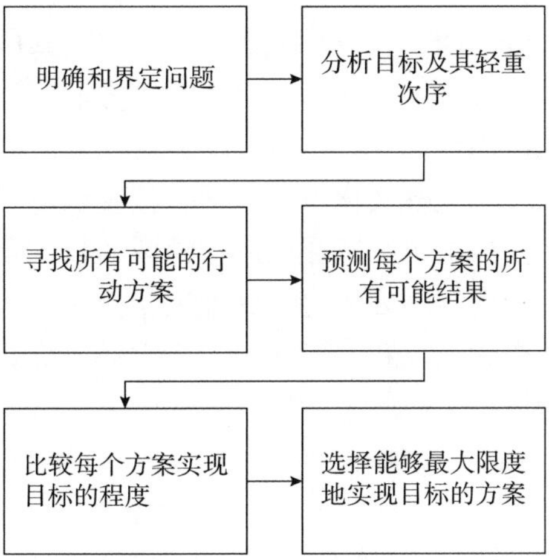

图 3-2 理性决策的过程

（1）结合案例，运用马克思主义基本原理分析中国—东盟博览会诞生和落户广西南宁的必然性。

《管理学》理论知识点：组织管理环境的构成和分析。

引导学生结合马克思主义哲学中内因与外因的辩证关系原理对案例进行分析。参考答案如下：

组织环境包括一般环境或宏观环境、微观环境、内部环境等。宏观环境因素主要包括政治法律、经济、社会文化、科学技术、自然资源等方面。微观环境主要包括顾客、供应商、竞争者、管理机构、战略同盟伙伴等方面。内部环境因素主要包括物质（人、财、物等）、文化（价值观、行为准则、形象呈现）等方面。

马克思主义哲学把事物的内部矛盾叫作内因，把事物的外部矛盾叫作外因。内外因的关系是：事物的内部矛盾，是事物发展的根本原因；而事物的外部矛盾，则是事物发展的第二位原因。事物的发展是内因和外因共同作用的结果。内因是事物变化发展的根据，外因是事物变化发展的条件，外因通过内因而起作用。

《管理学》中的宏观环境因素和微观环境因素对应的是组织或者活动管理的外因，内部环境因素对应的是组织或者活动管理的内因。案例中的宏观环境因素是“经济全球化与区域经济一体化趋势”，微观环境因素是中国和东盟十国积极推动“中国—东盟自由贸易区”建设，内部环境因素是中国政府“认识到会展业的作用”，以及广西区位优势的提升和申请展会落地的主动性。宏观环境和微观环境的变化是中国—东盟博览会诞生和落户广西南宁的外因，内部环境的变化是中国—东盟博览会诞生和落户广西南宁的内因。

根据马克思主义哲学中内因与外因的辩证关系原理，中国—东盟博览会诞生并落户广西南宁是宏观环境、微观环境、内部环境等内外因共同作用的结果。

（2）结合案例，谈谈宏观环境因素对中国—东盟博览会成效的影响。

《管理学》理论知识点：组织管理的宏观环境构成和分析。

引导学生结合中国的外交政策对案例进行分析。参考答案如下：

宏观环境因素主要包括政治法律、经济、社会文化、科学技术、自然资源等方面。政治环境因素主要包括组织所在地区的政治制度、政治形势、执政党的路线、方针、政策和国家法令、政治力量的对比等方面。经济环境因素主要包括其所在国家的经济制度、经济结构、物资资源状况、经济发展水平，国民消费水平等方面，利率、通货膨胀率、可支配收入的变化、股市指数和经济周期是一些可以反映经济环境的指标。社会环境因素主要包括组织所在国家或地区的人口、家庭文化教育水平、传统风俗习惯及人们的道德观念、法律等方面。技术环境因素主要包括组织所在国家或地区的技术水平、技术政策、科研潜力和技术发展动向等方面。自然资源环境相对于其他因素而言是相对稳定的。衡量自然资源环境因素一般从地理位置、资源状况和气候状况三个方面分析。地理位置是指组织所坐落的地理方位。资源状况是指包括组织所需的原材料和电力等需求，也包括需要组织提供产品和服务的顾客源。气候状况不仅影响到组织的正常运作，而且还影响到人们的生活习惯。

中国—东盟博览会是中国商务部和东盟 10 国政府经贸主管部门及东盟秘书处共同主办、中国广西壮族自治区人民政府承办的国际经贸盛会，迄今已成功举办 15 届，成为国家层面直接主办、具有特殊国际影响力、每年一届的国家级重点展会，在促进中国—东盟友好合作，服务“一带一路”建设，推动国际产能合作过程中发挥了重要作用①。

国际和国内的宏观环境对中国—东盟博览会的成效有直接的影响。第一，中国的外交政策是宏观环境中的政治法律因素。中国外交政策中最重要的内容是国与国之间应遵循“和平共处五项原则”，即相互尊重主权和领土完整、互不侵犯、互不干涉内政、平等互利、和平共处。基于这个原则，我国提出了建设中国—东盟自由贸易区的构想，进而提出以中国—东盟博览会推动自贸区建设的想法，这得到了东盟各国的一致认同。也因为中国坚持“和平共处五项原则”，每一届中国—东盟博览会都是各国客商云集，效果良好。第二，中国经济的高速发展、东盟各国高度重视本国经济发展是宏观环境中的经济因素，中国和东盟国家的资源互补，以及基于中国和东盟国家共 20 亿人口规模的市场潜力是中国和东盟各国积极参与中国—东盟博览会的重要原因。第三，我国和东盟各国文化相通是宏观环境中的社会环境因素，我国和东盟各国有着长期的交往历史，有相似的传统风俗习惯及道德观念，因此，我国人民和东盟国家人民比较容易亲近，因为亲近所以愿意通过中国—东盟博览会这个平台交流和交易。第四，中国科学技术的进步

---

① 中国—东盟博览会官网．第 16 届中国—东盟博览会参展参会公告［EB/OL］．http：//wap.caexpo.org/html/special/2019/zszzgg/index.html.

是宏观环境中的科技环境因素，因为中国在基础设施（高速公路、桥梁等）建设技术、高速铁路技术、通信技术、水电技术、农业技术等方面发展迅速，这吸引了东盟各国和“一带一路”沿线国家客商的关注，中国—东盟博览会因此也设计了科技板块的展示和交流，满足客商这方面的需求。第五，广西的地理位置、气候状况是宏观环境中的自然资源环境。广西地处中国—东盟自由贸易区的中心位置，是我国唯一与东盟既有陆地接壤又有海上通道的省区，也是我国进入东盟最便捷的通道。另外，东博会一般在 9 月、10 月举办，此时的广西气候宜人、瓜果飘香，吸引了国内外客商云集南宁，使中国—东盟博览会的成效显著。

（3）结合案例和你自己能找到的资讯，就中央政府是基于怎样的决策模式同意中国—东盟博览会永久落户南宁，谈谈自己的见解。

理论知识点：理性决策的过程。

引导学生结合中央给广西的三大定位对案例进行分析。参考答案如下：

理性决策的过程为明确和界定问题—分析目标及其轻重次序—寻找所有可能的行动方案—预测每个方案的所有可能结果—比较每个方案实现目标的程度—选择能够最大限度地实现目标的方案。

2004 年，广西南宁和云南昆明都在争取中国—东盟博览会落户在自己的省区。我们认为中央政府是基于理性决策模式同意中国—东盟博览会永久落户南宁的。中国—东盟博览会的目的或者宗旨是“促进中国—东盟自由贸易区建设、共享合作与发展机遇”，为实现这个目的，举办地的选项主要有两个，一个是南宁，一个是昆明。如果只看当时两市的会展硬件设施，南宁当时没有条件较好的会展场馆，而昆明有，南宁可能落选。广西刚解放的时候，各界对省会是设在桂林、南宁还是柳州持有不同意见，据说后来中央的意见是，如果只看当前，南宁的基本设施条件不如桂林，南宁当时还不通火车。但是如果今后中国和东南亚的关系好起来以后，把广西和南宁放在整个东南亚的版图上看，就知道南宁地理位置的重要性了，所以中央决定将广西省会设在南宁。联想到把东博会举办地放在南宁，应该是中央对广西和南宁战略地位一脉相承的看法。另外，云南与南亚国家更接近一些，2012 年，国务院批准将在昆明举办的南亚国家商品展升格为中国—南亚博览会，昆明成为南博会的举办地，这也体现了昆明和南宁的不同战略地位。

2015 年 3 月 8 日，习近平总书记在国家“两会期间”，来到人民大会堂广西厅，与广西代表团代表共商国是。此次会上，习近平总书记明确赋予了广西发展的三大定位：构建面向东盟的国际大通道；打造西南中南地区开放发展新的战略支点；形成 21 世纪海上丝绸之路和丝绸之路经济带有机衔接的重要门户。中央给广西的三大定位使广西南宁作为中国—东盟博览会永久举办地的战略意义更为明显。

（四）教学组织方式

建议安排 4 个课时（160 分钟），其中 1 个课时用于讲授“环境分析与理性决策”主要知识点，另 3 个课时围绕本案例进行案例教学。教学组织安排如表 3-12 所示。

表 3-12　案例的教学组织

学习阶段	学习内容	时间限制	学习目标
课前	要求学生分组，并预习课本知识和相关思政知识，查阅“中国—东盟博览会”官方网站，了解东盟博览会的发展情况	提前 3 天	初步了解课本相关知识和相关思政知识，了解案例背景
课中	“环境分析与理性决策”主要知识点讲授	40 分钟	熟悉教材和思政元素
	10 位学生各用一句话说说自己对东博会的认识	10 分钟	熟悉案例背景
	教师播放东博会视频	15 分钟	熟悉案例背景
	阅读案例并思考	15 分钟	进一步熟悉案例背景
	分组讨论，各组给出思考题的答案	30 分钟	能运用理论思考实际问题
	抽取四个小组进行发言	每组 5 分钟，共 20 分钟	结合理论分析问题，言之有物、条理清晰
	教师进行归纳总结，注重思政元素与管理学理论的结合，引导学生学会运用理论知识解决实际问题	30 分钟	通过教师的点评，使学生加深对理论的认识
课后	各小组在课堂案例学习的基础上，围绕思考题再进行讨论，撰写案例分析报告，作为一次平时成绩	课后 3 天内	分析报告体现出对思政元素和管理学知识的理解，言之有理，言之有据

（五）总结

管理涵盖对组织的管理和对活动的管理，中国—东盟博览会的管理可归于对活动的管理。东博会作为一项重大的国际政治、经济、文化活动，从其诞生到发展，受到宏观环境因素、微观环境因素、内部环境因素的影响。在对本案例的讨论分析中，可以运用马克思主义基本原理，对中国—东盟博览会的诞生进行内外因分析，强化学生对“环境分析”知识点的理解。同时，通过此案例的教学，使学生了解中国的外交政策、习近平新时代中国特色社会主义外交思想以及中央给广西的三大定位，让学生对党中央和政府的“南宁作为中国—东盟博览会永久举办地”的战略举措有更清晰的了解。通过本案例教学，使学生了解中央重大决策对广西经济社会发展、企事业单位发展、个人成长的重要意义，进而使学生能坚定国家发展、广西发展和自我发展的信心，并将此信心转化为努力学习和实践的动力。

参考文献

［1］习近平. 决胜全面建成小康社会　夺取新时代中国特色社会主义伟大胜利——在中国共产党第十九次全国代表大会上的报告［M］. 北京：人民出版社，2017.

［2］习近平. 习近平谈治国理政（第一卷）［M］. 北京：外文出版社，2018.

［3］习近平. 习近平谈治国理政（第二卷）［M］. 北京：外文出版社，2018.

［4］中国—东盟博览会发展报告（第一卷）［M］. 桂林：广西师范大学出版社，2008.

［5］本书编写组. 管理学［M］. 北京：高等教育出版社，2019.

第四部分
《新闻学概论》“课程思政”案例

脱贫攻坚新闻报道：崇山峻岭间　脱贫战正酣[①]

一、案例正文

隆林在脱贫攻坚中“既见森林又见树木”，扶贫开发项目精准到户，较好地实现对接及融合，抓住了“最后一公里”的重点和难点，为各地发展特色产业脱贫致富提供了可资借鉴的有益经验。

“自从村里通了水泥路之后，我就很少用骡子来驮重物了，再也不需要靠这个来维持生计了。”对于自己生活的改变，百色市隆林各族自治县新州镇那么村那烘屯村民马文祥感到由衷的高兴。

马文祥曾是村里的“马帮”成员之一，村里通水泥路之前，他靠3头骡子帮村民拉木头，维持着一家的生计。如今，水泥路通到家门口以后，他发展养鸡、养猪、种树等产业，大踏步走上致富路。

这是隆林脱贫攻坚一线战场的缩影之一。2016年至今，隆林高举“决胜脱贫攻坚”的大旗，撸起袖子加油干，通屯道路硬化、饮水安全、易地扶贫搬迁……一项项扶贫政策温暖贫困户的心田；建立合作社、金融扶贫、就业基地……一项项增收措施遍地开花；打造新时代空中讲习所、扶贫文艺演出、设立文化村……一项项扶志扶智活动激发脱贫斗志。

崇山峻岭之间，隆林的脱贫攻坚一线战场，鏖战正酣。

（一）巧用“加法”发展特色产业

暮春四月，新州镇水洞村水洞屯的山地里，大片桑树林抽芽吐绿。曾经，这里仅种植玉米或者干脆撂荒；如今，这片土地承载着当地群众脱贫致富的新希望。

水洞村有8个自然屯12个村民小组，共340户1628人，当初精准识别时有建档立卡贫困户142户679人，贫困发生率为41.8%。

“日子很苦，几乎没有什么经济来源。”水洞村水洞屯的贫困户王乜伙告诉记者，村里的房前屋后都是石头地，种不了产量高的农作物，由于山高水冷，家里的旱地只能种点玉米、红薯，即使丰收也填不饱一家人的肚子。

一方水土难养一方人。水洞村的8个自然屯中，缺地的村子为数不少，很多村民像王乜伙一样，祖祖辈辈被困在山上，难以脱贫。

---

① 周剑峰. 崇山峻岭间　脱贫战正酣［J］. 当代广西，2019（10）：20-21.

2012年，隆林举全县之力发展种桑养蚕产业。在利好政策的影响下，水洞村的部分村民开始尝试种桑养蚕。水洞村水洞屯的贫困户杨亚鲜，便是在这一年开始尝试种桑养蚕。杨亚鲜说，她第一年尝试种了1亩桑树，在种桑养蚕的过程中，县蚕业站的工作人员隔三岔五进村入户，特别是养蚕时节，几乎天天来她家现场指导，直到9月最后一批蚕结茧。“第一年养了3批蚕，赚了3000多元。”杨亚鲜说，随着养蚕经验的日渐成熟，她家桑园如今已扩至4亩。

养蚕带来的明显收益，让更多的村民加入到养蚕队伍中。经过三四年的发展，长洞村已被列入隆林种桑养蚕产业示范基地。2018年，在深圳对口帮扶产业扶贫资金的支持下，水洞村建立起标准化蚕房项目，该蚕房产权归属水洞村村集体所有，贫困户可以无偿使用，非贫困户通过缴纳租金可以使用蚕房剩余空地，租金纳入村集体收入。

县农业农村局的统计数据显示，全县目前累计发展桑园近6万亩，完成蚕房建设500余座，年产鲜茧3万余担，年鲜茧产值达8000万元，户均养蚕年收入超过2万元，共覆盖全县85个村150个屯2600余农户。

这是隆林巧用“加法”发展特色产业的缩影。2017~2019年这3年来，全县累计投入产业扶贫资金16602.39万元，重点实施特色产业“四个万亩工程”，形成了粮食、蔬菜、水果、油茶、茶叶、蚕桑、现代渔业等传统特色优势产业，覆盖贫困户19402户，覆盖率为89.83%。培育的龙头企业、专业合作社、家庭农场等新型经营主体数量达435个；推动建立各类现代特色农业示范区（点、园）71个；投入6811.28万元促进村集体经济发展。

（二）善用“减法”补齐发展短板

要致富，先修路。早在2017年以前，通行不便曾是隆林发展的一大瓶颈。因此，“修好路”一直是群众最期盼的。

马文祥所在的那烘屯，是新州镇较偏远的一个村落。彼时，连接那烘屯和新州镇最近距离的出行道路是一条不足3米宽的砂土路，路面十分狭窄且坑洼不平，村民们出行更是屡屡遭遇“晴天一身土，雨天一身泥”的窘境。

连通外界的道路尚且如此，屯内道路更不好。“长期生活在这样的环境里，感觉生活都没有奔头了。”马文祥表示当时很沮丧。

转机出现在2016年。在县委、县政府的积极努力下，2016年底，通往那烘屯的水泥公路正式动工修建，2017年11月，那烘屯的水泥公路正式投入使用。

“在农发行信贷资金的支持下，现在村里各个屯之间都有了标准硬化道路。”隆林各族自治县县委常委、副县长赵乐欣告诉记者，通屯路建成后，村里的杉木、黑猪等产品价格翻番，并且有商家上门收购，这和之前靠肩挑马驮运出山的场面形成了鲜明对比。

同时改变的还有农村群众饮水安全工程。2018年4月19日，记者在沙梨乡委尧村采访时看到，在这个村一座高山的半山腰处，已建起一座设施完备的集中供水工程，抽水机等设备都正在有序运转。

“这个工程在2017年9月开工建设，2018年4月建成使用，解决了当地7个村屯约1200人的饮水安全问题。”县水利局总工程师毕从师介绍。

委尧村拉石屯80岁的黄婆龙告诉记者，此前没通水时，她都是到离家约1公里的地方去挑水，由于年纪较大，她最多一天只能挑 2 桶水，因此用水很节省。“如今一开水龙头就有水用，真方便啊。”

3 年来，隆林着力抓好基础设施建设，“减”掉制约贫困发展的短板弱项。据隆林县农业农村局统计，2016 年以来，全县共计投入约 17 亿元，实施 667 条通屯硬化路，20 条以上通屯水泥路，705 处安全饮水工程，109 个行政村（社区）公共服务中心，6060 户危房改造等基础设施项目，同时大力实施农村电网改造、宽带网络建设等民生项目。

（三）妙用“乘法”加快脱贫步伐

2019 年 4 月 17 日，在者保乡班支花村的南盘江一带，记者看到，沿河随处可见一片片西贡蕉树，成片的果树上挂满果实，一派丰收景象。

“今年西贡蕉挂果率比以往高，收入应该比去年好。”看着硕果累累的果树，正在管护果树的班支花村平勤屯的脱贫户王德武干劲更足了。他说，以前为供小孩读书，他去过广东、海南等地帮老板打理果园，每天起早贪黑干活，收入却不稳定。2017 年，听说乡里种植西贡蕉能享受产业奖补政策，他便辞职回家种了 30 亩的西贡蕉。2018 年，王德武卖完西贡蕉赚了 6 万多元，实现了脱贫。

“隆林气候条件好，旱季供水量充足，种植出来的西贡蕉肉质鲜嫩，很受欢迎，每年都有许多外地老板驱车前来购买。”隆林对口扶贫协作工作小组领导办公室工作人员杨必功说，班支花村西贡蕉种植园区是 2018 年度深圳市对口帮扶的扶贫协作产业项目，规划建设 1000 亩，由县农业部门负责技术指导，贫困户先自行种植西贡蕉，待验收合格后，可以一次性获取政府给予种苗、肥料等补助费用。西贡蕉树由贫困户自行管护、自行采收销售。

现今，班支花村的深圳·隆林扶贫协作西贡蕉种植项目已被列入隆林万亩西贡蕉产业扶贫示范园，是该县重点打造的西贡蕉种植区域之一。目前，隆林正着力加强科技种植、设施升级等建设，以沙梨乡委尧村 3000 亩西贡蕉产业扶贫示范园为建设核心，打造南盘江沿河一带 1 万亩的西贡蕉产业扶贫示范园。项目建成后，将辐射带动平班镇、沙梨乡、者保乡等地发展西贡蕉产业。

这是深圳·隆林扶贫协作的典型。2017~2019 年这 3 年来，隆林充分利用中国农业发展银行、深圳市罗湖区、自治区政协办公厅等单位挂点帮扶隆林的机遇，聚集一切优质要素和力量，做好“乘法”，推动扶贫效益倍增。据隆林县农业农村局统计，3 年来，中国农业发展银行对隆林共审批贷款金额 40.91 亿元，累计投放贷款 16.73 亿元，用于支持易地扶贫搬迁、屯级道路、文体场所等项目建设。此外，截至目前，广东省各级财政支持隆林扶贫协作资金 5378.60 万元，统筹安排协作项目 16 个，涉及种桑养蚕、种植水果、养猪等特色产业项目，培训贫困户技能等致富项目，直接受益贫困村 138 个次，受益贫困人口 1.54 万人。

“在各级各部门的帮扶下，脱贫攻坚取得明显成效。”百色市政协副主席、隆林各族自治县县委书记张启胜介绍，3 年来，全县累计减贫 5.23 万人，62 个贫困村脱贫出列，贫困发生率从 2015 年的 23.57%下降至 2018 年的 8.56%。

（四）记者手记

隆林地处云贵高原南麓，山高路陡、环境恶劣，部分“九分石头一分土”的山区石漠化严重，素有“碗一块、瓢一块，草帽盖着两三块”之说，至今仍是广西4个极度贫困县之一。

困难再大，也没有压倒隆林各族儿女。他们在艰难中起步，在创新中发展，利用自身优势科学治贫、精准扶贫，正逐步叩开脱贫之门。

为了让贫困群众稳固脱贫，隆林各族自治县县委、县政府着力做好“基础设施、特色产业、易地搬迁、金融帮扶、健康扶贫、教育扶贫”等文章，引导和帮助贫困户打牢脱贫致富的根基。这一系列动作中，既有可以攻玉的他山之石，更有当地大胆尝试和深挖自身潜力做出的创新，每一项政策的落地及实施，都给当地带来了实质性的改变。

隆林在脱贫攻坚中“既见森林又见树木”，扶贫开发项目精准到户，较好地实现对接及融合，抓住了“最后一公里”的重点和难点，为全面打赢脱贫攻坚战提供了强有力的保障，也为各地发展特色产业脱贫致富提供了可资借鉴的有益经验。

二、案例的思政元素

本案例的思政元素主要是：

（一）对大学生开展关于党的脱贫攻坚战战略、政策和成效的宣传

党的十八大以来，党中央从全面建成小康社会要求出发，把扶贫开发工作作为实现第一个百年奋斗目标的重点任务，并作出一系列重大部署和安排，全面打响脱贫攻坚战。脱贫攻坚力度之大、规模之广、影响之深，前所未有，取得了决定性进展。

打好脱贫攻坚战是党的十九大提出的三大攻坚战之一。习近平总书记在党的十九大报告中指出，要动员全党全国全社会力量，坚持精准扶贫、精准脱贫，坚持中央统筹、省负总责、市县抓落实的工作机制，强化党政一把手负总责的责任制，坚持大扶贫格局，注重扶贫同扶志、扶智相结合，深入实施东西部扶贫协作，重点攻克深度贫困地区脱贫任务，确保到2020年我国现行标准下农村贫困人口实现脱贫，贫困县全部摘帽，解决区域性整体贫困，做到脱真贫、真脱贫。党的一切工作必须以最广大人民根本利益为最高标准。要坚持把人民群众的小事当作自己的大事，从人民群众关心的事情做起，从让人民群众满意的事情做起，带领人民不断创造美好生活。

《中共中央　国务院关于打赢脱贫攻坚战的决定》发布，成为指导脱贫攻坚的纲领性文件。国务院印发“十三五”脱贫攻坚规划，细化落实中央决策部署。中办、国办出台11个配套文件。中央和国家机关各部门出台118个政策文件或实施方案。全国各地相继出台和完善“1+N”的脱贫攻坚系列举措。

产业扶贫、易地扶贫搬迁、劳务输出扶贫、交通扶贫、水利扶贫、教育扶贫、健康扶贫、金融扶贫、农村危房改造、土地增减挂钩、水电矿产资源开发资产收益扶贫……因地制宜，种种“加强版”“创新版”的脱贫攻坚方法不断推出，很多“老大难”问题有了针对性解决方案。在今天的脱贫攻坚道路上，一套有中国特色的、行之有效的脱贫攻坚责任体系、政策体系、投入体系等四梁八柱性质的顶层设计谋篇布局基本完成，一块块硬骨头正在啃下。

隆林各族自治县在各级各部门的帮扶下，脱贫攻坚取得明显成效。2015~2018 年，全县累计减贫 5.23 万人，62 个贫困村脱贫出列，贫困发生率从 2015 年的 23.57%下降至 2018 年的 8.56%。隆林县是我国脱贫攻坚战中的一个缩影，它是一面镜子，折射出全国人民在脱贫攻坚战中取得的伟大成就。世界银行中国蒙古韩国局局长郝福满表示：“毫无疑问，中国将继续推动全球消除贫困的进程，并向世界表明，实现包容性增长和为最贫困人口提供更好的机会皆有可能。”

（二）明确共同富裕是社会主义的本质要求，带领人民创造美好生活是党的奋斗目标

共同富裕是中国共产党和中国人民的价值追求之一。邓小平同志在 1992 年的“南方谈话”中指出：“社会主义的本质，是解放生产力，发展生产力，消灭剥削，消除两极分化，最终达到共同富裕。”他在 1986 年 3 月 28 日会见新西兰总理朗伊时曾说过：我们的政策是让一部分人、一部分地区先富起来，以带动和帮助落后地区，先进地区帮助落后地区是一个义务。在社会主义制度条件下，解放和发展生产力是手段，共同富裕是目的。先富要带动后富，最终实现共同富裕。党的十八大报告中指出，“必须坚持走共同富裕的道路。共同富裕是中国特色社会主义的根本原则”。共同富裕，是社会主义最本质的规定，是建设社会主义现代化国家的条件和要求。

习近平总书记在党的十九大报告中指出，“带领人民创造美好生活，是我们党始终不渝的奋斗目标。必须始终把人民利益摆在至高无上的地位，让改革发展成果更多更公平惠及全体人民，朝着实现全体人民共同富裕不断迈进”。党的十九大报告将全面建设社会主义现代化国家的奋斗目标分为两个阶段。第一个阶段，从 2020 年到 2035 年，在全面建成小康社会的基础上，再奋斗 15 年，基本实现社会主义现代化，全体人民共同富裕迈出坚实步伐。第二个阶段，从 2035 年到本世纪中叶，在基本实现现代化的基础上，再奋斗 15 年，把我国建成富强、民主、文明、和谐、美丽的社会主义现代化强国，全体人民共同富裕基本实现。我国人民将享有更加幸福安康的生活，中华民族将以更加昂扬的姿态屹立于世界民族之林。

在新的发展阶段，处理好先富共富的关系，事关全面建成小康社会的大局。先富本身不是目的，先富的目的是要以点带面，使更多的地区、更多的人逐渐富裕起来，从而实现共同富裕。案例中，3 年来，在深圳·隆林的扶贫协作中，隆林充分利用中国农业发展银行、深圳市罗湖区、自治区政协办公厅等单位挂点帮扶隆林的机遇，聚集一切优质要素和力量，做好“乘法”，推动扶贫效益倍增。这深刻体现了先富带动后富、最终实现共同富裕的社会主义本质特征。

（三）充分认识“坚持两点论和重点论辩证统一”原理的重要性

两点论就是在认识和解决复杂事物的矛盾时，既要看到主要矛盾，又要看到次要矛盾；在分析和解决每对矛盾时，既要看到矛盾的主要方面，又要看到矛盾的次要方面，不能以偏概全。重点论就是在认识和解决矛盾时，要着重地把握多个矛盾中的主要矛盾，以及善于抓住主要矛盾和次要矛盾的主要方面，不能主次不分。两点论和重点论是辩证统一的。在通观两点时，要有重点聚焦；在聚焦重点时，要有两点视野。

隆林在脱贫攻坚中“既见森林又见树木”，体现了马克思主义的世界观和方法论。“见森林”就是两点论，隆林县委、县政府着力做好“基础设施、特色产业、易地搬迁、金融帮扶、健康扶贫、教育扶贫”等文章，引导和帮助贫困户打牢脱贫致富的根基，体现了全面推进、综合统筹。“见树木”就是重点论，善于抓重点、抓关键。隆林县扶贫开发项目精准到户，较好地实现对接及融合，抓住了“最后一公里”的重点和难点，为各地发展特色产业脱贫致富提供了可资借鉴的有益经验。

三、案例使用说明

（一）教学用途与教学目标

1. 教学用途

本案例为描述型案例，适用于本科生的《新闻学概论》中第一章“新闻本源”知识点的教学和培训。

2. 教学目标

（1）知识层面。

理解概念：新闻的本源是事实；新闻的选择。

掌握理论：新闻的基本特征在报道中的呈现与运用。

（2）能力层面。

系统思维能力：教师通过对理论的讲解，帮助学生系统了解新闻的本源、新闻的选择、新闻的基本特征等概念，形成对新闻的正确认知。

判断实践能力：根据案例材料，判断出新闻特征的各要素。

（3）素质层面。

形成专业意识：明确新闻本源、新闻概念、新闻选择、新闻倾向性及新闻特征的基本概念。

提高职业素养：通过案例，让学生能够准确判断出新闻报道中的新闻特征，将来能在充分理解新闻特征的基础上拟写一篇合格的新闻报道。

（二）案例讨论的准备工作

（1）学生需要预习《新闻学概论》课程中新闻本源的相关知识，对新闻选择、新闻特征等有一个基本的认识。

（2）授课教师准备好脱贫攻坚的相关背景资料，让学生了解所选新闻报道的新闻背景，帮助学生理解新闻报道的特征要素。

（三）案例分析要点

1. 启发思考题

（1）通过案例，分析新闻报道内容的政策背景及新闻选择。

（2）结合案例，挖掘新闻报道中呈现出的特征要素。

2. 分析思路

两个思考题，是基于新闻学概论“新闻本源”知识点而提出的。

(1) 通过案例，分析新闻报道内容的政策背景及新闻选择。

理论知识点：新闻的本源是事实与新闻选择。

参考答案如下：

扶贫工作是党中央、国务院的一项重要战略部署。党政机关定点扶贫是我国扶贫开发战略部署的重要组成部分，是新阶段扶贫开发的一项重大举措，对推动贫困地区经济社会的发展有着积极的意义。2015 年 11 月 23 日，中共中央政治局召开会议，审议通过了《关于打赢脱贫攻坚战的决定》《关于加强和改进新形势下党校工作的意见》，听取了关于巡视 55 家国有重要骨干企业有关情况的专题报告。中共中央总书记习近平主持会议。会议确定，到 2020 年通过产业扶持、转移就业、易地搬迁、教育支持、医疗救助等措施解决 5000 万左右贫困人口脱贫，完全或部分丧失劳动能力的 2000 多万人口全部纳入农村低保制度覆盖范围，实行社保政策兜底脱贫。专家指出，这是首次明确了社保兜底与其他脱贫路径的具体规模。

四大措施具体如下所示：一是加强宏观调控，加大对农业农村的投入，进一步促进农民减贫增收；二是推进农村扶贫开发，提高贫困农民自我积累和自我发展能力；三是加大对中西部地区政策支持和财政投入，促进各项社会事业发展；四是实施城镇居民就业工程，进一步健全社会保障体系。继续执行最低生活保障线政策，提高企业退休人员基本生活标准，推进和完善城镇社会保障体系试点工作。

《崇山峻岭间 脱贫战正酣》报道的是隆林在脱贫攻坚中“既见森林又见树木”，扶贫开发项目精准到户，较好地实现对接及融合，抓住了“最后一公里”的重点和难点，为各地发展特色产业脱贫致富提供了可资借鉴的有益经验。通过“巧用‘加法’发展特色产业”“善用‘减法’补齐发展短板”“妙用‘乘法’加快脱贫步伐”三个部分报道新闻事实。

在“记者手记”中，陈述新闻调查与采访的感受和脱贫攻坚过程中的难点，但在“新闻选择”中强调：困难再大，也没有压倒隆林各族儿女。他们在艰难中起步、在创新中发展，利用自身优势科学治贫、精准扶贫，正逐步叩开脱贫之门。为了让贫困群众稳固脱贫，隆林各族自治县县委、县政府着力做好“基础设施、特色产业、易地搬迁、金融帮扶、健康扶贫、教育扶贫”等文章，引导和帮助贫困户打牢脱贫致富的根基。这也是整篇新闻报道的精神主旨。

新闻的本源是事实：一是新闻内容以事实为依据。事实通常具有三个明显的特点，即事实是客观的、事实是可认知的、事实是可反映的。二是新闻事实是经过选择的事实。事实是反映的对象，新闻是反映的产物。新闻是一种源于客观事实、依附客观事实、为客观事实所决定、所派生的，同时，又是经过选择、提炼、加工后的精神产品。所以，报道者在采集、制作、报道新闻的时候，对事实的选择是必然的。

在《崇山峻岭间 脱贫战正酣》报道中，材料是经过精心选择的。报道通过准确的数据、真实的故事、采访对象的感想及在新闻事实发生的现场所见、所闻、所思融入到文字中。新闻选择的事实，是以正面宣传为主，传播主旋律的。让受众从报道中能够看到，脱贫攻坚虽然不易，但是要乐观向上，看到成功的经验与力量。

(2) 结合案例，挖掘新闻报道中呈现出的特征要素。

理论知识点：新闻特征的构成和分析。

引导学生分析报道中的新闻特征及对应的文字呈现。参考答案如下：

第一，真实准确。

事实是新闻的本源，新闻是对事实的报道。新闻无论就其内容或形式来说都离不开事实。在内容上，新闻必须以事实为依据，否则它就是无源之水，无本之木；在表现形式上，新闻必须用其独特的语言——事实说话。新闻必须完全忠于事实，真实准确是新闻的第一个基本特征。报道者只能按照事实的本来面目作真实的报道，不允许虚构想象、粉饰夸张，更不能无中生有、凭空捏造。新闻一旦失实，就会失去存在的价值，生命也就终止。

对新闻来说，真实准确包括三层含义：一是指新闻所报道的事实必须是客观存在的。新闻报道一般要具备“五个 W”，即 When（何时）、Where（何地）、Who（何人）、What（何事）、Why（何因）。二是指新闻对事实的报道必须准确无误，真实可信。三是指新闻不仅要求对具体事实的报道真实准确，而且在事实的整体和相互联系上也应客观全面，符合实际，力求在整体上真实客观地展现社会生活的面貌。

报道中，我们可以看到大量真实详细的数据、采访对象的原话呈现等真实的、客观的新闻事实。

数据呈现，如——

“这个工程在 2017 年 9 月开工建设，2018 年 4 月建成使用，解决了当地 7 个村屯约 1200 人的饮水安全问题。”

“据统计，2016 年以来，全县共计投入约 17 亿元，实施 667 条通屯硬化路，20 条以上通屯水泥路，705 处安全饮水工程，109 个行政村（社区）公共服务中心，6060 户危房改造等基础设施项目……”

“截至目前，广东省各级财政支持隆林扶贫协作资金 5378.60 万元，统筹安排协作项目 16 个，……，直接受益贫困村 138 个次，受益贫困人口 1.54 万人。”

“3 年来，全县累计减贫 5.23 万人，62 个贫困村脱贫出列，贫困发生率从 2015 年的 23.57%下降至 2018 年的 8.56%。”

新闻事实选择，如——

“水洞村水洞屯的贫困户杨亚鲜，便是在这一年开始尝试种桑养蚕。杨亚鲜说，……”

“委尧村拉石屯 80 岁的黄婆龙告诉记者，……”

“今年西贡蕉挂果率比以往高，收入应该比去年好。”看着硕果累累的果树，正在管护果树的班支花村平勤屯的脱贫户王德武干劲更足了。他说，……。去年，王德武卖完西贡蕉赚了 6 万多元，实现脱贫。

以上数据与新闻事实的选择，都是真实可信的，是有来源、有调查的（省略号部分是略去的报道内容，可在原文中查阅）。

第二，内容新鲜。

时间新近、内容新鲜，新鲜是新闻的天性。一是指事实是新近发生和发现的。二是指事物的新变动。此外，新闻语言的时代性、现实感对新闻内容的新鲜与否也有着直接的影响。

第三，报道及时。

报道及时与内容新鲜是紧密联系在一起的。新闻必须注意时效，力求用最快的速度，在最短的时间内，把刚刚发生和正在发生的新事实、新变动传播给广大受众。报道及时，是新闻求新的必然要求，也是新闻必须具备的时间条件，这是新闻的又一个基本特征。

第四，传播公开。

新闻必须面向社会、公开传播，这是新闻固有的特征。新闻以满足社会信息需求、为社会提供信息服务为目的，是人们进行社会交往的桥梁和纽带，了解外部世界的窗口，而公开传播则是满足社会的扩散性。公开传播既是新闻的基本特征，也是新闻传播活动必须遵守的基本要求。传播公开这一特征使新闻具有一种强大的张力。

《崇山峻岭间　脱贫战正酣》首发在《当代广西》2019 年第 10 期（5 月中下旬），是一篇时效性强的深度新闻报道。作者深入基层，多方调查与采访，在最短时间内将一篇信息量丰富的新闻报道呈现给大众。该报道同时在当代广西杂志社官网、客户端、微信公众号全文发出，并受到其他主流媒体的转载，传播公开而广泛，影响力较大。

（四）教学组织方式

本案例是“新闻本源”理论教学的辅助案例，用于加深学生对“新闻本源”知识点的理解与运用。一般安排 2 个课时（80 分钟）。教学组织安排如表 4-1 所示。

表 4-1　案例的教学组织

学习阶段	学习内容	时间限制	学习目标
课前	要求学生分组，并预习课本知识，查阅相关资料，了解脱贫攻坚题材新闻的内容采写源	提前两天	熟悉案例背景
课中	教师或学生展示脱贫攻坚的政策知识	5 分钟	进一步熟悉案例背景
	分组讨论，挖掘出背景、新闻特征对应的内容	30 分钟	结合理论分析问题，小组案例分析报告作为一次平时成绩
	抽取三个小组进行发言	每组 5 分钟，控制在 10 分钟以内	结合理论分析问题，言之有物，条理清晰
	引导全班进一步讨论，并进行归纳总结，注意思政元素与新闻学理论的结合。引导学生学会运用新闻学的理论知识解决实际报道采写工作问题	25 分钟	归纳用到的关键理论，并对各组表现做一个简单点评
课后	请学生根据题材采写一篇相关报道，并用融媒体思维去思考传播路径		增进记忆，巩固知识

（五）总结

新闻起源于人类的信息需求，新闻的本源是事实。新闻内容以事实为依据，事实通常具有三个明显的特点，即事实是客观的、事实是可认知的、事实是可反映的。新闻事实是经过选择的事实。事实是反映的对象，新闻是反映的产物。新闻是一种源于客观事实、依附客观事实、为客观事实所决定、所派生的，同时又是经过选择、提炼、加工后的精神产品。所以，报道者在采集、制作、报道新闻的时候，对事实的选择是必然的。新闻的基本特征是对新闻定义所规定的新闻内涵的更具体的描述，是新闻区别于其他社会意识形式的本质规定性。新闻具有真实准确、内容新鲜、报道及时、传播公开四个基本特征。

参考文献

［1］中央明确2020年7千万人脱贫　政府立军令状［EB/OL］.［2015-11-24］.http://www.xinhuanet.com/politics/2015-11/24/c-1117236253.htm.

［2］周剑峰．崇山峻岭间　脱贫战正酣［J］．当代广西，2019（10）：20-21.

［3］习近平．决胜全面建成小康社会　夺取新时代中国特色社会主义伟大胜利——在中国共产党第十九次全国代表大会上的报告［M］．北京：人民出版社，2017.

［4］辛源，程星．基于对新媒体时代新闻真实性维护的思考［J］．今传媒，2018，26（4）：27-28.

［5］童兵．把握习近平新闻思想精髓［N］．解放日报，2018-07-17（010）.

［6］习近平．习近平谈治国理政［M］．北京：外文出版社，2014.

一场校园食品安全的风波

——成都七中实验学校食品安全问题的谣言与澄清

一、案例正文

2019 年 3 月 12 日下午，部分学生家长反映四川省成都市七中实验学校的小学部食堂向学生出售过期、发霉、变质和有添加剂的食品，当夜，部分家长前往学校食堂仓库进行拍摄维权，并向成都市温江区有关部门投诉。3 月 13 日早 8 时许，部分食堂食品图片出现在网络上，随后，成都温江人民政府发布通报称：已对食品原料封存送检，对相关责任人进行调查，要求立即终止与原食品供应商的合作。至此，成都七中实验学校的食品安全问题呈现在公众的视野下。

（一）事前：食品安全存在风险　媒体大肆渲染报道

2018 年 8 月，成都七中实验学校食堂被四川德羽后勤管理服务有限公司接手，随后，学校 70 多名老员工转入德羽后勤，由于转制和管理不善等原因，存在员工积极性不高、欠缺责任感与归属感等问题。

2018 年 9~12 月，部分家长曾向学校反映小学部食堂存在勾兑饮料、冷冻和油炸食品过多、价格偏高等问题。食堂与家长之间的矛盾长期存在。

2019 年 3 月 8 日，该校四年级一班的 6 名同学陆续出现了呕吐、腹部疼痛的状况，并在家长微信群中引起了部分关注；10 日，这 6 位学生的家长前往学校食堂考察；11 日，微信群中杂牌调味剂、腌制食品，以及未见餐具消毒设备的照片在家长微信群中引起不满和恐慌情绪；12 日，多位家长前往食堂仓库进行拍摄照片和录制视频，家长们的行动持续了一夜；13 日早 8 时许，部分食品图片出现在了网络上，在 13 日上午 11 时 20 分左右，有 100 多位前往学校维权的家长汇聚在校门外的光华大道，部分家长阻挠民警执法，对民警进行殴打辱骂。出于避免踩踏等人员伤亡事件发生的考虑，现场民警使用了警用催泪喷射器。[①] 至此，该事件被众多媒体和网民广泛关注，人民网、中国经济网、新浪网、搜狐网等新闻媒体纷纷发布相关信息，舆情达到高峰。网民对该学校的食品安全问题表示担忧和愤怒，希望严惩涉事人员；同时，也质疑相关部门的监管是否到位。

随后，成都温江人民政府连续发布三条通报称：第一，温江区相关部门已及时赶赴现场，区市场监管局已对食品原料封存并送检；第二，温江区政府相关部门已连夜组织安全

---

① 李强强，高红霞．关注成都七中实验学校食品事件［EB/OL］．［2019-03-17］．http：//sc. people. com. cn/n2/2019/0317/c379471-32746478. html.

放心的食材供应给成都七中食堂，要求成都七中实验学校立即终止与原食品供应商的合作，区卫健局组织医生到校现场咨询，对身体出现异常的学生安排体检；第三，对成都七中实验学校负责食品安全的8名负责人开展全面深入的调查，并将及时公布调查结果。同时，对全区大、中、小学校及幼儿园食堂食品安全进行专项检查。

（二）事中：不实信息逐个击破　事实真相得以澄清

成都市市场监管局对成都七中实验学校食材进行了溯源调查，并对网络流传图片中的相关食材进行了科学检测。

1. 绝大多数检测结果为合格

3月17日，成都七中实验学校食堂管理问题联合调查组举行新闻发布会。发布会上，四川源坤国科质量检验有限公司法定代表人高柱就机构取样、检测及结果发布情况作了相关说明。高柱介绍，公司现场提取19批次样品①，检测结果除粉条样品有霉斑，检验结论不合格外，其余17批次样品目前所检项目未发现问题。随后，成都市市场监管局就详细情况进行了说明，并指出："经溯源情况，食品进货渠道正规，具有产品合格证。"②

2. 学生体检情况未见异常

3月13日，成都七中实验学校在市区两级疾控中心开展了人群流行病学调查、食品卫生学调查和实验室检验。其中，以自述腹痛等症状就诊的36名学生的临床检验结果均为正常，肛拭病原学检验和留样食品检验结果均为阴性，并排除食源性疾病暴发。同时，未接到学生咳血、肾衰竭等情况报告。据统计，截至3月16日12时，成都七中实验学校已有905人到华西第二医院、省人民医院、市妇儿中心医院等6家医院就诊体检，其中，就诊76人，体检829人。就诊学生中，1人因急性阑尾炎住院进行手术治疗，恢复良好；1人因慢性胃炎入院治疗，情况良好；1人因急性胃肠炎输液治疗后离院；1人自述腹痛要求住院检查。其余就诊和体检学生均无明显异常。③ 成都七中实验学校食品安全事件发生后，网上传播有学生激素超标、咳血、肾衰竭等现象；但从就诊和体检情况看，现实状况与网络传播内容不符。

3. 食品图片系人为造假

经成都市温江区警方的现场勘验调查、调取现场视频和询问相关证人，初步查明文某某、王某某、彭某等于3月12日晚10时许，强行进入学校小学部食堂库房，撕包装、抛洒食材，就地取物抖落在食材上，或掺杂不同食材，在改变了原有食材形态后摆拍视频、照片，上传网络，产生恶劣影响。④ 3月16日，警方对三人涉嫌寻衅滋事罪立案侦查，经审查，三人对犯罪事实供认不讳，承认为制造影响，蓄意发布了虚假图片和视频以获得社会广泛关注，同时达到给学校施压的目的。

---

① 19批次样品，其中1批次为用于清洁地板的工业碱，不属于食材范畴。

② 成都七中实验学校食堂管理问题成都市联合调查组新闻发布会举行［EB/OL］.［2019-03-18］. http：//www.chengdu.gov.cn/chengdu/home/2019-03/18/content_1c57e5b14e5f4a038f8b27c42f60c75b.shtml.

③ 成都七中实验学校食堂问题调查结果公布［EB/OL］.［2019-03-18］. http：//leaders.people.com.cn/GB/nl/2019/0318/c58278-30980213.html.

④ 邢宇．成都七中实验学校食堂问题，官方回应来了［EB/OL］.［2019-03-17］. https：//baijiahao.baidu.com/s?id=1628228615471812421&wfr=spider&for=pc.

4. 网络谣言被逐个击破

3月17日，网上流传“一个孩子长期拉肚子，家长带到北京检查，说是长期吃霉变食物造成的，于是家长到学校打工卧底一个月”的不实信息，造成不良社会影响。成都市公安局食品药品犯罪侦查支队副支队长徐杰告诉红星新闻，经调查核实，这一说法系谣言，造谣者为某职业技术学院学生科干事①。同时，另一则谣言为，“成都七中实验学校食堂给学生吃的是腐食，含有大量黄曲霉毒素，导致学生长期腹泻，家长维权，已有家长跳楼身亡”，后被其他网民大量转发扩散。经调查，该信息由网民梁某最早在新浪微博发布，调查中，梁某如实供述了违法事实，承认其为博人眼球，故意编造虚假消息在网上发布，企图制造社会影响，由于梁某的行为已严重破坏社会秩序，涉嫌违反《刑法》第二百九十三条，公安机关对梁某以寻衅滋事罪予以刑事拘留。②

（三）事后：媒体还原新闻真相 职能部门加强监管

随着真相浮出水面，各大媒体纷纷还原事件真相及细节。中国新闻网、大众网、澎湃新闻等新闻网站主要从“食材溯源及检验情况通报”“成都七中学生体检情况”“涉事学校事后处理情况”“散布网络不实信息人员调查情况”等方面进行报道。同时，人民网、中国经济网、《法制日报》、上游新闻、红星新闻等媒体纷纷予以澄清式报道，新闻标题多为《成都七中实验学校食堂问题，官方回应来了》《成都七中实验学校食堂问题调查结果公布：校长被解聘 3名家长摆拍食材造谣被调查》《大反转！成都七中实验学校食品安全事件真相大白》《成都七中实验学校食堂事件爆发头4天，还原细节惊天大反转》等。

此外，温江区区长马烈红表示，就加强成都七中实验学校的管理，采取了以下措施：对学校法定代表人进行立案调查；责令高达投资依法重组学校董事会；确定新选派校长人选；责令学校认真落实校长陪餐制度；启动升级明厨亮灶和食品溯源系统；建立家长陪餐制度；确保家长参与校园食品安全监管等。③ 3月16日，国务院食品安全委员会召开全国学校食品安全工作电视电话会议，督促地方和学校进一步加强学校食品安全管理工作。

二、案例的思政元素

本案例的思政元素主要是：

（一）践行“以人民为中心”的发展思想

党的十九大报告对“以人民为中心”这一重要命题的丰富内涵作了深入的阐述：人民是历史的创造者，是决定党和国家前途命运的根本力量。必须坚持人民主体地位，坚持立党为公、执政为民，践行全心全意为人民服务的根本宗旨，把党的群众路线贯彻到治国理

---

① 成都七中实验学校食堂事件爆发头4天，还原细节惊天大反转！［EB/OL］.［2019-03-17］. http://www.sohu.com/a/301931267_243921.

② 成都七中实验学校食堂问题，官方回应来了［EB/OL］.［2019-03-17］. https://baijiahao.baidu.com/s?id=1628228615471812421&wfr=spider&for=pc.

③ 成都公布成都七中实验学校食品安全问题调查最新进展［EB/OL］.［2019-03-18］. http://qh.people.com.cn/n2/2019/0318/c182757-32748291.html.

政全部活动之中，把人民对美好生活的向往作为奋斗目标，依靠人民创造历史伟业。① 习近平总书记指出：我们必须始终坚持人民立场，坚持人民主体地位，虚心向人民学习，倾听人民呼声，汲取人民智慧，把人民拥护不拥护、赞成不赞成、高兴不高兴、答应不答应作为衡量一切工作得失的根本标准，着力解决好人民最关心、最直接、最现实的利益问题。②

党的十九大报告提出："实施食品安全战略，让人民吃得放心。"食品安全问题社会高度关注，群众充满期待。③ 习近平总书记强调，各级党委和政府及有关部门要全面做好食品安全工作，坚持最严谨的标准、最严格的监管、最严厉的处罚、最严肃的问责，增强食品安全监管统一性和专业性，切实提高食品安全监管水平和能力，确保人民群众"舌尖上的安全"。要加强食品安全依法治理，加强基层基础工作，建设职业化检查员队伍，提高餐饮业质量安全水平，加强从"农田到餐桌"全过程食品安全工作，严防、严管、严控食品安全风险，保证广大人民群众吃得放心、安心。④

成都七中实验学校食品安全事件涉及青少年在学校的食品安全问题，关乎学生群体的身体健康，孩子安全是老百姓最敏感的神经，触碰不得。校园食堂推广明厨亮灶一直是我国政府重点关注的食品安全问题之一。学生们的食品安全问题也是校园安全的底线，相关部门应在"底线思维"的视角下，执行、监督和处理相关问题，就有待完善的环节严密审查、查其必究、究其必严，始终树立新的发展观，坚持以人民为中心的发展思想。

（二）重视公信力建设，破解"塔西佗陷阱"

党的十八大以来，以习近平同志为核心的党中央十分重视执政公信力建设。习近平总书记在河南兰考县委常委扩大会议上的讲话中，曾明确指出："古罗马历史学家塔西佗提出了一个理论，说当公权力失去公信力时，无论发表什么言论、无论做什么事，社会都会给以负面评价，这就是'塔西佗陷阱'。"同时，习近平总书记认为："我们当然没有走到这一步，但存在的问题也不谓不严重，必须下大气力加以解决。如果真的到了那一天，就会危及党的执政基础和执政地位。"习近平总书记有关治国理政的思想就包含着对"塔西佗陷阱"的破解之道，对于巩固党的执政基础，推进国家治理体系和治理能力现代化具有重要意义。

破解"塔西佗陷阱"，提升执政公信力的路径主要有四条。首先，站稳人民立场。这需要在理想信念上的正心诚意，牢固树立人民至上的价值理念，这是破解"塔西佗陷阱"的前提和基础。其次，切实把握民意。各级领导干部在工作中必须深入了解人民群众的实际利益需要与合理价值诉求。再次，严格责任机制。如果公权力部门或机关缺乏责任意识，责任规定不严格，责任监督无力度，难以有效履行责任，该做的不去做、该为的为不

---

① 谭玉敏，梅荣政．"以人民为中心"思想的理论源头——纪念《共产党宣言》发表 170 周年［EB/OL］．［2018-02-26］．http：//theory. people. com. cn/n1/2018/0226/c40531-29834912. html.

② 习近平．在十三届全国人民代表大会第一次会议上的讲话［EB/OL］．［2018-03-20］．http：//www. xinhuanet. com//politics/2018-03/20/c_1122566452. htm.

③ 十九大报告透露的十件民生实事［EB/OL］．［2017-10-21］．http：//www. xinhuanet. com//2017-10/21/c_1121836409. htm.

④ 习近平对食品安全工作作出重要指示［EB/OL］．［2017-01-04］．http：//cpc. people. com. cn/n1/2017/0104/c64094-28996580. html.

了，就必然会导致其信用匮乏，无法取信于民。最后，健全公开机制。公众之所以对公权力丧失信任，一个重要原因是由于公权力不在阳光下运行，不够透明公开，公开和透明本身即可以对公权力的行为构成某种程度的制约。①

实际上，新闻真实是新闻媒体公信力的前提。新闻媒体的公信力是指新闻媒体通过提供以新闻报道为主的信息产品能够获得受众信赖的能力和程度。这表明：第一，新闻媒体的公信力是新闻媒体通过以新闻报道为主的信息产品表现出来并获得受众信赖的一种能力；第二，公信力表现为人民群众对新闻媒体的一种信任程度。既然新闻真实是新闻媒体具有公信力的前提，那么维护新闻的真实性，抵制和反对虚假新闻必然是提高媒体公信力的重要措施和要求。在成都七中实验学校食品安全事件中，体现了整个网络谣言的澄清过程，是新闻真实性不断显现的具体表现。部分媒体在未探明新闻报道5W元素、事件细节和背景材料的情况下，跟风转载不实新闻，这不仅在一定程度上影响了学校及企业的声誉，使学生及家长陷入恐慌，也影响着媒体的公信力。构成新闻媒体公信力的要素有许多，但只有新闻真实始终是衡量新闻媒体公信力最直接、最重要的要素，因此，在谣言被澄清之后，各媒体纷纷主动加入报道"真实新闻"的队伍，力图弥补之前的过失，并在民意激荡的舆论领域发布真实而全面的新闻信息，重新争取公众的认可与信任。

三、案例使用说明

（一）教学用途与教学目标

1. 教学用途

该案例是新近发生的、引起较大舆论效应的关于新闻真实性的典型案例。适用于本科生的《新闻学概论》中第二章"新闻真实"知识点的教学和培训。

2. 教学目标

（1）知识层面。

使学生掌握如下概念及理论知识：

理解概念：新闻真实的重要性和新闻真实性的内涵。

掌握理论：新闻真实性的原则、新闻真实与新闻公信力的关系。

（2）能力层面。

系统性逻辑思考的能力：教师通过对新闻真实性相关理论的梳理，帮助学生系统了解"真实是新闻的生命""在新闻工作中坚持真实性原则""新闻真实是新闻媒体公信力的前提"，并在马克思主义新闻观的指导下，系统地看待有关新闻真实性的问题。

理论与实践相结合的思维能力：在解析案例的基础上，学习以新闻真实性的相关知识分析案例。将成都七中实验学校食品安全的案例按照事前、事中、事后的发展阶段具体剖析，提示学生关注新闻真实性在整个案例中的作用，使学生能够将案例发展细节与理论知识相结合。

---

① 李海青．治国理政新思想对"塔西佗陷阱"的破解［EB/OL］．［2017-07-24］．http：//www.bjqx.org.cn/qxweb/n316380c1375.aspx.

（3）素质层面。

以“新闻人”的视角看新闻。在信息海洋中，应培养新闻专业的学生透过表象新闻探究事实新闻的基本素养；同时，以专业的视角看待新闻的起因、风波、转向、趋势、本质等。

培养新闻专业学生去伪存真、明辨是非和为人民服务的基本职业素养；明晰“准确地报道事实，向人民群众如实反映客观世界最新发生的情况，是新闻报道的基本要求，也是新闻工作的基本原则”；在阐述成都七中实验学校食品安全事件的基础上，引入党的十九大精神和其他重要的思政元素，开阔学生的视野，培养学生正确的国家观和伦理观，增强学生的社会责任感。

（二）案例讨论的准备工作

1. 预习任务

学生需要预习《新闻学概论》课程中第二章“新闻真实”的相关内容，对新闻真实性的内涵、要求，新闻报道的客观性和倾向性等知识点有大致的了解。

2. 食品安全的概况说明

以定量数据的形式向同学们展示他国（列举一个发达国家、一个我国周边的发展中国家）和我国的食品安全的相关数据，使同学们能够在整体上了解世界食品安全的现状。同时，可列举近年来3·15晚会上典型的涉及食品安全的例子（可播放部分短视频），使学生能够从生动的图片和视频中明晰食品安全的重要性。

3. 日常生活中的食品安全

授课教师可通过课堂提问的方式，让2~3名同学讲述日常生活中亲身遭遇的食品安全例子（可以来自家庭餐桌、学校食堂、市场与超市，或者身边的人或事）。在此之后，授课教师可联系近年来我国政府新近召开的与食品安全相关的会议和出台的相关法规来进行总结，使学生感受到食品安全已经受到了公众和政府的高度关注。

（三）案例分析要点

1. 启发思考题

（1）结合案例进行思考，新闻报道的事实要真实，主要应包括哪几个方面的真实（构成新闻的5W要素；事实的细节；新闻的背景材料；新闻中所概括的事实）。

（2）在该案例中，各大媒体在事件起始阶段，在未查清事实真相及细节的情况下，负面报道了成都七中实验学校食品问题，这与澄清后的事实形成了鲜明的对比。请同学们思考，各大媒体先后的报道差异，是否会使其公信力受到影响？

（3）联系实际，谈谈虚假新闻产生的原因及治理对策。

2. 分析思路

以上三个思考题是解析实际案例，并联系第二章“新闻真实”的理论知识所提出的，具体分析思路如下：

（1）结合案例进行思考，新闻报道的事实要真实，主要应包括哪几个方面的真实。

参考答案如下：

第一，构成新闻的要素“5W”要准确无误。也就是说，新闻中的事实无论是时间、地点、人物还是事件发生、变化的原因，都应当是实实在在、确凿有据的，不能有半点误差；第二，事实的细节描述要有根有据，符合实际；第三，新闻中使用的背景材料要真实可靠；第四，新闻中所概括的事实要符合客观实际。

在成都七中实验学校食品安全问题的案例中，起初的报道存在着大量的失实元素，例如，网络流传广泛的变质食物的照片是人为恶意摆拍；因食品问题入院治疗的学生并不存在；到学校打工卧底的家长和维权家长跳楼更是无稽之谈。在整个事件中，多方人物、事件发展原因、图片及视频类证据等重要元素和细节均存在不实的情况。

（2）请同学们思考，各大媒体先后的报道差异，是否会使其公信力受到影响？

参考答案如下：

新闻媒体必须具有公信力，新闻真实是新闻媒体具有公信力的前提。只有向人民群众报道真实的新闻，才能得到人民群众的信任，新闻媒体才具有公信力，才有生存和发展的基础。社会主义新闻事业应当努力提高人民群众对媒体的信任度，抵制虚假新闻，不断增强新闻媒体的公信力。

各大新闻媒体在成都七中实验学校食品安全问题事件的发展前期，在未充分核实事实真相及细节的情况下，跟风报道负面新闻，在一定程度上影响了媒体的公信力。评价新闻媒体的公信力时，新闻真实理所当然成为它的首要标准。随着事态的不断澄清和反转，各大媒体纷纷将真实的反转信息呈现在公众面前，力图为公众提供更多真实可靠的新闻报道，力图重拾人民群众的信任。

（3）联系实际，谈谈虚假新闻产生的原因及治理对策。

一方面可以引导学生结合成都七中实验学校食品安全问题的案例谈谈虚假新闻产生的原因和应对策略；另一方面也可以拓展思路，谈谈生活中遇到的其他虚假新闻的危害和治理对策。参考答案如下：

虚假新闻产生的原因：

①经济原因：唯利是图、编造新闻。

②政治原因：宣传典型、任意拔高。

③社会原因：风气不正、虚假报道。

④领导原因：于己不利、隐藏真相。

⑤时间原因：时间紧迫、调查不实。

⑥主观原因：无理想象、偷梁换柱。

虚假新闻的治理对策：

①思想意识层面：首先，应经常进行马克思主义新闻观和党的实事求是思想路线的学习和教育，使新闻媒体和广大新闻工作者不断提高思想认识；其次，应强化新闻职业道德意识，努力提高新闻职业道德水准，坚持以真实报道为责；最后，要防治虚假新闻，应努力掌握和运用辩证方法。唯物辩证法的要义包括一切从实际出发、凡事用事实说话、看问题要一分为二等，新闻工作者要学会并熟练地掌握这些基本方法。

②实践行动层面：第一，应坚持深入调查研究，要防止虚假新闻，首要的一点就是必须始终坚持“三贴近”原则，发扬深入实际调查研究的工作作风，要把全部新闻工作建立在调查研究的基础上；第二，严格遵守规章制度，在新闻采写和制作的各个环节上，都可能由于一时疏忽而造成报道虚假的情况，因此，应当严格遵守规章制度，预防各种可能产

生虚假报道的可能性；第三，自觉接受人民群众的监督，新形势的网络媒体不断发展，在“人人都有麦克风”的环境下，更应主动接受社会和人民群众的监督。

（四）教学组织方式

建议使用本案例完成第二章“新闻真实”的全部知识点的教学，不再安排教师讲授的时间。一般安排2个课时（80分钟）。教学组织安排如表4-2所示。

表4-2　案例的教学组织

学习阶段	学习内容	时间限制	学习目标
课前	完成提前分组（4~5人为一组）；预习第二章全部内容；了解成都七中食品安全事件梗概	提前一周（上次课布置）	预习基本知识点；了解案例背景和基本情况
课中	展示他国（列举一个发达国家、一个我国周边的发展中国家）和我国的食品安全的相关数据	9分钟	使同学们能够在整体上了解世界上食品安全的现状（背景知识）
	列举近年来3·15晚会上典型的食品安全的例子（可播放部分短视频）	6分钟	使学生能够从生动的图片和视频中明晰食品安全的重要性
	通过课堂提问的方式，让2~3名同学们讲述日常生活中亲身遭遇的食品安全的例子	6分钟	使学生能够感同身受，调动学生积极性
	联系近年来我国政府新近召开的与食品安全相关的会议和出台的相关法规来进行总结	2分钟	使学生感受到食品安全已经受到了公众和政府的高度关注
	授课教师展示成都七中实验学校食品安全事件PPT	6分钟	系统了解案例事前、事中、事后发展过程
	分组讨论，并当堂完成案例分析报告	30分钟	以理论分析案例，小组案例分析报告作为一次平时成绩和签到方式
	随机抽取两个小组进行课堂发言	10分钟	检验学生结合理论分析问题的能力
	授课教师进行点评和归纳总结，关注思政元素与新闻学知识的结合	11分钟	引导学生运用新闻学知识解决实际问题
课后	请同学们关注一个失实新闻的风波和转折过程，进一步明晰新闻真实的重要作用		督促学生思考，巩固所学知识

（五）总结

从数年前的“纸馅包子”“人造鸡蛋”，到今日的“注胶虾”“僵尸肉”等社会新闻不断刺激着人们有关食品安全的敏感神经。有的媒体利用百姓普遍关切的生活问题大做文章，有的媒体在不辨事实的情况下跟风报道，这在一定程度上造成了新闻不实现象的泛滥和民众的恐慌。

成都七中实验学校食品安全问题事件从2019年3月12日开始被曝光，这个时间点正是全国“两会”期间，食品安全再次成为舆论焦点。在该事件发展过程中，先后经历了多次不实信息所引起的舆论恐慌，通过各部门的密切合作和积极发声，谣言不断被澄清。各大主流媒体也纷纷以“反转”为标题揭开迷雾、还原真相。实际上，这只是涉及“新闻真实”的典型案例之一，在新媒体技术不断发展、信息海洋充斥公众日常生活的态势下，坚持新闻报道的真实性，是社会主义新闻事业必须始终坚持的根本准则。近十年来，全国人大和国务院相关部委共颁布或发布 20 余部（项）餐饮服务食品安全领域的法律、法规、规章和意见等；2019 年 3 月 26 日，国务院总理李克强主持召开国务院常务会议，会议通过了《中华人民共和国食品安全法实施条例（草案）》①，草案细化了生产经营者主体责任、政府监管职责和问责措施，依法按程序加大对违法违规企业及其法定代表人等相关责任人的处罚力度，并完善了食品安全标准、风险监测等制度，确保食品安全，维护人民健康。由此可见，食品安全问题已引起了公众及政府部门的高度关注。

参考文献

[1] 本书编写组. 新闻学概论 [M] 北京：高等教育出版社，2018.

[2] 郑保卫. 新闻理论新编（第二版）[M]. 北京：中国人民大学出版社，2016.

[3] 杨保军. 新闻理论教程（第三版）[M]. 北京：中国人民大学出版社，2017.

[4] 习近平. 决胜全面建成小康社会 夺取新时代中国特色社会主义伟大胜利——在中国共产党第十九次全国代表大会上的报告 [M]. 北京：人民出版社，2017.

① 数据来源：中国政府网，http：//www. gov. cn/premier/2019-03/26/content_5376991. htm。

华为：三十功名　向死而生[①]

一、案例正文

吉姆·柯林斯在《从优秀到卓越》一书中描述过一种卓越企业的领导者："他们往往不会站在前台锋芒毕露，成为媒体的宠儿、谈论自己的理念或成为社会名流。他们大多像外星人，沉默内敛、不爱出风头，甚至有点害羞，谦逊为怀的个人特质和不屈不挠的专业精神齐集一身。他们深藏在团队后面，协调着团队的交响乐。"

在追求个性张扬的互联网时代，有一位企业家似乎让人们看到了这样的影子。

1987 年，任正非，一个走投无路、郁郁寡欢的中年人花了 2 万多元钱，在深圳南油集团的居民楼里创办了华为技术有限公司，最初只有几名员工，主要业务是售卖交换机设备。

2019 年，任正非创业 32 周年，华为已经成长为中国最成功的民营企业和最优秀的科技企业之一。2012 年，华为取代爱立信，成为世界最大的通信设备生产商。据世界知识产权组织（WIPO）的统计数据，2018 年，华为的专利申请数量居世界首位。在 2017 年的世界 500 强企业榜单中，华为位列全球第 72 名。

华为公司管理顾问田涛曾在演讲中称，"今天的华为覆盖了全球 170 个以上国家和地区的市场，世界上有人的地方就有华为人，没有人的地方也有华为提供的设备和服务"。可以说，华为的 30 余年，是充满忧患、坚韧不拔的 30 余年，是血与泪的商业长征。

（一）"我们在春天与夏天要念着冬天的问题"

任正非那一代创业者身上往往有着共同的特征——一贫如洗、胸怀大志。

多年以来，任正非极少接受采访。外界对他思想的了解，绝大部分来自于他在华为的内部讲话或信件。

2001 年，任正非发表了六千多字的长文《华为的冬天》。他在文中对华为员工写道："是否考虑过，如果有一天，公司销售额下滑、利润下滑甚至会破产，我们怎么办？现在是春天吧？但冬天已经不远了，我们在春天与夏天要念着冬天的问题。IT 业的冬天对别的公司来说不一定是冬天，而对华为可能是冬天。华为的冬天可能来得更冷一些。我们还太嫩，我们公司经过十年的顺利发展没有经历过挫折，不经过挫折，就不知道如何走向正确道路。磨难是一笔财富，而我们没有经过磨难，这是我们最大的弱点。"

---

① 陈听雨，凌纪伟，郑伟. 华为：三十功名　向死而生［EB/OL］.［2019-05-21］. http：//www. xinhuanet. com/tech/2019-05/21/c_1124524847.htm.

彼时，华为跃居全国电子百强首位，而任正非在大谈失败与磨难。

对于危机，华为保持着与生俱来的警惕。在华为创立十年时，任正非在一份内部讲话中说：“十年来我天天思考的都是失败，对成功视而不见，也没有什么荣誉感、自豪感，而是危机感。”

也许正是这样的忧患意识让华为活过了最初的那十年。

2019 年的春夏之交，华为的未雨绸缪让华为再次经受住了考验。针对美国商务部工业和安全局（BIS）把华为列入“实体名单”，5 月 17 日凌晨，华为心声社区转发华为海思总裁何庭波致员工的一封信：“华为多年前已经做出过极限生存的假设，预计有一天，所有美国的先进芯片和技术将不可获得，而华为仍将持续为客户服务。”海思将启用“备胎”计划，兑现公司对客户持续服务的承诺，以确保公司大部分产品的战略安全与连续供应，“这是历史的选择，所有我们曾经打造的备胎，一夜之间全部‘转正’！”

同日，华为总裁办致信员工，信中表示，华为多年前已预计美国打压，困难挡不住前进步伐。

任正非 2019 年 5 月 21 日在接受媒体集中采访时说，目前限制令会影响到华为的低端产品，但在高端产品特别是 5G 领域，华为绝对不会受影响。华为在包括芯片在内的关键零部件上保持有一定的量产能力，不会因为美方的“断供”就导致负增长，企业预计今年的增速会有所下滑，但仍然能保持正增长。

（二）“理论基础创新：板凳要坐十年冷”

三十余载，中国与世界的经济社会环境几经更迭，但华为不为外界所扰，没做过一寸房地产生意，对炒股与热钱不闻不问，只想做好一件事情，就是长期坚守信息技术研发和产品开发领域。用任正非的话说，华为“只对准一个城墙口冲锋”。

华为是一家信息和通信技术（ICT）解决方案提供商，数字化、智能化建设必然离不开技术创新。在华为，有两个“10%”的制度。其中之一是，每年拿出营业收入的 10%投入于科研。对这一制度的坚持，使华为成为了中国乃至全球最具研发冲击力的科技公司。

华为数据显示，在全球 18 万华为人中，有接近一半的员工从事研发，几乎“每两个华为人中就有一位研发者”。华为在全球数十个国家和地区构建了能力中心。遍布全球的研发团队，始终紧盯主航道，确保华为不在非战略竞争点消耗战略竞争力量。在过去 30 余年中，华为有两项指标长期高于利润，即研发投入和人力资源投入。

华为财报显示，2018 年研发费用达 1015 亿元，投入占销售收入的 14.1%。近十年，华为累计投入研发费用超 4800 亿元。长期且大量的创新投入，为驱动华为高质量发展提供了最有力的保障。

在技术创新中，华为尤其重视在基础研究与前沿技术领域坚持探索和长期投入。任正非在接受新华社记者专访时曾说，高科技领域最大的问题是大家要沉得下心，没有理论基础的创新是不可能做成产业的。“板凳要坐十年冷”，理论基础的板凳可能不只坐 10 年，可能要坐更长时间。

研发投入偏重基础科学，这是华为的特色。令许多人印象深刻的是，任正非在 2016 年召开的全国科技创新大会发言时提到了勇闯“无人区”的观点。他说，“重大创新是无人区的生存法则，没有理论突破、没有技术突破、没有大量的技术积累，是不可能产生爆发性创新的。”

华为要求在理论基础领域的研发投入占总研发投入的20%~30%。这种投入，成本高、见效慢、风险大，很少有企业涉足，但这种投入却构建着华为未来的竞争力。

2019 年 4 月，华为的创新战略迎来质变。在创新 1.0 时代，华为是基于客户需求的产品、技术和解决方案的创新，升级后的创新 2.0 时代则是基于愿景驱动的理论突破和基础技术发明。

（三）5G 极简解决方案“将复杂留给自己，把简单交给客户”

创新投入越多，得到的回报也就越大。5G 是最好的例子。自 2009 年开展 5G 研发，今天的华为，能够以比其他友商更快的速度为运营商带来 5G 网络。

如火如荼的 5G 竞赛一旦开跑就没有停下的可能，中国为了能在 5G 赛场上占据领先，投入巨大，华为亦是如此。在 5G 关键技术的加码中，华为也曾遭遇低谷，不被外界认可，甚至被集体看衰。在 5G 吹响号角的 2018 年，华为 5G 迅速崛起，逐渐占领各大市场。然而，多个发达国家看到华为的快速发展，先后以安全为名限制华为进入。

“5G 不是原子弹”，面对以美国为代表的种种“华为威胁论”，任正非试图让外界消除对华为的误解，但收效甚微，因为华为在 5G 方面的实力有目共睹。

任正非将长码和短码列为 5G 的两大关键技术。他曾表示，围绕这两个方程，数十年来几十个公司上万人在追随研究，变成了标准，做过就知道有多难。尽管很难，但华为做到了。2016 年 11 月，华为主推的 Polar Code（极化码）方案，成为 5G 控制信道 eMBB（增强移动宽带）场景编码方案。如果把整个数据比作“货车”，控制信道相当于控制货车的行驶系统，华为以绝对优势成为控制行驶系统的供应商。

当前，全球都希望加快 5G 大规模部署的速度，但 5G 部署面临一系列新问题，规模庞大首当其冲。5G 建设规模将大大超过 3G/4G 同期水平，应对这种复杂多变的部署压力，唯有依靠极简的解决方案。

“将复杂留给自己，把简单交给客户”，这是华为的 5G 信条。为此，2019 世界移动大会上，华为发布了 5G 极简解决方案。这让 5G 规模部署节奏加快。全球 3G 达到 5 亿用户用了 10 年，4G 用了 5 年，业界估计，5G 将只要 3 年。

5G 部署真的能比 4G 更简单吗？1 月，华为在北京举办 5G 发布会，让很多人对这个问题有了肯定的答案。在这次会上，华为首发了两款可以直接用于商用的 5G 芯片。在移动通信近 40 年的历史上，通过华为与产业界的共同努力，5G 首次实现了智能终端和系统几乎同步成熟。

在通往 5G 的道路上，华为那些“业界首个”为推动 5G 商用部署从 2020 年提前一年至 2019 年做出了贡献。强者自强，华为 5G 不断拿下多个 5G 订单。截至 2019 年 3 月底，华为在全球签订了 40 个 5G 商用合同，70000 多个 5G 基站发往世界各地。

“我们相信，选择华为的客户，将赢得 5G 时代最佳的技术与商业竞争力；选择华为的国家，将赢得下一波数字经济的发展优势。”华为轮值董事长郭平自信地说。

（四）“在芯片领域一定要站起来，减少对美国的依赖”

华为海思一夜之间，研发产品全部“转正”，这是华为未雨绸缪下的一张牌，未来也将成为华为大部分终端产品的根基。

2018 年，华为及荣耀双品牌手机出货量突破两亿台，成为中国手机品牌销售榜第一，也成为世界第三大手机品牌制造商。华为手机以 48.4%的营收占比成为增长速度最快的分支业务，同时也成为华为公司最大的业务单元。

2011 年，华为推出了首款高端产品 Ascend P1，由于芯片海思 k3v2 的技术不成熟导致产品遭遇滑铁卢。痛定思痛，华为随后研发的 P6 以孤注一掷的高定价为其赢得了 400 万台的销量，一举成功。

自此，华为在高端产品上的投入一发不可收拾。随着麒麟芯片的越发成熟，后续发布的 Mate 系列及 P 系列全部搭载使用，最新发布的 Mate20 及 P30 系列开始全面启用麒麟 980 芯片且是业界第一款应用在手机上的 AI 芯片。

麒麟芯片的成功使海思得到了任正非的肯定：“一定要站起来，减少对美国的依赖。”在用户心里，华为已经成为高端手机的代名词。

自 2016 年起，国内手机格局变为“华米 OV”，头部品牌[①]集中度超过 80%，华为更是成为了中国手机行业的 NO.1。自此，在全球手机市场，华为有了与苹果、三星正面抗衡的实力。

三十而立。在任正非看来，华为只是“刚启航的航母”，将永远聚焦在主航道上。他说，华为的技术理论架构模式将推行“每比特成本下降的摩尔定律”，实现网络的不断简化。网络不断简化的结果是，华为的销售收入将会不断减少，但受益的是整个社会。

2018 年底，华为发布了《不经艰难困苦　何来玉汝于成》的新年致辞。华为轮值董事长郭平表示：“每临大事有静气，以法律遵从的确定性，应对国际政治的不确定性。不因一时一事的恶性事件、挫折消沉了我们领先世界的锐气。我们会越挫越勇，相反是这些极端不公平事件，把我们逼向了世界第一。”

无论在世界上最寒冷的南极和北极，还是海拔最高的珠穆朗玛峰，抑或非洲的丛林和沙漠……人们都能享受到华为所提供的设备和服务支撑的通信便利。

30 余年来，华为生于忧患。从一家一穷二白的初创企业，扩张、成长为全球行业领导者之一，背后凝聚着强大的意志与定力，这恰恰是中国经济韧性强劲的缩影。无论外部风云如何变幻，最重要的就是上下同欲做好自己的事情，坚持自主创新，坚持艰苦奋斗。奋斗的民族才有前途，奋斗的个人才有前途，同样，奋斗的企业才有未来。

二、案例的思政元素

本案例的思政元素主要是：

(一) 明确创新是引领发展的第一动力，是国家综合国力和企业核心竞争力的最关键因素

党的十八大报告明确指出：“科技创新是提高社会生产力和综合国力的战略支撑，必须摆在国家发展全局的核心位置。”强调要坚持走中国特色自主创新道路、实施创新驱动

① 华米 OV 指华为、小米、OPPO、vivo，头部品牌是上述四个品牌。

发展战略。党的十九大报告提出要加快建设创新型国家，强调“创新是引领发展的第一动力，是建设现代化经济体系的战略支撑”。坚持创新发展，必须把创新摆在国家发展全局的核心位置，不断推进理论创新、制度创新、科技创新、文化创新等各方面创新，让创新贯穿党和国家一切工作，让创新在全社会蔚然成风。

创新是引领发展的第一动力，是国家综合国力和核心竞争力的最关键因素。要加速实现核心技术突破，就要牢牢牵住创新这个“牛鼻子”。2018 年 5 月 28 日，习近平总书记在两院院士大会上指出：“实践反复告诉我们，关键核心技术是要不来、买不来、讨不来的。只有把关键核心技术掌握在自己手中，才能从根本上保障国家经济安全、国防安全和其他安全。”总书记的这一重要论述，道出了掌握关键核心技术的重要性。无数实践证明，核心技术、关键技术化缘是化不来的，要靠自己拼搏。掌握了关键核心技术，我们才能拥有自己的“大国重器”，才不会有被“卡脖子”的隐忧。掌握关键核心技术，要从基础研究发力，更加重视激励原始创新和核心技术研发，激发出创新的“源头活水”。要加强投入、培植沃土，引导人才投身到关键核心技术的研发中去；还要大力营造良好的科研创新环境，让科技工作者能心无旁骛地啃“硬骨头”。

《国家创新驱动发展战略纲要》指出，创新驱动就是创新成为引领发展的第一动力，科技创新与制度创新、管理创新、商业模式创新、业态创新和文化创新相结合，推动发展方式向依靠持续的知识积累、技术进步和劳动力素质提升转变，促进经济向形态更高级、分工更精细、结构更合理的阶段演进。

创新驱动是国家命运所系。国家力量的核心支撑是科技创新能力。创新强则国运昌，创新弱则国运殆。我国近代落后挨打的重要原因是与历次科技革命失之交臂，导致科技弱、国力弱。实现中华民族伟大复兴的中国梦，必须要真正用好科学技术这个最高意义上的革命力量和有力杠杆。

创新驱动是世界大势所趋。全球新一轮的科技革命、产业变革和军事变革加速演进，科学探索从微观到宏观各个尺度上向纵深拓展，以智能、绿色、泛在为特征的群体性技术革命将引发国际产业分工的重大调整，颠覆性技术不断涌现，正在重塑世界竞争格局、改变国家力量对比，创新驱动成为许多国家谋求竞争优势的核心战略。我国既面临赶超跨越的难得历史机遇，也面临差距拉大的严峻挑战。唯有勇立世界科技创新潮头，才能赢得发展主动权，为人类文明进步做出更大贡献。

创新驱动是发展形势所迫。我国经济发展进入新常态，传统发展动力不断减弱，粗放型增长方式难以为继。必须依靠创新驱动打造发展新引擎，培育新的经济增长点，持续提升我国经济发展的质量和效益，开辟我国发展新空间，实现经济保持中高速增长和产业迈向中高端水平“双目标”。

在华为的这个案例中，华为尤其重视在基础研究与前沿技术领域坚持探索和长期投入。华为要求在理论基础领域的研发投入占总研发投入的 20%~30%，这种投入成本高、见效慢、风险大，很少有企业涉足，但这种投入却构建着华为未来的竞争力。华为财报显示，2018 年研发费用达 1015 亿元，投入占销售收入的 14.1%。近十年，华为累计投入研发费用超 4800 亿元，长期且大量的创新投入为驱动华为高质量发展提供了最有力的保障。自 2009 年开展 5G 研发，今天的华为，能够以比其他友商更快的速度为运营商带来 5G 网络。

（二）充分认识推动“中国制造”向“中国创造”跨越的重要性

为实现伟大复兴的中国梦，中国需要实现从农业大国到工业大国再到工业强国的转变，科技是第一生产力，而制造业水平则体现了一个国家的科技水平。2014 年 5 月，习近平总书记在河南考察时提出推动中国制造向中国创造转变、中国速度向中国质量转变、中国产品向中国品牌转变。2017 年，习近平总书记在党的十九大报告中强调，要建设现代化经济体系，必须把发展经济的着力点放在实体经济上，把提高供给体系质量作为主攻方向，显著增强我国经济质量优势。加快建设制造强国，加快发展先进制造业，推动互联网、大数据、人工智能和实体经济深度融合，在中高端消费、创新引领、绿色低碳、共享经济、现代供应链、人力资本服务等领域培育新增长点、形成新动能。支持传统产业优化升级，加快发展现代服务业，瞄准国际标准提高水平。2017 年 12 月举行的中央经济工作会议强调，“要推进中国制造向中国创造转变、中国速度向中国质量转变、制造大国向制造强国转变”。

今天的华为覆盖了全球 170 个以上国家和地区的市场，世界上有人的地方就有华为人，没有人的地方也有华为提供的设备和服务。这不仅是华为这个企业的“宏图”，也代表了今后一个时期，中国经济腾飞的坚定方向。

（三）明确党的新闻舆论工作的新职责和新使命

2013 年 8 月 19 日，习近平总书记出席全国宣传思想工作会议并发表重要讲话。他强调，宣传思想工作关键是要提高质量和水平，把握好时、度、效，增强吸引力和感染力，让群众爱听爱看、产生共鸣，充分发挥正面宣传鼓舞人、激励人的作用。

2016 年 2 月 19 日，习近平总书记主持召开党的新闻舆论工作座谈会并发表重要讲话。他强调，新闻舆论工作者要增强政治家办报意识，在围绕中心、服务大局中找准坐标定位，牢记社会责任，不断解决好“为了谁、依靠谁、我是谁”这个根本问题。要深入开展马克思主义新闻观教育，引导广大新闻舆论工作者做党的政策主张的传播者、时代风云的记录者、社会进步的推动者、公平正义的守望者。媒体竞争的关键是人才竞争，媒体优势的核心是人才优势。要加快培养造就一支政治坚定、业务精湛、作风优良、党和人民放心的新闻舆论工作队伍。

2018 年 8 月 21~22 日，习近平总书记在全国宣传思想工作会议上的讲话中强调，完成新形势下宣传思想工作的使命任务，必须以新时代中国特色社会主义思想和党的十九大精神为指导，增强“四个意识”、坚定“四个自信”，自觉承担起举旗帜、聚民心、育新人、兴文化、展形象的使命任务，坚持正确的政治方向，在基础性、战略性工作上下功夫，在关键处、要害处下功夫，在工作质量和水平上下功夫，推动宣传思想工作不断强起来，促进全体人民在理想信念、价值理念、道德观念上紧紧团结在一起，为服务党和国家事业全局做出更大贡献。

2019 年 3 月 4 日，习近平总书记在参加全国政协十三届二次会议文化艺术界、社会科学界委员联组会时的讲话中强调，一切有价值、有意义的文艺创作和学术研究，都应该反映现实、观照现实，都应该有利于解决现实问题、回答现实课题。希望大家立足中国现实，植根中国大地，把当代中国发展进步和当代中国人精彩生活表现好、展示好，把中国精神、中国价值、中国力量阐释好。

《华为：三十功名　向死而生》正是一篇这样优秀的新闻作品。在中美经贸摩擦的大背景下，该报道在广大人民群众中产生了极大的共鸣，充分发挥了激励和鼓舞人心的作用。报道的成功，也反映出对华为这个案例新闻价值的发掘上，体现出新闻记者在政治上坚定、业务上精湛、作风上优良，有着正确的新闻价值取向。

三、案例使用说明

（一）教学用途与教学目标

1. 教学用途

本案例为描述型案例，适用于本科生的《新闻学概论》中第三章“新闻价值”知识点的教学和培训。

2. 教学目标

（1）知识层面。

理解概念：新闻价值和新闻敏感。

掌握理论：新闻价值实现的过程。

（2）能力层面。

系统思维能力：教师通过对理论的讲解，帮助学生系统了解新闻价值的一般要素，在理解新闻价值客观性的基础上，建立正确的新闻价值取向。

判断实践能力：根据案例材料，设置三个由浅入深、由知识到能力的问题，通过解答问题，帮助学生深刻理解新闻价值是如何在发现、呈现和检验三个阶段来实现的。

（3）素质层面。

形成专业意识：帮助学生深入理解新闻价值的客观性，养成关注时事政治、经济环境的学习习惯，在时事新闻中去理解新闻价值。

提高职业素养：通过案例，引入党的十九大精神和其他重要思政元素，拓展学生视野，让他们理解新闻活动中的新闻价值是如何实现的，增强新闻敏感，形成正确的新闻价值取向。

（二）案例讨论的准备工作

（1）学生需要预习《新闻学概论》中第三章“新闻价值”的相关知识，对新闻价值的一般要素和实现过程有一个粗浅的认识。

（2）授课教师可事先了解班级里是否有长期使用和关注华为手机及数码产品的同学，如有，可以请他（她）们事先做个简单的 PPT，案例分析前用 5 分钟时间给全班同学展示下华为的基本情况。授课教师也可以自己准备华为技术有限公司主要创始人兼总裁任正非接受央视《面对面》专访的视频。

（三）案例分析要点

1. 启发思考题

（1）结合案例，分析新闻价值的五个基本要素包括哪些？哪个要素最为重要？

（2）结合案例，如果你是一名新闻记者，拿到华为这样的新闻素材，该从哪些方面入手来实现它的新闻价值？

（3）结合案例，如果你是一名新闻记者，你将如何去树立正确的新闻价值取向？

2. 分析思路

三个思考题，是基于新闻学“新闻价值”知识点而提出的。

新闻价值是指事实所具有的、能满足社会与公众对新闻需要的要素的总和。新闻价值的本源是客观事实所具有的某些特征，新闻价值通过受众的主观感受来体现，具有主观性。新闻价值的高低取决于社会与公众对新闻价值要素满足需要程度的评价。

（1）结合案例，分析新闻价值的五个基本要素包括哪些？哪个要素最为重要？

理论知识点：新闻价值的五个基本要素为新鲜性、重要性、显著性、接近性、趣味性。引导学生结合案例来分析。

参考答案如下：

①新鲜性：时间新近，内容新鲜。事实发生的时间越近，新闻价值越高；内容越新，新闻价值也越高。华为的这篇报道，刚好在中美贸易战发生以后的第一时间。

②重要性：事实具有为多数人所关心的社会意义。它具有重大的意义、作用和影响。华为在中美贸易战中，是美国首先重点制裁的中国企业，被中美两国人民所关心。

③显著性：显赫著名，知名度高。一般具有重要性的事实往往具有显著性，但具有显著性的事实不一定具有重要性。2018 年，华为及荣耀双品牌手机出货量突破两亿台，成为中国手机品牌销售榜第一，也成为世界第三大手机品牌制造商，是世界上最为知名显著的中国品牌之一。

④接近性：接近性指新闻事实同受众的接近程度。接近性有两种，一种是地理上的接近性。新闻事实发生的地点与新闻传播的地点距离越近，新闻价值越高。另一种是心理上的接近性。新闻事实与受众在心理上越接近，接近程度越高，新闻价值越大。华为手机作为中国大众普遍使用的手机品牌和民族品牌，其本身在心理上就有接近性。

⑤趣味性：它作为新闻价值要素，指新闻事实新奇曲折、人情味浓、知识性强。写作和表达的因素不包括在内。华为的 30 余年，是充满忧患、坚韧不拔的 30 余年，是血与泪的商业长征。华为如何成长为中国最成功的民营企业和最优秀的科技企业之一，这其中曲折新奇的过程让受众很关注。

上述五要素中，新鲜性必备，其他要素可多可少。事实具有的要素越多，所含要素程度越高，新闻价值越大。

（2）结合案例，如果你是一名新闻记者，拿到华为这样的新闻素材，该从哪些方面入手来实现它的新闻价值？

理论知识点：新闻价值的实现包括发现、呈现和检验三个阶段。引导学生分析拿到华为这样的新闻素材，该如何实现新闻价值。

参考答案如下：

①新闻价值的发现：新闻价值的发现取决于客观事实。发现新闻价值，必须把事实放在社会与公众需要的坐标上衡量，考察事实对社会与公众有无意义、有无益处、有无关系、有无趣味。

②新闻价值的呈现：呈现需要新闻工作者把新闻事实转换成新闻文本。事实向文本的转换一般要三个步骤：首先，准确判断各种价值要素及其相互关系；其次，选择恰当的表现形式，制成新闻文本；最后，寻求恰当的传播方式，展示新闻文本。新闻文本的制作包括文字稿的写作和编辑，图片新闻，广播电视节目和网络新闻制作等。新闻文本传播方式是多种多样的。新闻价值的呈现具有多样性，表现为对新闻价值要素的具体理解不同、新闻文本制作不同和新闻传播方式不同等。

③新闻价值的检验：新闻价值的实现最终表现为满足社会和公众的需要，它体现在社会和公众对满足程度的评价之中。预测的新闻价值是否符合实际，最终要通过社会效果来衡量和检验。受众享有对新闻信息的选择权和接受权。

（3）结合案例，如果你是一名新闻记者，你将如何去树立正确的新闻价值取向？

在前一题的基础上，引导学生了解影响新闻价值取向的因素，以及如何坚持正确的新闻价值取向。

参考答案如下：

影响新闻价值取向的因素包括阶级立场、社会和谐价值体系、新闻政策、新闻宣传价值和新闻媒体定位等。

①阶级立场是决定新闻价值取向的根本因素。社会主义新闻事业的新闻价值取向是为人民服务、为社会主义服务、为党和国家工作大局服务。资产阶级的新闻价值取向，在经济上唯利是图，以本媒体、本财团牟取最大份额利润为目的。在政治上为垄断资产阶级及其利益服务的。

②社会核心价值体系对新闻价值取向的影响。核心价值体系是一个社会意识形态的主体和灵魂，在所有价值目标中处于主导和支配地位，对社会意识形态和社会思潮具有强大的引领和整合能力。

③新闻政策和新闻宣传价值对新闻价值取向的影响。新闻价值取向和政治有着紧密的联系，其中对新闻价值取向直接发挥作用的是新闻政策和新闻宣传价值。新闻媒体的定位对新闻价值取向也有影响。

④坚持正确的新闻价值取向，就必须坚持社会主义核心价值体系的指导。社会主义核心价值体系主要包括马克思主义指导思想（灵魂、根本），中国特色社会主义共同理想（主题、旗帜），以爱国主义为核心的民族精神和以改革创新为核心的时代精神（精神支撑），社会主义荣辱观（基础、准则和规范）。

（四）教学组织方式

建议用本案例完成“新闻价值”全部知识点的教学，不再安排教师讲授的时间。一般安排 2 个课时（80 分钟）。教学组织安排如表 4-3 所示。

表 4-3 案例的教学组织

学习阶段	学习内容	时间限制	学习目标
课前	要求学生分组，预习《新闻学概论》中第三章"新闻价值"的相关知识，对新闻价值的一般要素和实现过程有一个粗浅的认识	提前两天	熟悉案例背景
课中	学生用PPT展示下华为的基本情况，或授课教师播放华为技术有限公司主要创始人兼总裁任正非接受央视《面对面》专访的视频	5 分钟	进一步熟悉案例背景
	分组讨论三个思考题，并当堂完成案例分析报告	30 分钟	结合理论分析问题，小组案例分析报告作为一次平时成绩
	抽取四个小组进行发言	每组5分钟，控制在20分钟以内	结合理论分析问题，言之有物，条理清晰
	引导全班进一步讨论，并进行归纳总结，注意思政元素与新闻学理论的结合。引导学生从案例中理解新闻价值的一般要素和实现过程	25 分钟	归纳用到的关键理论，并对各组表现做一个简单点评
课后	请学生思考，如何培养自己的新闻敏感		增进记忆，巩固知识

（五）总结

坚持以社会主义核心价值体系为指导的新闻价值取向，既是新闻工作的政治原则，也是新闻工作的价值尺度。要在普通的新闻素材中实现新闻价值，必须要尊重客观事实，不能凭主观意愿或是屈从于某种压力，臆造、拔高或增减事实的新闻价值。要重视并努力满足公众与社会的客观需要，认真听取受众的反馈意见，重视客观效果的检验。

参考文献

[1] 陈听雨，凌纪伟，郑伟. 华为：三十功名 向死而生 [EB/OL]. [2019-05-21]. http：//www. xinhuanet. com/tech/2019-05/21/c_1124524847. htm.

[2]《新闻学概论》编写组. 新闻学概论 [M]. 北京：高等教育出版社，2009.

[3] 本书编写组. 习近平谈治国理政 [M]. 北京：外文出版社，2014.

[4] 习近平. 决胜全面建成小康社会 夺取新时代中国特色社会主义伟大胜利——在中国共产党第十九次全国代表大会上的报告 [N]. 人民日报，2017-10-28 (01).

[5] 本书编写组. 马克思主义基本原理概论 [M]. 北京：高等教育出版社，2018.

[6] 本书编写组. 思想道德修养与法律基础 [M]. 北京：高等教育出版社，2018.

[7] 本书编写组. 毛泽东思想和中国特色社会主义理论体系概论 [M]. 北京：高等教育出版社，2018.

柳州8个微信公众号被处以禁言处罚，自媒体清理整治任重道远[①]

一、案例正文

据《南国今报》2019年4月30日报道，因融安圈（Raatcm）、融安通（Gxratong）、鹿寨圈（Atcmlz）、鹿寨通（Luzhaitong）、融水圈（Atggwx）、融水微报（Gxmlrs）、三江微报（Mlsanjiang）、柳城通（Gxlctong）等自媒体微信公众账号在运营管理和发布内容方面存在严重违规行为，即日起，柳州市互联网信息办公室（以下简称柳州市网信办）依法对上述8个自媒体微信公众号处以禁言处罚，时间为3个月。4月29日，记者在微信订阅号已搜索不到以上8个账号的相关信息。

（一）8个自媒体公众号被禁言

近日，柳州市网信办接到公众举报后，调查核实发现，“融安圈”“融安通”“鹿寨圈”“鹿寨通”“融水圈”“融水微报”“三江微报”“柳城通”8个自媒体微信公众账号，在未取得互联网新闻信息服务许可的情况下，违规发布刊载时政类新闻信息；冒名进行虚假认证，违规发布不实信息，传播大量色情低俗信息；利用“标题党”蹭热度刷流量，造谣传谣；未经授权转载抄袭原创文章，侵犯他人著作权。这些违法行为严重扰乱互联网信息传播秩序，污染了网络空间，且被属地网信部门约谈警示后仍屡教不改，社会影响恶劣。

（二）曾被约谈但仍我行我素

记者了解到，在2017年8月21日，融水苗族自治县公安局网安中队就依法约谈“融水圈”“融水微报”微信公众号负责人林某某，对其负责管理运营的微信公众号存在的违法违规行为提出严厉批评，根据相关法规给予严重警告，并责令限期整改。

经查，当年8月以来，“融水微报”微信公众号为追求广告的点击量和关注度，发布大量淫秽色情信息，使用涉黄图片和低俗标题吸引眼球，存在导向不正、淫秽低俗等有害信息，格调低下，造成了不良社会影响。“融水圈”微信公众号通过篡改、编造虚假、惊悚标题，使用融水地名作为标题发布非本地事件信息，误导网民，扰乱了经济秩序和社会秩序。

---

① 岑琴. 禁言3个月！柳州8个微信公众号因“乱来”受罚［EB/OL］. 东方网. ［2019-04-30］. http：//news.eastday. com/eastday/13news/auto/news/society/20190430/u7ai8537249. html；新华网. 国家网信办“亮剑”自媒体乱象依法严管将成为常态［EB/OL］.［2018-11-12］. http：//www. xinhuanet. com/politics/2018-11/12c1_ 123702545. htm。

“融水圈”“融水微报”在未取得互联网新闻信息服务资质的情况下，未经授权和许可，多次违规转载新闻单位、网站的新闻资讯及原创信息，未注明新闻信息作者及来源，扰乱互联网新闻传播秩序。

约谈后，该负责人表示，充分认识到自身存在的问题，一定要学法懂法、依法依规开展网络信息服务，自觉提升社会责任意识、守法意识。

但是一年多过去了，“融水圈”“融水微报”仍然我行我素，把网安中队的约谈当成耳边风。

（三）互联网不是法外之地

2019 年 4 月 28 日，根据互联网新闻信息服务管理规定、即时通信工具公众信息服务发展管理暂行规定、互联网用户公众账号信息服务管理规定、互联网信息服务管理办法、微博客信息服务管理规定等相关法规，柳州市网信办向上级网信部门申请，依法对“融安圈”“融安通”“鹿寨圈”“鹿寨通”“融水圈”“融水微报”“三江微报”“柳城通”8 个自媒体微信公众账号进行禁言 3 个月处置，即日起执行。

柳州市网信办表示，互联网不是法外之地，自媒体账号运营者要加强内部管理和自律，依法依规从事公众信息服务，网信部门将进一步加强网络综合治理，坚决打击违法违规行为，也欢迎广大网民依法据实举报（举报邮箱：lzjbzx@ 126. com）共同维护良好网络生态，营造清朗网络空间。

各省纷纷“亮剑”自媒体乱象

针对自媒体账号存在的一系列乱象问题，在 2018 年 10 月，国家网信办就开展了集中清理整治转向行动，依法处置了上万个自媒体账号，又依法约谈了腾讯微信、新浪微博等自媒体平台，对其疏于管理、放任自媒体野蛮生长等行为提出严重警告。随后，全国各省、自治区、直辖市网信办纷纷开展自媒体清理整治专项行动，持续至今。

被处置的自媒体账号大部分开设在微信微博平台，其中一些同时开设在今日头条、百度、搜狐、凤凰、UC 等平台。有的传播有害信息，恶意篡改党史国史、诋毁英雄人物、抹黑国家形象；有的制造谣言，传播虚假信息，充当“标题党”，以谣获利、以假吸睛，扰乱社会正常秩序；有的肆意传播低俗色情信息，违背公序良俗，挑战道德底线，损害广大青少年的健康成长；有的利用手中掌握的大量自媒体账号恶意营销，大搞“黑公关”，敲诈勒索，侵害正常企业或个人合法权益，挑战法律底线；有的肆意抄袭侵权，大肆洗稿圈粉，构建虚假流量，破坏正常的传播秩序。这些自媒体乱象，严重践踏了法律法规的尊严，损害了广大人民群众的利益，破坏了良好网络舆论生态。

（四）自媒体清理整治任重道远

近年来，国家网信办依据《网络安全法》相继出台《互联网新闻信息服务管理规定》《互联网用户公众账号服务管理规定》等法规性文件，对具有媒体属性和可对公众发布信息的账号及平台作了明确规定，有法可依，有行可循。国家网信办等有关部门根据群众举报和舆论监督，经排查取证，依法依规对这些账号进行处置，对相关平台进行约谈。这一行动表明，自媒体管理已经纳入法制化、规范化、制度化轨道，绝不允许自媒体成为某些人、某些企业违法违规牟取暴利的手段。

国家网信办有关负责人强调，法律法规必须得到尊重，人民群众的利益必须得到保护。自媒体账号运营者要珍惜自己的权利，履行自己的义务，积极传播正能量，弘扬社会主义核心价值观，以守法为基、以诚信为本、以崇德立身，合法合规运营，有序健康发展，决不能让金钱蒙蔽了心智，最终害人害己。相关平台企业要按照有关法律法规要求，健全规章制度，完善运营规则，加强审核管理，切实履行企业主体责任，自媒体清理整治任重道远。

二、案例的思政元素

本案例的思政元素主要是：

（一）互联网不是法外之地，要依法加强网络管理和开展好网络法治教育

习近平总书记在2016年网络安全和信息化工作座谈会上指出：“网络空间是亿万民众共同的精神家园。网络空间天朗气清、生态良好，符合人民利益；网络空间乌烟瘴气、生态恶化，不符合人民利益。谁都不愿生活在一个充斥着虚假、诈骗、攻击、谩骂、恐怖、色情、暴力的空间。互联网不是法外之地。”

网络社会是现实社会在网络上的延伸和拓展，虚拟不等于虚幻，社会生活有边界，网络世界有底线。虚拟的互联网，不能跳脱公序良俗的规制。无论是在“虚拟世界”还是在现实世界，从来没有绝对的“自由”，每一个人在网上的言行，不仅会受到公俗道德的评价和约束，更要受到法律的规范和制约。网民可以在网络张扬个性，宣泄情绪，表达意见建议，但是，在享受言论自由的同时，必须对自己的言行负责，要尊重事实，尊重他人，坚守法律和道德底线。

净化网络空间，必须坚持依法办事，不断提升治理能力和水平。网络不是法外之地，网络空间延伸到哪里，法治就要覆盖到哪里。近年来，从《中华人民共和国网络安全法》正式施行，到国家互联网信息办公室先后发布《互联网信息搜索服务管理规定》《互联网直播服务管理规定》《互联网新闻信息服务管理规定》《互联网新闻信息服务许可管理实施细则》《互联网论坛社区服务管理规定》《互联网用户公众账号信息服务管理规定》《互联网群组信息服务管理规定》《互联网新闻信息服务单位内容管理从业人员管理办法》《微博客信息服务管理规定》等规定，为网络空间治理提供了制度保障。

实践告诉我们：治网之道，法治为本。始终沿着法治轨道前进，营造清朗的网络空间就有了坚实保障，互联网的健康发展就有了可靠支撑。正是依据这些管理规定，柳州市网信办、各省以及国家网信办对辖区范围内违反法规的自媒体账号和平台进行了查处。

大学生正处于人生观、世界观的养成时期，在互联网化生存的今天，网络空间提供的内容对他们影响极大。需要加强对大学生的法治教育，培养他们具有强烈的法治观念，以抵制不良信息的影响。

（二）充分认识营造良好网络舆论生态的重要性，增强网络信息辨别力

社会舆论生态与社会环境和社会形态之间的有效平衡需要通过加强社会舆论生态治理

才能够达成和维系。随着信息时代和网络社会的不断发展，以互联网舆论为主要代表的社会舆论及其生态变化，已经充分地展现了其对经济、政治、社会、文化和生态文明建设的复杂而深刻的影响。要充分认识到推进网络舆论生态治理的重要性。

网络空间已逐步成为公众经由互动交流表达诉求与汇集意愿的主渠道，网络舆情则成为把握舆论动向与社会发展动态的重要途径。党的十八大报告中提出“加强网络社会管理”，党的十九大报告中指出，要“加强互联网内容建设，建立网络综合治理体系，营造清朗的网络空间”，这充分体现了党和国家对公众舆论传播与演化规律的精准把握，以及对社会舆论生态治理问题的高度重视。2014 年 2 月 27 日，在中央网络安全和信息化领导小组第一次会议上，习近平总书记表示，做好网上舆论工作是一项长期任务，要创新改进网上宣传，运用网络传播规律，弘扬主旋律，激发正能量，大力培育和践行社会主义核心价值观，把握好网上舆论引导的时、度、效，使网络空间清朗起来。2016 年 2 月 19 日，习近平总书记在主持召开党的新闻舆论工作座谈会时指出，随着形势发展，党的新闻舆论工作必须创新理念、内容、体裁、形式、方法、手段、业态、体制、机制，增强针对性和实效性。要适应分众化、差异化传播趋势，加快构建舆论引导新格局。

当下，自媒体快速普及，互联网平台飞速发展，使网络舆论生态衍生出许多新倾向。自媒体拓展了个人与媒体的话语空间，深刻改变了人们的生活和娱乐方式；但与此同时，自媒体内容的良莠不齐、真假难辨对网络舆论生态造成了恶性影响。很多自媒体为博取关注或者寻求身份认同感，发布一些不负责任、耸人听闻的言论，很多内容未经核实、失实严重，群体集聚后造成巨大的舆论压力。自媒体传播呈现泛娱乐化倾向，使网络变成了消费至上、娱乐至上的平台，容易造成内容的低俗化。这种内容还采用“病毒式”传播，速度快而传播广，监管部门有时还来不及反应，网络就已形成了“围观”现象。这种简单化、肤浅性信息的交流，会对公众的思想造成潜移默化的影响，弱化主流价值观，最终造成现实空间话语体系的紊乱。

案例中，针对这些乱象，各级网信办部门及时出手，加强对网络舆论的监管。在不压缩用户传播空间或限制其表达自由的同时，将不良和虚假的信息进行过滤，保证信息源的真实健康，营造良好的网络舆论生态。

（三）学会运用唯物辩证法，一分为二地看问题

任何事物都有两面性，应当一分为二地看问题。在认识、分析和解决问题时，要树立全面的观点，既要看到事物的正面，又要看到它的反面；既要看到它的现在，又要看到它的将来；既要看到主流，又要看到支流。要克服“只知其一、不知其二”的形而上学的片面性。

科学技术进步在促进人类社会政治、经济、文化和法制等方面的进步起到了巨大作用。科学技术开拓了人们的视野，推动了人类社会的进步；但是科学技术的不当利用，也会带来严重的负面影响。人类应当学会全面看待科学技术的“双刃剑”效应，找出对策，最大限度地扬长避短。

互联网是 20 世纪最伟大的发明之一，给人们的生产生活带来了巨大变化。但是，互联网作为科技发明，也是一把“双刃剑”，一方面，它丰富了人们的娱乐形式，拓展了人们的视野和眼界；另一方面，互联网上充斥着虚假、低俗的不良信息，毒害着人们特别是青少年的身心健康。网络上一些极端的言论、不良的信息会影响人们对是非、美丑、善恶的判断能力，甚至引发道德失范、违法犯罪，危害社会安全。

要正确认识网络这把“双刃剑”。作为个人而言，要对网络内容取其精华、去其糟粕，调整心态，正确对待网络娱乐资源，提高抵制诱惑的能力，还要保持“求真务实”的态度，不盲目跟风。对于网络管理部门而言，要深刻认识互联网的两面性，对互联网积极利用、大力发展的同时，需要依据法律法规，对互联网加强管理，科学利用。对于网络违法现象坚决打击，毫不手软，保证互联网正面功能得到最大程度的显现和利用。

三、案例使用说明

（一）教学用途与教学目标

1. 教学用途

本案例适用于本科生《新闻学概论》中的“加强互联网建设与管理”知识点的教学和培训。

2. 教学目标

（1）知识层面。

理解概念：自媒体、互联网平台。

掌握理论：互联网平台的建设与管理。

（2）能力层面。

思维能力：教师通过对知识的讲解，使学生系统了解自媒体与互联网平台的概念与分类，形成全面、系统的分析问题、解决问题的思维能力。

实践能力：根据案例材料，设置相关问题，引导学生作答，并将其拓展至学生生活中遇到的相关案例，培养学生收集与整理信息的能力，以及将理论应用于实践的能力。

（3）素质层面。

养成专业的信息甄别意识：对自媒体的利弊了然于胸，对自媒体信息的真伪有较强的甄别能力；熟悉互联网平台的管理制度，培养互联网建设和管理的专业素质。

提升传播素养：通过对自媒体违规案例的列举，学习自媒体运营知识，学会规避互联网建设与管理的雷区，提升传播素养。

（二）案例讨论的准备工作

（1）学生需要预习《新媒体概论》课程中“加强互联网建设与管理”的相关知识，对于自媒体的传播方式及互联网平台管理有一定的认识。

（2）可以让学生列举目前主要的自媒体传播平台，共同探讨各家平台的管理方式及其优劣，列举现实生活中经历过的自媒体传播失范的案例。

（三）案例分析要点

1. 启发思考题

（1）结合案例，分析互联网给人类生产生活带来的优势和劣势。

（2）结合案例，分析互联网对经济、政治、文化、生活等方面带来的影响。

（3）结合案例，概括目前自媒体账号存在的乱象（法律、道德层面）。如果你是互联网管理者，你将以何种方式、采取哪些举措来引导、规范互联网的发展？

2. 分析思路

三个思考题，是基于“加强互联网建设与管理”章节的知识点而提出的。

互联网作为21世纪最重要的科学发明之一，是一把双刃剑。一方面，它不断彰显出其优势，社会影响力与日俱增，使报纸、杂志、广播电视沦为“传统媒体”的媒体形态，在社会舆论领域发挥着巨大的作用，也不断变革人们的生产生活娱乐方式；另一方面，它的消极影响也是显而易见的，虚假、肤浅、低俗等一直充斥着网络空间，对社会产生了极大危害，需要加强对于互联网的建设与管理。

（1）结合案例，分析互联网给人类生产生活带来的优势和劣势。

理论知识点：深刻认识互联网的正反两方面作用。

参考答案如下：

①正面作用：互联网使人人都是传播者，沟通交流无障碍。互联网容量大、传播快、互动性强。可以利用互联网进行生活学习、沟通交流；利用互联网促进经济持续快速发展；利用互联网拓展国际市场；利用互联网改变生活方式，促进社会发展等。

②反面作用：互联网内容良莠不齐，信息爆炸耗费人们大量的时间，网络资源的丰富和便利使人们不求甚解、到处抄袭；网络的复杂性使人们容易思想混乱甚至使人生观、价值观发生偏离；互联网中的不良信息对青少年身心健康构成危害，容易泄露个人隐私，信息安全受到威胁。

（2）结合案例，分析互联网对经济、政治、文化、生活等方面带来的影响。

理论知识点：利用互联网优势，对互联网积极利用大力发展。

互联网的优势在于：信息量大、互动方便、自由表达、省钱省力。

引导学生从经济、政治、文化、生活等方面做答，参考答案如下：

互联网为企业降低成本，企业可以利用网站为客户提供详尽的产品信息，利用网站传播企业形象，也可利用网站进行产品销售和提供服务，降低经营成本。

互联网改变了社会治理方式。民众可以通过互联网享受到及时便捷的公共服务。互联网监督和规范政府依法行政、廉洁从政，切实改进懒政怠政之风，有效推动“不作为、慢作为”问题的解决。

互联网大大促进了文化的传播和发展，也促进了文化市场的繁荣。因为它简化了文化流通的环节，拓宽了文化流通的渠道，也打破了传统文化流通的等级观念、时空界限，使每个人都可以快捷方便地获取文化信息。

互联网极大地方便了人们的生活。利用互联网可以聊天、查阅资料、玩游戏、购物、休闲娱乐，还可以办理各种生活服务类业务。它改变了人们的生活方式和工作方式。

（3）结合案例，概括目前自媒体账号存在的乱象（法律、道德层面）。如果你是互联网管理者，你将以何种方式、采取哪些举措来引导、规范互联网的发展？

理论知识点：如何对互联网进行科学管理，达到为我所用的目的。

引导学生从全面依法治国、互联网不是法外之地、加强对网络舆论的监管、营造良好的网络舆论生态等方面进行分析。参考答案如下：

目前自媒体存在的乱象：

为吸引眼球、增加流量，发布低俗、色情的信息；使用惊悚标题夺人眼球；发布虚假信息，制造谣言，错误引导舆论；利用知名度和影响力，有偿发布企业的公关稿件，有的自媒体甚至沦为网络水军，造谣生事，颠倒事实，被雇用有偿发布攻击抹黑特定企业的稿件，或者专门抹黑企业然后索要封口费；洗稿、抄袭，侵犯知识产权。

在前一问题的基础上，引导学生思考：作为互联网管理者，应该以何种方式、采取哪些举措来引导、规范互联网的发展？

第一，强化源头管理，加强平台监管。自媒体平台是第一责任人，同时还需要与相关监管部门合作，联合打击；同时，与行业协会、公众等一起，形成全社会共抓共管的局面。

第二，完善相关法律法规，建立长效的监管机制，加大对行业违法违规行为的打击力度。

第三，开展自媒体专项整治活动，依法依规、从严惩处违法违规账号，遏制自媒体的种种乱象，维护网络正常的传播秩序。

第四，采用多种技术、分析手段，强化监管效果。

可采取的措施：

A. 封禁、关停色情、低俗、暴力类内容账号；

B. 开辟和用好辟谣平台；

C. 开通投诉平台，利用群众举报，对涉嫌侵权、违规的账号进行处理；

D. 利用大数据实时监控等技术进行监测；

（四）教学组织方式

鉴于互联网的迅速发展及其对人们生产生活的重要性，建议深化《新闻学概论》教材第十一章“新闻视野管理”之第二节“我国新闻视野管理的基本原则和主要内容”之第三点“加强互联网建设与管理”的教学，以本案例完成对小节全部知识点的教学。课堂教学为 1 个课时（40 分钟）。具体教学组织安排如表 4-4 所示。

表 4-4　案例的教学组织

学习阶段	学习内容	时间限制	学习目标
课前	要求学生预习课本知识，查阅相关资料，了解自媒体及互联网平台的发展状况	提前两天	熟悉案例背景
课中	学生列举目前主要的自媒体传播平台，共同探讨各家平台的管理方式及其优劣，列举现实生活中经历过的自媒体传播失范的案例	5 分钟	进一步熟悉案例背景
	分组讨论，当堂完成案例分析报告	30 分钟	小组案例分析报告作为一次平时成绩
	抽取两个小组进行发言	每组 5 分钟，控制在 20 分钟以内	结合理论分析问题，观点清晰，论证有力
	引导全班进一步讨论，并进行归纳总结。总结过程中注意思政元素与课程内容的结合，引导学生学会理论联系实际，用所学知识解决问题	25 分钟	教师对各组表现进行点评
课后	请学生继续关注自媒体发展，对照一下自己所关注的微信公众号或微博账号，思考其成功或失败的原因		增强记忆，巩固知识

（五）总结

互联网发展是未来的方向，自媒体是其中非常重要的传播力量。它既为互联网带来了更多生机，增进了网络的繁荣，也不可避免地呈现出虚假充斥、秩序混乱的劣势。如何加强互联网的建设和管理，一直是管理部门面对的重要问题。一方面，应鼓励互联网发挥积极优势，在经济、政治、文化、社会等方面起到重要作用；另一方面，需正视互联网特别是自媒体目前存在的乱象，对症下药，使其发展回归到正规轨道。

参考文献

[1] 岑琴. 禁言3个月！8个微信公众号因“乱来”受罚［N］. 南国今报，2019-04-30.

[2] 中国网信网. 国家网信办“亮剑”自媒体乱象，依法严管将成为常态［EB/OL］. 中国网信网.［2018-12-12］. http：//www. cac. gov. cn/2018-11/12/c_1123702179. htm.

[3]《新闻学概论》编写组. 新闻学概论［M］. 北京：高等教育出版社，人民出版社，2009.

[4] 中国共产党第十八届中央委员会第四次全体会议. 中共中央关于全面推进依法治国若干重大问题的决定［EB/OL］.［2014-10-29］. http：//www. ccps. gov. cn/xytt/201812/t20181212_123256. shtml.

探寻“晋江经验”的文化密码①

一、案例正文

“在这里时间越久，你越能体会，晋江故事，绝不仅仅是一个经济发展故事。”文化个性造就经济个性。回首“晋江经验”带来的16年传奇会发现，一种精神、一种文化，始终贯穿晋江经济发展脉络之中。它既是源泉也是动力，支撑着晋江一路走来创造奇迹，继续推动新时代的晋江爬坡过坎、砥砺前行。

（一）爱拼敢赢歌不绝

“创业难还是走戈壁难？破千亿元市值难还是走戈壁难？新十年的创业难还是走戈壁难？”这个夏天，安踏集团的“戈壁远征军”走进甘肃。在踏上112公里的徒步荒漠之旅前，董事局主席丁世忠抛出了三连问。

这是一次体力与心理的极限挑战，让许多人深刻体会到什么叫“不放弃”。之所以开展这一活动，是安踏在从当初的小作坊成长为今天中国第一大体育用品公司后，重新审视自己，找寻未来的发展方向。

不放弃的背后，是“爱拼才会赢，敢为天下先”的顽强拼搏精神，也是支撑晋江数以万计的企业和晋江人奋勇向前的初心与动力。改革开放初期，晋江人在市场竞争最为激烈、附加值很小的传统产业领域摸爬滚打、逆势而上，在逆境中求生存、求发展。2017年，晋江全市GDP达到1978年的1366倍，惊人的数字背后是一代又一代被称为“睡不着的晋江人”不懈奋斗的结晶。

这种精神，源于这片海滨之地，深深融入到晋江人的血脉之中。晋江地处丘陵地带，除了沿海地势较为平坦外，大部分为起伏不平的山丘，土地贫瘠。“为了生存，他们只能向海洋求财富，于一次次生死冒险中养成奋斗拼搏的精神，形成敢为天下先、不服输的决心与勇气。海洋的宽广辽阔，成就了晋江人兼收并蓄、兼济包容的品格；而长期的抱团取暖、抵抗风险意识，逐渐演化为团结互助、互相提携的文化特征。”中国社会科学院社会学研究所副所长、研究员王春光分析。

爱拼才会赢，如今在更大的平台传唱：

从传统业态唱向新业态——

从压力测试到动态跟踪，从耐磨耐折试验到防水防滑创新……在国内第一家运动科学实验室内，近200台先进的测试设备和技术研发设备，在安踏研发人员的操纵下有序运

① 刘梦，高建进，胡其峰，刘坤．探寻“晋江经验”的文化密码［N］．光明日报，2018-07-12（01）．

作。晋江用高新技术改造提升传统产业，引导传统产业跟进新技术，在普通产品上增加新的功能、功效，提高附加值。全市企业每年投入近1000亿元升级生产设备、改进技术工艺、提升产品质量，凸显了传统消费品制造业转型升级在全国的典型示范作用。

从经济事业唱进公益事业——

“不拼排场拼公益”。随着经济发展，有着乐善好施传统的晋江人开始更多地选择将节省下来的礼俗资金捐给慈善事业或乡村建设。这里有全国首家县级民间慈善机构——晋江市慈善总会。十几年来，晋江市慈善总会累计募集善款达30.01亿元，为全国县域之最。“我们晋江人，将‘拼’劲一并带入了慈善事业。”晋江市慈善总会会长龚子猛说，这种多行善事的行为已逐步进入寻常百姓的生活。

从创一代唱到创二代——

“接过你的手，走出我的路。”作为恒安集团创始人许连捷的次子，许清水总说自己是“负二代”，“是负责任的负。我必须负起责任，用国际化视野传承企业，更要把老一辈晋江企业家精神好好传承下去。”创二代们接过父辈手中的接力棒，将爱拼敢赢的精神延伸到爱拼懂赢的自信，将传统产业的坚守与新兴产业的创新融合发展，成为新时代晋江持续发展的蓬勃动力。

（二）留住乡土向心力

28岁的蔡梦思有两个身份。

第一个是晋江五店市传统街区的讲解员。早晨8点半，伴着戏台上的南音，蔡梦思开始了一天的工作。

“红砖白石双坡曲、出砖入石燕尾脊、雕梁画栋皇宫起。”行至蔡氏家庙，当游客为闽南建筑艺术惊叹不已时，蔡梦思亮出了自己的第二个身份：蔡氏后人。

于她而言，五店市不仅是她从小读书生活的闽南老街区，这里更有她作为蔡家人最引以为傲的蔡氏家庙。

五店市传统街区位于晋江市老青阳核心区。2010年3月，晋江市委、市政府划定典型风貌建筑最多的126亩区域为保护区，并委托清华大学历史文化名城保护中心为保护区做整体规划。这个自唐代发展起来、走过1300多年时光的集市，自此焕发新生。

五店市传统街区建筑管理领导小组办公室副主任范清靖明白，这里的100多处历史建筑之所以极具保留价值，是因为它们以自身的艺术价值、审美价值和文化价值，彰显了晋江的文脉与闽南人的根脉。

闽南人对“根”的情愫超乎寻常。五店市传统街区保留着老青阳的集体记忆，牵动着海内外同胞认祖归宗的情结。品茶听南音、看看精美木雕、摸摸青条石，是许多归国华侨必做的事情之一。

一抹闽南红，留住了乡土向心力，延续着文化根脉，而这正是晋江城市发展过程中不可或缺的力量。

五店市并不是个例。在晋江，包括梧林社区古村落在内的一批保护发展项目正在紧锣密鼓地进行中。晋江市文体新局局长柯国林说，城市化进程既要有“面子”，也要有“里子”，城市面貌日新月异，品质和内涵更要同步提升。晋江一手抓固态保护，一手抓活态传承，一批“乡愁文化”品牌接踵而至——

掌中木偶作为地方传统戏剧，与闽南人血肉相连，是其精神生活不可或缺的一部分。20多年来，蔡美娜用手指灵活掌控木偶进行表演，她与木偶既是亲密的伙伴，也是坚实的战友。

“木偶本身没有表情，喜怒哀乐都需要演员用手部把控和唱腔变化来体现，有时候左手是‘旦’、右手是‘丑’，必须一心两用。”蔡美娜说。

在晋江申办2020年世界中学生运动会期间，掌中木偶被蔡美娜带到了意大利，在那里，许多海外友人为这项中国传统技艺所折服。作为南派掌中木偶第6代继承人，她每年参加多个重大表演活动，创作符合时代精神和当代观众审美要求的创新剧目，还在许多高校的木偶班进行授课。虽然日程很满，但她深感重任在肩。

为推动掌中木偶、柯派高甲戏、闽台东石灯俗等一系列非物质文化遗产的“活态”传承，晋江完善非物质文化遗产代表性项目名录体系，采取有效措施保护非物质文化遗产代表性项目44项，全市布点30所中小学作为非遗项目传习点。在经济的反哺中，晋江文化之根越来越强壮。

（三）有“文气”聚“才气”

“我们运用具有水溶纱技术的运动材料来做商务休闲裤，舒适度一样，重量却只有普通休闲裤的1/5，在跨境电商中可以大幅降低运费。”

在晋江洪山文化创意产业园区，一场特殊的活动正在进行。30个年轻的创业者围坐在一起，讨论新技术和新材料如何开发应用，交流企业如何创新经营思路，分享企业经营案例和感受。

这是晋江“领航计划”班的一场复盘会。致力于培养“未来晋江创新企业家”的“领航计划”，自2016年开始，已举办各类培训交流活动130多场，培训企业家5000余人次。

“课程中知识点密度大、含金量高，并且能够高效率地运用到企业发展中。”学员洪艺菡感触颇深。

晋江市委组织部副部长、人才办主任黄建华，晋江市经济和信息化局局长郭浪滔作为班级观察员，也在尽己所能发挥“园丁”角色：课堂中、课程外、微信上……无时无刻不在解答这群年轻人的种种疑惑。他们表示，小生态往往蕴含大能量，希望通过领航班小生态的精准模式探索和经验凝练，构建起晋江企业家社群的新商业文明，撬动晋江城市人才大生态。

“从某种意义上说，不是我找到了这里，而是这里主动找到了我。”晋江市创意创业创新园内，来自甘肃的创客范伟这样说。2009年博士毕业后，他在华侨大学任教，因为在科研项目中一直需要购买国外仪器，让他萌生了自己创业的想法。听说晋江对博士创业扶持力度非常大，他就来“看了看”。这一“看”，便创立了福建第一家微纳驱动企业，他也成功入选晋江市高层次人才“海峡计划”，获得3年100万元的投资，附加免租金的场地。

在创意创业创新园，700多位创客与范伟一同在这种“被找到”的感觉中，将手头的科研成果转化为企业向前的动力。

晋江现有各类企业5万多家，其中97%以上为民营企业，这些企业集聚着一大群来自全国各地的优秀人才，成为晋江发展大局中不可或缺的力量。如何利用其雄厚的产业基础、丰厚的物质财富和繁荣高涨的人气，塑造一个宜居、时尚的“文化晋江”，让人才“引得进”更“留得住”是新时期晋江正在着力解答的问题。

自2011年以“城市·文化·人才”为主题的首期企业文化沙龙，在有着百年历史的闽南古大厝开场以来，这个平台上便产生了奇妙的化学反应。它既是产业对接平台、政企互动平台、政策宣传平台，也是重要的文化交流平台。除了主题演讲人，参与者都可围绕沙龙主题讲感受、谈看法，也可就自己感兴趣的话题自由交流。来自不同企业的高管提出了在晋江工作中、生活中的困惑，也为晋江发展提出诸多宝贵意见。

“只有整体优化城市环境、创业环境、人文环境，晋江才能留住人才，让他们心无旁骛地投入创新创业。”晋江市委书记刘文儒说。

二、案例的思政元素

本案例的思政元素主要是：

（一）坚定文化自信：增强文化自觉，讲好中国故事

坚定中国特色社会主义道路自信、理论自信、制度自信，说到底是要坚定文化自信。习近平总书记强调，一个没有精神力量的民族难以自立自强，一项没有文化支撑的事业难以长久持续。文化自信彰显了中国特色社会主义内在的文明内涵和价值底蕴，成为支撑中国特色社会主义发展、建设社会主义文化强国的强大精神力量。要坚持中国特色社会主义文化发展道路，激发全民族文化创新创造活力，建设社会主义文化强国。要推动文化事业和文化产业发展。要深化文化体制改革，完善文化管理体制，加快构建把社会效益放在首位、社会效益和经济效益相统一的体制机制。完善公共文化服务体系，深入实施文化惠民工程，丰富群众性文化活动。加强文物保护利用和文化遗产保护传承，努力提升社会公众的文物和文化遗产保护意识，让人们在与历史文化近距离接触中加深对中华文化的认同感和自豪感，增强发展中国特色社会主义文化的使命感和责任感。健全现代文化产业体系和市场体系，创新生产经营机制，完善文化经济政策，培育新型文化业态。推进国际传播能力建设，讲好中国故事，展现真实、立体、全面的中国，提高国家文化软实力。

《乡村振兴战略规划（2018—2022年）》提出要发展乡村特色文化产业，加强规划引导、典型示范，挖掘培养本土人才，建设一批特色鲜明、优势突出的农耕文化产业展示区，打造一批特色文化产业乡镇、文化产业特色村和文化产业群。

文化个性造就经济个性。回首“晋江经验”带来的16年传奇，我们会发现，一种精神、一种文化，始终贯穿晋江经济发展脉络之中。它既是源泉也是动力，支撑着晋江一路走来创造奇迹，继续推动新时代的晋江爬坡过坎、砥砺前行。

（二）培育改革和奋斗精神：伟大梦想是拼出来、干出来的

习近平总书记在庆祝改革开放40周年大会上强调，只有顺应历史潮流，积极应变，主动求变，才能与时代同行。“行之力则知愈进，知之深则行愈达。”改革开放40年积累的宝贵经验是党和人民弥足珍贵的精神财富，对新时代坚持和发展中国特色社会主义有着极为重要的指导意义，必须倍加珍惜、长期坚持，在实践中不断丰富和发展。

改革开放是一项前无古人的崭新事业，没有成功的经验可借鉴，特别是在中国这样一个经济文化比较落后的国家搞改革开放，更需要以无畏的拼搏开辟一条新路。回望历史，中国人民拥有伟大梦想，更拥有为实现伟大梦想而艰苦奋斗、顽强拼搏的伟大精神。总结改革开放的历史经验，中国人民正是在中国共产党的坚强领导下，以高度的主人翁责任感、卓越的劳动创造、忘我的拼搏奉献，推动中国发生了翻天覆地的变化。实践经验启示我们，成就是拼搏出来的，幸福是奋斗出来的。

习近平总书记指出，伟大梦想不是等得来、喊得来的，而是拼出来、干出来的。新时代的改革开放，既有着光明的前景，也面临各种艰难险阻。今天我们所处的，是一个船到中流浪更急、人到半山路更陡的时候，是一个愈进愈难、愈进愈险而又不进则退、非进不可的时候。改革关头勇者胜，这正是考验我们意志和能力的时候。唯有大胆试、大胆闯、全力拼、踏实干，迸发出改革开放精神的无穷力量，才能闯关夺隘、劈波斩浪，才能突破思想观念上的障碍，破解发展面临的各种难题，化解来自各方面的风险和挑战，推动经济社会持续健康发展。

“爱拼才会赢，敢为天下先”的顽强拼搏精神，是支撑晋江数以万计的企业和晋江人奋勇向前的初心与动力。“晋江经验”充分证明了党的十一届三中全会以来形成的党的基本理论、基本路线、基本方略是完全正确的，充分证明了改革开放是决定当代中国命运的关键抉择。

（三）肩负传承优秀传统文化重任：留住乡愁，守护文化根脉

党的十九大报告首次提出实施乡村振兴战略，并描绘出一幅“产业兴旺、生态宜居、乡风文明、治理有效、生活富裕”的振兴图景。

习近平总书记说，城镇建设要让居民“望得见山、看得见水、记得住乡愁”。如果说留住青山绿水就留住了乡村的“根”，那么传承具有地方特色的民间传统文化，则是守住了乡村的“魂”。乡村振兴，理应让乡村留住“根”、守住“魂”。

要留住“根”、守住“魂”，首要任务是抓保护，建立一套长效的保障机制，推动古村落、少数民族特色村寨的开发利用与保护。尤其要注重利用好自然地理和生态优势，以新型城镇化为抓手，深入挖掘优秀乡村传统文化，打响具有本土特色的乡村文化艺术品牌，发展具有本地特色的文化生产力。

中华文化本质上是乡土文化。中华优秀传统文化的价值观念、人文品质和道德诉求，植根于乡土社会，源于乡土文化。一抹闽南红，留住了乡土向心力，延续着文化根脉，而这正是晋江城市发展过程中不可或缺的力量。晋江一手抓固态保护，一手抓活态传承，一批“乡愁文化”品牌接踵而至。

三、案例使用说明

（一）教学用途与教学目标

1. 教学用途

本案例为描述型案例，适用于本科生的《新闻学概论》中第五章“ 新闻工作的党性

原则和基本方针”知识点的教学和培训。

2. 教学目标

（1）知识层面。

理解概念：新闻工作的党性原则和基本方针。

掌握理论：如何在新闻工作中贯彻“三贴近”。

（2）能力层面。

系统思维能力：教师通过对理论的讲解，帮助学生系统了解新闻工作的党性原则和基本方针。

判断实践能力：根据案例材料，设置三个由浅入深、由知识到能力的问题，通过解答问题，帮助学生搭建一座“理论到实践、实践到理论”的思维桥梁，使学生能就新闻工作的党性原则和基本方针收集信息与资料，善用适当的理论知识，提出合理解决方案。

（3）素质层面。

形成专业意识：理解党性原则是社会主义新闻工作的根本原则，理解新闻工作要坚持为人民服务、为社会主义服务、为党和国家工作大局服务。

提高职业素养：通过案例，引入党的十九大精神和其他重要思政元素，拓展学生视野，让他们理解坚持以正面宣传为主的重要意义和基本要求，形成正确的马克思主义新闻观。

（二）案例讨论的准备工作

（1）学生需要预习《新闻学概论》课程中新闻工作的党性原则和基本方针的相关知识，对新闻工作的党性原则和基本方针有一个粗浅的认识。

（2）授课教师可事先了解班级是否有来自福建晋江的同学。如果有，可以请他（她）事先做个简单的PPT，案例分析前用5分钟时间给全班同学展示福建晋江的发展情况。如果班上没有福建晋江的学生，授课教师自己准备福建晋江的宣传片。

（三）案例分析要点

1. 启发思考题

（1）结合案例，分析新闻工作的党性原则和基本方针包括哪些。

（2）结合案例，如果你是一名记者，该如何在新闻工作中坚持“三贴近”？

（3）结合案例，如果你是一名记者，该如何理解坚持正面宣传的重要性和必要性？

2. 分析思路

三个思考题，是基于新闻学“新闻工作的党性原则和基本方针”知识点而提出的。

（1）结合案例，分析新闻工作的党性原则和基本方针包括哪些。

理论知识点：新闻工作必须遵守所属阶级或政党所规定的各项行为准则。新闻工作的基本方针就是要坚持为人民服务、为社会主义服务、为党和国家工作大局服务。

参考答案如下：

新闻工作的党性指的是新闻媒体和新闻工作者在从事新闻活动时所表现出来的阶级属性和政党立场。新闻工作的党性原则，即必须遵守所属阶级或政党所规定的各项行为准则。

为什么要对晋江做报道，如何在报道中体现新闻工作的党性原则？首先，我们在案例报道中可以发现这篇报道的时间是2018年。2018年是中国改革开放40周年，晋江是中国共产党实行改革开放成功的一个基层典型，对这样的典型进行报道符合新闻工作的党性原则。其次，党的十九大报告首次提出实施乡村振兴战略，晋江成功经验的背后，正是源于晋江人深入挖掘优秀乡村传统文化，留住乡愁，守护文化根脉。"一抹闽南红，留住了乡土向心力，延续着文化根脉，而这正是晋江城市发展过程中不可或缺的力量。"

正确的政治立场，就是工人阶级和广大人民群众的立场、党性原则的立场、国家利益和民族利益的立场，归结起来就是为了人民服务的根本立场。人民是历史的创造者，是决定党和国家前途命运的根本力量。必须坚持人民主体地位，坚持立党为公、执政为民，践行全心全意为人民服务的根本宗旨，把党的群众路线贯彻到治国理政的全部活动之中，把人民对美好生活的向往作为奋斗目标，依靠人民创造历史伟业。晋江的成功属于晋江的每一个人，《探寻"晋江经验"的文化密码》所要探寻的密码，正是为了挖掘和展现晋江人身上的这种"爱拼敢赢"的精神和乡愁文化，体现了"人民是历史的创造者，是决定党和国家前途命运的根本力量。"

（2）结合案例，如果你是一名记者，该如何在新闻工作中坚持"三贴近"？

理论知识点："三贴近"的核心和实质就是为人民服务、为社会主义服务、为党和国家工作的大局服务，永远同人民群众保持血肉联系。

参考答案如下：

"三贴近"是用中国特色社会主义理论体系指导新闻工作的必然要求。"三贴近"是新闻工作增强针对性、实效性和吸引力、感染力的根本途径。"三贴近"体现了辩证唯物主义和历史唯物主义的世界观和方法论，是党的新闻工作历史经验的总结，也是新形势下遵循和运用新闻规律的理论概括和实践提炼，更是发展壮大主流舆论极具现实针对性的有效方法和具体途径。

新闻工作贯彻"三贴近"的基本要求：一要深入实际、深入群众、深入生活；二要立足于基本国情；三要体现社会生活主流和本质；四要维护群众的根本利益；五要改进工作作风和文风。通俗说就是让采写的新闻报道贴近老百姓的生活实际，让他们爱看、看得懂。《探寻"晋江经验"的文化密码》中报道的几个对象，如晋江五店市传统街区的讲解员蔡梦思、掌中木偶演员蔡美娜、甘肃的创客范伟等都是晋江普普通通的市民，从他们的故事入手，借他们的眼与口，把晋江百姓的寻常生活与创业感受讲述出来，让看到报道的每一个读者切身体会到晋江成功的背后，是每一个市民的坚守与努力。

（3）结合案例，如果你是一名记者，该如何理解坚持正面宣传的重要性和必要性？

在前一题的基础上，引导学生理解坚持正面宣传的重要性和必要性。参考答案如下：

坚持以正面宣传为主的重要意义：正面宣传也称正面报道。以正面宣传为主的方针，是指新闻报道要及时准确地宣传党的路线、方针、政策，宣传改革开放和现代化建设的成就，实事求是地反映社会生活的主流，让人民群众用创造新生活的业绩教育自己，形成鼓舞人们前进的巨大精神力量。《探寻"晋江经验"的文化密码》正是这样一篇实事求是反映晋江改革发展成就的报道，用生动活泼的事例，展现了"爱拼才会赢，敢为天下先"的顽强拼搏精神，这是支撑晋江数以万计的企业和晋江人奋勇向前的初心与动力。

坚持以正面宣传为主的必要意义：坚持以正面宣传为主的根本目的，是指团结一切可以团结的力量，调动一切积极因素，化消极因素为积极因素，最大限度地动员和鼓舞人民群众投身于社会主义现代化建设中。为了达到这个目的，要求新闻工作弘扬主旋律，打好主动仗。对新闻报道的整体而言，决不能简单地理解为只说好的，也决不意味着不能暴露问题。正面宣传为主的本义和实质，就是要求新闻工作者真实地反映社会生活，实事求是地报道社会主义中国的真实面貌。坚持正面宣传为主，还应讲求宣传的艺术性。要将指导性和可读性有机结合起来，努力把增强精品意识和提高宣传质量结合起来。《探寻“晋江经验”的文化密码》注重了报道的可读性，首先，从大家熟悉的安踏品牌入手，以大家熟悉的“爱拼才会赢”开宗明义地点出了晋江的成功源于顽强拼搏的精神。其次，从晋江的传统文化保护深挖其成功背后的“文化传承”。最后，报道进一步引申，指出在创业环境、人文环境整体优化和进步的条件下，晋江才能留住人才，为新时期晋江发展提供了源源不断的创新动力。

（四）教学组织方式

建议用本案例完成“新闻工作的党性原则和基本方针”全部知识点的教学，不再安排教师讲授的时间。一般安排 2 个课时（80 分钟）。教学组织安排如表 4-5 所示。

表 4-5 案例的教学组织

学习阶段	学习内容	时间限制	学习目标
课前	要求学生分组，预习《新闻学概论》课程中新闻工作的党性原则和基本方针的相关知识，对新闻工作的党性原则和基本方针有一个粗浅的认识	提前两天	熟悉案例背景
课中	教师或学生用 PPT 展示福建晋江的发展情况	5 分钟	进一步熟悉案例背景
	分组讨论，并当堂完成案例分析报告	30 分钟	结合理论分析问题，小组案例分析报告作为一次平时成绩
	抽取四个小组进行发言	每组 5 分钟，控制在 20 分钟以内	结合理论分析问题，言之有物，条理清晰
	引导全班进一步讨论，并进行归纳总结，注意思政元素与新闻学理论的结合。引导学生如何在新闻工作中坚持“三贴近”	25 分钟	归纳用到的关键理论，并对各组表现做一个简单点评
课后	请学生继续关注当前社会上还有哪些正面宣传报道，如何理解这些正面宣传的重要性和必要性		增进记忆，巩固知识

（五）总结

以正面宣传为主，是由社会主义制度的先进性决定的。当前，我国正处于改革攻坚的关键阶段，既有难得的发展机遇，也面临着前所未有的困难和挑战。我们提供更好的媒体精神产品和服务，不断满足人民群众多样化的精神文化需求。随着改革深化，利益关系、意识形态的斗争也更趋复杂，处理好这些问题都需要新闻工作始终牢牢把握正确的舆论导向，化解矛盾，大力推进社会主义核心价值体系建设，营造团结、和谐、稳定的舆论氛围和社会条件。

参考文献

[1] 刘梦，高建进，胡其峰，刘坤．探寻“晋江经验”的文化密码［N］．光明日报，2018-07-12（01）．

[2]《新闻学概论》编写组．新闻学概论［M］．北京：高等教育出版社，2009.

[3] 本书编写组．习近平谈治国理政［M］．北京：外文出版社，2014.

[4] 习近平．决胜全面建成小康社会　夺取新时代中国特色社会主义伟大胜利——在中国共产党第十九次全国代表大会上的报告［N］．人民日报，2017-10-28（01）．

[5] 本书编写组．马克思主义基本原理概论［M］．北京：高等教育出版社，2018.

[6] 本书编写组．思想道德修养与法律基础［M］．北京：高等教育出版社，2018.

[7] 本书编写组．毛泽东思想和中国特色社会主义理论体系概论［M］．北京：高等教育出版社，2018.

建设壮美广西　谱写发展新篇①

一、案例正文

广西，是祖国南疆一块神奇而美丽的土地。这里区位优势得天独厚，沿海、沿江、沿边，是我国唯一与东盟国家陆海相邻的省份，也是“一带一路”有机衔接的重要门户。这里山清水秀生态美，气候宜人、碧海蓝天、空气清新，桂林山水甲天下，广西处处是桂林；这里民族团结一家亲，是我国少数民族人口最多的自治区，各族人民心手相牵、共兴共荣；这里具有光荣的革命传统，邓小平、张云逸、韦拔群等老一辈革命家领导百色起义和龙州起义，在中国革命历史上写下了光辉一页。

1958年，在党中央、国务院的亲切关怀下，广西壮族自治区成立，八桂大地从此开启壮美华章。60年来，特别是改革开放40年来，历届自治区党委、政府坚决贯彻落实党中央大政方针和重大决策部署，团结带领全区各族人民同心同德、砥砺奋进，创造了富民兴桂辉煌成就。

60年来，广西经济发展实现历史性跨越。从1958年至2017年，全区经济总量从24.52亿元增至2.04万亿元，翻9.70番；财政收入从4.66亿元增至2604.32亿元，年均增长11.30%。自治区成立之初，广西产业基础极为薄弱；现在，已经拥有食品、汽车、机械等10个千亿元产业，其中汽车年产量约250万辆，在全国占有重要一席。基础设施实现跨越发展，高铁、动车运营里程1771公里，通达区内12个市和周边所有省份，89%的县通了高速公路，沿海和内河港口年吞吐能力分别达2.50亿吨、1.10亿吨。

60年来，广西民族团结进步之花鲜艳盛开。历届自治区党委、政府始终把维护和促进民族团结作为重大政治责任来坚守，作为工作接力棒来传承，坚持和完善民族区域自治制度，一代接着一代努力，持续推进民族团结进步模范区建设。深入开展民族团结进步创建活动，加强各民族交往、交流、交融，加快少数民族聚居区经济社会发展，促进各民族像石榴籽一样紧紧抱在一起。“两个共同”“三个离不开”“五个认同”的思想和意识已深深扎根壮乡儿女心中，维护国家统一、维护民族团结、维护社会稳定成为各族人民的自觉行动。

60年来，广西改革开放不断谱写新篇。注重改革的系统性、整体性、协同性，大力推进供给侧结构性改革和放管服改革，北部湾经济区同城化、沿边金融综合改革等成效显著，农村金融改革“田东模式”成为全国先进典型。坚决贯彻党中央关于深化党和国家机构改革的重大部署，着力提升治理体系和治理能力现代化水平。积极融入“一带一路”建

① 鹿心社，陈武．建设壮美广西　谱写发展新篇［N］．人民日报，2018-12-07（18）．

设，连续成功承办 15 届中国—东盟博览会、中国—东盟商务与投资峰会，开创中国—马来西亚“两国双园”等国际合作新模式，经北部湾出海的国际陆海贸易新通道加快构建，“南向、北联、东融、西合”全方位开放发展新格局正逐步形成，广西在国家对外开放大局中的地位更加凸显。

60 年来，广西人民生活得到巨大改善。积极顺应人民群众对美好生活的向往，把增进人民福祉、促进人的全面发展作为一切工作的出发点和落脚点。举全区之力打赢、打好脱贫攻坚战，农村贫困人口从 1978 年的 2100 万人减少到 2017 年的 267 万人，贫困发生率降至 5.7%。完善公共服务体系，2017 年城镇和农村居民人均可支配收入分别达 30502 元和 11325 元，在幼有所育、学有所教、劳有所得、病有所医、老有所养、住有所居、弱有所扶上不断取得新进展，各族人民获得感、幸福感、安全感全面提升。

六十载沧桑巨变，一甲子春华秋实。昔日全国交通路网的“神经末梢”已成为大道通衢的区域性“国际枢纽”。从前默默无闻的边陲之地，华丽变身为世人瞩目的发展热土……今日的广西，经济健康发展，社会和谐稳定，民族团结和睦，边疆巩固安宁，生态环境良好，人民安居乐业，干部群众精神振奋，阔步前行在中国特色社会主义康庄大道上。

六十年波澜壮阔的发展历程让广西发生了脱胎换骨的历史性变化。此时此刻，全区各族人民和广大党员干部深切体会到，中国共产党的领导是一切事业发展的根本保证，民族团结是各族人民的生命线、幸福线！更加深切体会到，共产党好、社会主义好、改革开放好、伟大祖国好、民族团结好！更加深切体会到，只要坚持党的全面领导，牢固树立“四个意识”，坚定“四个自信”，坚决做到“两个维护”，坚持中国特色社会主义道路，坚持党的民族政策和民族区域自治制度，广西一定能够开创更加辉煌灿烂的明天。

春风浩荡满目新，不负韶光万里程。党的十八大以来，习近平总书记始终心系广西发展、情系壮乡人民，对广西赋予“三大定位”新使命、提出“五个扎实”新要求，为新时代广西发展指明了方向、提供了遵循。自治区党委、政府和全区各族人民一定牢记嘱托、感恩奋进，更加紧密地团结在以习近平同志为核心的党中央周围，把“三大定位”新使命和“五个扎实”新要求作为广西改革发展的主线，着力盘活开放发展这一盘棋，打好精准脱贫这一硬仗，落实协调发展这一要求，激活改革创新这一动力，发挥好生态环境这一优势，抓好党的建设这一根本保障，加快推动开放发展、创新发展、绿色发展、高质量发展，扎实推进富民兴桂事业，奋力谱写新时代广西发展新篇章，为实现伟大中国梦贡献广西力量！

二、案例的思政元素

本案例的思政元素主要是：

（一）培育热爱和振兴广西的情怀：建设壮美广西，共圆复兴梦想

广西壮族自治区成立 60 年之际，习近平总书记专门题写了“建设壮美广西，共圆复兴梦想”的贺匾，这是党中央和习近平总书记赋予广西壮族自治区人民的一份厚礼，是对广西的殷切期盼。建设壮美广西，共圆复兴梦想承载着以习近平同志为核心的党中央对广

西在新的历史起点上扬帆起航、再创辉煌的殷殷嘱托，凝结着全区各族群众对美好生活的热切期盼。紧紧围绕“三大定位”新使命，坚持把扩大开放作为发展的根本出路，着力打造“南向、北联、东融、西合”全方位开放发展新格局，在更大范围、更广领域、更深层次融入全国、走向东盟、拥抱世界。

广西是我国少数民族人口最多的自治区，1958 年广西壮族自治区成立，开启了壮美广西建设的新篇章，在党中央、国务院和自治区政府的领导下，广西各族人民团结一致、同心同德，取得辉煌成就。习近平总书记的题词“建设壮美广西 共圆复兴梦想”为广西未来发展指明了方向、描绘了蓝图，是 21 世纪引领广西建设壮美壮乡的前进号角，是给予广西共圆复兴梦的动员令，在深刻理解“建设壮美广西 共圆复兴梦想”的基础上，区党委和区政府提出了“六壮六美”重要观点，“六壮”，即让经济实力“壮”起来、民主法治“壮”起来、民族文化“壮”起来、民生保障“壮”起来、绿色发展“壮”起来、管党治党“壮”起来；“六美”，即发展质量“美”起来、民族团结“美”起来、精神文明“美”起来、人民生活“美”起来、生态环境“美”起来、政治生态“美”起来。深刻理解“壮”和“美”的关系，积极做好建设壮美广西的各项工作，共圆复兴梦想。

（二）坚定对外开放战略定力：发挥广西优势，提升对外开放水平

党的十九大提出，开放带来进步，封闭必然落后。中国开放的大门不会关闭，只会越开越大。要以“一带一路”建设为重点，坚持引进来和走出去并重，遵循共商、共建、共享原则，加强创新能力开放合作，形成陆海内外联动、东西双向互济的开放格局。优化区域开放布局，加大西部开放力度。赋予自由贸易试验区更大改革自主权，探索建设自由贸易港。创新对外投资方式，促进国际产能合作，形成面向全球的贸易、投融资、生产、服务网络，加快培育国际经济合作和竞争新优势①。

广西是我国唯一与东盟国家海陆相邻的省份，地理位置得天独厚，是与东盟各国交往、“一带一路”有机衔接的重要门户。随着“一带一路”建设的深入推进，广西大力推进中新互联互通南宁通道建设，推动开放型园区平台发展，经过多年的努力，北部湾经济区集聚了 4 个海关特殊监管区、4 个国家级经济技术开发区以及 CEPA（Closer Economic Partnership Arrangement）先行先试示范区、开发开放试验区等多个开放型园区。同时大力推动口岸开放和通关便利化，推动硕龙口岸、龙邦口岸和防城港口岸扩大开放，积极推动设立南宁铁路口岸。此外还大力推动企业“走出去”，着力推进中国—马来西亚“两国双园”、中国·印尼经贸合作区建设，务实推进文莱—广西经济走廊建设。在党中央的领导下，广西在经济上实现了历史性跨越发展，自治区成立 60 年全区经济总量实现翻倍增长，拥有 10 个千亿元产业，高铁、动车等基础设施也实现了跨越式发展；在国际交流合作上，广西积极融入“一带一路”建设，自 2004 年以来，连续成功承办 15 届“两会”，即中国—东盟博览会和中国—东盟商务与投资峰会，并开创中国—马来西亚“两国双园”等国际合作新模式，加快构建经北部湾出海的国际陆海贸易新通道，广西在国家对外开放大局中的地位日益凸显。

---

① 习近平．决胜全面建成小康社会 夺取新时代中国特色社会主义伟大胜利——在中国共产党第十九次全国代表大会上的报告［M］．北京：人民出版社，2017.

（三）坚持民族区域自治制度，促进民族团结进步

民族区域自治制度是指在国家统一领导下，在各少数民族聚居的地方实行区域自治，设立自治机关，行使自治权的制度。民族区域自治制度是我国的基本政治制度之一，是我国社会主义政治的重要组成部分。

60年来，在党的民族政策光辉照耀下，广西历届自治区党委、政府坚持少数民族区域自治制度，维护少数民族地区的民族团结、民族进步、各民族共同繁荣的重要政治工作，60年来通过一届又一届自治区党委、政府的努力，广西始终保持各个少数民族和谐共处、同舟共济、团结互助的良好关系，广西在推进各少数民族团结进步中起着示范作用。这是一个了不起的伟大成就，为我国民族团结进步事业提供了“广西经验”和生动经典的案例。在今后一个历史时期，要进一步铸牢中华民族共同体意识，引导各族人民牢固树立“汉族离不开少数民族，少数民族离不开汉族，各少数民族之间也互相离不开”的思想，不断增进各族群众对伟大祖国、中华民族、中华文化、中国共产党、中国特色社会主义的认同，有力促进各族儿女手足相亲、守望相助，共同团结奋斗、共同繁荣发展，进一步维护和巩固中华民族大家庭安定团结的和谐发展局面，使“三个离不开”思想扎根心底，“五个认同”意识融入血液，谱写新时代广西民族团结进步事业新篇章。

三、案例使用说明

（一）教学用途与教学目标

1. 教学用途

本案例为描述型案例，适用于本科《新闻学概论》中“新闻宣传”知识点的教学和培训。

2. 教学目标

（1）知识层面。

理解概念：我国新闻宣传的基本理念。

掌握理论：我国新闻宣传的方法和效果。

（2）能力层面。

系统思维能力：教师通过对理论的讲解，帮助学生系统了解新闻宣传的内涵、特点及作用，同时了解我国新闻宣传的基本理念，形成全面、系统、联系地分析问题、解决问题的思维能力。

判断实践能力：根据案例材料，设置两个由浅入深、由知识到能力的问题，通过解答问题，帮助学生搭建一座“理论到实践、实践到理论”的思维桥梁，使学生在理论层面深入了解我国新闻宣传的基本理念后，在今后的新闻工作中以能够发挥新闻宣传特点的方式进行新闻宣传工作。

（3）素质层面。

形成专业意识：了解新闻宣传的基本内涵、我国新闻宣传的理念、新闻宣传的基本方法，养成关注时事政治、关注新闻宣传报道的案例，在其他新闻宣传报道案例中自觉使用

新闻宣传理论进行分析，提高新闻宣传的意识。

提高职业素养：通过案例，引入党的十九大精神和其他重要思政元素，提高学生的政治素养，让他们理解我国新闻宣传对国家、民族、社会的重要性，增强学生的社会责任感，形成正确的新闻宣传观。

（二）案例讨论的准备工作

（1）学生需要预习《新闻学概论》课程中新闻宣传相关知识，对新闻宣传的内涵、特点、我国新闻宣传的理念、新闻宣传手法有基本的了解。

（2）授课教师课前先请五组同学了解广西壮族自治区的发展历程，从政治、经济、文化、社会等不同方面查找资料，案例分析前请每组同学用 5 分钟时间从不同的角度向全班同学展示广西壮族自治区 60 周年的发展变化。如果有少数民族的同学，请班上少数民族的同学单独成为一组，展示各自民族 60 年的发展变化。

（三）案例分析要点

1. 启发思考题

（1）结合案例，分析新闻宣传怎样才能取得良好的宣传效果。

（2）结合案例，如果你是广西某一家媒体的记者，融媒体时代你会如何宣传"广西壮族自治区成立 60 周年"的重大主题？

2. 分析思路

两个思考题是基于《新闻学概论》"新闻宣传"章节中的"新闻宣传方法"知识点而提出的。

新闻宣传不仅要考虑宣传的目的，更主要的是运用正确的新闻宣传方法进行宣传，才能达到良好的宣传效果。要达到新闻宣传的目的和效果，新闻媒体和新闻工作者就必须要牢记正确的新闻宣传意识，以马克思主义为指导、以中国特色社会主义实践为立足点、以党的路线方针政策为依据。新闻宣传要增强受众的意识观念，从人民群众的利益和需求出发组织新闻报道、进行新闻宣传；新闻宣传要讲求艺术、端正文风，兼顾新闻价值和宣传价值，善于用事实说话，善于从群众理解的角度说话。

（1）结合案例，分析新闻宣传怎样才能取得良好的宣传效果？

理论知识点：我国新闻宣传的基本理念和新闻宣传方法。

参考答案如下：

一是我国新闻宣传要牢记正确的新闻宣传意识，以马克思主义为指导、以中国特色社会主义实践为立足点、以党的路线方针政策为依据。新闻宣传的事实主要来源于中国特色社会主义的伟大实践，人民群众勤劳勇敢的劳动实践是新闻宣传工作取之不尽、用之不竭的素材。新闻宣传应当以党的路线方针政策为依据，对与党的路线方针政策相符合的事实应当进行积极的新闻宣传，以产生良好的示范作用和进行积极的舆论引导。自广西壮族自治区成立以来，历届自治区党委、政府坚持党中央的领导、坚持社会主义制度、坚持少数民族区域自治制度、积极贯彻落实党中央的方针政策，带领全区各少数民族砥砺奋进，建设壮美壮乡，宣传广西壮族自治区和自治区成立 60 周年主题活动能产生良好的示范作用，为少数民族地区民族团结、共同建设社会主义营造良好的舆论环境。

二是新闻宣传要增强受众意识观念，从人民群众的利益和需求出发组织新闻报道、进行新闻宣传。对我国新闻媒体和新闻工作者来说，人民群众是新闻信息的接收者和检验者，因此，在新闻宣传中必须树立牢固的人民群众意识，新闻宣传要做到“三贴近”，服务群众，坚决维护群众的利益，用人民群众喜闻乐见的方式进行新闻宣传，才能受到人民群众的欢迎和达到良好的宣传效果。案例中从广西经济发展、民族团结、社会文化生活、人民福祉建设等各方面介绍广西壮族自治区成立 60 年以来的巨大成就，这些都是人民群众迫切关心的问题，用事实和数据解答人民群众关心的问题，从人民群众角度和人民群众利益出发进行新闻宣传，达到良好的新闻宣传效果。

三是新闻宣传要兼顾新闻价值和宣传价值，最主要的是要讲求艺术、端正文风，兼顾新闻价值和宣传价值，善于用事实说话，善于从群众理解的角度说话。党和政府的重要会议、国家的重大节日活动等内容容易引起人民群众的关注，同时蕴含着大量的新闻信息，对这类新闻事件在宣传中应该尊重新闻规律，讲求新闻宣传的艺术性，鲜明、准确地进行新闻宣传。还要善于用事实说话，运用具体、生动的事例和典型来引导启发人民群众。案例中首先介绍广西壮族自治区区位优势得天独厚，以“桂林山水甲天下，广西处处是桂林”道出广西的美；其次介绍广西红色革命历史，比如邓小平、张云逸、韦拔群等老一辈革命家在百色起义等中国革命史上的重要作用，并以此为开篇道出广西壮族自治区在中国革命史上光辉的一页和历史的厚重感。同时在结尾阐释了习近平总书记对广西赋予的“三大定位”新使命、提出的“五个扎实”新要求，给予人民群众美好的希望和未来。此外，“广西壮族自治区成立 60 周年”的重大新闻主题，容易引起人民群众关注，具有较高的新闻价值，同时也具有较高的新闻宣传价值。案例在新闻价值基础上挖掘其新闻宣传价值，达到良好的新闻宣传效果。

（2）结合案例，如果你是广西某一家媒体的记者，融媒体时代你会如何宣传“广西壮族自治区成立 60 周年”的重大主题？

在前一题的基础上，引导学生了解新闻宣传的政策意识、受众意识和新闻宣传价值，掌握新闻宣传的方法，从而达到良好的新闻宣传效果。参考答案如下：

①大型主题策划：进行“广西壮族自治区成立 60 周年”大型主题报道活动。分别设置广西政策、广西影像、广西故事、广西热评、广西民族等不同板块，每个板块从政治、文化、经济方面介绍广西。

②融媒体联动：重视传统媒体与新媒体的联动，尤其重视发挥“两微一端”的联动作用，利用短视频的传播优势制作传播壮美广西的短视频。

③巧妙的宣传手法：利用 H5 技术制作相关的 H5 动画，比如广西少数民族服饰换装、广西最美城市等，使人民群众能够参与到新闻宣传中来。同时通过征集广西壮族自治区吉祥物、吉祥物名字等方式让人民群众在参与中达到良好的宣传效果。

④典型人物宣传：采访广西地区典型人物（比如来自广西且在全国有较大影响力的政治、经济、社会文化各界名人），通过典型人物的影响力来扩大新闻宣传的效果。

（四）教学组织方式

建议用本案例完成“新闻宣传”全部知识点的教学，不再安排教师讲授的时间。一般安排 2 个课时（80 分钟）。教学组织安排如表 4-6 所示。

表 4-6 案例的教学组织

学习阶段	学习内容	时间限制	学习目标
课前	要求学生分组，并预习课本知识，查阅相关资料，从政治、经济、社会、文化等各方面了解广西壮族自治区的历史	提前两天	熟悉案例背景
课中	教师或学生展示广西壮族自治区 60 年历史发展演变及成就	5 分钟	进一步熟悉案例背景
	分组讨论，并当堂完成案例分析报告	30 分钟	结合理论分析问题，小组案例分析报告作为一次平时成绩
	抽取三个小组进行发言	每组 5 分钟，控制在 20 分钟以内	结合理论分析问题，言之有物，条理清晰
	引导全班进一步讨论，并进行归纳总结，注意思政元素与新闻宣传理论的结合。引导学生学会运用新闻宣传的基本理念来进行新闻宣传	25 分钟	归纳用到的关键理论，并对各组表现做一个简单点评
课后	请学生继续关注广西壮族自治区成立 60 周年主题活动，并写一篇新闻宣传稿		运用课堂知识写新闻宣传稿

（五）总结

1958 年 3 月 15 日（从 1978 年起，广西壮族自治区成立纪念日变更为每年 12 月 11 日，至今沿用），在党中央亲切关怀和党的民族政策光辉照耀下，广西壮族自治区宣告成立，成为我国少数民族人口最多的自治区。60 年来，广西壮族自治区取得巨大成就，在经济发展方面广西经济发展实现了飞速发展，在民族团结方面各个少数民族团结一致共建壮美广西，在改革开放方面形成“南向、北联、东融、西合”的全方位开放发展新格局，在人民生活方面得到极大改善，举全区之力打赢、打好脱贫攻坚战。广西壮族自治区成立 60 年之际，习近平总书记赠予广西“建设壮美广西 共圆复兴梦想”题词的贺匾，表达以习近平同志为核心的党中央对广西未来的发展寄予了厚重的希望和嘱托，凝聚着广西壮族自治区人民群众对建设壮美广西和未来繁荣富裕生活的热切期盼。

参考文献

[1] 鹿心社，陈武. 建设壮美广西 谱写发展新篇［N］. 人民日报，2018-12-07（18）.

[2]《新闻学概论》编写组. 新闻学概论［M］. 北京：高等教育出版社，人民出版社，2009.

[3] 习近平. 决胜全面建成小康社会 夺取新时代中国特色社会主义伟大胜利——在中国共产党第十九次全国代表大会上的报告［M］. 北京：人民出版社，2017.

云南昭通“冰花男孩”事件[①]

一、案例正文

“冰花男孩”事件从舆论关注到舆论弱化过程中涉及的内容复杂，影响面广。以2018年1月8日“冰花男孩”网络走红为时间起点，以2018年1月23日舆情逐步弱化为时间终点，该案例信息从自媒体开始传播，该案例信息从自媒体开始传播，再到互联网、传统媒体大肆报道，在事件产生、发酵、升温、扩散中出现不同观点，网民观点中负能量声音频出、杂音多，这种情况一出现，主流媒体第一时间及时介入，主动设置议题并强有力地发声，并带动其他媒体一并发声，互相配合，成功引导网络舆论，让负面情绪消减甚至丧失。

（一）舆情传播概况

2018年1月8日，云南昭通鲁甸县新街镇转山包小学三年级学生王福满赶往距家4.5公里的学校参加期末考试。等他赶到教室时，风霜已将他的头发和眉毛打得雪白，他的“冰花”造型引来同学们的笑声。老师看着心疼，给他拍了一张照片，并传给了校长付恒。付恒将照片传到网上后，触动无数网友泪点，“冰花男孩”瞬间走红网络。这时，舆情传播范围仅限于微博、微信、百度贴吧等网络社区。

1月9日，各个媒体参与报道“冰花男孩”一事，《新京报》、澎湃新闻 、梨视频 、《新闻晨报》、《南方都市报》、《羊城晚报》、中国之声、头条新闻、《环球时报》、《扬子晚报》等媒体官微活跃度较高。相关舆情量在当晚22时达到峰值，有关“冰花男孩”的讨论热度仍在持续。当日11时13分，人民网云南频道介入舆论场，发布了一条消息，题为《云南昭通“冰花”男孩冒冰霜上学网友鼓励：努力读书改变命运》，主流媒体网站的关注让舆情不断升温。此时，舆情的传播范围开始由自媒体向网易、新浪、搜狐等门户网站以及传统媒体旗下的网站传播，范围开始扩大。

从1月10日开始，《新华每日电讯》《春城晚报》《成都商报》等传统纸媒跟进，央视等媒体派出记者实地采访。由于文字、图片、视频、音频等的集中播放给受众带来了较强的视觉冲击力和感官触动力，让“冰花男孩”事件升温。从1月10~20日，网络上以“冰花男孩”为关键词的新闻达700条之多，舆情呈“井喷式”扩散。

媒体观点方面，出现声音不一致、导向不明的状态。从调查数据看，媒体观点主要呈

① 天颂科技舆情监测系统. 2018年舆情引导案例冰花男孩事件［EB/OL］.［2018-11-19］. http：//www. tiansongdata. com/train/516. cn. html.

现在以下几个方面：呼吁全社会共同关爱留守儿童、建议加强教育扶贫、关注社会捐助“冰花男孩”的30万元善款该如何分配、认为应理性看待“冰花男孩”当“网红”、剖析“冰花男孩”事件背后透露出中国城乡发展不平衡等问题、关注“冰花男孩”的家庭背景、“冰花男孩”获外媒关注等话题。

网民观点更是意见不一，甚至出现负面情绪。据调查，网民观点主要集中在以下几个方面：为“冰花男孩”冒冰霜坚持上学的精神点赞、关心“冰花男孩”的生活现状和个人理想、质疑善款与爱心物资去向、反思“冰花男孩”现象折射出的留守儿童教育问题、质疑媒体借机炒作、关注社会救助体制等。

同时，“冰花男孩”的照片1月8日在网上一经发布即引发网民广泛关注后，共青团云南省委、云南省青少年发展基金会、团昭通市委等部门倡议社会为家庭经济困难的青少年、留守儿童送去关爱和温暖。1月10日，首批善款10万元抵达，“冰花男孩”获得补助500元，相关事件助推舆情进一步扩散升温并达到传播最高峰。从1月10日开始，由于网络舆论还处于集聚升温的状态，导致各种观点还处于一种混沌的形成阶段。此时，网络正舆情与负舆情必将会经历一段短暂的博弈，如果不适当引导就会出现反转，造成负舆情大于正舆情。

澎湃新闻网、中国新闻网、人民网等媒体关于“冰花男孩”一事的报道，传播次数较多。从报道内容上看，集中在“8岁男孩内心表达”“网友对他的鼓励”以及“帮助更多贫困儿童”几个方面。主流媒体设定议题传播的这一举动，有效引导了混乱的舆论生态，让负面声音弱化直至平息，让正面声音正向引导舆论。

（二）舆情走向问题

从“冰花造型”照片上传到网上的那一刻起，它就与多数人的信念、态度和意见实现了情感上的共鸣。有类似于“没有对比没有伤害，没有对比就不知道我们有多幸福”这样的正面舆情，同时也出现不少负面舆情，从1月10~23日，从网络检索的信息发现，“冰花男孩”事件发展到后期，网络上有不少的负面杂音。如“真让人伤心！事件报道出来了，才意识到要资助一下，下雪了才组团送福利！每年那么多的教育基金都去哪儿了！”网友的吐槽等负面舆论基本都在1月9日人民网刊发出消息之后，且这些舆情大多集中在微博、微信、百度贴吧的跟帖或者留言中，而且数量极少。可以看出，在网络时代，提升舆论引导能力关键要及早设置议程，把媒体的关注度和影响力潜移默化地渗透到公众的“舆情媒体议程”中十分必要。正是由于主流媒体网站人民网在事件发生的26小时后即发声，将受众关注的“冰花”造型、同学嬉笑、家庭境况等视觉形象的前因后果进行了真实的还原，才有效地过滤掉了如自嘲、戏谑、反讽等个性化的敏感表达，匡正了舆情走向。

在“冰花男孩”事件整个信息传播流程中，政府、公众、主流媒体始终处于一种相互配合、相互合作的状态，而这种无声的配合让负面舆情的集聚丧失了活跃期。

1月8日上午，“冰花男孩”照片被网友热议之后，当日下午，云南昭通市立即派人到学校和“冰花男孩”家中了解情况。1月9日，召开视频会要求保障学生、留守儿童温暖安全过冬。反应如此迅速，是各方所料不及的。

1月10日，云南省团省委、云南青基会、昭通团市委的工作人员为鲁甸县新街镇转山包小学及附近高寒山区学校送去了爱心捐款和补助。“冰花男孩”的父亲也在1月15日收到了捐助。而此时，媒体也第一时间将爱心捐款的数量、对象发布到网上，让舆论的焦点从“冰花男孩”身上转移到爱心人士身上，让舆论跟着主流媒体设置的议程往前推移。

在“冰花男孩”事件中，由于地方政府、社会公众和大众媒体在传播网络正能量事件的过程中实现了相融相通，使其他媒体在报道事件来龙去脉的过程中尽可能地保持与团体中其他大多数人的想法相协调，于是主流媒体的话语权便得到了强化，并“将其意义传播于社会之中，以此确立其社会地位并为其他团体所认识”。

（三）负面舆论的消亡

“冰花男孩”一时间成为了社会各界关注的焦点，大批爱心人士纷纷捐款、捐物，云南省相关机构已倡议启动“青春暖冬行动”，有关部门及时采取了措施，对特困留守儿童进行了资助与关怀，并给大部分学校配备了暖炉。从为正能量点赞到款物的筹集、解决王福满父亲的工作问题到政府的全面扶助等，都体现了政府、社会的力量与满满的爱心。

然而一时的捐赠顾不了以后的人生路途，事后的反应再迅疾，也比不上事前的未雨绸缪。王福满是许多高寒贫困地区求学孩子的写照，还有千千万万个如他一样的孩子每天奔波在崎岖的山路上求学，如四川大凉山的天梯上学之路、云南飞索过怒江求学等，这些令人震惊的求学事件背后凸显了一些偏远贫困地区在基础教育硬件建设方面存在一定的短板。读书如同阳光雨露，是让这些生活在艰苦地区的孩子摆脱生来就不平等状况的最好途径，因此，只有平常考虑到了各项问题，做好贫困帮扶与教育扶贫工作，才能在寒冬下为孩子们撑起保护伞。

总之，从“冰花男孩”事件萌发、升温、扩散，主流媒体始终坚持正确的舆论导向。随着舆情聚焦点的变化，主流媒体在纸媒、电视荧屏上旗帜鲜明地提出观点性的话语，构建着一种正向的价值判断与情感表达，并将其发布到“两微一端”上，动员广大网友跟帖发言，为网上、网下舆情提供公开的“辩论市场”，疏解负面舆情，让舆论形成的过程变成舆论表达的过程。

二、案例的思政元素

本案例的思政元素主要是：

（一）正确认识新时代我国社会主要矛盾的变化

1981 年，十一届六中全会通过的《关于建国以来党的若干历史问题的决议》明确指出：“在社会主义改造基本完成以后，我国所要解决的主要矛盾，是人民日益增长的物质文化需要同落后的社会生产之间的矛盾。”这一表述正确地认识和把握了改革开放新时期我国社会的主要矛盾，成为我们长期以来一贯的表述，从党的十三大报告到党的十八大报告都是如此。从那时起，我们党和国家的一切工作和任务都是为了集中解决这一社会主要矛盾。这也是改革开放后我国取得巨大成就的重要原因。

党的十九大报告指出：“经过长期努力，中国特色社会主义进入了新时代，这是我国发展新的历史方位。”“我国社会主要矛盾已经转化为人民日益增长的美好生活需要和不平衡不充分的发展之间的矛盾。”这是自 1981 年以来，有关我国社会主要矛盾表述的首次改变。对社会主要矛盾作出新判断是中国特色社会主义发展到一定阶段的深刻总结，是党的十九大的重大理论创新和历史贡献。这一重大判断，不仅为新时代的经济建设、政治建设、文化建设、社会建设和生态文明建设指明了新的发展方向，而且为实施新时代"两步走"战略提供了决策依据和理论支撑。

新时代的发展不平衡，主要表现在城乡区域发展不平衡、居民生活水平不平衡、基本公共服务提供不平衡上。新时代的发展不充分既表现为发展总体水平的不充分，也表现为以发展不平衡表现出来的部分地区、行业的发展不充分，还表现为发展质量不高、效益不好的发展不充分。

此案例体现出我国义务教育发展不平衡。教育资源，尤其是优质义务教育资源，在城乡之间、地区之间、学校之间还不够均衡，父母让孩子上好学的强烈愿望与教育发展不平衡、好学校供给不充分的矛盾，使受教育的美好愿望异化成"不能输在起跑线上"的焦虑，从而引发一系列社会问题。

（二）充分认识全面落实教育扶贫政策的重要性

《中共中央　国务院关于打赢脱贫攻坚战三年行动的指导意见》明确提出，要着力实施教育脱贫攻坚行动。以保障义务教育为核心，全面落实教育扶贫政策，全面推进贫困地区义务教育薄弱学校的改造工作，重点加强乡镇寄宿制学校和乡村小规模学校建设，确保所有义务教育学校达到基本办学条件。实施好农村义务教育学生营养改善计划。在贫困地区优先实施教育信息化2.0行动计划，加强学校网络教学环境建设，共享优质教育资源。健全覆盖各级各类教育的资助政策体系，使学生资助政策实现应助、尽助。

2018年12月28日，教育部举行新闻发布会介绍教育脱贫攻坚工作进展，教育部有关负责人介绍了教育部脱贫攻坚工作的进展和具体举措。一是建立健全教育扶贫制度体系。以教育扶贫工程为引领，先后制定出台了《教育部等七部门关于实施教育扶贫工程的意见》《国家贫困地区儿童发展规划（2014—2020年）》《教育脱贫攻坚"十三五"规划》《深度贫困地区教育脱贫攻坚实施方案（2018—2020年）》等政策性文件，明确了打赢教育脱贫攻坚战路线图和时间表。制定学前教育、义务教育、职业教育、普通高中教育、民族教育等各领域涉及教育扶贫的政策文件，各地教育部门也出台了本区域教育扶贫五年规划、行动计划，共同组成了与国家脱贫攻坚战略部署相衔接、与地方脱贫攻坚落实举措相协调的教育扶贫制度框架。二是深入实施教育扶贫重大工程项目。连续实施了三期学前教育行动计划，全国学前三年毛入园率达79.6%。全面改善贫困地区农村义务教育薄弱学校的基本办学条件，832个贫困县已基本完成建设任务。实施农村义务教育学生营养改善计划，覆盖所有国家级贫困县，让3700万名农村学生吃上免费营养餐，营养健康状况得到显著改善，身体素质明显提升。三是着力推动精准到人的学生资助体系。对家庭经济困难儿童、孤儿和残疾儿童学前教育予以资助，义务教育实施"两免一补"政策，普通高中率先免除建档立卡等家庭经济困难学生学杂费，中等职业教育对所有农村学生、城市涉农专业学生和家庭经济困难学生免除学费，高中阶段教育设立国家助学金，高等教育实施国家奖助学金、国家助学贷款、学费补偿贷款、代偿、勤工助学等多种资助方式，学生资助政策实现了"三个全覆盖"，即从学前教育到研究生教育所有学段全覆盖，公办民办学校全覆盖，家庭经济困难学生全覆盖，特别是在高等教育阶段，实现了家庭经济困难学生入学前、入学时和入学后“三不愁”。四是推动落实教育扶贫倾斜政策。持续实施定向招生专项计划，从2012年起所有“211工程”高校和中央部属高校安排专门计划，面向贫困县累计招生37万人，2018年专项计划共录取农村和贫困地区学生10.38万人。持续推进订单定向医学生免费培养工作，2018年为中西部乡镇卫生院安排订单定向免费五年制本科医学生培养计划6483人。支持贫困地区少数民族优秀人才培养，2018年下达少数民族高层次骨干人才培养计划等各类内地民族班招生计划共计8万余名。实施职业教育东西协作行动，学历教育和技能培训双管齐下，帮助建档立卡贫困人口实现就业脱贫，2017年跨省招生30余万人。

（三）党的新闻舆论工作要坚持党性和人民性相统一

2016年2月19日，习近平总书记在党的新闻舆论工作座谈会上发表重要讲话，强调党的新闻舆论媒体的所有工作都要坚持党性和人民性相统一。他指出：“党性和人民性从来都是一致的、统一的”“从本质上说，坚持党性就是坚持人民性，坚持人民性就是坚持党性，党性寓于人民性之中，没有脱离人民性的党性，也没有脱离党性的人民性。”

党性和人民性的一致性、统一性根源于党和人民的内在统一关系。我们党来自于人民，植根于人民，服务于人民，与人民群众同呼吸、共命运、心连心，形成休戚与共的命运共同体、血肉共同体和精神共同体。在党的新闻舆论工作中坚持党性和人民性相统一，首先就要坚持正确政治方向与坚持以人民为中心的工作导向相统一。坚持正确政治方向，是坚持党性原则的鲜明体现。我们党的性质宗旨决定了其指引的政治方向从来就是与实现好、维护好、发展好最广大人民根本利益的目的导向高度一致的，是与坚持人民主体地位的政治要求高度一致的，因而也是与以人民为中心的工作导向高度一致的。

党的新闻舆论工作必须把政治方向摆在第一位，自觉承担起高举旗帜、引领导向，围绕中心、服务大局，团结人民、鼓舞士气，成风化人、凝心聚力，澄清谬误、明辨是非，连接中外、沟通世界的职责和使命。要坚持政治家办报，增强政治定力，增强看齐意识，自觉在思想上、政治上、行动上同党中央保持高度一致，做到爱党、护党、为党，牢牢坚持党性原则，牢牢坚持马克思主义新闻观，牢牢坚持正确舆论导向，牢牢坚持以正面宣传为主。

在坚持正确政治方向的同时，也要把坚持以人民为中心的工作导向突显出来。要克服宣传报道脱离生活、不接地气、同群众贴得不够紧的问题，在贴近实际、贴近生活、贴近群众中开创新闻舆论工作新局面。自觉到最困难的地方去，到群众意见多的地方去，到工作推不开的地方去，开展“走转改”活动，既加强面的广泛覆盖、线的分类指导，又注意把工作做到点上，赋予新闻舆论工作新的生机活力。树立以人民为中心的工作导向，不是一味地迎合部分受众，而是要把最大多数群众是否赞成、是否受益作为开展新闻舆论工作的重要依据，坚持把服务群众同引导教育群众结合起来，把满足需求同提高素养结合起来，把经济效益同社会效益结合起来，使新闻舆论工作能够正确反映和兼顾不同地区、不同行业、不同阶层、不同群体的利益。

“冰花男孩事件”从产生到发酵到爆发，整个过程中，主流媒体都起到了较好的舆论引导作用。没有让网民舆论的情绪无限扩大，而是将舆论关注点定位在党的工作大局的初衷上，积极引导舆论，最终促成问题的解决，体现了党性和人民性的相统一。

三、案例使用说明

（一）教学用途与教学目标

1. 教学用途

本案例为综合型案例，适用于本科生《新闻学概论》中第七章“新闻舆论导向”知识点的教学和培训。

2. 教学目标

（1）知识层面。

理解概念：新闻舆论的内涵和特征、新闻舆论产生的条件和形成过程。

掌握理论：新闻媒体如何坚持正确的舆论导向、提高舆论引导能力。

（2）能力层面。

系统思维能力：教师通过对理论的讲解，帮助学生系统了解新闻舆论的内涵和特征，形成全面、系统、联系地分析问题、解决问题的思维能力。

判断实践能力：根据案例材料设置的问题能够帮助学生搭建一座“理论到实践、实践到理论”的思维桥梁，使学生能就新闻舆论导向、提高舆论引导能力等问题进行理论与实践的思考，并能针对舆情热点事件、突发事件形成基本准确的判断，面对类似事件的发生，能有一定的实践能力。

（3）素质层面。

形成专业意识：理解新闻舆论导向的重要性，理解党的十九大报告精髓、习近平新闻舆论思想、党的新闻宣传思想等；养成关注时事政治、经济环境、舆情案例的学习习惯。

提高职业素养：通过案例，引入党的十九大精神、习近平新闻舆论思想、党的新闻宣传思想等重要思政元素，让学生结合案例深入理解和消化这些重要的思想和精神，并能形成正确的新闻导向意识与职业敏感力。

（二）案例讨论的准备工作

（1）学生需要预习《新闻学概论》课程中“新闻舆论导向”的相关知识，对正确的新闻舆论导向、正确提升新闻舆论引导能力有一个基本的认识。

（2）授课教师可事先让同学去了解案例的来龙去脉，案例分析前用5分钟时间给全班同学展示案例事件内容。引发学生思考，之后引出案例的舆情分析。

（三）案例分析要点

1. 启发思考题

（1）通过“冰花男孩”舆情事件理解主流媒体的新闻舆论内涵和特征。

（2）结合案例思考新闻舆论导向各要素，研判新闻舆论引导思路。

2. 分析思路

两个思考题，是基于新闻学概论“新闻舆论导向”的知识点提出来的。

（1）通过“冰花男孩”舆情事件理解主流媒体的新闻舆论内涵和特征。

理论知识点：新闻舆论引导的内涵与特征、新闻舆论产生的条件和形成过程。

引导学生分析该案例，参考答案如下：

新闻舆论的内涵和特征。新闻舆论通过新闻手段来反映和表达公众意见，是一种特定的舆论存在形态和表现形式。新闻舆论包含三个基本要素：

一是公众——新闻舆论的主体。在我国，工人、农民、知识分子和其他爱国者、劳动者作为社会的基本成员，是新闻舆论的主体部分。一切享有政治权利的公民都可以对国家事务、社会事务发表意见。“冰花男孩”事件中，网民作为公众对这个热点事件进行评论，自由发表意见。网民也是享有政治权利的公民，他们有权利对国家事务、社会事务发表意见。因此，网民作为公众、新闻舆论的主体，他们对事件的评论会迅速形成一股舆论洪流。

二是最新事态——新闻舆论的客体。公众对最新事态的关注和议论，既是新闻舆论的一个基本特征，也是构成新闻舆论的一个基本要素。“冰花男孩”事件即是最新事态，虽然最初是以个人意愿发表在自媒体上，舆情的传播仅限于微信、微博、百度贴吧等网络社区，范围较小，后来媒体纷纷报道跟上，之后主流媒体介入引导舆论。从自发阶段到有意识报道、引导，这个过程只经历了不到三天时间，发展得非常快。“冰花男孩”事件首先是一个事实，遂引发网民热议与媒体关注，引起了党和政府的高度重视以及全国人民和世界各国的普遍关注，成为新闻媒体报道的热点，形成新闻舆论。“冰花男孩”诱发了新闻舆论，成为一个社会事件。

三是媒体表达——新闻舆论的表现形式。新闻舆论须借助新闻媒体的公开传播才能够形成并发挥作用，因此，媒体表达是其基本表现形式。党和政府代表人民的根本利益，领导新闻媒体实施舆论引导，坚持正确的舆论导向。

2018 年 1 月 8 日，“冰花男孩”瞬间走红网络。1 月 9 日，各媒体纷纷报道此事，对“冰花男孩”一事，《新京报》、澎湃新闻 、梨视频 、新闻晨报、《南方都市报》、《羊城晚报》、中国之声、头条新闻、《环球时报》、《扬子晚报》等媒体官微活跃度较高。相关舆情量在当晚 22 时达到峰值，有关“冰花男孩”的讨论热度仍在持续。1 月 9 日 11 时 13 分，人民网云南频道介入舆论场，发布了一条消息，题为《云南昭通“冰花”男孩冒冰霜上学网友鼓励：努力读书改变命运》，主流媒体网站的关注让舆情不断升温。此时，舆情的传播范围开始由自媒体向网易、新浪、搜狐等门户网站以及传统媒体旗下的网站传播，范围开始扩大。

新闻舆论具有现实性、导向性和影响力三个基本特征。“冰花男孩”事件中，主流媒体做了以下重要的工作。一是掌握话语权：强化正面舆论；二是构建情感框架：强化社会行动的合法性；三是让负面舆论的消亡最终止于问题的解决。

（2）结合案例思考新闻舆论导向各要素，研判新闻舆论引导思路。

理论知识点：新闻媒体如何坚持正确的舆论导向、提高舆论引导能力。

参考答案如下：

一是政治导向是新闻舆论导向的核心。在新闻舆论引导过程中，要大力宣传党的理论、方针、政策与实践经验，大力弘扬主旋律，传播社会主义核心价值观。

1 月 9 日，人民网云南频道发布题为《云南昭通“冰花”男孩冒冰霜上学网友鼓励：

努力读书改变命运》的消息，这时，主流媒体进入网络舆论场，开始正向引导舆论。

1月10日，澎湃新闻网、中国新闻网、人民网等主流媒体关于“冰花男孩”一事的报道，从报道内容看，集中在“8岁男孩内心表达”“网友对他的鼓励”以及“帮助更多贫困儿童”几个方面。主流媒体设定议题传播的这一举动，有效引导了混乱的舆论生态，让负面声音弱化直至平息，让正面声音正向引导舆论。

二是做好重大主题宣传。善于把党和政府的路线、方针、政策转化为具体的新闻媒体报道；善于策划重大主题宣传，整合新闻媒体资源，充分发挥各种新闻媒体的优势，运用媒体联动的方式、形成新闻报道的合力；善于运用新闻报道的各种表现方法和形式；合理采用各种报道方式。

该案例中，主流媒体间相互融合，新闻媒体资源相互整合、联动，各种新闻媒体优势突出，形成新闻报道合力，主题宣传引导力增强。从1月9日11时到1月10日传统纸媒报道之前，人民网、新华网、凤凰网、中国经济网、新浪网、腾讯网、东方网等知名媒体或网站的传播，使“冰花男孩”事件的舆情开始蔓延。从1月10日开始，《新华每日电讯》《春城晚报》《成都商报》等传统纸媒跟进，央视等媒体派出记者实地采访。由于文字、图片、视频、音频等的集中播放给受众带来了较强的视觉冲击力和感官触动力，让“冰花男孩”事件迅速升温。澎湃新闻网、中国新闻网、人民网等主流媒体关于“冰花男孩”一事的报道传播次数较多。从报道内容看，集中在“8岁男孩内心表达”“网友对他的鼓励”以及“帮助更多贫困儿童”几个方面。主流媒体设定议题传播的这一举动，有效引导了混乱的舆论生态，让负面声音弱化直至平息，让正面声音正向引导舆论。

三是积极引导社会舆论，包括网上舆论。坚持把体现党的主张和反映人民心声统一起来；把坚持正确导向和通达社情民意统一起来；把坚持正面宣传为主和加强改进舆论监督统一起来。在网络时代，提升舆论引导能力关键要及早设置议程，把媒体的关注度和影响力潜移默化地渗透到公众的“舆情媒体议程”中十分必要。

正是由于主流媒体网站人民网在事件发生的26小时后立即发声，将受众关注的“冰花”造型、同学嬉笑、家庭境况等视觉形象的前因后果进行了真实的还原，才有效地过滤掉了如自嘲、戏谑、反讽等个性化的敏感表达，匡正了舆情走向。在“冰花男孩”事件整个信息传播流程中，政府、公众、主流媒体始终处于一种相互配合、相互合作的状态，而这种无声的配合让负面舆情的集聚丧失了活跃期。

(四) 教学组织方式

建议用本案例完成“新闻舆论导向”全部知识点的教学，不再安排教师讲授的时间。一般安排2个课时（80分钟）。教学组织安排如表4-7所示。

表4-7 案例的教学组织

学习阶段	学习内容	时间限制	学习目标
课前	要求学生分组，并预习课本知识，查阅相关资料，了解舆论引导的相关知识点，了解“冰花男孩”事件始末（提前按学生班级人数科学分为五组）	提前两天	熟悉案例背景

续表

学习阶段	学习内容	时间限制	学习目标
课中	教师系统展示冰花男孩事件的始末情况 PPT	5 分钟	进一步熟悉案例背景
	教师教授舆情分析的要素与方法，进一步厘清事件舆情脉络	15 分钟	结合理论分析问题，小组案例分析报告作为一次平时成绩
	小组讨论，挖掘案例中的舆论引导的要点与其受到的启示	15 分钟	
	各小组发言	每组 5 分钟，控制在 25 分钟以内	结合理论分析问题，言之有物，条理清晰地呈现小组看到的案例要点
	教师引导全班进一步讨论，并进行归纳总结，注意思政元素与新闻学理论的结合。引导学生学会运用新闻舆论导向的理论知识解决现实问题	20 分钟	教师归纳用到的关键理论，并对各组表现做一个简单点评。最终总引出思政几个结合点去深化媒体舆论引导的党性原则与觉悟
课后	让学生课后自己找一个热点事件或公共突发事件用老师教的方法展开资料收集与要素分析，并上交一份有质量的课后作业。教师在作业上点评		增进记忆，巩固知识。学以致用，强化应用性

（五）总结

新闻舆论形成的过程一般要经历三个阶段：一是酝酿阶段。当新闻事件引起公众的普遍关注并引发不同意见，这些意见需要运用新闻媒体展开讨论的时候，新闻舆论就孕育而生了。二是形成阶段。经过思想交流、酝酿讨论形成的意见，通过新闻媒体传播后，形成了新闻舆论。在我国，依据党、政府和公众的意志、愿望形成的共同意见通过新闻媒体得到反映和表达，这标志着居于主流地位的新闻舆论形成了。三是产生效应阶段。新闻舆论一旦形成，通过新闻媒体及时、充分、广泛的传播，就可以被更加广泛的公众所了解，并对其思想和行为产生一定的影响。因此，新闻舆论一经形成和传播，就会产生巨大的引领力量。从“冰花男孩”事件产生、发酵、升温、扩散，主流媒体始终坚持正确的舆论导向。随着舆情聚焦点的变化，主流媒体在纸媒、电视荧屏上旗帜鲜明地提出观点性的话语，构建着一种正向的价值判断与情感表达，并将其发布到“两微一端”上，动员广大网友跟帖发言，为网上、网下舆情提供公开的“辩论市场”，疏解负面舆情，让舆论形成的过程变成舆论表达的过程。

参考文献

[1] 天颂科技舆情监测系统.2018 年舆情引导案例冰花男孩事件［EB/OL］.［2018-11-19］.http：//www. tiansongdata. com/train/516-cn. html.

[2] 习近平.决胜全面建成小康社会　夺取新时代中国特色社会主义伟大胜利——在中国共产党第十九次全国代表大会上的报告［M］. 北京：人民出版社，2017.

[3] 新华通讯社课题组.习近平新闻舆论思想要论［M］.北京：新华出版，2017.

广西稀土违规开发造成环境污染事件

案例背景：

截至2018年6月30日，中央督察组接到群众涉及广西稀土行业的环境污染投诉达35件，除去部分投诉没有描述具体企业外，针对中铝广西有色稀土开发有限公司（以下简称广西稀土公司）的投诉达24件，其中梧州5件、贺州7件、玉林12件。群众投诉举报的内容中，污染水源、污染农田、水土流失、破坏生态环境、塌方事故等关键词成为高频词。

7月2日，澎湃新闻发文《环保督察发现中铝广西稀土多家子公司污染水源，还涉越界开采》报道了广西崇左、岑溪与贺州等地的违规开采稀土造成环境污染的现状。

随后，央视《新闻30分》《朝闻天下》等新闻栏目对广西稀土违规开采事件进行了系列报道。

当天下午，中铝集团责成广西稀土就环保问题全面排查整改并追责。

一、案例正文

（一）环保督察发现中铝广西稀土多家子公司污染水源，还涉越界开采①

正值中国铝业集团有限公司（以下简称中铝集团）旗下中国稀有稀土股份有限公司（以下简称中国稀土公司）拟A股IPO的关键时期，中央第五环境保护督察组在广西督察时发现其多家下属公司因存在环境污染问题，遭到所在地群众多次举报。在群众投诉举报的内容中，污染水源、污染农田、水土流失、破坏生态环境、塌方事故等关键词成为高频词。

广西稀土公司是中国稀土公司下属6家实体企业之一，被明确为广西稀土资源整合的唯一平台，其先后在广西贺州、梧州、崇左和玉林等稀土资源富集地市设立了子公司，全面掌控广西稀土资源布局。

督察组下沉督察期间已赴现场对相关举报问题进行了核查，发现广西稀土公司多家分公司存在烟气直排、污染水源、破坏生态以及越界回收等问题。目前，广西崇左、梧州、贺州等地相关部门已展开调查。

稀土是不可再生的重要战略资源，属国家限制开采矿种。

---

① 刁凡超. 环保督察发现中铝广西稀土多家子公司污染水源，还涉越界开采［EB/OL］. 澎湃新闻网.［2018-07-02］. https：//baijiahao. baidu. com/s? id=1604839142768746366&wfr=spider&for=pc.

广西是我国稀土资源保护最好、开发最晚的稀土资源富集省区之一。2011 年，国务院发布《关于促进稀土行业持续健康发展的若干意见》（以下简称《若干意见》）对稀土资源实施更为严格的保护性开采政策和生态环境保护标准。此后，广西区委区政府与中铝集团合作，广西稀土公司被明确为广西稀土资源整合的唯一平台。

但这次督察发现，作为大型国有企业，广西稀土公司的环境表现令人失望。

6 月 28 日，澎湃新闻记者与中央环保督察人员一行驱车驶过碳酸稀土的煅烧车间，三名身着蓝色工服的人员警觉起来。督察人员来到煅烧车间时，地上包裹着的氧化稀土还未收拾，3 座焙烧窑还冒着余温（见图 4-1）。“煅烧时烟气通过窑的顶部直排，没有任何烟气处理措施。”督察人员说。

图 4-1　崇左稀土公司焙烧窑内部（澎湃新闻记者 刁凡超）

往山上走，大片固废以及盛装过物料的编织袋在树丛中随意堆放。督察人员询问一位在山上务农的村民，“山上的雨水往哪里流？”

“往屯峒村方向，”村民指着山下溪水汇入的地方说，企业对山体注液浸析的生产方法对水质及农田有影响，导致部分树木和农作物死亡。他表示，自家 10 多亩地，公司以每年 2000 元的标准进行了赔偿。

督察人员在采矿区下游黑水河支流屯峒溪取水样进行检测，检测结果显示氨氮超标 24. 5 倍。“用硫酸铵溶液原地浸矿+碳酸氢铵沉淀稀土工艺，氨氮污染非常严重。”督察人员一边看一边叹气。

很快，崇左市、江州区相关部门负责人及企业负责人赶来。崇左稀土公司生产副总经理王朝鹏承认，“这种土窑肯定是最落后的工艺，现在离子稀土矿已有隧道窑、回转窑，效率越来越高了”。

“六汤矿山的价值就在于保留这本（稀土采矿）证而已。”王朝鹏说，该公司在六汤矿山有稀土采矿证，这也是中国稀土公司在广西持有的唯一一张稀土采矿证。稀土开采采用原地浸矿工艺，收集碳酸稀土，再通过焙烧形成氧化稀土。

原地浸矿工艺，简单的理解就是在山体打洞，首先从表层土以下开始不断灌注硫酸铵，其次把其与离子稀土转化形成的稀土络合物溶液导引出来，最后添加碳酸氢铵生成碳酸稀土后回收。

王朝鹏表示，这种焙烧土窑早就应该淘汰。六汤矿山系 1989 年的老矿山，企业原设计氧化稀土产能每年 1000 吨，2015 年实现约 730 吨的最大产量，此后一直下滑，2017 年产量仅 100 多吨。

督察人员向澎湃新闻表示，原地浸矿工艺在采矿时把大量硫酸铵留在山上，之后在雨水的作用下污染地表水和地下水环境，进而造成整个流域长时间的氨氮污染。

（二）岑溪：稀土开采处塌方、污染水质

稀土开采采用原地浸矿工艺，由于过程中土层不断被浸泡，容易松动。

在雨水的作用下，当土层含水量趋于饱和时极易发生滑坡或塌方。

2018 年 2 月底，中铝广西岑溪稀土开发有限公司（广西稀土公司的控股子公司，以下简称岑溪稀土公司）位于岑溪市三堡镇孔龙村大化冲的稀土原地浸矿注液区就发生了局部塌方。

6 月 19 日，在岑溪市三堡镇孔龙村大化冲的稀土原地浸矿注液区，一大块迷彩伪装网如同一块遮羞布覆盖在塌方的红褐色山体上。土是松的，周边的树丛已经倒伏枯死。

向塌方位置望去，一根根插在土层里的白色细管裸露出来——这是稀土开采时原地浸析工艺的标志，即硫酸铵通过这些深入土层的白色细管灌注。

6 月 7 日，正进驻广西开展督察“回头看”工作的中央第五环保督察组接到群众电话举报，称岑溪有人承包村里的山林开采稀土矿，破坏当地经济林，使用的化学物品污染到村里的饮用水源。

该投诉举报件转交地方后，6 月 15 日，梧州上报查处情况，称群众举报不属实。

地方政府公布的材料里写道，三堡镇蒙冲稀土回收项目属于第二期岑溪市花岗岩矿区伴生稀土综合回收利用项目，2016 年 2 月经广西壮族自治区国土资源厅审批后，由岑溪稀土公司负责回收。

“回收项目所用硫铵、碳铵均为稀土行业通用原料。岑溪市环境监测站对供应孔龙村三、四、五组居民在用饮用水井采取 7 个点水样进行监测，监测结果显示，稀土行业特征污染物氨氮浓度在孔龙村饮用水样中未见异常，初步排除中铝回收点污染孔龙村饮用水的可能。”材料中写道。

6 月 19 日，几名督察人员在下沉督察期间赶赴现场，重新对群众举报的情况进行核查，在岑溪稀土公司位于岑溪市三堡镇孔龙村大化冲的稀土原地浸矿注液区，发现了前述塌方情况。

经岑溪市林业局调查，塌方林地面积 6.15 亩，山体塌方覆盖的水塘、山地和农田面积约 24.44 亩。

而孔龙村三组部分村民饮用的大化冲山泉水，也因稀土回收遭到了污染。

岑溪市三堡镇孔龙村一名村干部在接受督察人员询问时说，孔龙村八个组都是饮用山泉水，其中三组部分村民的山泉水饮用水源位于岑溪稀土公司的矿区，受到污染不能继续饮用。岑溪稀土公司随后从别的山上引来新的山泉水，目前已基本完工。

但在督察组进驻之前，企业及当地有关部门并未公开披露上述信息。

（三）岑溪和贺州稀土公司涉嫌越界回收

根据广西区政府、广西国土厅的批复文件，广西稀土公司在梧州、岑溪、贺州、玉林等地对当地因修建高铁、高速公路、物流园区等发现的稀土资源进行综合回收利用（抢救性开采）。

6 月 19 日，现场查看岑溪稀土公司采矿区塌方处后，督察组通过转办单的形式要求广西壮族自治区对该公司涉嫌非法开采稀土案件进行调查，并对已造成的生态破坏与环境污染进行初步评估，初步认定“项目防渗设施不完善，生产母液存在渗漏，对周边地下水和地表水水质造成了污染”。

随后相关国土部门调查初步认为，岑溪稀土公司回收区域超出了批复的稀土回收范围，涉嫌越界回收。

涉嫌越界开采的问题不仅存在于岑溪，中铝广西贺州稀土开发有限公司（广西稀土公司的控股子公司，以下简称贺州稀土公司）也存在着同样问题。

根据 2018 年 1 月原国土部下发的卫星图斑，贺州市钟山县国土局发现，贺州稀土公司转移到钟山县大竹坪村开采稀土，违法占地建设厂棚和沉淀池。

根据经纬坐标，该公司在大竹坪村的稀土开采范围不在国土资源部批复的稀土回收坐标点范围内，属越界回收稀土。

钟山县国土局随即下发责令停止违法行为通知书并要求限期恢复土地原状，但 3 月发现该公司并未停止开采，钟山县国土局又对该公司发放行政处罚告知书并组织打击取缔，处罚金额 78288 元。2018 年 4 月 23 日和 5 月 8 日又下发了两次履行行政处罚决定催告书。

“中铝（贺州稀土公司）一直以要上市为名拖着不交罚款。”钟山县国土局相关负责人表示。直到 2018 年 6 月 15 日，督察组下沉贺州前，该公司才上缴了罚款。然而，6 月 22 日，中国证监会网站公开的中国稀土招股说明书中，发行人控股子公司的行政处罚中未公布上述贺州的处罚信息。且发行人的环境保护情况一栏显示，“公司生产过程产生的烟气通过安装净化器和过滤装置等措施进行有效过滤，不存在重污染情况。一般工业固体废物均综合利用。”这一信息与发行人子公司在崇左的环境表现不符。

二、案例的思政元素

本案例的思政元素主要是：

（一）牢固树立绿色发展理念

党的十九大报告提出，到 2035 年要实现“生态环境根本好转，美丽中国目标基本实现”的目标，到 21 世纪中叶要把我国建成富强、民主、文明、和谐、美丽的社会主义现代化强国。这为未来我国生态文明建设和绿色低碳发展指明了方向，确定了时间表、任务书、路线图。绿色发展理念要求我们必须树立和践行绿水青山就是金山银山的理念，坚持节约资源和保护环境的基本国策，像对待生命一样对待生态环境，统筹山水林田湖草系统治理，实行最严格的生态环境保护制度，形成绿色发展方式和生活方式，坚定走生产发展、生活富裕、生态良好的文明发展道路，建设美丽中国，为人民创造良好生产生活环境，为全球生态安全做出贡献。

推进绿色发展。建立健全绿色低碳循环发展的经济体系，构建市场导向的绿色技术创新体系，发展绿色金融，壮大节能环保产业、清洁生产产业、清洁能源产业。推进能源生产和消费革命，构建清洁低碳、安全高效的能源体系。

着力解决突出环境问题。坚持全民共治、源头防治，持续实施大气污染防治行动，打赢蓝天保卫战。提高污染排放标准，强化排污者责任，健全环保信用评价、信息强制性披露、严惩重罚等制度。构建政府为主导、企业为主体、社会组织和公众共同参与的环境治理体系。

广西稀土违规开发、违规排放，相关企业为经济效益选择效率低下的粗放生产方式、排放标准落实不到位，造成了严重的生态环境破坏。同时相关政府职能部门对群众举报不重视、监督不到位、惩罚不落实，更是使相关企业无视相关法律制度，持续进行污染排放。落实绿色发展需要做到从理念上与制度上双重保障，构建全社会共同参与的环境治理体系，这样才能拥有良好的生态环境。

保护生态环境，建立健全生态文明体制，坚决制止和惩处广西稀土事件此类为经济利益而不惜破坏生态环境的短视行为。生态文明建设功在当代、利在千秋。要牢固树立社会主义生态文明观，推动形成人与自然和谐发展的现代化建设新格局！

（二）坚持人与自然和谐共生

当前，我国社会主要矛盾已经转化为人民日益增长的美好生活需要和不平衡不充分的发展之间的矛盾，美好的生态环境与和谐的生活方式是美好生活需要的应有之义。这就要求我们要着力解决好生态文明建设中发展不平衡不充分问题，大力提升生态发展质量和建设效益，把良好的生态环境作为公共产品供给和基本服务保障的重要方面，推动形成人与自然和谐发展的现代化建设新格局。

中华民族优秀传统文化中积淀着深厚的生态哲学。无论是儒家的“天人合一”思想，还是道家的“道法自然”、佛家的“众生平等”，无不关切天人关系、注重人与自然和谐。党的十九大报告提出建设生态文明是中华民族永续发展的千年大计，要坚持节约资源和保护环境的基本国策。这是对中华传统优秀文化的吸收与借鉴，并赋予中国传统生态观新的时代内容。这要求我们必须顺应自然发展、尊重自然规律，把人与自然和谐共生融入经济、政治、文化、社会发展的方方面面，成为行动自觉和生活方式，从而实现人类与自然真正的和谐共生。

广西稀土污染环境事件，反映了我国部分地区在践行保护环境的基本国策时缺乏相关意识，未能实行严格的生态环境保护制度，在经济发展与环境保护二者的平衡治理上出现了问题，导致了生态环境的严重破坏与污染，甚至影响了人民群众的生产生活。面对群众的多次监督与举报，相关部门的不作为甚至瞒报等行为，不仅损坏了人民群众生产生活的基本权利与利益，也对自然环境造成了极大的破坏。在经济发展的过程中，只有坚持人与自然和谐共生，走可持续发展的绿色道路，才能为人民群众创造良好的生活环境。

（三）坚定不移推进全面从严治党

中国特色社会主义进入新时代，我们党一定要有新气象新作为。“打铁必须自身硬”，党要团结带领人民进行伟大斗争、推进伟大事业、实现伟大梦想，必须毫不动摇地坚持和完善党的领导，毫不动摇地把党建设得更加坚强有力。

健全党和国家监督体系、增强党自我净化能力，根本靠强化党的自我监督和群众监督。要加强对权力运行的制约和监督，让人民监督权力，让权力在阳光下运行，把权力关进制度的笼子。强化自上而下的组织监督，改进自下而上的民主监督，发挥同级相互监督作用，加强对党员领导干部的日常管理监督。

全面增强执政本领。领导十四亿人口的社会主义大国，我们党既要政治过硬，也要本领高强。要增强学习本领、政治领导本领、改革创新本领、科学发展本领、依法执政本领，加快形成覆盖党的领导和党的建设各方面的党内法规制度体系，加强和改善对国家政权机关的领导。增强群众工作本领，创新群众工作体制机制和方式方法，推动工会、共青团、妇联等群团组织增强政治性、先进性、群众性，发挥联系群众的桥梁纽带作用，组织动员广大人民群众坚定不移跟党走。狠抓落实本领，坚持说实话、谋实事、出实招、求实效，把雷厉风行和久久为功有机结合起来，勇于攻坚克难，以钉子精神做实、做细、做好各项工作。

广西稀土污染事件长期存在，与基层党组织不正视群众监督举报、不积极作为、不重视群众利益等紧密相关，要进一步落实与健全党和国家的监督体系，加强基层党组织执政科学的发展本领、联系群众的工作本领、狠抓落实的本领。要以永远在路上的恒心和韧劲，牢牢扭住“落实责任”这个关键，层层传导压力，着力解决主体责任缺失、监督责任缺位等问题，推动全面从严治党向纵深发展。

三、案例使用说明

（一）教学用途与教学目标

1. 教学用途

本案例为描述型案例，适用于本科生《新闻学概论》中新闻事业的功能部分“新闻舆论监督”知识点的教学与培训。

2. 教学目标

（1）知识层面。

理解概念：新闻舆论监督的范围与目的。

掌握理论：新闻舆论监督的作用与意义。

（2）能力层面。

系统思维能力：教师通过对理论的讲解，帮助学生系统了解新闻舆论监督的目标与范围，形成对新闻舆论监督的整体内涵与功能使命的整体认识。

判断实践能力：根据案例材料，设置三个由浅入深、由理论到实践的问题，帮助学生理解社会舆论监督、新闻舆论监督的重大作用与社会现实意义。

（3）素质层面。

形成专业意识：理解新闻舆论监督的社会价值，理解新时代的发展理念、新闻舆论监督与社会管理理念对于社会发展的影响；养成关注时事政治、关注经济与环境的关系，形成专业的新闻价值判断力。

提高职业素养：通过案例，引入党的十九大精神和其他思政元素，拓展学生视野，让他们理解新闻舆论监督对于国家、民族、社会健康、和谐与可持续发展的重要意义，并增强社会责任感，形成正确的新闻舆论观。

（二）案例讨论的准备工作

（1）学生需要预习《新闻学概论》课程中关于新闻事业的一般功能的相关知识，对新闻舆论监督的主体与范围具有一个基本认识。

（2）授课教师可事先了解班级是否有崇左、岑溪或贺州的同学，如有，可以请他（她）事先做个简单的PPT，案例分析前用5分钟时间给全班同学展示当地稀土污染环境以及新闻报道的情况。如果没有，授课教师自己准备相关新闻报道视频。

（三）案例分析要点

1. *启发思考题*

（1）结合案例，如果你是崇左当地的一位普通村民，你种植的农作物受到这些企业违规排放污染物的污染，你会怎么办？

（2）结合案例，分析新时代下，污染与破坏环境的违法行为应该如何监督与处理？

（3）结合案例，如果你是当地新闻媒体记者，你认为此类环境污染事件的报道重点是什么？

2. *分析思路*

三个思考题是基于新闻事业的基本功能“实施舆论监督”知识点而提出的。

舆论监督多种多样，包括行政监督、司法监督、党的纪律监督，但是没有新闻媒介参与的舆论监督就不会对违法乱纪行为和腐败分子产生强大的威慑力。人民群众与新闻媒介的充分合作才能将新闻舆论的作用充分发挥，从而实现对社会上某些组织或个人的违法、违纪、违背民意的不良现象及行为，通过报道进行曝光和揭露，抨击时弊、抑恶扬善，以达到对其进行制约的目的。中国的新闻舆论是党和人民的耳目喉舌，理应代表国家和人民的利益来实施舆论监督。

舆论监督的范围，包括监督法律条文的制订和政府重大决策的决定符合法定程序；监督国家法令和政府纲领的执行、实施；监督国家所有公务员遵纪守法、勤政廉政；监督市场运行的公开、公正、公平。同时，它也监督社会的正常秩序，扶正祛邪，惩恶扬善。新闻舆论监督通过新闻报道等方式达到保障社会秩序正常运行的目的，因此，“发现问题、促进解决”才是新闻舆论监督的最终目的。

（1）结合案例，如果你是崇左当地的一位普通村民，你种植的农作物受到这些企业违规排放污染物的污染，你会怎么办？

理论知识点：人民群众应通过新闻媒介实现舆论监督，行使社会监督的权力，共同实施积极有效的社会监督。

参考答案如下：

新闻舆论监督是人民群众行使社会主义民主权利的有效形式，其主要监督方式有报道、评论、讨论、批评、发内参等，但其核心是公开报道和新闻批评，而人民群众应该与新闻媒体机构共同携手实现社会监督。在本案例中的违规开发行为对人民群众的利益产生了重大影响与损害，作为一名普通村民也应学会使用新闻媒介的舆论监督功能，与有关职能部门与新闻媒体机构共同抵制不良现象及行为，并通过报道进行曝光和揭露，从而保护自身的权益与社会的利益。

（2）结合案例，分析新时代下，污染与破坏环境的违法行为应该如何监督与处理？

理论知识点：社会舆论监督的类型。

参考答案如下：

社会监督多种多样，包括行政监督、司法监督、党的纪律监督，但是没有新闻媒介参与的舆论监督就不会对违法乱纪行为和腐败分子产生强大的威慑力。

党的十九大强调，必须树立和践行绿水青山就是金山银山的理念，坚持节约资源和保护环境的基本国策，像对待生命一样对待生态环境，统筹山水林田湖草系统治理，实行最严格的生态环境保护制度，形成绿色发展方式和生活方式，坚定走生产发展、生活富裕、生态良好的文明发展道路，建设美丽中国，为人民创造良好的生产、生活环境，为全球生态安全做出贡献。面对破坏我国保护环境基本国策的违法行为，从普通群众到生产企业与党政机构，整个社会都有监督的责任，都要积极承担保护环境的职责，通过有效的行政监督、司法监督、党的纪律监督，保护环境，建设美丽中国。同时，要践行绿色生态的环保理念，不仅需要全民监督，更需要新闻媒体机构有效及时的监督披露，给予违法行为强大威慑力，依靠舆论的力量有效打击污染环境、破坏环境的违法行为。

党的十九大指出，要坚定不移地从严治党，提升执政水平，那么基层政府机构积极有效地履行机构职能，服务群众，保障人民群众的利益则为首要职责。面对群众的投诉与监督，基层党政机构应该积极联系群众，狠抓落实、雷厉风行，坚决打击威胁群众生产生活、影响群众利益的不法行为，维护与保障人民群众的利益。在新时代背景下，只有党政职能部门与新闻媒体机构的通力合作，才能将此类破坏环境、损害群众利益的违法犯罪行为绳之以法。

（3）结合案例，如果你是当地新闻媒体记者，你认为此类环境污染事件的报道重点是什么？

理论知识点：新闻舆论监督的目的与意义。

参考答案如下：

新闻舆论监督的范围，包括监督法律条文的制订和政府重大决策的决定符合法定程序；监督国家法令和政府纲领的执行、实施；监督国家所有公务员遵纪守法、勤政廉政；监督市场运行的公开、公正、公平。同时，它也监督社会的正常秩序，扶正祛邪，惩恶扬善。

党的十九大报告指出，要加快生态文明体制改革，建设美丽中国。我们要建设的现代化是人与自然和谐共生的现代化，既要创造更多物质财富和精神财富以满足人民日益增长的美好生活需要，也要提供更多优质生态产品以满足人民日益增长的优美生态环境需要。不仅要推动绿色发展，着力解决突出环境问题，还要改革生态环境监管体制，加大生态系统保护力度。

监督国家法令和政府纲领的执行、实施是新闻舆论监督的重要部分，为保护人民与国家的利益，维护自然环境与经济可持续发展，应该建立当地新闻媒体机构对本地生产对于环境影响的常态性监督机制，对屡犯不止的污染行为坚决遏制、有效打击是新闻媒体的基本功能与重要职责。曝光违法犯罪行为是手段，追问产生问题、滋生犯罪的制度原因才是新闻报道的应有之义，对此类违法开发、破坏环境等违反国家法律的非法行为产生有力震慑，并建立起“民间+政府+媒体”三方协作的舆论监督机制，这才是新闻舆论监督最终的目的与意义。

（四）教学组织方式

建议用本案例完成“新闻事业的基本功能”全部知识点的教学，不再安排教师的讲授时间。一般安排 2 个课时（80 分钟）。教学组织安排如表 4-8 所示。

表 4-8 案例的教学组织

学习阶段	学习内容	时间限制	学习目标
课前	要求学生分组，并预习课本知识，查阅相关资料，了解广西稀土行业的发展情况	提前两天	熟悉案例背景
课中	教师或学生展示广西稀土污染事件 PPT	5 分钟	进一步熟悉案例背景
	分组讨论并完成案例分析报告	30 分钟	结合理论分析案例，小组案例分析报告作为一次平时成绩
	抽取三个小组进行发言	每组 5 分钟，控制在 20 分钟内	结合理论分析问题，言之有物，条理清晰
	引导全班进一步讨论，并进行归纳总结，注意思政元素与新闻舆论监督相关理论的结合。引导学生学会运用社会发展的新理念去看待新闻舆论监督的范围等现实问题	25 分钟	归纳用到的关键理论，并对各组表现简单点评
课后	请学生继续关注自己家乡的可持续发展与环境保护相关监督报道，下次课回顾提问		增进记忆，巩固知识

（五）总结

稀土是不可再生的重要战略资源，属国家限制开采矿种。广西是我国稀土资源保护最好、开发最晚的稀土资源富集省区之一。2011 年国务院发布《关于促进稀土行业持续健康发展的若干意见》对稀土资源实施更为严格的保护性开采政策和生态环境保护标准。而现实情况却令人震动，如果没有中央督察组与新闻媒体机构的监督，广西稀土违规开发污染环境事件不知会持续到何时。只有践行“绿水青山才是金山银山”的绿色发展理念，积极倡导有效的社会监督与新闻舆论监督，广西才能在资源开发与环境保护中找到平衡，保障经济的可持续发展、健康发展。

参考文献

［1］刁凡超. 环保督察发现中铝广西稀土多家子公司污染水源，还涉越界开采［EB/OL］. 澎湃新闻网.［2018-07-02］. https：//baijiahao. baidu. com/s？id＝1604839142768746366&wfr＝spider&for＝pc.

［2］中央环境保护督察“回头看”·中铝广西稀土 稀土开发违规 超标排放监管缺失［EB/OL］.［2018-07-02］. http：//tv. cntv. cn/video/c10616/48a740f40689466eq7e31ddec80fe252.

［3］本书编写组. 新闻学概论［M］. 北京：高等教育出版社，2011.

［4］习近平. 决胜全面建成小康社会 夺取新时代中国特色社会主义伟大胜利——在中国共产党第十九次全国代表大会上的报告［M］. 北京：人民出版社，2017.

保护被报道者及受众的合法权益

一、案例正文

（一）案例1：新闻侵犯名誉权——自媒体人侵犯今日头条名誉权，被判赔偿8万余元①

近日，今日头条状告自媒体人凌建平侵犯名誉权纠纷一案，在北京市海淀区人民法院一审宣判。法院认定，被告凌建平侵犯今日头条名誉权。判决其停止侵权，立即删除涉案文章，并在其微信公众号主推文及新浪微博置顶位置连续登载致歉声明24小时，向今日头条赔礼道歉，消除影响、恢复名誉。同时，法院还判决凌建平向今日头条赔偿经济损失及合理支出共计86316元。

2018年1月1~3日，成都某报社驻上海记者凌建平，连续3天在其运营的微信公众号“国际投行研究报告”及微博账号“凌通社”，用侮辱性言语对今日头条及其创始团队进行恶意诋毁、诽谤。

法院认为，被告作为记者，在网络公开平台中发布相关内容时，应当在客观事实的基础上，对事实进行陈述。被告凌建平根据网络转载的非权威信息在其微信公众号及微博上发表三篇涉案文章，构成对今日头条的诽谤。

法院强调，依据事实陈述的意见表达在法定范围内受到言论自由权利的保护，但是公开传播事实本身的言论必须遵守事实陈述大致客观的限制，“即使公众企业对社会言论有较适度的容忍义务，也主要是针对有相应事实根据的批评、质疑等评论性言论，并非对具有诽谤意义的虚假事实和侮辱性的言论传播也具有容忍义务”。

判决书称，本案被告是记者，应当知晓网络中应在客观事实的基础上对某个事件或者话题或者公众人物（包括公司）进行客观、中立的评价。对于公司经营中具体存在的问题，社会公众有监督的权利和义务，亦可以质疑并指出公司经营过程中存在的具体问题，但“不应使用未经证实的所谓事实和侮辱性的语言对其进行侮辱导致其商誉不当受损”。

（二）案例2：新闻侵犯隐私权——采访花絮被刊登，水木年华组合歌手卢庚戌起诉自媒体侵权②

本是自媒体和艺人约好的一次访谈，但访谈文章刊登后，被访者歌手卢庚戌却对文章内容大为不满。因要求删除部分内容未果，水木年华组合成员卢庚戌到法院起诉了采访者

① 赵春艳．自媒体人侵犯今日头条名誉权，被判赔偿8万余元［N］．民主与法制时报，2018-07-30.

② 徐慧瑶．采访花絮被刊登，水木年华组合歌手卢庚戌起诉自媒体侵权［N］．北京晚报，2018-08-28.

及其自媒体账号的运营公司。2018 年 8 月 28 日下午，朝阳法院公开审理了卢庚戌诉某自媒体侵权一案。

2017 年 4 月，水木年华组合成员卢庚戌接受了自媒体作者宁先生的采访，并录制了音视频。此后，由采访者宁先生撰写的《另看清华才子的傲慢与偏见》出现在微信公众号 Freak。同时，该文章也发布在微博，题目改为《卢庚戌：我要还原一个真实的高晓松》。

卢庚戌说，他看到上述文章后感到惊诧与震惊，他认为文章中关于“聊花絮，白某某出轨”章节并非其与宁先生确定的访谈内容，仅为正式采访前调试设备时其与经纪人之间特别私密的聊天，属于个人隐私，不应大肆公开报道和扩散。

记者在网上搜索这篇名为《卢庚戌：我要还原一个真实的高晓松》的文章，发现经其他网站转载的此文依然可以正常阅读，但在上述微信、微博账号中均已删除。记者阅读后发现，文章确实记录了卢庚戍和经纪人涉及某热点事件的对话。

据卢庚戌所述，他和公司联系宁先生要求删除该部分内容，但被明确拒绝。随后，他们委托律师向宁先生及上述微博账号的运营管理方北京某科技公司发送了律师函。但是宁先生及某科技公司拒绝了其请求，并将律师函在微信公众号上进行公开。

为此，卢庚戌诉至朝阳法院，要求宁先生及某科技公司删除上述与其采访相关的文章、视频，并对文章、视频在百度网的展示进行断链处理，在上述新浪微博、微信公众号及豆豆网显著位置刊登道歉信，公开赔礼道歉、消除影响、恢复名誉，赔偿精神损害赔偿金 100 万元并支付合理维权费用 15. 52 万元。

原告方在起诉书中称，宁先生和某科技公司为了特定目的，对受访者缺乏尊重，撰写发表的文章及视频均超出采访所确定的内容，刻意选择与音乐不相关的隐私内容，且断章取义、移花接木，打上“聊花絮，白某某出轨”的不实标签，误导大众，致使其社会评价降低，已构成了侵权。

原告代理律师认为，被告将私人之间聊天的私密信息放在文章的核心位置，加上不恰当标题，达到博人眼球的目的，明显侵犯了原告的隐私权。

被告方则在法庭上表示，卢庚戌与他人的谈话不属于隐私范畴。采访过程中双方没有约定哪些公开、哪些不公开。采访过程中原告也没有声明哪些不能公开。宣传期过后才提出来，这是媒体中另一种形式的炒作。

（三）案例 3：新闻侵犯肖像权——电视台曝光二手车市场乱象起诉侵犯肖像权名誉权①

我市一家新闻媒体对二手车市场普遍存在的“低价诱导”“隐瞒车况”“零首付陷阱”等现象予以曝光，但被采访对象以其肖像权和名誉权被侵犯为由，向法院提起诉讼，我市两级法院经过审理，支持新闻媒体依法行使舆论监督权，驳回了原告的起诉。

今年 3 月，一男子被网上一家二手车行的报价和“零首付”的提法所吸引，遂前来购车。在此之前，二手车商承诺只收取车价 2%的费用作为中介费，另只要支付车价的 3%作为按揭押金。但实际上，该男子除了在购车现场交付了 2 万元定金之外，如果要购车按揭，还需要向按揭公司支付车价的 15%作为押金，并非是该二手车行所宣传的“零首

① 董小军．电视台曝光二手车市场乱象　被起诉侵犯肖像权名誉权［N］．宁波日报，2017-11-15.

付”，双方因此发生矛盾和纠纷。

此后，该男子将纠纷提交到某行业协会要求调解，同时又向我市一家电视台投诉。电视台在接报后采访了主持调解的该行业协会的一位负责人，他表示，该购车男子已与二手车商达成调解意向，纠纷已解决，要求电视台不要再报道此事。但电视台仍然播出了这则新闻，并在配发的评论中表示：“二手车商对‘零首付’偷换概念的做法，让买车人失望；而该行业协会以电视台播出与否作为谈判筹码的方式，也让买车人感到难以理解。”

新闻播出后，该行业协会负责人认为，电视台未经他同意，偷偷对其拍摄，侵犯其肖像权，他在此案的调解过程中，并没有以电视台播出与否作为谈判条件。另外，他认为双方的调解结果应该保密，所以电视台的报道是失实的，侵犯了他的名誉权，并以此为由将电视台告上了法院。

一审法院经审理认为，电视台的报道并没有侵犯原告的肖像权和名誉权，依法驳回了其诉讼请求。原告不服，提起上诉，近日，市中级人民法院二审维持一审判决。

宁波市律师协会知识产权委员会主任、浙江海泰律师事务所律师吕甲木对此案作了详细分析：首先，电视台进行新闻报道是基于社会公共利益需要，并不是以盈利为目的，是依法履行新闻监督的行为，而且在播放时也没有以其他手段改变原告的肖像，尽到了新闻机构和新闻工作者的注意义务，因此并不存在过错，不构成对原告肖像权的侵害。其次，所谓名誉权是自然人、法人等民事主体对其名誉所享有的，不受他人侵害的权利。但名誉并不同于名誉感，法律对于个人从自身内心出发所认为的名誉感不予保护。在这起案件中，电视台的新闻报道内容真实，完全来自于视频和录音，并未添加、改编被采访者的言辞，也没有侮辱、诽谤原告，配发的相关评论也是建立在此基础上的，尽到了新闻机构和新闻工作者依据事实发表评论的注意义务，不构成对原告名誉权的侵害。最后，根据我国法律，舆论监督属于新闻自由的范畴，是维护社会的正常运行、维护国家利益与公共利益的重要措施。在实践中，新闻工作者在新闻媒介上发表的报道和评论，只要主要事实是真实的，即使在个别细节上有失真或遣词造句不当，也不构成侵权；只要新闻内容不涉及个人隐私和商业秘密，媒体在行使舆论监督时就无须征得被采访对象的同意，当事人要求不播放的意见，更不能成为新闻媒体是否进行报道的决定性因素。

二、案例的思政元素

本案例的思政元素主要是：

（一）广泛宣传全面推进依法治国方略

党的十八大以来，党中央把“全面依法治国”提升到作为“四个全面”战略布局重要组成部分的高度。2014 年 10 月，党的十八届四中全会通过了《中共中央关于全面推进依法治国若干重大问题的决定》，以中央全会决议的形式就全面推进依法治国作出战略部署。党的十九大进一步明确全面推进依法治国的总目标是建设中国特色社会主义法治体系、建设社会主义法治国家，并将“坚持全面依法治国”作为新时代坚持和发展中国特色社会主义的十四条基本方略之一。以习近平同志为核心的党中央加快推进中国特色社会主义法治体系建设，牢固树立社会主义法治权威，坚持依法治国、依法执政、依法行政共同推进，坚持法治国家、法治政府、法治社会一体建设，实现科学立法、严格执法、公正司法、全民守法，促进国家治理体系和治理能力现代化。

全面依法治国，要求全党全社会的各项工作都要在法治框架内有序推动，新闻行业、互联网传播概莫能外。自媒体对于新闻的猎奇和博人眼球，使其极易游走于侵权边缘，侵犯名誉权、肖像权的案例屡见不鲜，对于大众欲知、应知而未知事实的报道，也极易触及隐私。互联网的发达使人人都成为传播者，更使互联网上的隐私披露成了“家常便饭”。对于被报道者和受众而言，他们享有法律赋予的合法权益，名誉权、肖像权、隐私权受到法律保护，任何人包括新闻媒体和自媒体在内都不得侵犯。新闻媒体和网络自媒体一旦越过红线，将可能受到法律的制裁。本案例中，无论是自媒体人侵犯今日头条名誉权案还是水木年华组合歌手卢庚戌起诉自媒体侵权案，都是法律保护公民人格权、依法治国的具体表现。

（二）自媒体要依法行使舆论监督权

舆论监督是社会大众借助新闻媒体的力量揭示现实生活中的矛盾和问题，激发广泛的社会反响，形成舆论压力，促进问题解决的一种社会自我管理方式。党的十八大报告指出，要加强党内监督、民主监督、法律监督、舆论监督。“让人民监督权力，让权力在阳光下运行”，把舆论监督作为四种基本监督形式之一。

习近平总书记在2016年2月召开的党的新闻舆论工作座谈会上指出：“舆论监督和正面宣传是统一的。新闻媒体要直面工作中存在的问题，直面社会丑恶现象，激浊扬清、针砭时弊。”他同时指出：“发表批评性报道，事实要真实准确，分析要客观，不要把自己放在‘裁判官’的位置上。”这是新形势下做好党的舆论监督工作的重要遵循和行动指南，有着鲜明的现实针对性和深远的指导意义。

随着互联网等新媒体对社会问题的参与度日益加深，自媒体的舆论监督作用越来越重要。自媒体能就某些焦点议题同传统媒体形成即时互动，双方共同推进公众探讨的深化与社会建言的发展。自媒体能第一时间对社会生活运行中出现的偏差行为进行敏锐客观的报道、揭露和抨击，而且常常起到警醒警示和导向作用。

在看到自媒体有效拓宽了舆论监督渠道的同时，我们也要清楚地认识到，自媒体要依法行使舆论监督权，而不能违背法律和道德。现实情况是，由于自媒体无序性、匿名性和难掌控的特点，使其在舆论监督过程中产生一些负面问题，甚至出现了一些违法犯罪问题。为规范网络发展，国家强化了互联网的管理和规制，自媒体应自觉遵守相关法律法规，不能侵犯他人的名誉权、隐私权、肖像权等，不要把自己放在“裁判官”的位置。

案例中，自媒体人侵犯今日头条名誉权、水木年华组合歌手卢庚戌起诉自媒体侵权，即说明了自媒体没有自觉遵守相关法律法规。

（三）自媒体要坚持正确的舆论导向

自媒体作为舆论监督的重要力量，能有效引导舆论导向，近年来被广泛使用。在传统媒体时代，由于普通百姓话语的非权威性、去中心化等原因，舆论监督的主体一直被认为是媒体。在传统媒体和自媒体共存的今天，如何创造出良好的舆论环境，需要传统媒体和自媒体的共同努力。因此，自媒体也应坚持正确的舆论导向，自觉弘扬社会主义核心价值观。

当前，一些自媒体并没有坚持正确的舆论导向，其行为也违背了社会主义核心价值观，甚至违背了法律法规，损害了广大人民群众的利益，破坏了良好的网络舆论生态。有的自媒体传播政治有害信息，恶意篡改党史国史、诋毁英雄人物、抹黑国家形象；有的自媒体制造谣言，传播虚假信息，充当“标题党”，以谣获利、以假吸睛，扰乱正常社会秩序；有的自媒体肆意传播低俗色情信息，违背公序良俗，挑战道德底线，影响广大青少年健康成长；有的自媒体利用手中掌握的大量自媒体账号恶意营销，大搞“黑公关”，敲诈勒索，侵害正常企业或个人合法权益，挑战法律底线；有的自媒体肆意抄袭侵权，大肆洗稿圈粉，构建虚假流量，破坏正常的传播秩序。①

自媒体账号运营者要珍惜自己的权利，履行自己的义务，积极传播正能量，弘扬社会主义核心价值观，以守法为基、以诚信为本、以崇德立身，合法合规运营，为创造良好的舆论环境做出积极贡献。

三、案例使用说明

（一）教学用途与教学目标

1. 教学用途

本案例适用于本科生《新闻学概论》中“保护被报道者及受众的合法权益”知识点的教学和培训。

2. 教学目标

（1）知识层面。

理解概念：人格权、名誉权、隐私权、肖像权。

掌握理论：避免侵犯被报道者及受众的名誉权、隐私权、肖像权。

（2）能力层面。

系统思维能力：教师通过对理论的讲解，帮助学生系统了解何谓人格权、名誉权、隐私权、肖像权，如何避免侵犯名誉权、隐私权、肖像权，使学生养成以理论分析问题、解决问题的思维能力。

判断实践能力：根据案例材料，设置若干由浅入深、由知识到能力的问题，通过引导学生解答，提高学生的判断能力，并学会运用理论知识解决实际问题，提高其判断实践能力。

（3）素质层面。

培养法律意识：理解依法治国、新闻法治的重要意义，增强法律意识，认识到新闻工作中如何规避侵犯人格权的雷区，养成守法意识。

提高专业素养：通过案例，引入党的十九大精神和其他重要思政元素，拓宽学生视野，增强社会责任感，让他们理解新闻守法对于依法治国的重要性，增强专业素养，为成为一名合格的新闻工作者打好基础。

（二）案例讨论的准备工作

（1）学生需要预习《新闻学概论》课程中“保护被报道者及受众的合法权益”的相

① 国家网信办“亮剑”自媒体乱象，依法严管将成为常态［EB/OL］.［2018-12-12］. http://www.cac.gov/2018-11/12/c.1123702179.htm.

关知识，对人格权、名誉权、隐私权、肖像权等有初步认识。

（2）授课教师可事先就现实生活中的名誉权、隐私权、肖像权官司做一个简单的PPT，引入名誉权、隐私权、肖像权的定义，并使学生对相关概念和知识有较深入的认识。

（三）案例分析要点

1. 启发思考题

（1）结合案例，分析新闻报道侵犯名誉权、隐私权、肖像权的表现。

（2）结合案例，分析新闻报道侵犯名誉权、隐私权、肖像权的后果和法律责任。

（3）结合案例，分析新闻报道如何规避侵犯被报道者及受众的名誉权、隐私权、肖像权。

2. 分析思路

三个思考题，是基于《新闻学概论》课程“保护被报道者及受众的合法权益”的知识点而提出的。

名誉权是指公民和法人对其自身名誉所享有并受法律保护的不受他人侵害的权利，分为公民的名誉权和法人的名誉权。

隐私权是指自然人依法享有的、自由支配与社会公共利益无关的私人活动信息的权利。

肖像权是指自然人和法人依法享有的个人或法人各种形象不受侵害的权利。

（1）结合案例，分析新闻报道侵犯名誉权、隐私权、肖像权的表现。

理论知识点：新闻报道侵犯名誉权、隐私权、肖像权的行为表现。

参考答案如下：

新闻侵犯名誉权的表现：一是新闻侵权行为人的传播行为使他人名誉权受到侵害；二是所传播的内容有特定的指向性；三是所传播的内容具有诽谤性。

新闻侵犯隐私权的表现：一是未经采访对象同意，公开当事人的姓名、照片和住宅地址，使他人足以辨认出当事人以及没对法律案件受害人的基本情况实施保密；二是不恰当地公开采访对象的财产状况、生理缺陷、家族病史等私人信息；三是未经采访对象或当事人同意，在媒体上公开其已成为历史的犯罪行为或不光彩的行为；四是对社会名流的婚恋信息，未经本人同意而进行渲染；五是对他人的婚外情、婚外性关系的不当公开等。

新闻侵犯肖像权的表现：一是未经本人同意，拍摄与新闻报道无关、不具有新闻价值的照片和录像；二是未经本人同意，在新闻媒体中使用与新闻内容无关的肖像；三是未经本人同意，使用他人肖像在新闻媒体中进行宣传。

详细解读案例1中成都某记者对于今日头条及其创始团队名誉权的侵犯，案例2中自媒体对于卢庚戌隐私权的侵犯，案例3中宁波电视台被诉侵犯肖像权和名誉权。

（2）结合案例，分析新闻报道侵犯名誉权、隐私权、肖像权的后果和法律责任。

理论知识点：《宪法》《民法通则》及相关法律中对于名誉权、隐私权、肖像权的规定。

引导学生结合依法治国知识点进行分析。参考答案如下：

《民法通则》第一百二十条规定：“公民的姓名权、肖像权、名誉权、荣誉权受到侵害的，有权要求停止侵害，恢复名誉，消除影响，赔礼道歉，并可以要求赔偿损失。”

A. 新闻侵害名誉权、肖像权的法律责任：

（A）民事责任方式的种类和内容：

a. 停止侵害，要求侵权行为人立即停止其正在进行的不法侵害行为。

b. 消除影响，恢复名誉。指新闻侵权行为人在发表新闻侵害他人权益的作品后，在相应的范围内澄清事实，消除不良影响；在对受害人的名誉造成损害后，采取必要措施使受害人的名誉恢复到未受损害时的状态。

c. 赔礼道歉，指侵权行为人向受害人公开承认错误并表示歉意的行为。

d. 赔偿损失，指精神损害赔偿和附带的财产损失赔偿。

（B）刑事责任：

在诽谤侮辱行为的情节严重、对受害人的损害重大的情况下，可以追究加害人的刑事责任。侮辱诽谤罪一般被规定为一种受害人告诉才处理的犯罪。

新闻侮辱诽谤罪的构成：刑法第二百四十六条规定，以暴力或者其他方法公然侮辱他人或者捏造事实诽谤他人，情节严重的处3年以下有期徒刑、拘役、管制或者剥夺政治权利。

从我国司法实践看，对侮辱诽谤罪的审理，都积极进行了调解，调解不成再依法判决，从而尽力争取促成当事人的和解，以做到化干戈为玉帛，防止矛盾激化，维护社会稳定。

B. 新闻侵害隐私权的法律责任：

我国关于隐私的规定分散于诸多法律法规、部门规章及相关司法解释中，但对涉及隐私的个人信息的保护与管理缺少专门立法。

为了协调报道权与隐私权的关系，化解二者的冲突，新闻行业协会应加强对新闻媒体的监管和约束，让其在公平公正的环境中良性竞争。对媒体而言，需要保证消息来源的真实性，保护被报道对象的隐私，处理好新闻事实与法律事实、公共空间与私人空间、记者的权利和权力之间的边界问题。同时，需要把报道和评论区分开来，编辑要负责审核，法律顾问也要把潜在的新闻侵权风险过滤掉。

《侵权责任法》虽然也没有对侵害隐私权的民事责任进行细化规定，但其责任方式可以按照《民法通则》第一百二十条确定。

2001年，最高人民法院《关于确定民事侵权精神损害赔偿责任若干问题的解释》第一条第二款规定：“违反社会公共利益、社会公德侵害他人隐私或者其他人格利益，受害人以侵权为由向人民法院起诉请求赔偿精神损害的，人民法院应当予以受理”，第三条规定：“自然人死亡后，非法披露死者隐私，或者以违反社会公共利益、社会公德的其他方式侵害死者隐私的，其近亲属遭受精神痛苦，向人民法院起诉请求精神损害赔偿的，人民法院应当依法受理。”

结合三个案例，比较法院对于三个案件的判决结果。媒体人凌建平、自媒体人宁先生将分别承担怎样的后果？

（3）结合案例，分析新闻报道如何规避侵犯被报道者及受众的名誉权、隐私权、肖像权。

理论知识点：如何协调公民的名誉权、隐私权、肖像权与公众的知情权之间的矛盾关系？

引导学生将理论应用于实际。参考答案如下：

A. 如何避免新闻报道侵犯名誉权？

①平衡报道。给予当事人平等的话语权。一方面，报道应该向受众传递更为全面和客

观的信息，以避免可能产生的偏听偏信；另一方面，直接援引被采访者的陈述，尽可能避免媒体以自己的视角、名义进行陈述。媒体以自己的名义进行陈述就意味着对这些事实的真实性给予保证，所以一旦出现失实就应当承担相应责任。

②专家评论。除了在陈述事实时多用引用句而非陈述句外，在评论部分也应当采访和引用专家的意见，甚至同时引用数位专家的不同观点。而媒体本身的观点和评价则应尽可能的中立和超然。

③跟踪报道。通过跟踪报道的方式，一方面以新的报道不断澄清和修正此前报道可能存在的错误；另一方面也不断通过新的报道反映此前采访不够的各方当事人主张的事实和意见，或者持不同观点的专家学者的意见。

④用词谨慎。新闻报道及其标题的用词尽可能的理性、平和、文明，尊重事实和各方当事人。

⑤转载合适。无论是首发还是转载，都有可能变成名誉侵权，所以在转载其他媒体报道时并不免除必要的核实义务。建议在转载报道时不但要与各方利害关系人进行核实，如果当事人有新的说法或者主张，或者有当事人被原报道所忽略的，可以在转载的同时一并采访报道。

⑥保留证据。记者在采访时，特别是进行批评性、揭露性报道采访时，一定要做好自我保护，对全过程进行录音，对采访资料做好建档保存工作。[①]

B. 如何避免新闻报道侵犯隐私权？

新闻记者要注意区分“公共”与“私人”的界限。针对公众人物，其与公共事业无关的私生活不可进行报道，尽量不要曝光公众人物的家庭成员；针对普通民众，则要注意合法、自愿的原则，未经个人同意，不能随意刊登可辨认的信息，以免侵犯个人隐私。要处理好公众“知情权”与他人“隐私权”的关系。在涉及公众利益时，知情权要让位于隐私权，但新闻报道过程中也要特别注意不去侵害他人隐私。

新闻报道在涉及他人隐私时可以采用技术化处理方式，如采用化名、模糊画面、声音处理、略去当事人的住址和单位等个人信息，尽可能使读者无法从报道中获悉或推知当事人。

新闻记者要提高自己的职业道德水准。《中国新闻工作者职业道德准则》明确规定：新闻工作者要“维护宪法规定的权力，不揭人隐私，不诽谤他人，要通过合法和正当的手段获取新闻，尊重被采访者的声誉和正当要求”。新闻工作者要加强自身的职业道德修养，在采访报道中避开他人隐私这个雷区。

C. 如何避免新闻报道侵犯肖像权？

我国对于肖像权的规定：一是未经授权，不得以任何方式使用他人的肖像；二是有限保护制度，即未经同意，不得以营利等任何方式使用他人的肖像。

在新闻报道中，可以合理地使用公民的肖像，没有以营利性为目的的利用是正当的。新闻报道中可以不经肖像权人的同意而使用肖像权人的肖像，但该肖像必须是新闻报道的有机组成部分，是为新闻报道服务的，要避免侵犯肖像权人的隐私权。如果有可能会涉及

① 张移．如何避免新闻报道侵犯名誉权［J］．法制博览（中旬刊），2012（9）：175-176.

该肖像权人的隐私权，即使该肖像是新闻报道中的一部分，也必须取得肖像权人的同意。①

公众人物享有隐私权的空间要比非公众人物小。新闻报道中使用公众人物的肖像可以不经肖像权人的同意，一般不会侵害公众人物的隐私权；但在与公共利益或公众利益无关的个人私密空间中，公众人物仍然可以主张他的隐私权。

如果所采用图片不属于新闻报道中的一部分，有时甚至是用作商业性宣传，则应当谨慎。如有可能，应取得肖像权人的同意，以免陷入侵犯肖像权纠纷。

（四）教学组织方式

建议用本案例完成“保护被报道者及受众的合法权益”全部知识点的教学，不再安排教师讲授的时间。一般安排 2 个课时（80 分钟）。教学组织安排如表 4-9 所示。

表 4-9 案例的教学组织

学习阶段	学习内容	时间限制	学习目标
课前	发放案例材料，要求学生阅读；要求学生分组，并预习课本知识，查阅相关资料，了解名誉权、隐私权、肖像权的定义及被侵犯的表现方式	提前一周	熟悉案例
课中	教师向学生介绍现实生活中的名誉权、隐私权、肖像权官司，引入名誉权、隐私权、肖像权的定义，并使学生对相关概念和知识有较深入的认识	5 分钟	导入课程，了解基础理论
	分组讨论，并当堂完成案例分析报告	30 分钟	结合理论分析问题，小组案例分析报告作为一次平时成绩
	抽取两个到三个小组进行发言	整体控制在 20 分钟以内	结合理论分析问题，观点清晰，论证有力
	引导全班进一步讨论，并进行归纳总结，注意思政元素与新闻侵权理论的结合。引导学生学会运用新闻法治的理论知识解决实际问题	25 分钟	归纳所用到的主要理论知识，并对各组表现做一个简单点评
课后	请学生继续关注新闻侵犯名誉权、隐私权、肖像权的案例，下次课堂回顾提问		巩固知识，加深理解

（五）总结

媒体有报道新闻的权利，但在报道中要严格遵守法律法规，特别是不得侵犯被采访者及受众的人格权、债权等。新闻媒体和记者侵犯人格权（主要指名誉权、隐私权、肖像权）的例子在现实中比比皆是，被诉诸法庭的也不在少数，作为新闻学子，需要了解新闻报道的法律边界，在报道中尤其注意尊重被报道者和受众的名誉权、隐私权、肖像权，避

① 沈天水．新闻报道中的肖像权问题——从刘翔诉《精品购物指南》侵犯肖像权案的终审判决谈起［J］．新闻记者，2006（1）：70-72.

免因法律问题影响职业生涯，更要规避因不懂法受到法律惩处。

参考文献

[1] 赵春艳. 自媒体人侵犯今日头条名誉权，被判赔偿8万余元 [N]. 民主与法制时报，2018-07-30.

[2] 徐慧瑶. 采访花絮被刊登，水木年华组合歌手卢庚戌起诉自媒体侵权 [N]. 北京晚报，2018-08-28.

[3] 董小军. 电视台曝光二手车市场乱象，被起诉侵犯肖像权名誉权 [N]. 宁波日报，2017-11-15.

[4]《新闻学概论》编写组. 新闻学概论 [M]. 北京：高等教育出版社，人民出版社，2009.

[5] 新华社. 中共中央关于全面推进依法治国若干重大问题的决定（中国共产党第十八届中央委员会第四次全体会议）[J]. 江淮，2014（10）：8-17.

扎根基层，增强“四力”的“泥腿子”记者

——广西日报社柳州记者站站长谌贻照[①]

一、案例正文

新闻工作者要接地气，新闻要察实情、动真情，我只有常走基层，脚沾泥土，才能写出冒热气、接地气的新闻。

——谌贻照

2019年4月2日，3月中国好人榜发布仪式暨全国道德模范与身边好人现场交流会在柳州市举办，107名中国好人中，有一位个头不高，身材微胖的记者现场吐露心言：“我脚下沾泥土，心中有阳光，我会继续将自己的脑力、精力贡献在基层工作中。”

这位被称赞为扎根基层增强“四力”的“泥腿子记者”，就是广西日报社柳州记者站站长谌贻照。他常说，好沾泥土、衣带露水，深入群众、扎根基层、记录鲜活的生活。

1989年谌贻照从中央民族大学毕业后，分配到了柳州。1996年，他半路出家到了电台担任记者。从以前的传统媒体，到如今的融媒体，谌贻照讲故事的方式在变，而不变的，是他二十多年如一日，始终在一线打拼。这不仅没有让他感到疲倦，反而让他所写的新闻迸发出更为强大的生命力。在20多年的记者生涯中，谌贻照一直扎根基层，不断增强脚力、眼力、脑力、笔力，书写出一篇篇优秀的新闻作品。2018年，以他为主创人员的融媒体作品《广西日报记者“失联”数十小时，在穿越40处塌方后发回灾区最新画面!》荣获第28届中国新闻奖媒体融合奖项一等奖。

（一）一个人、一部手机，就是融媒体报道组

2017年8月12日星期六清早，谌贻照被一通电话吵醒。来电的是广西融水苗族自治县杆洞乡的朋友，朋友在电话那端很焦急地说：“山里突发洪水，乡政府所在地的街道被洪水荡涤，情况十分危急!”新闻人的敏感和责任，让谌贻照立即决定赶往现场。他于当日上午10时从柳州驱车8个多小时，翻山越岭赶到大苗山深处的灾区现场。当晚七点半，谌贻照在《广西日报》柳州站官方微博发出杆洞乡灾区干部群众抢险自救的图文。

但很快，乡里电力、通信、交通全部中断，谌贻照一度与外界“失联”长达数十个小时。在这数十个小时里，大雨滂沱中，谌贻照不忘在抢险一线举着手机进行图片和视频拍摄。在涨水的河边、在被淹的楼房上、在内涝的乡村街道上……一幕幕珍贵的画面被记录

① 广西日报柳州记者站副站长．泥腿子记者谌贻照［J］．青年记者，2019，633（13）：24-26.

下来，为后来的融媒体作品提供了珍贵的素材。

两天时间里，为把灾区的情况尽快向外界传递，及时争取救援、帮助灾区群众脱险，谌贻照两次从杆洞乡这处“孤岛”往外突围。

第一次，因道路多处塌方，一路上不断有泥石砸下，艰苦跋涉近 8 个小时之后，失败而归。

第二次，谌贻照把设备留在老乡家，仅带两部手机和充电宝往外突围，冒险越过 40 个塌方区，躲过多处高山滚石的危险，蹚过湍急的山间洪流和泥泞，终于见到前来接应的国家防汛抗旱总指挥部领导和市县救援人员……

出来后，谌贻照加紧整理制作短视频，在画面中配上简洁的文字，迅速发给后方正在焦急等待的广西日报新媒体部团队。同时，他通过微信朋友圈、广西日报柳州记者站、官方微博等，呼吁外界及时救援在暴雨中变成孤岛的杆洞乡。

接到谌贻照成功突围后发回的视频画面之后，新媒体团队迅速对天气、民政、救援等各种素材梳理整合，火速推送出《突围记》，把失联 30 多个小时的杆洞乡灾情和现场情况传递给外界。有担当、有情怀的现场报道，总能激发满满的正能量。《突围记》一经发布便引发强烈反响，及时搭建起灾区与外界沟通的桥梁，提升救援士气。广西日报融媒体以《突围记》为核心的组合报道，覆盖微信、客户端和微博等平台的数百万网友，成为央媒和地方媒体对广西暴雨灾情的权威信息源，获大量转载，得到业界和网民的好评。

回想起那次采访，谌贻照使用了“惊心动魄”这个词。虽然历经诸多危险，但他说：“我收获更多的是感动。”

2018 年 11 月 8 日上午，“泥腿子记者”谌贻照走进北京人民大会堂，捧起中国新闻奖一等奖的金奖杯，并作了典型发言：“很多采访经历告诉我，只有以一颗快乐平常心深入农村，做一个实实在在的‘泥腿子记者’，与农民群众打成一片，才能获得最鲜活的素材。”

（二）为了新闻，他总是行动在一线

20 多年来，谌贻照一有空就往乡下跑，几乎跑遍了三江侗族自治县和融水苗族自治县的所有侗乡苗寨。曾有人以玩笑口吻形容他：照哥站在山头望，村村都有丈母娘。其实大家都很清楚，这是在侗乡苗寨最高的礼遇。当善良的苗家阿婆把来客当成女儿女婿一样看待时，他们就是把来客当成了自家人。谌贻照说：“我天生有质疑的意识，所以很多新闻，我在编辑的时候就会想，现场的情况到底是不是这样，所以我有时候宁可自己到现场去走一走。所有的基层报道，我都力求自己到现场，我要来求证，我要看贫苦户到底贫困到什么程度。”时任柳州市市委书记的郑俊康在一次全市宣传工作会议上提道：“我要表扬一下，广西日报柳州记者站站长谌贻照同志，他经常跑到我们融水、三江的大山里面去。每次涨洪水了，他第一时间跑到那里去；雨雪冰冻了，他跑到那里去；农民庆丰收了，他也跑到那里去。那就是在关键时刻把发生在那边的典型事情，通过媒体反映出来。”

2017 年，谌贻照创办了他的个人公众号，以其鲜明的特点迅速成为柳州极具影响力的公众号。很多人认为，“玩媒体”应该是二三十岁的年轻人。而那时，他已是 51 岁的新闻“老兵”了。如今，谌贻照已将自己淬炼成“写得了大稿、编得了两微、出得了镜头、剪得了视频”的全媒体记者。他制作的《白云深处》《百鸟衣的诱惑》等新媒体产品，成为当地争相转发的爆款。

在《当农耕文化被消遣时，大苗山里的苗家人依然在虔诚耕天》的推文中，他饱含深情地写道：“苗山里的母亲田，把来自梯田的收获，看成大自然仁慈的馈赠。”

唯有爱得深沉，才能写出富有情感的文字；唯有双腿沾满泥土，才能给读者捧上鲜活的新闻——谌贻照，正是这么一位永怀新闻理想，令人敬佩的“泥腿子记者”。

二、案例的思政元素

本案例的思政元素主要是：

（一）坚持以人民为中心，推出有温度的作品

以人民为中心是习近平新时代中国特色社会主义思想的重要内容。人民群众是实践的主体，是历史的创造者，也是一切物质财富和精神财富的创造者，是决定党和国家前途命运的根本力量。必须树立群众观点，坚持群众路线，坚持人民主体地位，坚持立党为公、执政为民，践行全心全意为人民服务的根本宗旨，把党的群众路线贯彻到治国理政的全部活动之中，把人民对美好生活的向往作为奋斗目标，依靠人民创造历史伟业。

习近平总书记在总结改革开放40年积累的宝贵经验时指出：必须坚持以人民为中心，不断实现人民对美好生活的向往。改革开放40年来，中国取得的成绩世界瞩目，一条重要的经验就在于，我们确立了一套体现人民意志、保障人民权益、激发人民创造活力的社会主义民主政治制度。习近平总书记强调，既通过提出并贯彻正确的理论和路线方针政策带领人民前进，又从人民实践创造和发展要求中获得前进动力，充分激发蕴藏在人民群众中的创造伟力。牢记初心和使命，需要通过最广泛、最真实、最管用的制度体系，把人民拥护不拥护、赞成不赞成、高兴不高兴作为制定政策的依据，顺应民心、尊重民意、关注民情、致力民生。

习近平总书记在党的新闻舆论工作座谈会上强调，新闻舆论工作者要增强政治家办报意识，在围绕中心、服务大局中找准坐标定位，牢记社会责任，不断解决好“为了谁、依靠谁、我是谁”这个根本问题。要提高业务能力，勤学习、多锻炼，努力成为全媒型、专家型人才。要转作风、改文风，俯下身、沉下心，察实情、说实话、动真情，努力推出有思想、有温度、有品质的作品。

在20多年的记者生涯中，谌贻照深知人民群众是新闻的主体，现实生活是新闻的源泉，基层生活中有新闻报道发掘不尽的“富矿”，他以一颗快乐平常心深入农村、扎根基层、贴近群众，虚心向群众学习，把基层人民的生产生活、喜怒哀乐当作新闻报道的主体，通过新闻报道工作真心真意为人民群众谋利益，与群众心连心，发现普通人平凡中的伟大，发现平常生活中的感动，不断增强脚力、眼力、脑力、笔力，书写出了一篇篇有生命力和感染力的新闻作品，也收获了当地群众发自内心的尊重与爱戴。谌贻照的事迹正是我党新闻工作者践行党的群众路线，以人民为中心的生动写照，真实体现了党的新闻工作全心全意为人民服务的宗旨。

（二）立足岗位，用爱岗敬业诠释责任与担当

在社会主义核心价值观中，敬业是针对公民职业道德方面的核心要求。敬业就是要求

我们每个人敬重自己的职业，培育强烈的责任心与使命感，要求我们每个人都爱岗、尽责、专注、钻研和奉献。国家的发展与社会的进步离不开敬业。任何一个国家想要实现快速发展，国民必须拥有一个好的精神状态和工作面貌。中华民族同样是敬业的民族，勤劳勇敢是我们的传统美德。正是依靠敬业奉献，在历史上我们创造了灿烂的文明。改革开放以来，我们缔造了经济发展的奇迹。历史经验反复证明，国民敬业则国家强盛，国民懈怠则社会衰退。

在当代中国，爱岗敬业具有特殊的重要意义。习近平总书记指出：幸福不会从天而降，梦想不会自动成真。实现我们的奋斗目标，开创我们的美好未来，必须紧紧依靠人民、始终为了人民，必须依靠辛勤劳动、诚实劳动、创造性劳动。敬业是实现中国梦的动力之源，我们的社会主义事业是需要全国各族人民共同为之奋斗的历史伟业。中华民族实现伟大复兴的梦想，同样要靠13亿中国人努力创造的伟大实践。这个伟大事业、伟大实践是由各个不同的具体行业和职业组成的有机统一整体，每个人都在自己特定的岗位上通过特定的职业活动来为这个事业服务，这就需要我们每个人艰苦奋斗、勤奋敬业、拼搏奉献。

谌贻照从事新闻工作20多年，始终对新闻工作满怀热爱，毫不倦怠，工作中勇挑重担，坚持在艰苦的一线打拼，经常在最关键的时刻把基层情况通过媒体反映出来，体现出了新闻工作者强烈的时代责任感以及爱岗敬业的职业道德素养。在2018年柳州融水特大洪水事件发生后，谌贻照在获取新闻线索后不顾个人安危，第一时间孤身一人赶到灾区现场，在失联48小时的情况下，谌贻照徒步行走20公里，穿越40处塌方，历经两次突围，仍然牢记一个新闻工作者的职责和使命，努力利用一切手头的设施设备，举着手机将当地洪水灾情进行图片和视频拍摄，为之后融媒体报道的制作提供了许多难得的素材。获救后，谌贻照不顾身体劳累，加紧整理素材制作短视频、撰写文字稿，迅速传递给后方广西日报新媒体部团队。同时，他还通过微信、微博等社交媒体凭条呼吁外界及时救援仍被困于洪灾中的群众，始终把人民群众的安危牵挂于心。正是心怀对人民群众深沉的感情，秉承着爱岗敬业的精神，凭着自己过硬的业务素质，谌贻照成功完成了一次又一次的艰难报道任务。

（三）身体力行，积极推动媒体融合

习近平总书记在2018年全国宣传思想工作会议上指出：新闻宣传工作必须科学认识网络传播规律，提高用网治网水平，使互联网这个最大变量变成事业发展的最大增量。习近平总书记在不同场合多次强调要重视传统媒体和新兴媒体融合发展，要遵循新闻传播规律和新兴媒体发展规律，强化互联网思维，坚持传统媒体和新兴媒体优势互补、一体发展，坚持以先进技术为支撑、内容建设为根本，推动传统媒体和新兴媒体在内容、渠道、平台、经营、管理等方面的深度融合。

2019年，在人民日报报社就媒体融合发展举行政治局集体学习时，习近平指出：推动媒体融合发展、建设全媒体就是我们面临的一项紧迫课题。推动媒体融合发展，就是要做大、做强主流舆论，巩固全党全国人民团结奋斗的共同思想基础，为实现“两个一百年”奋斗目标、实现中华民族伟大复兴的中国梦提供强大精神力量和舆论支持。

谌贻照不仅在思想上坚持心怀群众，爱岗敬业，在工作业务上对自己要求也非常严格，除了做新闻报道的“笔杆子”，还紧跟媒体融合时代的传播新形势，积极学习并运用新媒体技术，将自己锻炼成为“写得了大稿、编得了两微、出得了镜头，剪得了视频”的全媒型记者。2017年他创办了个人公众号，以其鲜明的特点迅速成为柳州极具影响力的公众号。在柳州融水的洪水报道中，谌贻照凭着对媒体融合技术的娴熟应用，在获救后迅速将受灾地区的情况向广西日报新媒体部团队进行传送。广西日报新媒体团队接到谌贻照成功突围后发回的视频画面后，迅速对天气、民政、救援等各种素材梳理整合，火速推送出融媒体作品《广西日报记者“失联”数十小时，在穿越40处塌方后发回灾区最新画面!》，把失联30多个小时的杆洞乡灾情和现场情况真实、客观地传递给了外界。《突围记》一经发布便引发强烈反响，及时搭建起了灾区与外界沟通的桥梁，提升了救援士气。广西日报融媒体以《突围记》为核心的组合报道，覆盖微信、客户端和微博等平台数百万网友，成为央媒和地方媒体对广西暴雨灾情的权威信息源，获大量转载，得到业界和网民的好评，体现了省级主流媒体守土有责、守土尽责，牢牢掌握住了在突发性灾难报道面前的舆论主动权和主导权，也反映出广西日报传媒集团在推进媒体融合工作中的努力和成绩。

三、案例使用说明

（一）教学用途与教学目标

1. 教学用途

本案例为描述型案例，适用于新闻学专业本科生《新闻学概论》中“加强新闻队伍建设”知识点的教学和培训。

2. 教学目标

（1）知识层面。

理解概念：新闻队伍的思想政治素质建设；新闻队伍的职业道德素质建设；新闻队伍的业务素质建设。

掌握理论：加强新闻队伍建设的重要性；新闻队伍建设的原则；新闻队伍建设所包含的三个层面。

（2）能力层面。

系统思维能力：教师通过对理论的讲解，帮助学生系统了解新闻队伍建设的重要性、原则以及三个层面的建设内容，形成全面、系统、联系地分析问题的思维能力。

判断实践能力：根据案例材料，设置两到三个由理论到实践、由知识到能力的问题，通过对问题的讨论与解答，帮助学生构建“从理论到实践，用实践深入理论”的思考路径，使学生能就新闻工作实践问题，运用理论知识，提出合理的解决方案。

（3）素质层面。

形成专业意识：理解在媒体融合的新型媒介生态环境中，加强新闻队伍的思想政治素质建设、职业道德素质建设、业务能力提升与组织建设的重要意义；养成加强自我学习、不断提升自身素养的修身习惯。

提升职业素养：通过案例，引入习近平总书记关于新闻宣传思想工作的讲话精神和其他重要思政元素，引导学生思考个人职业素养的提升与国家、社会的关联，增强学生新闻工作职业素养意识，使学生形成正确的新闻工作者的伦理观、价值观。

（二）案例讨论的准备工作

（1）学生需要预习《新闻学概论》课程中新闻队伍建设的相关知识、对加强新闻队伍建设所涉及的三个层面的内容有一个初步认识。

（2）授课教师课前布置学生自行阅读《广西日报记者“失联”数十小时，在穿越40处塌方后发回灾区最新画面!》，让学生对案例中主人公的事迹有一定的感性认知，并请学生就该报道中新闻工作者所展现的能力与素质进行分析，并做成一个2~3分钟的简单PPT，课堂上可以利用10分钟时间请学生展示自己的观点。

（3）授课教师课前布置学生自行查找并阅读习近平总书记近5年关于党的新闻宣传工作的讲话，尤其关注提及“新闻工作人才队伍的建设”“媒介融合与我国新闻宣传工作所面临的挑战”等主题发言，并对习近平新闻舆论思想进行简要的梳理。

（三）案例分析要点

1. *启发思考题*

（1）结合案例，分析案例中新闻工作者的思想政治素质、职业道德素质以及业务素质分别是如何体现的。

（2）结合案例，思考并讨论新闻学专业学生在日常学习和媒体实习、实践活动中应如何提升自身的思想政治素质、职业道德素质以及业务素质。

（3）结合案例，思考并讨论在媒介融合时代背景下，新闻媒体应该如何加强新闻队伍建设工作。

2. *分析思路*

三个思考题，是基于《新闻学概论》课程中“新闻队伍建设”知识点而提出的。

新闻媒体想在新闻宣传工作中赢得话语权和主动权，形成有利于自己的舆论环境，很大程度上取决于新闻队伍的整体素质。我国新闻媒体担负着引导社会、影响舆论、弘扬正气、凝聚人心的重要使命，必然要求新闻工作者具备较高的思想政治素质、职业道德素质、业务素质和良好的工作作风。

（1）结合案例，分析案例中新闻工作者的思想政治素质、职业道德素质以及业务素质分别是如何体现的。

理论知识点：新闻队伍建设的三个层面内容（结合案例分析）。

引导学生结合思政元素中的“以人民为中心”“爱岗敬业”“推进媒体融合”等方面进行分析。参考答案如下：

①思想政治素质：案例中的新闻工作者牢固坚持新闻工作的党性原则、坚持以服务广大人民群众为根本出发点，新闻工作做到了“贴近实际、贴近生活、贴近群众”，把体现党的意志和反映人民心声统一起来，把实现好、维护好、发展好最广大人民的根本利益作为新闻工作的出发点和落脚点。

②职业道德素质：案例中的新闻工作者体现出了新闻工作者忠诚敬业（不顾个人安危，奋战在抗洪抢险报道第一线）、坚守责任（在生命受到威胁时，仍然利用有限的设备

仪器进行工作）、服务人民（将灾情第一时间向外传送，为救援工作赢得了宝贵时间）等良好的职业道德素养。

③业务素质：案例中的新闻工作者体现出了过硬的新闻业务素质，不仅对传统媒体要求的采、写、编、评核心业务能运用自如，对各类新媒体设备的使用也是非常精通娴熟，面对特殊报道现场，能够做到“一个人就是一个融媒体报道团队”，这也是媒介融合时代我党的新闻宣传工作对新闻队伍提出的全媒型人才的要求。

（2）结合案例，思考并讨论新闻学专业学生在日常学习和媒体实习、实践活动中应如何提升自身的思想政治素质、职业道德素质以及业务素质。

理论知识点：新闻队伍建设的三个层面内容（结合学生自身发展，请学生谈体会）。

在上一题的基础上，引导学生结合案例中新闻工作者的优秀素质，结合学生对新闻理论知识的学习，以及在媒体的实习、实践经历，从三个层面谈谈应当如何提升自身的素质。参考答案如下：

①思想政治素质：新闻学专业学生应树立坚定的理想信念和政治立场，怀有崇高的历史使命感和强烈的社会责任感；全面掌握马克思主义的立场、观点、方法，自觉坚持中国特色社会主义理论体系，熟悉党的路线、方针、政策，践行社会主义核心价值观，遵守公民基本道德规范。

②职业道德素质：新闻专业学生应树立对我党新闻事业忠诚敬业、勤奋工作、不畏艰险、能吃苦、敢打拼、尽职尽责的良好的新闻工作的职业精神，把“乐其业、尽其职、负其责、精其术”作为未来从事新闻工作的职业道德规范和要求。

③业务素质：新闻专业学生应努力学习和掌握新闻专业基本理论，熟悉掌握新闻工作的基本技能和工作所需要的各方面知识，具有分析解决问题的能力和创新能力，尤其在媒介融合的时代背景下，新闻从业人员要能够通过熟练运用各种媒体技术和方式完成新闻报道任务。

（3）结合案例，思考并讨论在媒介融合时代背景下，新闻媒体应该如何加强新闻队伍建设工作。

理论知识点：媒介融合与新闻队伍建设的关联。

结合习近平总书记关于党的新闻宣传工作的讲话内容，引导学生思考新闻媒体应如何加强新闻队伍建设，以应对媒介融合时代的挑战。参考答案如下：

①思想政治方面：我国各级各类新闻媒体应积极响应党中央决议，加快推动媒体融合发展，构建全媒体传播格局，实现履行党的新闻舆论工作职责使命，不断提升传播力、引导力、影响力、公信力。新闻媒体的领导必须主动适应信息化要求、强化互联网思维，善于学习和运用互联网。认识网络传播规律，提高用网治网水平，应以导向为魂、移动为先、内容为王、创新为要，在体制机制、政策措施、流程管理、人才技术等方面加快融合步伐，建立融合新闻传播矩阵，打造融合新闻产品。

②业务素质方面：新闻媒体从业人员要践行“四力”要求，努力成为适应新型传媒环境下的全媒型传播人才。练好“脚力”要求新闻工作者扎根基层、深入实际、强化“现场新闻”意识，拥有奔赴一线的能力，在新闻发生的地方，记录历史的瞬间、见证时代的发展。练好“眼力”要求新闻工作者看得准，要从国家战略高度找准方向、做好报道。提升“脑力”要求新闻工作者摆正思想，在坚守国家立场的基础上，多动脑、勤思考，才能

破解重点难点，推出精品力作，传播正确的新闻观、价值观、世界观。练好“笔力”要求新闻工作者不断充电补养，学习新知识，掌握新技能，以适应日新月异发展的媒体环境。

（四）教学组织方式

建议用本案例完成“新闻队伍建设”全部知识点的教学，不再安排教师讲授的时间。一般安排 2 个课时（80 分钟）。教学组织安排如表 4-10 所示。

表 4-10　案例的教学组织

学习阶段	学习内容	时间限制	学习目标
课前	要求学生分组，并预习课本知识，查阅与案例相关的融媒体报道	提前两天	熟悉案例背景与案例相关的报道
课中	学生展示自己观点的 PPT	10 分钟	进一步熟悉案例背景
	分组讨论，并当堂完成案例分析报告	30 分钟	结合理论分析问题，小组案例分析报告作为一次平时成绩
	抽取四个小组进行发言	每组 5 分钟，控制在 20 分钟以内	结合理论分析问题，言之有物，条理清晰
	引导全班进一步讨论，并进行归纳总结，注意思政元素与新闻学理论的结合。引导学生学会运用新闻学的理论知识分析现实问题	20 分钟	归纳用到的关键理论，并对各组表现做一个简单点评
课后	请学生自行阅读习近平总书记关于加强新闻队伍建设的讲话和发言内容		加深对课本知识的认识

（五）总结

广西日报柳州记者站站长谌贻照同志的先进事迹，体现了我党新闻工作者心怀人民群众、全心全意为人民服务的崇高思想道德素养；热爱本职工作、爱岗敬业、坚守责任、奋战一线、不畏艰险的职业道德素养；坚持学习，奋发有为，用新媒体知识与技术武装自己的业务素养，这些素养也是媒介融合时代对新闻队伍建设提出的综合要求。新闻专业教师在授课过程中要有意识地培养学生这三种素养，以期更好地适应未来的媒体工作。

参考文献

[1] 广西日报柳州记者站副站长. 泥腿子记者谌贻照 [J]. 青年记者，2019，633（13）：24-26.

[2]《新闻学概论》编写组. [M]. 北京：高等教育出版社，2019.